suhrkamp taschenbuch
wissenschaft 1846

Beiträge zur Soziogenese der Handlungsfähigkeit
Herausgegeben von
Wolfgang Edelstein, Gil Noam und Fritz Oser

Nach dem erfolgreichen Band *Die Psychologie der Moralentwicklung*, einem der meistdiskutierten Beiträge zur modernen Psychologie, folgt Kohlberg in *Die Psychologie der Lebensspanne* der zentralen Idee, den Menschen auf seinen verschiedenen Entwicklungsstufen als »Philosophen« zu sehen: Philosoph zu sein bedeutet, sich mit der sozialen und physischen Welt zu konfrontieren, sie zu konstruieren und sich in dieser Auseinandersetzung zu entwickeln. Dabei wird »Entwicklung« nicht auf den Bereich der Moral eingegrenzt, sondern in einem umfassenderen Sinn verstanden.

Lawrence Kohlberg (1927-1987) war Professor an der Harvard Graduate School of Education. Im Suhrkamp Verlag liegt außerdem vor: *Die Psychologie der Moralentwicklung* (stw 1232).

# Lawrence Kohlberg
# Die Psychologie der Lebensspanne

Herausgegeben, bearbeitet und
mit einer Einleitung versehen von
Wolfgang Althof und Detlef Garz

Aus dem Amerikanischen
übersetzt von Detlef Garz

Suhrkamp

Bibliografische Information der Deutschen Nationalbibliothek
Die Deutsche Nationalbibliothek verzeichnet
diese Publikation in der Deutschen Nationalbibliografie;
detaillierte bibliografische Daten sind im Internet
über http://dnb.d-nb.de abrufbar.

suhrkamp taschenbuch wissenschaft 1846
Erste Auflage 2007
© Suhrkamp Verlag Frankfurt am Main 2000
Alle Rechte vorbehalten, insbesondere das der Übersetzung,
des öffentlichen Vortrags sowie der Übertragung
durch Rundfunk und Fernsehen, auch einzelner Teile.
Kein Teil des Werkes darf in irgendeiner Form
(durch Fotografie, Mikrofilm oder andere Verfahren)
ohne schriftliche Genehmigung des Verlages reproduziert
oder unter Verwendung elektronischer Systeme verarbeitet,
vervielfältigt oder verbreitet werden.
Umschlag nach Entwürfen von
Willy Fleckhaus und Rolf Staudt
Druck: Druckhaus Nomos, Sinzheim
Printed in Germany
ISBN 978-3-518-29446-8

# Inhalt

Einleitung der Herausgeber ........................ 9

1. EINFÜHRUNG ................................ 18
   Historische Schulen der Moralpsychologie .......... 18
   Kritische Theorie ............................. 21
   Die rationale Rekonstruktion der Ontogenese ....... 23
   Sozialisationstheorie ......................... 24
   Piagets Werk ................................. 27
   Das Konstrukt der moralischen Stufe und seine
       Validität ................................. 32
   Moralische Stufen und Handeln .................. 43
   Die Rolle der Umwelt ......................... 50
   Philosophische Themen ........................ 53
   Stufen, die in diesem Buch diskutiert werden ........ 60
   Fazit ........................................ 64

2. DAS KIND ALS PHILOSOPH ..................... 67
   Das Kind als Philosoph: Die Idee der Konstanz ...... 69
   Phantasie als spielerisches Denken in der Kindheit ... 71
   Die Kinder denken selbst – ihre grundlegenden Ideen
       entspringen nicht direkt aus Unterweisungen ...... 74
   Das Kind als Moralphilosoph .................... 78
   Moralische Entwicklung und kognitives Wachstum .. 82
   Die Stufen des Ich ............................. 83
   In welchem Sinn sind Stufen wirklich? ............. 90
   Strukturelle und psychoanalytische Stufen:
       Strukturen des Denkens und Freudianischer Inhalt . 94
   Denkstrukturen und Gefühle .................... 97
   Der kognitiv-entwicklungsbezogene Ansatz zur
       psychosexuellen Entwicklung .................. 99
   Strukturelle Stufen und der Prozeß der Erziehung .... 109

3. DER ADOLESZENTE ALS PHILOSOPH ............... 111
   Eriksons Theorie der Identitätskrise und -funktion in
       der Adoleszenz ............................. 117
   Sullivans Theorie zur Adoleszenz ................. 122

| | |
|---|---|
| Piagets kognitive Strukturtheorie der Adoleszenz .... | 125 |
| Erkenntnistheoretische Veränderungen in der Adoleszenz und die Entdeckung des Selbst ........ | 129 |
| Sexualität und Drogengebrauch in der Adoleszenz ... | 133 |
| Die moralische Stufenentwicklung in der Adoleszenz . | 135 |
| Das moralische Infragestellen des Adoleszenten ..... | 140 |
| Geschlechtsunterschiede in der Entwicklung des moralischen Urteils der Adoleszenten ............ | 143 |
| Die Leidenschaft des Adoleszenten für Gerechtigkeit und Rechte ................................... | 147 |
| Entwicklungsebenen der Treue gegenüber der Gemeinschaft ................................. | 149 |
| Selmans strukturelle Stufen der Freundschaft und der Mitgliedschaft in Gleichaltrigen-Gruppen ........ | 153 |
| Delinquenz, negative Identität und strukturelles Verharren auf einer Stufe ..................... | 158 |

4. DER JUGENDLICHE ALS PHILOSOPH
  (mit Ann Higgins) ........................... 163
  Relativismus als Übergang von der konventionellen
    zur prinzipiengeleiteten Moral: Die Fallstudie Kim . 165
  Eriksons Theorie der Ideologie- und Identitätsbildung 169
  Der Jugendliche als relativistischer Radikaler:
    Der Fall Lenny ............................. 176
  Das Fallbeispiel Sam ........................... 179
  Verantwortung im Berufsleben und kognitiv-
    moralischer Konflikt: Das Fallbeispiel Kay ........ 189
  Perrys Stufen der intellektuellen Erkenntnistheorie ... 192

5. DER ERWACHSENE ALS PHILOSOPH
  (mit Ann Higgins und Robert Howard) ........... 203
  Eriksons Stufe der Generativität und ihre Tugenden .. 203
  Carol Gilligans Konzeption der Fürsorge im Kontrast
    zu Eriksons und unseren Vorstellungen .......... 207
  Anmerkungen über das weitere Vorgehen .......... 210
  Gandhi, universelle Gerechtigkeit und moralische
    Stufe ..................................... 213
  Stufe sechs als ein Orientierungsrahmen für die
    Entwicklung Erwachsener ..................... 234

| | |
|---|---|
| Das Fallbeispiel Joan | 235 |
| Das Fallbeispiel Sam | 242 |
| Die Fallbeispiele Tommy und Elaine | 252 |
| Fazit | 257 |

6. DER ÄLTERE MENSCH ALS PHILOSOPH
   (mit Richard Shulik und Ann Higgins) .............. 259
   Entwicklung im mittleren und späteren Erwachsenen-
      alter als Idealtyp .............................. 260
   Das Bewußtsein der eigenen Entwicklung bei älteren
      Menschen: Die Untersuchung von Shulik .......... 262
   Der erwachsene und ältere Mensch als Religions-
      philosoph ..................................... 268
   Die Untersuchungsmethode Shuliks ................. 273
   Gerechtigkeitsdilemmata, die ethische und religiöse
      Philosophien hervorrufen: Das Beispiel Brandon
      Stallworth .................................... 276
   Fowlers Definition der Stufen des Glaubens ........ 280
   Fowlers vierte Stufe: Der Fall Leo Greenberg ...... 287
   Fowlers dritte Stufe: Der Fall John Downs ......... 294
   Das Ultimate und die Ideale des guten Lebens:
      Der Übergang von einer humanistischen Perspektive
      zu einer Sorge um die Beziehung mit dem Kosmos . 301
   Der Fall Andrea Simpson: Auf dem Weg zu einer
      Beschreibung der sechsten Stufe der ethischen und
      religiösen Philosophie ........................ 308
   Philosophische Unterstellungen bei der Erfassung
      einer sechsten Stufe des ethischen und religiösen
      Denkens ...................................... 324
   Die Existenz von Stufen im Erwachsenenalter ....... 326

Anhang:
   Dilemmatexte und Standardfragen ................. 332
   Literatur ....................................... 337

# Einleitung der Herausgeber

Das Jahr vor seinem Tode im Januar 1987 war für Lawrence Kohlberg eine Zeit angespannter Aktivität. Viele seiner Texte lagen nur in Form verstreuter Veröffentlichungen oder sogar nur als ›graue‹ (hektographierte) Literatur vor, und es galt, die Ergebnisse eines Forscherlebens zu bündeln. 1986 erschien sein letztes ausführliches Statement zu Charakter und Ertrag seiner Theorie der Entwicklung des moralischen Urteils (Kohlberg 1986a). Die weitere ›Ernte‹ seiner intensiven Publikationstätigkeit konnte Kohlberg ebensowenig genießen wie die erneute Aufnahme seiner Arbeiten gegen Ende der 90er Jahre: Allein im Jahre 1987 erschienen das zweibändige Handbuch zur Auswertung von Moralinterviews, in dem eine buchstäblich jahrzehntelange Arbeit steckte (Colby, Kohlberg et al. 1987), sowie zwei Bücher über Kinderpsychologie und Erziehung im frühen Kindesalter (Kohlberg, 1987; DeVries & Kohlberg, 1987; zur Rezeption aus jüngerer Zeit vgl. u. a. Hallpike 1998, Helwig 1997, Reed 1997, Walsh 1999, World Psychology 1996).

In einem kleinen Aufsatz erlaubte Kohlberg 1986 seinen Leserinnen und Lesern einen seltenen Einblick in den persönlichen, biographischen Entstehungszusammenhang eines Werkes, das sich in zentralen Teilen mit der Entwicklung der Moral befaßte (1986b; dt. in Kuhmerker et al. 1996). Dieser Aufsatz, dem ein im Oktober 1985 am ›Institut für Moralogie‹ in Kashiwa, Japan, gehaltener Vortrag zugrunde lag, sollte das Vorwort zum dritten Band seiner Werkausgabe (*Essays on Moral Development*; vgl. Kohlberg 1981, 1984) bilden. Dieser Band hätte – unter dem Titel *Ethical Development in the Life Cycle* – Aufsätze zu Charakteristika der Moralentwicklung über die Lebensspanne hinweg enthalten sollen. Zur Fertigstellung dieses Buches kam es nicht mehr. Der äußere Zustand der entsprechenden Texte zeigt deutlich, wie wichtig ihm das Buch gewesen wäre und wie Kohlberg über Jahre damit gerungen hat, es in eine theoretisch zufriedenstellende und zugleich lesbare Form zu bringen. Einige der Aufsätze hatten es schon Ende 1983 auf den Stand einer Druckfahne gebracht. Die Veröffentlichung wurde allerdings selbst in diesem fortgeschrittenen Stadium noch einmal abgebrochen, weil der

Autor zu der Auffassung kam, das Produkt sei noch nicht präsentationsreif. Überarbeitung auf Überarbeitung folgte. Mehrere Aufsätze wurden völlig neu geschrieben, andere blieben bis zum Schluß fragmentarisch – einerseits überladen mit extensiven Einzelfallanalysen, andererseits ohne die offensichtlich geplante zusammenführende Interpretation dieser Fallanalysen.

Die vorliegende deutsche Ausgabe stellt das Ergebnis eines Versuchs dar, dieses Material kritisch zu sichten und jeweils den letzten Arbeitsstand herauszufiltern. Dieser Versuch wurde hier zum ersten Mal unternommen. Fast alle Texte blieben auch in den USA bislang unveröffentlicht. Herausgeber und Übersetzer mußten sich mit der Tatsache abfinden, daß eine ›autorisierte‹ Vorgabe nicht existiert, und mehr als einmal in eigener Verantwortung entscheiden, z. B. darüber, welche Textversion als die letzte, von eigener Hand vorgenommene zu betrachten ist oder welche Kürzungen den Texten zu größerer Klarheit verhelfen.

In gewissem Sinn hat sich Kohlberg mit der Erstellung dieser Aufsätze wieder zurückbegeben zu den Anfängen seiner Arbeit, zu seiner 1958 an der Fakultät der Sozialwissenschaften im Fachbereich Psychologie der Universität Chicago vorgelegten Dissertation, in der die Unterscheidung zwischen Struktur und Inhalt, zwischen Kompetenz und Performanz, sein Vorgehen noch nicht bestimmte.

Im Anhang der Studie über den »Erwachsenen als Philosophen«, die hier nur zum Teil veröffentlicht wird, geht Kohlberg auf sein Verständnis idealtypischer Betrachtungen ein und greift damit auf die Überlegungen zurück, die bereits 1958 die Auswertung seiner Dilemma-Geschichten leiteten.

> Wir beziehen uns an verschiedenen Stellen dieses Buches auf das Konzept des Idealtypus; d. h. auf eine konsistente Konfiguration von Einstellungen oder Merkmalen, die die Einheit einer Persönlichkeit und ihre Werte enthüllt. Ein Idealtypus beruht nicht auf den durchschnittlichen Charakteristika einer Gruppe von Menschen, sondern auf bestimmten individuellen Fällen, die eine theoretische und logische Einheit am eindeutigsten repräsentieren. In diesem Buch greifen wir auf Beispiele zurück, die am eindeutigsten die Einheit der sich entwickelnden Person als Philosoph in den verschiedenen Phasen des Lebens zum Vorschein bringen (Kohlberg 1986, *Der Erwachsene als Philosoph, Anhang*, Ms., S. 14).

In den Jahren zwischen 1960 und 1980 gab Kohlberg dieses Konzept einer ›verstehenden Sozialwissenschaft‹ zugunsten der Ermittlung von moralischen Strukturen, die für alle Menschen gelten, auf. Die Versuche, den Gegenstand seiner Forschung zu präzisieren und ihn in einer universellen Prüfung zugänglich zu machen, hoben – etwa in der umfangreichen Arbeit über »Stufe und Sequenz« (1969; dt. 1974) – das strukturalistische Moment empor, was schließlich in der von Habermas übernommenen Formulierung der ›rationalen Rekonstruktion der Ontogenese‹ gipfelte (vgl. 1983; dt. 1995, S. 226 ff.). Der Gewinn einer solchen Vorgehensweise ist offensichtlich.

> Dadurch, daß sie von der Lebensgeschichte abstrahiert, verschafft sich die strukturelle Theorie die Möglichkeit einer empirischen Verifikation als historisch und universell gültig. Und sie gewinnt dadurch noch einen weiteren Vorteil, nämlich eine klare logische oder moralphilosophische Rechtfertigung etwa der Weise, in der jede spätere Stufe besser oder angemessener ist als die vorhergehende (Kohlberg 1973, S. 200; dt. 1995, S. 115)[1].

Aber Kohlberg wußte auch um den Preis, der mit der Entscheidung für dieses theoretische Konzept verbunden ist. Der Strukturalismus, auch der Genetische Strukturalismus sensu Piaget und der genetische und zugleich interaktionistische Strukturalismus sensu Kohlberg, steht in der Gefahr, das mit einem Selbst oder einer Identität ausgestattete Subjekt zu verlieren. »Strukturelle Stufen geben keine Auskunft darüber, was sich im Kopf des Individuums abspielt« (ebd., S. 199; dt. 1995, S. 115). Niemand hat dies besser als Klaus Riegel in seiner Kritik an Chomsky und dessen System linguistischer Operationen beschrieben: »These operations describe the ideal language of ideal persons in an ideal world. Thus, the order decreed in Chomsky's theory results in an abstract formalism which does not take notice of the individual, his experience, and his actions. ... No human being

---

1 Sieht man von dem weiten Feld der qualitativen, sich einzig am Subjekt orientierenden ›postmodernen‹ nordamerikanischen Forschung (vgl. stellvertretend Denzin/Lincoln 1994) einmal ab, so verkörpern die Arbeiten von Carol Gilligan (1982; dt. 1984) in dieser Beziehung die Gegenposition zur Kohlbergschen Entwicklungstheorie. In ihren ›offenen‹, sich an ›keine‹ externen methodischen oder inhaltlichen Vorgaben bindenden Forschungen gelten die Antworten der Befragten als letzte Instanz für deren Gültigkeit.

enters the serene halls of Chomskys formalism (Riegel 1973, S. 1015; vgl. auch Riegel/Rosenwald 1975).
Obwohl diese Kritik durchaus zutreffend ist, verfehlt sie die Pointe einer universalistisch angelegten Theorie, deren Konstruktionsprinzip gerade darin besteht, zunächst das auszuzeichnen, das für alle gilt; erst im Anschluß daran wird das Subjekt, werden Erfahrungen und Erinnerungen in das Theoriegebäude einbezogen – und Chomskys Erfolge lassen diese Vorgehensweise nicht unattraktiv erscheinen (vgl. Garz 1984, 1996). Habermas differenziert in seiner Thematisierung der Moral die bei Kohlberg eher pauschal angesprochene »Abstraktion von der Lebensgeschichte« (Kohlberg 1973, S. 199; dt. 1995, S. 115) im Sinne von drei ›deontologischen Abstraktionen‹, die eine Theorie der ›rationalen Rekonstruktion der Ontogenese‹ vornehmen muß: der Abstraktion von den erforderlichen Motiven, der Abstraktion von der gegebenen Situation und der Abstraktion von der konkreten Sittlichkeit. In der Verfolgung des ›moral point of view‹, d.h. in der diskursethisch durchgeführten »intersubjektivistischen Deutung des moralischen Gesichtspunktes« (Habermas 1991, S. 98), lassen sich diese Abstraktionen jedoch wieder aufgreifen, einer angemessenen Behandlung zuführen und damit aufheben. Insofern können nicht nur die Gründe, sondern auch die Vorzüge einer universalistisch angelegten Theorie der Ontogenese durchaus nachvollzogen werden (vgl. auch Habermas 1983, 1986).
In der vorliegenden *Psychologie der Lebensspanne* verfolgt Lawrence Kohlberg allerdings eine andere Strategie, eine Strategie, die über die Rekonstruktion von Kompetenzen hinausgeht und die subjektive Konstruktion von ›Biographien und Lebensgeschichten‹ einbezieht. In Erweiterung der ›harten‹ strukturalen Stufen der Entwicklung konstruiert und übernimmt er Konzepte, die sowohl ›weiche‹ strukturale als auch funktionalistische Stufenmodelle zum Gegenstand haben. Der Gewinn einer solchen Vorgehensweise liegt in der Möglichkeit, zu umfassenderen, d.h. vollständigeren Darstellungen des Entwicklungsgeschehens – der Entwicklungslogik wie der Entwicklungsdynamik – zu gelangen. Strukturalistische Theorien der Moralentwicklung und weiche bzw. funktionalistische Theorien der Ich- und Identitätsentwicklung bilden dann in ihrem Zusammenschluß »eine integrierte

Theorie sozialen Handelns und moralischen Urteilens« (Kohlberg 1973, S. 201; dt. 1995, S. 117).

Mit der Arbeit an einer *Psychologie der Lebensspanne* hat Kohlberg bereits sehr früh Überlegungen präsentiert, die im deutschsprachigen Raum erst seit kurzem im Zusammenhang mit dem (Neu-)Entstehen und der Neubewertung einer sozial- und erziehungswissenschaftlichen Biographieforschung ihren Stellenwert finden können (vgl. für viele andere Veröffentlichungen das 1999 von Krüger und Marotzki herausgegebene *Handbuch der erziehungswissenschaftlichen Biographieforschung*). Stärker soziologisch und weniger an Stufen orientiert, umfassen diese Ansätze Leben und Lebensgeschichten, Biographien und Autobiographien. Sie konstruieren und rekonstruieren, überwiegend mit Mitteln der qualitativ-empirischen Sozialforschung, dasjenige, das Werner Loch, übrigens ebenfalls im Anschluß an Noam Chomsky, als eine Reihe von curricularen Kompetenzen, die mit curricularen Situationen in Verbindung stehen, bezeichnet hat (vgl. Loch 1981). Beide Richtungen, die Psychologie der Lebensspanne und die Biographieforschung, orientieren sich insofern an der sokratischen Idee, daß das ›unbefragte Leben nicht lebenswert ist‹ (vgl. auch Bruner 1987).

Die Leistung, die Kohlberg erbracht hat, besteht in dieser Hinsicht darin, daß die strukturalistischen Untersuchungen zur Moral durch den Zusammenschluß mit der Biographieforschung die Verbindung zu neueren, stärker ganzheitlich ausgerichteten Forschungsansätzen gewinnen können; sie besteht allerdings auch darin, daß sie diesen ganzheitlichen Ansätzen das sowohl empirisch wie theoretisch vergleichsweise gut abgesicherte Modell einer Stufenentwicklung, einer ›rationalen Rekonstruktion der Ontogenese‹, anbieten kann. Ansatzpunkte für eine solche Verknüpfung lassen sich beispielsweise in dem von Fritz Schütze vorgetragenen Konzept ›der moralischen Orientierungen auf Universalisierungsmechanismen‹ (Schütze 1976, S. 244 ff.) finden. Hier integriert ein von George Herbert Mead entwickeltes und von Anselm Strauss elaboriertes und sowohl an Lawrence Kohlberg als auch an Fritz Schütze weitergereichtes Konzept die beiden bislang eher getrennt prozedierenden Ansätze.

Schließlich kann auch auf methodische Übereinstimmungen hin-

gewiesen werden. Kohlberg hat sich, das wurde bereits am Beispiel der Diskussion der Idealtypen deutlich, mehr aus der Notwendigkeit, an den Forschungsmitteln der US-amerikanischen ›Mainstream‹-Psychologie partizipieren zu können, denn aus dem Glauben an psychometrische Verfahren, in seinen Untersuchungen zur Stufenentwicklung der Moral auf einen methodisch schwierigen Weg begeben. In seine Untersuchungen gingen sowohl statistische als auch hermeneutische Auswertungsschritte ein: Einerseits wurden qualitative, ›teilstandardisierte Dilemma-Interviews‹ (Hopf) durchgeführt und die gewonnenen Antworten unter Zugrundelegung des Manuals ›semi-hermeneutisch‹ ausgewertet (vgl. Colby/Kohlberg et al. 1987), andererseits wurden die Ergebnisse dann wiederum quantifiziert und zur weiteren Bearbeitung in einen gewichteten Durchschnittswert überführt. – Daß eine weitgehende Akzeptanz verstehender Methoden in der US-amerikanischen Sozialforschung dann gegen Ende der 80er Jahre im Rahmen des ›interpretive turn‹ (Rabinow/Sullivan) erfolgte, auch das gehört zur Tragik des Kohlbergschen Lebens (vgl. speziell für die Verbindung von qualitativ-empirischer Forschung und menschlicher Entwicklung: Jessor/Colby/Shweder 1996).
Der Versuch, sowohl dem qualitativen wie dem quantitativen Forschungsparadigma zu entsprechen, weicht in der vorliegenden Abhandlung überwiegend einer ›hermeneutischen oder interpretativen Einstellung‹. Jetzt stehen Fallbeschreibungen und deren sensible Interpretation im Mittelpunkt der Ausführungen. Allerdings bleiben diese verstehenden Auslegungen sehr stark an die ›Genialität des Interpreten‹ (Dilthey) gebunden und folgen nicht einer gerade in der deutschsprachigen Diskussion zur qualitativ-empirischen Sozialforschung geforderten methodisch nachvollziehbaren und nachprüfbaren Linie der Interpretation. Daß die Interpretationen dennoch überwiegend überzeugen können, verdanken sie der Verbindung von Kohlbergs Vertrautheit mit den Interviews und seinen theoretischen Kenntnissen. An diesen Fallanalysen wird daher auch und erneut jene Spirale deutlich, jenes abduktive Schließen, die als ›aufhebende oder fruchtbare Zirkularität‹ für den Fortgang unseres Wissens verantwortlich zeichnet. In der Hoffnung, daß dieser Band ein solches Fortschreiten unserer Kenntnis über die sozio-biographi-

sche Entwicklung des Menschen ermöglicht, legen wir ihn der *scientific community* vor.

### Editorische Notiz

- An wenigen Stellen konnte der ursprüngliche Text nicht rekonstruiert werden, entweder weil die Vorlage nicht lesbar war, oder weil die entsprechende Zeile bzw. der entsprechende Satz auch in der Vorlage fehlten. Hier haben die Herausgeber in eckigen Klammern eine Ergänzung hinzugefügt, die den verlorenen Sinn ersetzen soll.
- Da die vorliegenden Manuskripte kein Literaturverzeichnis beinhalteten, mußten wir dies nach den Hinweisen im Text selbst erstellen, hierbei ließen sich einige wenige Verweise nicht rekonstruieren.
- Eine Version des Beitrags »Das Kind als Philosoph« erschien unter dem Titel »The Young Child as Philosopher« in: Kohlberg, L., *Child Psychology and Childhood Education*, New York 1987, S. 13-44; bei Abweichungen zwischen publiziertem Text und Manuskript haben wir uns an die von Lawrence Kohlberg redigierte Manuskriptvorlage gehalten.
- Wir möchten Fritz Oser dafür würdigen, daß er die ersten Absprachen mit Lawrence Kohlberg über eine deutschsprachige Ausgabe der *Psychologie der Lebensspanne* getroffen hat.
- Last but not least möchten wir Stephanie Bretschneider (Oldenburg) danken, ohne deren Unterstützung der vorliegende Band seine Gestalt nicht hätte finden können.

Wolfgang Althof                                                          Detlef Garz

### Literatur

Bruner, Jerome, »Life as Narrative«, in: *Social Research* 54 (1987), S. 11-32.
Colby, Anne/Kohlberg, Lawrence et al., *The Measurement of Moral*

*Judgment*, Volume 1: »Theoretical Foundations and Research Validation«, Volume 2: »Standard Issue Scoring Manual«, Cambridge, England 1987.

Denzin, Norman K./Lincoln, Yvonna S. (eds.), *Handbook of Qualitative Research*, Thousand Oaks 1994.

DeVries, Rheta/Kohlberg, Lawrence, *Programs of Early Education. The Constructivist View*, New York 1987.

Garz, Detlef, *Strukturgenese und Moral*, Opladen 1984.

Garz, Detlef, *Lawrence Kohlberg zur Einführung*, Hamburg 1996.

Gilligan, Carol, *In a Different Voice*, Cambridge: Harvard University Press 1982; dt.: *Die andere Stimme*, München 1984.

Habermas, Jürgen, *Moralbewußtsein und kommunikatives Handeln*, Frankfurt am Main 1983.

Habermas, Jürgen, »Moralität und Sittlichkeit«, in: Kuhlmann, W. (Hg.), *Moralität und Sittlichkeit*, Frankfurt am Main 1986, S. 16-37.

Habermas, Jürgen, *Erläuterungen zur Diskursethik*, Frankfurt am Main 1991.

Hallpike, Christopher R., »Moral Development from the Anthropological Perspective«, in: *ZiF: Mitteilungen* 2/1998, S. 4-18.

Helwig, Charles C., »Making Moral Cognition Respectable (Again): A Retrospective Review of Lawrence Kohlberg«, in: *Contemporary Psychology* 1997 (42), S. 191-1995.

Jessor, Richard/Colby, Anne/Shweder, Richard A. (eds.), *Ethnography and Human Development. Context and Meaning in Social Inquiry*, Chicago 1996.

Kohlberg, Lawrence, »Stage and Sequence: The Cognitive-Developmental Approach to Socialization«, in: Goslin, D. A. (ed.), *Handbook of Socialization Theory and Research*, Chicago 1969, S. 347-480; dt.: »Stufe und Sequenz: Sozialisation unter dem Aspekt der kognitiven Entwicklung«, in: ders.: *Zur kognitiven Entwicklung des Kindes*, Frankfurt am Main 1974, S. 7-255.

Kohlberg, Lawrence, »Continuities in Childhood and Adult Moral Development Revisited«, in: Baltes, P. B./Schaie, K. L. (eds.), *Life Span-Developmental Psychology*, New York 1973, S. 179-204; dt.: »Zusammenhänge zwischen der Moralentwicklung in der Kindheit und im Erwachsenenalter – neu interpretiert«, in: Kohlberg, L., Die Psychologie der Moralentwicklung, Frankfurt am Main 1995, S. 81-122.

Kohlberg, Lawrence, *The Philosophy of Moral Development*, San Francisco 1981.

Kohlberg, Lawrence, *The Psychology of Moral Development*, San Francisco 1984.

Kohlberg, Lawrence, »A Current Statement on Some Theoretical Issues«, in: Modgil S. & C. (Hg.), *Lawrence Kohlberg. Consensus and Controversy*, Philadelphia 1986, S. 485-546. (a)

Kohlberg, Lawrence, »My Personal Search for Universal Morality«, in: *Moral Education Forum* 1986 (11), H. 8, S. 4-10 (b); dt. in: Kuhmerker, Lisa/Gielen, Uwe/Hayes, Richard L., *Lawrence Kohlberg. Seine Bedeutung für die pädagogische und psychologische Praxis*, München 1996, S. 21-30.

Kohlberg, Lawrence, *Child Psychology and Childhood Education, A Cognitive-Developmental View*, New York 1987.

Kohlberg, Lawrence, *Die Psychologie der Moralentwicklung*, Frankfurt am Main 1995.

Kohlberg, Lawrence/Levine, Charles/Hewer, Alexandra, *Moral Stages: A Current Formulation and a Response to Critics*, Basel 1983; dt.: »Zum gegenwärtigen Stand der Theorie der Moralstufen«, in: Kohlberg, L., *Die Psychologie der Moralentwicklung*, Frankfurt am Main 1995, S. 217-372.

Krüger, Heinz-Hermann/Marotzki, Winfried (Hg.), *Handbuch der erziehungswissenschaftlichen Biographieforschung*, Opladen 1999.

Kuhmerker, Lisa/Gielen, Uwe/Hayes, Richard L., *Lawrence Kohlberg. Seine Bedeutung für die pädagogische und psychologische Praxis*, München 1996.

Loch, Werner, »Anfänge der Erziehung – Zwei Kapitel aus einem verdrängten Curriculum«, in: Maurer, F. (Hg.), *Lebensgeschichte und Identität*, Frankfurt am Main 1981, S. 31-83.

Reed, Donald R. C., *Following Kohlberg. Liberalism and the Practice of Democratic Community*, University of Notre Dame Press 1997.

Riegel, Klaus F., »Cardinal Chomsky's Platonic Revival Movement or, Linguistics out of HIS Mind«, in: *American Psychologist* 128 (1973), S. 1013-1016.

Riegel, Klaus F./Rosenwald, George C. (eds.), *Structure and Transformation*, New York 1975.

Schütze, Fritz, »Zur Hervorlockung und Analyse von Erzählungen thematisch relevanter Geschichten im Rahmen soziologischer Feldforschung«, in: Arbeitsgruppe Bielefelder Soziologen (Hg.), *Kommunikative Sozialforschung*, München 1976, S. 159-260.

Walsh, Catherine, »Reconstructing Larry. Assessing the Legacy of Lawrence Kohlberg«, in: *Harvard Education Bulletin*, Winter/Spring 1999, S. 6-13.

Word Psychology, *Focus on Lawrence Kohlberg*, 2 (1996), S. 273-435.

# 1. Einführung

Der Autor und seine Kolleginnen und Kollegen führen seit 1955 psychologische Untersuchungen zu den Stufen des moralischen Urteilens und Begründens, zu deren Verhältnis zum Handeln und zur sozialen und pädagogischen Umwelt durch. Die philosophischen Voraussetzungen und Implikationen dieser Arbeit wurden ausführlich in der Veröffentlichung *The Philosophy of Moral Development* (Kohlberg 1981), die psychologische Theorie und empirische Ergebnisse in dem Werk *The Psychology of Moral Development* (Kohlberg 1984) diskutiert (vgl. dazu dt. Kohlberg 1995).

In dem vorliegenden Buch konzentrieren wir uns auf die zentralen Gebiete des menschlichen Lebenszyklus: die Kindheit, die Adoleszenz, die Jugend, das Erwachsenenalter sowie das fortgeschrittene Alter. Das bestimmende Thema des Buches ist der sich entwickelnde Mensch als Philosoph, der auf die Moral sowie die physischen, metaphysischen, gesellschaftlichen und religiösen ›Realitäten‹, in die das Selbst und seine Moral eingebettet sind, reflektiert.

In dieser Einführung möchte ich die Forschung zu moralischen Stufen in einen historischen Kontext einordnen und einige aktuelle Ergebnisse, Themen und Kontroversen über moralische Stufen analysieren.

### Historische Schulen der Moralpsychologie

Das Thema der moralischen Stufen oder Ebenen ist in der westlichen Philosophie so alt wie Platon und kann gleichermaßen in den vedischen und buddhistischen Philosophien des Ostens gefunden werden. Moderne ›Philosophen-Psychologen‹ wie John Dewey (Dewey/Tufts 1932) und James Mark Baldwin (1906, 1906-1911) haben eine generelle Triade der präkonventionellen, konventionellen und prinzipiengeleiteten bzw. postkonventionellen Moral ausgearbeitet. Jedoch verfügten nicht alle ›Philosophen-Psychologen‹ über eine Vorstellung von moralischen Stufen oder Ebenen; dies trifft besonders auf die ›empirischen‹ Utilitaristen der britischen Philosophie der Aufklärung und die kontinentale a priori-Philosophie der Kantianer zu.

Die britischen Utilitaristen (z.B. D. Hume 1751, dt. 1962, A. Smith 1759, dt. 1977, und J.S. Mill 1861, dt. 1976) gingen davon aus, daß moralische Werte von je einzelnen Erwachsenen erbracht werden, die über Sprache und Intelligenz verfügen und die die Handlungen von anderen individuellen Erwachsenen beurteilen. Die Utilitaristen meinten, daß Handlungen des Selbst oder von anderen, deren Konsequenzen für das Selbst schädlich (schmerzhaft) sind, natürlicherweise als schlecht angesehen werden und Ärger bzw. strafende Tendenzen erwecken, während Handlungen, deren Konsequenzen förderlich (angenehm) sind, natürlicherweise als gut angesehen werden und Zuneigung bzw. billigende Tendenzen erwecken. Auf der Grundlage der natürlichen Tendenzen der Empathie, der Generalisierung und der Notwendigkeit zur sozialen Übereinstimmung werden Handlungen als gut (oder schlecht) beurteilt, wenn ihre Konsequenzen anderen gegenüber gut (oder schlecht) sind, selbst wenn sie dem Selbst nicht helfen (oder es schädigen). Logische Überlegungen führen diese Konsequenzurteile schließlich dazu, daß sie jene Urteilsform annehmen, wonach dasjenige Handeln als richtig anzusehen ist, das das größte Gut für die größte Zahl hervorruft.

Ich habe an anderer Stelle ausgeführt (Kohlberg 1964; Grimm, Kohlberg und White 1968), daß empirische Evidenzen für die ›british utilitaristische‹ Sichtweise der Entwicklung der moralischen Vernunft als einer natürlichen Ausweitung der Klugheit *(prudence)* oder praktischen Vernunft durch ein Gefühl der Sympathie oder Empathie vorliegen. Moralische Verhaltensweisen, z.B. nicht zu mogeln, scheinen keine Eigenschaften des moralischen Bewußtseins zu sein, sondern ein Sortiment der Fähigkeiten des Selbst, das mit den *common sense*-Vorstellungen der Klugheit und des Willens in Beziehung steht. So gesehen verlangt moralisches Handeln (Handeln, das auf rationalen Überlegungen beruht, wie die eigene Handlung andere beeinflußt) weitgehend die gleichen Fähigkeiten wie kluges Handeln (Handeln, das auf rationalen Überlegungen beruht, wie es die langfristigen Interessen des Selbst beeinflußt). Beide verlangen Empathie (die

Fähigkeit, die Reaktion von anderen vorherzusagen), Voraussicht (die Fähigkeit, Alternativen und Wahrscheinlichkeiten abzuwägen) und die Fähigkeit zum Aufschub (ein Aufschub der Reaktion und die Bevorzugung der entfernten, größeren Belohnung gegenüber der unmittelbaren geringeren Belohnung). In der modernen Persönlichkeitspsychologie werden diese Faktoren zusammen mit anderen Aspekten der Entscheidungsfindung und der emotionalen Kontrolle im Konzept der Ich-Stärke zusammengefaßt. Einige der Fähigkeiten des Ich, von denen man feststellte, daß sie durchweg mit Experimental- und Einschätzungsmaßen der Ehrlichkeit von Kindern korrelierten, umfassen: die Intelligenz (IQ), den Aufschub von Belohnung (die Bevorzugung einer größeren Belohnung in der Zukunft gegenüber einer kleineren Belohnung in der Gegenwart) sowie die Aufmerksamkeit (die Stabilität sowie die Dauer der Aufmerksamkeit bei einfachen Experimentalaufgaben).

Im Vergleich zu den ›Philosophen-Psychologen‹ des britischen Utilitarismus bilden die Nachfolger Kants das andere Extrem. Kant ging davon aus, daß es ein ›a priori‹ gibt, eine vor der Erfahrung liegende Intuition des rationalen Bewußtseins, das im ›Kategorischen Imperativ‹ ausgedrückt ist. Dieser kann zwei Formen annehmen: »Handle nur nach derjenigen Maxime, durch die du zugleich wollen kannst, daß sie ein allgemeines Gesetz werde« (Kant, GMS, 1785, IV, S. 421) bzw. »Handle so, daß du die Menschheit sowohl in deiner Person als in der Person eines jeden anderen, jederzeit zugleich als Zweck, niemals bloß als Mittel brauchst« (ebd.)[1]. Nach Kant ist diese Intuition des rationalen Bewußtseins allen Menschen in allen Kulturen angeboren, und seine Entwicklung hängt nicht von der Erfahrung ab.

Unzufrieden sowohl mit der utilitaristischen Sicht der moralischen Entwicklung im Sinne einer einfachen Anhäufung externer oder empirischer Assoziationen, die die Klugheit und die Sympathie verstärken, als auch mit der Kantischen Sicht eines eingeborenen rationalen Bewußtseins und inspiriert sowohl durch die

---

1 Anmerkung der Hg.: Kohlberg zitiert frei und ohne Angabe der Quelle. »So act that the maxim of thy will may be universal law for all mankind« bzw. »Treat every other rational being, not as means only, but always as an end in himself«.

Hegelsche Philosophie der Stufen als auch durch Darwins Evolutionskonzept, definierten die erwähnten ›Philosophen-Psychologen‹ wie Dewey, Baldwin und Mead am Anfang des 20. Jahrhunderts, daß die moralischen Stufen aus der sozialen Interaktion zwischen einem strukturierenden oder konstruierenden Kind und einer sozial strukturierten Welt resultieren. Es ist diese Tradition, vor allem in der empirischen Ausarbeitung durch Piaget, die meiner eigenen Forschung und dem Ansatz dieses Buches zugrunde liegt.

## Kritische Theorie

Bevor ich diese konstruktivistische Tradition und meine eigene Weiterführung dieses Ansatzes vorstelle, ist es wichtig anzumerken, daß die durch die ›Philosophen-Psychologen‹ angeleitete Entwicklung der Theorien der Moralpsychologie kraß durch die ›irrationalistischen‹ Begründer der modernen Soziologie, Ethnologie und Tiefenpsychologie im frühen Abschnitt des 20. Jahrhunderts unterbrochen wurde. Der Einfachheit halber werde ich nur drei überragende Figuren benennen, deren kreative Einsicht in zuvor ignorierte moralische Phänomene ein Gegengewicht bildet zu den Grenzen der philosophischen Annahmen, die hinter ihren sozialwissenschaftlichen Moraltheorien liegen: Karl Marx, Emile Durkheim und Sigmund Freud. Marx, Freud und Durkheim sind ›Irrationalisten‹ in dem Sinne, daß sie die Essenz der Moral in emotionalen Kräften begründet sahen, deren Stärke unabhängig von den kognitiven oder ›rationalen‹ Strukturen und Rechtfertigungen der moralischen Urteile ist. Sowohl Durkheim als auch Freud waren in dem Sinne ethische und kulturelle Relativisten, als sie den Bereich und den Inhalt der Moral nicht im Hinblick auf universelle Prinzipien wie die utilitaristische Wohltätigkeit (die Sorge um das Wohlergehen der anderen) oder die Kantische Gerechtigkeit (den Respekt gegenüber Personen) bestimmten, sondern im Hinblick auf partikulare Regeln, die von Kultur zu Kultur (oder von Familie zu Familie) variieren und die rational nicht rechtfertigbaren Funktionen der Aufrechterhaltung eines gegebenen Systems der Autorität, des Status und der Ordnung dienen.

Habermas (1983) trifft eine hilfreiche Unterscheidung im Hinblick auf die Aufgaben, die die Theoretiker der moralischen Entwicklung sich gestellt haben. Die erwähnten ›Philosophen-Psychologen‹ haben Theorien konstruiert, welche die *rationale Rekonstruktion der Ontogenese* beinhalten; das heißt, daß diese Theorien die Entwicklung auf jene Form der Moralität hin skizzieren und erklären, auf die sich an Rationalität orientierte Personen einigen können. Von anderen ›irrationalen‹ Theorien, wie jenen von Freud und Marx, kann angenommen werden, daß sie *kritischen und emanzipatorischen Funktionen* dienen, indem sie dem reflexiven Subjekt helfen, sich selbst von Elementen irrationaler moralischer Ideologien zu emanzipieren, welche verborgenen Funktionen dienen, indem sie den sozialen oder familialen Status quo oder ein System der Autorität und des Status in der Familie und der Gesellschaft rechtfertigen. Im Zentrum der Theorien von Marx und Freud steht der Begriff der moralischen Werte als ›Ideologien‹, die auf einem ›falschen Bewußtsein‹ beruhen. Marx verstand beispielsweise moralische Ideologien als ›falsches Bewußtsein‹ zunächst in dem Sinn, daß sie aus der Sicht der Erkenntnistheorie empirisch falsch waren sowie daß sie Wertaussagen mit faktischen Aussagen, die falsch waren, verwechselten. Zweitens sah er, daß diese Ideologien eine verborgene Funktion aufwiesen: die *Funktion*, die Dominanz oder Überlegenheit der kapitalistischen Klasse zu schützen und die wirklichen Interessenkonflikte zwischen der Eliteklasse und der Arbeiterklasse zu leugnen. Drittens verstanden beide die moralischen Ideologien deshalb als ›falsches Bewußtsein‹, weil diese, wenn man ihren Ursprung und ihre Genese untersucht, verborgenen Motiven entsprangen.

Die Aussage, daß eine marxistische Analyse der moralischen Ideologien diese als ›falsches Bewußtsein‹ sieht, leugnet nicht die Nützlichkeit solcher Theorien im Sinne einer Befreiung oder Emanzipation. Diese Theorien können jedoch nicht mit Hilfe des üblichen ›positivistischen‹ Begriffs von Sozialwissenschaft unter Beweis gestellt werden, der, wie in den Naturwissenschaften, der Vorhersage physischer oder Sinnesbeobachtungen gewidmet ist und auf instrumentelle Weise zur Kontrolle der Natur benutzt wird.

Das gilt auch für psychoanalytische Theorien der Moral als ›falsches Bewußtsein‹ oder als ›Rationalisierung‹, Reaktionsbildung sowie andere Abwehrmechanismen gegen unbewußte Impulse oder Triebe. Die psychoanalytische Theorie stellt aus meiner Sicht als Grundlage positivistischer empirischer Vorhersagen über die moralische Entwicklung von Kindern einen Fehlschlag dar (Kohlberg 1963, 1964). Dies bedeutet jedoch nicht, daß sie nicht im Sinne einer emanzipatorischen Funktion für die individuelle Analyse oder zur Analyse der eigenen moralischen Ideologie dienen mag, die ja tatsächlich Konflikte und Ambivalenzen bezüglich der Eltern sowie die ›defensive‹ Identifikation mit ihnen verbergen kann.

Um die Nützlichkeit von Theorien, wie jener von Marx und Freud, verstehen zu können, ist es wichtig, sie nicht in einen positivistischen methodologischen Rahmen zu stellen und eine ›objektivierende‹ Einstellung im Hinblick auf Personen als sich verhaltende und voraussagbare Dinge einzunehmen, sondern mit Hilfe einer ›hermeneutischen‹ Methodologie eine interpretative Haltung zu übernehmen und die Kommunikation anderer Menschen als Text zu interpretieren; und zwar ebenso wie die Interpretationen der Philosophen und Literaturkritiker versuchen, die Struktur der aristotelischen Ethik oder der Novellen von Henry James zu explizieren. Ich behaupte, daß man, wie gute hermeneutische Interpreten und Kritiker es tun, zuerst das Bewußtsein oder den von einem Subjekt intendierten Sinn ausschöpfen soll, bevor man Hypothesen aufstellt über unbewußte Bedeutungen, die weniger einfach zu verifizieren sind.

## Die rationale Rekonstruktion der Ontogenese

Wenn man eine hermeneutische oder interpretative Haltung gegenüber der sich entwickelnden Person einnimmt, muß der Theoretiker, wenn er kein kritischer Demaskierer ist, es auf sich nehmen, eine Theorie zu konstruieren, die eine ›rationale Rekonstruktion der Ontogenese‹ darstellt, so wie dies Piaget, ich selbst und meine Kolleginnen und Kollegen getan haben (das trifft auch auf Baldwin, Dewey, Mead und Habermas zu). Wenn man die Meinung eines Kindes in einem Interview verstehen will, muß man eine rationale oder ›sinnschaffende‹ Einstellung des Kindes unterstellen, obwohl die Einstellung des Kindes gegenüber der Rationalität sich stark von der unsrigen unterscheidet.

Dies bedeutet wiederum, daß man die anwachsende Rationalität oder Angemessenheit der kindlichen Denkstrukturen oder -stufen explizieren und nach Universalien der Entwicklung über Kulturen, Schichten und Geschlechter hinweg suchen muß. Dies haben meine Kolleginnen und Kollegen zusammen mit mir mit beträchtlichem empirischen und konzeptuellen Erfolg getan, wie ich in den bereits erwähnten Arbeiten aus dem Jahr 1981 und 1984 dokumentiert habe.

Die Moraltheorien von Baldwin, Dewey, Mead und mir sind mit dem Vorwurf, daß sie von einem ›falschen Bewußtsein‹ zeugen, von Neo-Marxisten wie Edmund Sullivan und anderen als ›liberale westliche‹ Ideologien kritisiert worden (vgl. Kohlberg 1984, Kap. 4; dt. 1995, S. 321 f.). In meiner Antwort habe ich nicht nur *erkenntnistheoretisch* zu zeigen versucht, daß meine Theorie durch die Fakten gestützt wird, sondern daß die von uns gefundenen Schichtunterschiede auf einer *funktionalen* Ebene nicht im Dienst der Bewahrung des Status quo stehen, sondern dazu dienen, auf die Ungerechtigkeiten und Ungleichheiten einer Klassengesellschaft, die diese Unterschiede generiert, hinzuweisen. Ich habe schließlich zu zeigen versucht, daß die Tatsache, daß eine Theorie von einem Angehörigen der westlichen Mittelschicht entwickelt wurde, kein Argument gegen die Wahrheit der Theorie bedeutet; wer dies behauptet, begeht einen logischen Fehlschluß, den ›genetischen Fehlschluß‹ (vgl. Kohlberg 1984, Kap. 4; dt. 1995, S. 217 ff.).

## Sozialisationstheorie

Im Kontrast sowohl zu kritischen Theorien als auch zu den rationalen rekonstruktiven Theorien von Piaget und anderen ›Philosophen-Psychologen‹ steht die *›positivistische‹*, ›objektivierende‹ Einstellung einer wertneutralen Voraussage des Verhaltens. Diese Einstellung wird üblicherweise von Sozialisationstheoretikern und Theoretikern des sozialen Lernens eingenommen, die moralische Entwicklung als anwachsende oder stärker internalisierte Konformität gegenüber den Normen der Kultur verstehen, wobei sie von einer wertneutralen, sozial oder kulturell relativen Definition der Moral ausgehen.

Durkheim (1961; dt. 1973), einer der einflußreichsten Moraltheoretiker, der teilweise eine kulturrelativistische Einstellung vertrat, ging davon aus, daß eine positivistische Sicht der Moral im Sinne eines Sets an sozialen Faktoren die moralische Erziehung am besten leiten könnte. Er hat am klarsten die Überzeugung zum Ausdruck gebracht, die einen Großteil des psychologischen und soziologischen Denkens geprägt hat: die Überzeugung, daß das Problem des Ursprungs der moralischen Werte ein kulturelles oder soziales ist und daß es das Problem der Psychologie ist zu erklären, wie moralische Werte, die auf der kulturellen Ebene entstehen, durch kulturelle Übertragungsmethoden wie Verstärkungslernen oder Identifikation übermittelt oder von dem sich entwickelnden Kind internalisiert werden.

Durkheims Theorie setzte mit einer Kritik sowohl der utilitaristischen Ansätze von Hume, Smith und Mill als auch des Kantischen Ansatzes ein. In seiner Kritik der Utilitaristen wies Durkheim auf die folgenden vier Phänomene hin:

1. Moral ist dem Grunde nach eine Angelegenheit des Respekts vor feststehenden Regeln (sowie den Autoritäten, die hinter diesen Regeln stehen) und keine rationale Kalkulation von Nutzen und Schaden für konkrete Fälle.
2. Moral scheint universell mit strafenden Gefühlen gegenüber Regel-Verletzern verbunden zu sein; Gefühle, die mit der Vorstellung unverträglich sind, daß das Recht mit Konsequenzen für das menschliche Wohlergehen zu tun hat.
3. Es existiert von Gruppe zu Gruppe eine weite Variation bezüglich der Natur der Regeln, die moralischen Respekt, Bestrafung sowie ein Gefühl der Verpflichtung hervorrufen.
4. Während moderne westliche Gesellschaften Moral von Religion trennen, betreffen die grundlegenden moralischen Regeln und Einstellungen in vielen Gruppen die Beziehungen zu Göttern und nicht zu Menschen; daher konzentrieren sich diese nicht auf Konsequenzen für das menschliche Wohlergehen.

Nach Durkheim implizieren diese Tatsachen wiederum das Folgende: Allein die Tatsache der Existenz einer institutionalisierten

Regel stattet diese, ungeachtet ihrer Konsequenzen für das menschliche Wohlergehen, mit einer moralischen Heiligkeit aus. Demgemäß entstehen moralische Regeln, Einstellungen und das Gefühl der Verpflichtung ihnen gegenüber eher auf der Gruppen- als der Individualebene. Der psychische Ursprung der moralischen Einstellungen liegt dann im Respekt des Individuums für die Gruppe, die Einstellungen, die von der Gruppe geteilt werden, sowie die Autoritätsfiguren, welche die Gruppe repräsentieren. Die Werte, die für das Individuum am heiligsten sind, sind jene, die von den meisten Mitgliedern der Gruppe geteilt werden und sie am engsten zusammenbinden.

Während Durkheims Sichtweise des ›Geistes der Gruppe‹ häufig in Frage gestellt wurde, wurden die wesentlichen Implikationen seiner Position weithin akzeptiert. Unterstellungen, die von Durkheim wie von Freud geteilt werden, liegen vielen Forschungsarbeiten zur moralischen Sozialisation zugrunde. Anders als Durkheim leitete Freud (1923, 1930) moralische Gefühle und Überzeugungen nicht aus dem Respekt vor der Gruppe, sondern der Identifikation mit individuellen Eltern ab. Darüber hinaus sieht Freud diesen Respekt und die Identifikation in instinktiven Bindungen (und der Abkehr von diesen Bindungen) begründet und brachte zum Ausdruck, daß die zentralen Regeln der Moral ihre Stärke und Rigidität aus dem Bedürfnis ableiteten, diesen instinktiven Kräften zu begegnen. Trotz dieser Unterschiede stimmten Freud und Durkheim darin überein, daß sie Moral (das Über-Ich) grundlegend als eine Angelegenheit des Respekts vor konkreten Regeln ansahen, die kulturell variabel oder zufällig sind; diese Regeln stellen Manifestationen einer sozialen Autorität dar. Schließlich sah auch Freud die Strafe oder (selbst-strafende) Gefühle im Hinblick auf abweichendes Verhalten als den klarsten und charakteristischsten Ausdruck der moralischen Internalisierung oder des moralischen Respekts an.

Aus einer Vielzahl von Kulturen stammende Forschungsergebnisse über individuelle moralische Urteile scheinen jedoch mit der soeben skizzierten Sichtweise unvereinbar. Moralische Urteile und Entscheidungen bestehen in allen Kulturen aus einer Mischung von Urteilen bezüglich konkreter utilitaristischer Konsequenzen *und* kategorischen sozialen Regeln. Die utilitaristische Ableitung des Respekts vor Regeln aus utilitaristischen Konsequenzen ist psychologisch ebenso undurchführbar wie Durkheims Ableitung des Interesses an den Konsequenzen des individuellen Wohlergehens aus dem Respekt vor den sozialen Regeln als solchen. Wenn ein kulturell universeller Kern moralischer Werte und moralischer Entwicklung gefunden werden kann, dann basiert dieser nicht auf kulturell universellen Prinzipien, die in konkreten sozialen Regeln verkörpert sind. Häufig entwickeln sich und wirken *prinzipiengeleitete* Moralen auf einer Ebene des bewußten Widerstands gegen die Autorität der Gruppe sowie deren Überwindung, wie es von den Utilitaristen nahegelegt wurde. Aber diese Entwicklung setzt selbst wiederum die vorhergehende Entwicklung des ›konventionellen‹ Respekts gegenüber der Autorität der Gruppe, wie von Durkheim beschrieben, voraus.

## Piagets Werk

Wir denken, daß Piagets zentraler Beitrag zur menschlichen Entwicklung auf seiner Einsicht beruht, daß das Kind ein Philosoph ist, seine eigene Welt der Bedeutung konstruiert, die fundamentale Frage ›Weshalb?‹ stellt und sich selbst Antworten auf diese Frage gibt. Dies ist dasjenige Wagnis, das seit der Zeit Platons das Wagnis der Philosophie genannt wird. Piagets zweite zentrale Einsicht bestand darin, daß sich die Philosophie des Kindes über Stufen hinweg entwickelt, die die Weltsicht des Kindes transformieren. Piaget schrieb 1930 eine Zusammenfassung seiner Forschungen unter dem Titel *Children's Philosophies*; in diesem Kapitel diskutiert er sein frühes Werk, das sicherlich am besten in der Arbeit *Das Weltbild des Kindes* (1926; dt. 1978) repräsentiert ist. Von besonderer Relevanz für das vorliegende Buch ist jedoch Piagets *Das moralische Urteil beim Kinde* (1932; dt. 1983), das die erste ausführliche empirische Arbeit über die Entwicklung des moralischen Urteilens darstellt.
In diesem Buch versuchte Piaget nicht, ›wirkliche‹ Stufen zu definieren, sondern er skizzierte eine Bewegung ausgehend von der Prämoralität (kein Gefühl der Verpflichtung gegenüber Regeln und Autoritäten) über eine heteronome Moral, die auf dem

Glauben an ein rigides Befolgen von Regeln basiert, das durch ein Gefühl des ›heteronomen‹ Respekts gegenüber erwachsenen Autoritäten motiviert wird (besonders den Eltern, denen gegenüber das Kind eine besondere Mischung aus Furcht und Zuneigung empfindet), zu einer ›autonomen Moral‹, die auf einem rationalen Interesse für Kooperationsregeln und Reziprozität im Hinblick auf die Gleichaltrigen basiert.

Piaget hat in seiner Theorie der Entwicklung herausgearbeitet, daß das Kind sich zunächst von einer amoralischen Stufe zu der von Durkheim beschriebenen Stufe des Respekts gegenüber den heiligen Regeln bewegt. Dies ist weniger der Respekt gegenüber der Gruppe als der Respekt gegenüber der Autorität von bestimmten Erwachsenen wie den Eltern. Piaget ist der Auffassung, daß die kognitiven Grenzen der Kinder zwischen drei und acht Jahren diese dazu führen, moralische Regeln mit physikalischen Gesetzen zu verwechseln und Regeln als feststehende ewige Dinge zu betrachten und nicht als die Werkzeuge für menschliche Ziele und Werte. Er nahm an, daß Kinder Regeln als etwas Absolutes sehen und Regeln mit Dingen verwechseln; dies geschieht einerseits aufgrund ihres ›Realismus‹ (ihrer Unfähigkeit, zwischen subjektiven und objektiven Aspekten ihrer Erfahrung zu unterscheiden) sowie andererseits aufgrund ihres ›Ego-Zentrismus‹ (ihrer Unfähigkeit, ihre eigene Sicht der Dinge von derjenigen der anderen zu unterscheiden). Kleine Kinder sehen die Regeln aber nicht nur als etwas externes Absolutes, sondern sie denken auch, daß ihre Eltern und andere Erwachsene allwissend, perfekt und heilig seien. Es wird angenommen, daß diese Einstellung des einseitigen Respekts gegenüber den Erwachsenen in Verbindung mit dem Realismus des Kindes dazu führt, daß Regeln als heilig und unveränderlich angesehen werden.

Piaget glaubte weiterhin, daß die Moral der Autonomie mit zunehmendem Alter nach und nach die Vorherrschaft über die Moral der Heteronomie gewinnt – zumindest in Gesellschaften, die nicht stark autoritär oder gerontokratisch aufgebaut sind. In jüngster Zeit habe ich zusammen mit meinen MitarbeiterInnen die Piagetsche Vorstellung der heteronomen und autonomen Idealtypen unter Zugrundelegung von Längsschnittuntersuchungen anhand moralischer Dilemmata aus den USA, aus israelischen Kibbuzim und aus der Türkei und Taiwan weiter ausgearbeitet (vgl. Colby/Kohlberg et al. 1987, Anhang). Die Ergebnisse stützen generell die Konzeption Piagets, die besagt, daß die Befragten während ihrer Entwicklung *den* Übergang *(one time shift)* von der Heteronomie zur Autonomie vollziehen oder aber daß sie auf der heteronomen Ebene verbleiben, was wiederum in weniger demokratischen Kulturen wahrscheinlicher ist. Es war außerdem wahrscheinlicher, daß Befragte des ›autonomen‹ Typs Widerstand gegen die Obrigkeit leisteten und die Rechte von Menschen und deren Bedürfnisse unterstützten; dies konnte in Studien zum tatsächlichen Verhalten wie dem Milgram-Experiment gezeigt werden, in dem Versuchspersonen vom Leiter aufgetragen wurde, andere Personen mit Stromstößen zu ›bestrafen‹, oder auch dem *sit-in* im Zusammenhang mit dem *Berkeley Free Speech Movement* (vgl. Kohlberg 1984, Kap. 7; dt. 1995, S. 373-493).

Obwohl sich die von Piaget präsentierte Theorie und Forschung in *Das moralische Urteil beim Kinde* als fruchtbar erwiesen und auch empirische Unterstützung erfuhren, waren sie bei der Definition von ›wahren‹ oder ›harten‹ Stufen nicht erfolgreich. Piaget gab später seine breit angelegten mündlichen Befragungen über das kindliche Verständnis des Geistes *(mind)*, der Welt, der Moral und der Wahrheit auf und konzentrierte sich stärker auf die in geringerem Maße verbalen und reflektiven Operationen des kindlichen Denkens bei der Lösung physikalischer Operationen, Probleme der Klassifikation, und Probleme des logischen und mathematischen Begründens. Diese Arbeiten haben beispielsweise in den Veröffentlichungen von Piaget und Inhelder *Die Entwicklung der elementaren logischen Strukturen* (1959; dt. 1973) und in Inhelders und Piagets Buch über das Denken von Adoleszenten im Hinblick auf formale Operationen *Von der Logik des Kindes zur Logik des Heranwachsenden* (1955; dt. 1977) ihren Niederschlag gefunden.

Als ich zu Beginn meiner Arbeit Piagets Ansatz des moralischen Urteilens bis in die Adoleszenz weiterführen wollte, leiteten mich eher seine ›harten Stufen‹ der logisch-mathematischen Operationen des Denkens als seine Stufen des moralischen Urteils. Ich stieß auf eine grobe Beziehung zwischen Piagets ›heteronomer‹ und ›autonomer‹ Stufe und meinen eigenen Stufen eins und zwei, definierte diese beiden Stufen als präkonventionell und entwickelte vier weitere Stufen, zwei ›konventionelle‹ und zwei ›postkonventionelle‹ oder prinzipiengeleitete; nur die beiden letzten Stufen sind ›wirklich‹ autonom. Darüber hinaus zeigte sich, daß sich Piagets Charakterisierung der beiden ersten Stufen angesichts einer Reihe von empirischen Untersuchungen weitgehend nicht aufrechterhalten ließ (Kohlberg 1958, 1964; Lickona 1976).

Bei der Untersuchung der den moralischen Stufen zugrundeliegenden Logik hat sich jedoch die Idee des Parallelismus zwischen logisch-mathematischen Operationen des Denkens und den Operationen der Gerechtigkeit als äußerst nützlich erwiesen. Piaget führt dazu aus: »Im Gegensatz zu einer ... von außen aufgedrängten ... Regel ... ist das Gebot der Gerechtigkeit eine Art immanente Bedingung der sozialen Beziehungen oder ein Gesetz, das deren Gleichgewicht regelt« (Piaget 1932, S. 198; dt. 1983, S. 240; Übersetzung leicht geändert).

Das logisch-mathematische Denken führt zu einem Gefühl des intellektuellen ›Sollens‹ im Hinblick auf das logische Denken. Gerechtigkeit repräsentiert ein Sollen im Hinblick auf das Gleichgewicht zwischen Werten und zwischenmenschlichen Handlungen, die auf moralischen Operationen der reziproken Gleichheit und Verhältnismäßigkeit basieren, welche ihre logisch-mathematischen Gegenstücke aufweisen. *Tabelle 1* skizziert Piagets kognitive Stufen und Unterstufen. Diese verlaufen mit den moralischen Stufen in dem Sinne parallel, daß konkrete Operationen für die zweite Moralstufe notwendig sind, daß die erste Unterstufe der formalen Operationen für die dritte Moralstufe notwendig ist sowie die zweite Unterstufe für die vierte Moralstufe. Ein Urteil der Gerechtigkeit erfordert jedoch mehr als logisches Urteilen: Eine bestimmte Stufe der Logik ist notwendig, aber nicht hinreichend für die parallele Stufe des Urteils der Gerechtigkeit (vgl. Walker/Richards 1979; Walker 1980).

### Tabelle 1: Piagets Ebenen und Stufen der logischen und kognitiven Entwicklung

*Ebene I (Alter 0-2 Jahre): Die Ebene der sensomotorischen Intelligenz*

| | |
|---|---|
| 1. Stadium | Reflexhandlung. |
| 2. Stadium | Koordination der Reflexe und sensomotorische Wiederholung (primäre Zirkulärreaktion). |
| 3. Stadium | Aktivitäten, die interessante Ereignisse in der Umwelt wiederholen lassen (sekundäre Zirkulärreaktion). |
| 4. Stadium | Zielgerichtetes Verhalten und Suche nach abwesenden Objekten. |
| 5. Stadium | Experimentelle Suche nach neuen Zielen (tertiäre Zirkulärreaktion) |
| 6. Stadium | Gebrauch von Bildern bei dem einsichtigen Akt der Erfindung neuer Ziele und in Erinnerung abwesender Objekte und Ereignisse. |

*Ebene II (Alter 2-5 Jahre): Symbolisches, intuitives oder prälogisches Denken*

Schlüsse werden aufgrund von Bildern und Symbolen gezogen, die keine logischen Beziehungen zueinander oder Invarianten aufweisen. ›Magisches Denken‹ im Sinne einer (a) Verwechslung von scheinbaren und nur vorgestellten Ereignissen mit tatsächlichen Ereignissen und Gegenständen sowie (b) Verwechslung von Erscheinungen qualitativer und quantitativer Veränderungen in der Wahrnehmung mit tatsächlichen Änderungen.

*Ebene III (Alter 6-10 Jahre): Konkret-operatorisches Denken*

Schlüsse werden mithilfe eines Systems an Klassen, Beziehungen und Mengen gezogen, das logisch unveränderliche Eigenheiten aufweist und sich *auf konkrete Objekte bezieht*. Diese schließen logische Prozesse ein; z. B. (a) Inklusion von Klassen niederer Ordnung in Klassen höherer Ordnung; (b) transitive Reihenbildung (das Erkennen, daß, wenn a > b und b > c, auch a > c ist); (c) logische Addition und Multiplikation von Klassen und Mengen; (d) Erhaltung von Zahlen, Klassenmitgliedschaften, Länge und Masse bei scheinbarer Veränderung.

| | |
|---|---|
| Unterstufe 1 | Bildung von stabilen kategorialen Klassen. |
| Unterstufe 2 | Bildung von quantitativen und numerischen Beziehungen der Invarianz. |

*Ebene IV (11 Jahre bis Erwachsenenalter): Formal-operatorisches Denken*

Schlüsse auf Aussagen werden mithilfe logischer Operationen bzw. ›Operationen über Operationen‹ gezogen. Urteilen über Urteile. Konstruktion von Systemen aller möglichen Relationen oder Implikationen. Hypothetisch-deduktive Isolierung von Variablen und Testen von Hypothesen.

Unterstufe 1. Bildung des Inversen (der Negation) des Reziproken. Fähigkeit, negative Klassen zu bilden (z. B. die Klasse aller Nicht-Krähen) und Relationen zugleich als reziprok zu sehen (z. B. zu verstehen, daß Flüssigkeit in einem U-förmigen Behälter wegen des ausgewogenen Drucks ein gleiches Niveau aufweist).

Unterstufe 2. Die Fähigkeit, Aussagen- oder Beziehungstriaden zu ordnen (z. B. zu verstehen, daß, wenn Bob größer als Joe ist und Joe kleiner ist als Dick, Joe der kleinste dieser drei ist).

Unterstufe 3. Wirkliches formales Denken. Konstruktion aller möglichen Kombinationen von Beziehungen, systematische Isolation von Variablen und deduktiv-hypothetisches Testen.

---

## Das Konstrukt der moralischen Stufe und seine Validität

In diesem Buch wollen wir die Hauptphasen oder Bereiche des menschlichen Lebenszyklus untersuchen. Eine reichhaltige und erklärungskräftige Karte des menschlichen Lebenszyklus wurde von Erikson (1959; dt. 1966) bereitgestellt, der sein Modell als Stufenmodell bezeichnet. Dies unterscheidet sich jedoch stark von den Stufen, die für Piaget typisch sind. Wir werden die Unterschiede zwischen den beiden Ansätzen als Unterschiede zwischen einem funktionalen und einem strukturalen Stufenmodell bezeichnen.

## Tabelle 2: Strukturale und funktionale Stufenansätze

| *Piagets und Kohlbergs Strukturalismus* | *Eriksons Funktionalismus* |
|---|---|
| 1. Die Stufen unterscheiden sich im Hinblick auf eine einzige Funktion, z. B. das moralische Urteil oder logisches Argumentieren. Die späteren Stufen ersetzen die früheren. | 1. Stufen stellen Entscheidungen oder den Gebrauch von neuen Funktionen durch ein Ich dar; die früheren Stufen bleiben als Hintergrund für die späteren bestehen. |
| 2. Jede höhere Stufe integriert alle früheren Formen des Denkens in eine neue Struktur. | 2. Jede höhere Stufe führt zu neuen Beziehungen zwischen einer neuen Krise und ihren Lösungen und früheren Krisen; sie integriert jedoch die früheren Stufen nicht. |
| 3. Die Erfahrung, die zur Entwicklung führt, ist eine kognitive Erfahrung; es handelt sich vor allem um Erfahrungen des kognitiven Konflikts und der Anpassung. | 3. Die Erfahrung, die zur Entwicklung führt, ist eine persönliche Erfahrung; es handelt sich vor allem um Erfahrungen und Entscheidungen zu einem persönlichen Konflikt. |
| 4. Die Entwicklungsveränderung besteht primär aus einer Wahrnehmungsveränderung innerhalb der physischen, sozialen und moralischen Welt. | 4. Die Entwicklungsveränderung ist primär eine selbstgewählte Identifikation mit Zielen bei einer Entscheidung bzw. Verpflichtung. |
| 5. Spätere Stufen sind kognitiv angemessener als frühere Stufen: a) sie schließen die früheren Stufen ein; b) sie lösen die gleichen Probleme besser; c) sie sind universeller anwend- bzw. rechtfertigbar; d. h. in der Universalität und dem Umfang ihrer Erfahrungsanordnung. | 5. Spätere Stufen sind angemessener als frühere Stufen, jedoch nicht im Hinblick auf den kognitiven Umfang, sondern durch Ich-Stärke; d. h. in ihrer Fähigkeit, persönliche Erfahrung in eine Form zu bringen, die stabil, positiv und zweckvoll ist. Das Erreichen der Stufe und die Angemessenheit des Stufengebrauchs sind jedoch getrennt. |

(Quelle: Noam, Kohlberg und Snarey 1983, S. 94)

Ein zweites Modell werden wir als das Modell der *weichen* strukturalen Stufen bezeichnen. Diese weichen Stufen beziehen sich, wie die Piagetschen Stufen, auf die *Form* der Entwicklung, sie enthalten aber auch Elemente der affektiven und selbstreflexiven Charakteristika von Personen – Charakteristika, die sich nicht leicht in das Piagetsche Paradigma einfügen lassen. Betrachtet man die Theorien der weichen strukturalen Stufen, so kommt man zu dem Ergebnis, daß die von Jane Loevinger vorgelegte Theorie und Methode der Ich-Entwicklung am vollständigsten entwickelt ist. Der dritte Stufentypus, welcher in diesem Abschnitt unterschieden werden soll, ist der der *harten* strukturalen Stufen – Stufen, die alle formalen Eigenschaften aufweisen, die Piaget einer Stufe zuschrieb. Um diesen Ansatz der Stufendefinition zu illustrieren, werden wir auf die Stufen des Gerechtigkeitsurteils zurückgreifen (andere Beispiele schließen Piagets Stufen des logischen Urteils (1967; dt. 1974) und Selmans Stufen der Perspektivenübernahme (1980; dt. 1984) ein.

Die hier getroffenen Unterscheidungen zwischen ›harten‹ und ›weichen‹ strukturalen Stufen gehen auf andere Autoren zurück, denen wir zu Dank verpflichtet sind. Die von uns vorgestellten Unterscheidungen weichen jedoch auch davon ab und sind sicherlich umfassender ausgearbeitet. Gibbs (1979) diskutiert beispielsweise Unterschiede zwischen ›Standard-Stufen nach Piaget‹ und ›existentiellen Stufen‹, die eine Reflexion über die Frage ›Was ist der Sinn des Lebens?‹ enthalten. Wenn wir von kleineren Unterschieden absehen, so schließen Gibbs ›existentielle‹ oder ›weiche‹ strukturale Stufen ein Ich oder Selbst ein, das für sich bewußt Sinn erzeugt. In diesem Fall liegt der Fokus auf dem Selbst oder Ego, die als eine ganzheitliche Form gesehen werden, als ein Sinnsystem, das der Welt oder den ›anderen‹ gegenübertritt. Diese Unterstellung gilt nicht nur für Loevingers *Ego Development* (1976), sondern auch für Kegans *Die Entwicklungsstufen des Selbst* (1982; dt. 1986), für Gilligans *Die andere Stimme* (1982; dt. 1984), das ein getrenntes und ein verbundenes Selbst gegenüberstellt, sowie für Perrys *Forms of Intellectual and Ethical Development* (1970) und für Fowlers *Stufen des Glaubens: die Psychologie der menschlichen Entwicklung und die Suche nach Sinn* (1981; dt. 1991). Für alle diese Autoren sind Selbstreflexion und eine ganzheitliche ›Sinnschaffung‹ zentral für ihre

Vorstellung von Entwicklung. Weiterhin erkennen Gibbs, Loevinger, Kegan, Gilligan, Perry und Fowler an, daß selbstreflexive Sinnschaffung eine moralische Dimension aufweist. Diese moralische Dimension wird bei Kohlberg (1981) als eine ›ethische und religiöse Philosophie bezeichnet‹. Unter einer ethischen Philosophie wird mehr verstanden als eine Struktur des moralischen Urteilens, die durch Operationen der Gerechtigkeit und durch eine moralische Konfliktlösung definiert ist. Sie umfaßt auch eine Vorstellung von der menschlichen Natur, der Gesellschaft sowie der Art und Weise der ultimativen Realität. In klassischen Schriften wie den *Ethiken* des Aristoteles oder Spinozas werden solche ganzheitlichen Weltsichten präsentiert, in die das moralische Urteil eingebettet ist. Aus dieser Perspektive gesehen, wird die ›Stärke‹ der harten Stufen durch die Anforderung begrenzt, diese Weltsichten, die in einem ethischen und religiösen Sinn vereint sind, in getrennte Bereiche aufzuteilen. Was harte strukturale Stufen jedoch gewinnen, ist ihre Präzision in der Artikulation einer strukturalen Stufenlogik, die über das sich immer verändernde Anwachsen psychologischen Wissens über das Selbst, seine Funktionen und seine Entwicklung hinaus Bestand haben wird.

Die vorgenommenen Unterscheidungen im Hinblick auf die drei Typen von Stufenmodellen beruhen auf bestimmten Kriterien, die für die Modelle der harten strukturalen Stufen gelten. In der traditionellen Literatur zur kognitiven Entwicklung wurden die folgenden Kriterien benutzt, um kognitive Stufen im Sinne Piagets (1960) zu identifizieren:

1. Stufen implizieren eine Unterscheidung oder eine qualitative Differenz der Strukturen (Modi des Denkens), die dennoch der gleichen basalen Funktion (z.B. der Intelligenz) zu verschiedenen Punkten der Entwicklung dienen.
2. Diese unterschiedlichen Strukturen bilden eine invariante Sequenz, Ordnung oder Reihung in der Entwicklung des Individuums. Obwohl kulturelle Faktoren diese Entwicklung beschleunigen, verlangsamen oder stoppen können, verändern sie die Reihenfolge nicht.
3. Jeder dieser unterschiedlichen sequentiellen Modi des Denkens formt eine ›strukturierte Ganzheit‹. Eine bestimmte

stufenförmige Beantwortung einer Aufgabe repräsentiert nicht nur eine spezifische Reaktion, die durch das Wissen über und die Vertrautheit mit einer Aufgabe determiniert wird: Vielmehr wird eine zugrundeliegende Organisation des Denkens repräsentiert. Dadurch wird impliziert, daß verschiedenartige Aspekte der Stufenstrukturen als ein konsistentes Antwortbündel in der Entwicklung in Erscheinung treten.
4. Stufen sind hierarchische Integrationen. Wie schon erwähnt, bilden Stufen eine Ordnung von zunehmend differenzierteren und integrierten *Strukturen*, die eine gemeinsame Funktion erfüllen. Dementsprechend ersetzen höhere Stufen die Strukturen, die auf tieferen Stufen gefunden wurden (bzw. integrieren diese).

Wir werden diese vier Piagetschen Kriterien benutzen, um die drei Typen von Stufenmodellen zu unterscheiden. Wir behaupten, daß eine genaue Untersuchung dieser Kriterien es uns erlauben wird, harte, Piagetsche, strukturale Stufenmodelle sowohl von funktionalen als auch von weichen strukturalen Stufenmodellen zu unterscheiden. Für den Fall, daß wir erfolgreich sind, erhoffen wir uns, daß unsere Diskussion die nötige Klarheit erbringen wird, um die Mehrdeutigkeit zu reduzieren, die beim Einsatz des Stufenkonstrukts zur Erforschung der Entwicklung von Erwachsenen vorhanden ist.

Wir wollen jetzt kurz die Unterscheidung zwischen den funktionalen Stufen Eriksons und den harten strukturalen Stufen diskutieren. Die zentralen Unterschiede zwischen den beiden Modellen können im Hinblick auf die soeben benannten Stufenkriterien Piagets beschrieben werden.

1. Zunächst bedeutet das Kriterium der strukturierten Ganzheit, daß eine konstante Form innerhalb der beschriebenen Aktivität oder Funktion vorliegt, die auch unverändert bleibt angesichts unterschiedlicher Funktionsweisen des Ego in Reaktion auf unterschiedliche ›Krisen‹, welche besondere und verschiedenartige Aufgaben einschließen. Im Vergleich dazu werden harte strukturale Stufen im Hinblick auf unterschiedliche Strukturen oder Arten des Denkens beschrieben, die auf

eine einzige Funktion, z. B. das logische Denken oder das moralische Urteil, reagieren.
2. Die funktionalen Stufenmodelle beruhen stärker auf psychologischen Erklärungen, als dies auf logische oder moralphilosophische zutrifft; d.h., sie beziehen sich auf die Art und Weise, auf die jede Stufe das Individuum mit neuer ›Stärke‹ oder ›Weisheit‹ ausstattet. Im Ergebnis werden funktionale Erklärungen stärker kulturrelativ (aber nicht relativistisch) sein als harte strukturale Erklärungen. Harte strukturale Stufenmodelle unterscheiden die operative *Form* des Urteils von den psychologischen Erklärungen über die Interessen des Selbst. Aufgrund dieser Vorgehensweise konnte die Übernahme des harten strukturalen Stufenmodells zur Bestätigung der kulturübergreifenden Universalität der Stufensequenz führen (Snarey 1985).
3. Funktionale Stufen weisen keine hierarchische Integration auf. Funktionale Stufen stellen eine ›Auswahl‹ oder den Gebrauch von neuen Funktionen durch ein Ego dar. Die früheren Funktionen bleiben im Hintergrund der neuen Stufe. Harte strukturale Stufen andererseits *ersetzen* frühere Stufen in dem Sinn, daß jede nachfolgende Stufe die vorhergehende in eine adäquatere Neuorganisation transformiert.

Zusammengefaßt läßt sich sagen, daß die Differenzen zwischen den funktionalen Stufen Eriksons und den harten strukturalen Stufen vergleichsweise eindeutig sind. Diese Differenzen beziehen sich nicht nur auf die Natur der Stufen, sondern betreffen auch die Theorien, auf denen sie beruhen. Die Konzentration des funktionalen Stufenmodells auf das Selbst geht einher mit der Vorstellung von Entwicklungsstufen eines Ego, das als Ausführendes oder Wählendes kognitive und andere Strukturen benutzt. Im Gegensatz dazu liegt die Betonung bei den harten strukturalen Stufen auf den Formen des manifesten Urteils und nicht auf den Prozessen des Ego, das damit beschäftigt ist, sich selbst zu bestätigen oder zu definieren.

Wir möchten außerdem darauf hinweisen, daß strukturale Charakteristika aus den funktionalen Stufen Eriksons abstrahiert werden können (Snarey, Kohlberg und Noam 1983). Erikson selbst (1975, S. 204-206; dt. 1977, S. 213f. und 1964, S. 136-

141, 171 f.; dt. 1966, S. 118 ff., 150 f.) hat seine allgemeine Zustimmung im Hinblick auf die Piagetschen und Kohlbergschen Modelle erklärt; er versteht sie im Sinne von ›Bereichen‹ der Entwicklung, welche die strukturale Basis der funktionalen Einheit des Individuums auf jeder Stufe beschreiben. Jedoch liegt der Zweck des Eriksonschen Modells nicht in der strukturalen Beschreibung der Entwicklung von Kindern und Erwachsenen.

In den letzten Jahren wurde allerdings eine Reihe von theoretischen und empirischen ›Stufen‹-Definitionen veröffentlicht, von denen angenommen werden kann, daß sie eher struktural als funktional sind. Viele dieser Stufenmodelle versuchen, die vier allgemeinen Kriterien des strukturalen Piagetschen Stufenmodells zu erfüllen. Doch obwohl diese Modelle anstreben, die genannten Kriterien zu erfüllen, ist der Grad, zu dem sie dies erreichen, unklar. Wir haben an anderer Stelle die These vertreten (Kohlberg 1984), daß zwar eine Übereinstimmung im allgemeinen vorliegt, daß diese aber nicht sehr eng ist.

Wir wollen jetzt mehrere theoretische und empirische Unterschiede zwischen den weichen und den harten strukturalen Stufenmodellen diskutieren, indem wir zwei der erwähnten Piagetschen strukturalen Stufenkriterien heranziehen.

Das erste Kriterium, das einer näheren Überprüfung unterzogen werden soll, ist das der ›strukturierten Ganzheit‹. Dieses Kriterium wurde von Piaget (1960) als zentral für strukturale Stufen angesehen. Zunächst wollen wir hervorheben, daß eine generelle Übereinstimmung zwischen den Perspektiven der harten und der weichen strukturalen Stufen im Hinblick auf die Natur und die Konzeption der ›strukturierten Ganzheit‹ vorliegt. Diese allgemeine Vorstellung kann beschrieben werden im Sinne eines Konzepts der zugrundeliegenden Organisation des Denkens, das die Reaktionen auf Aufgaben bestimmt, welche offenkundig nicht ähnlich sind. Die allgemeine empirische Implikation dieses Konzepts besteht darin, daß sich das Denken eines Individuums auf einer einzigen, dominanten Stufe offenbart, auch wenn unterschiedliche Inhalte beobachtet werden können; wobei einschränkend angemerkt werden muß, daß auch die Präsenz oder der Gebrauch der Stufe, die der dominanten Stufe am nächsten liegt, zu erwarten ist (vgl. Colby et al. 1983).

Eine intensivere Untersuchung der Piagetschen Konstruktion der strukturierten Ganzheit fördert allerdings eine Anzahl von deutlichen Differenzen zwischen weichen und harten strukturalen Stufenmodellen zutage. Diese Unterschiede folgen zum Teil aus den verschiedenartigen Konzeptionen von Struktur, die von den beiden Modellen eingesetzt werden.

Für Piaget (1970; dt. 1973) bedeutet Struktur ein System von Transformationsgesetzen, das Operationen des Urteilens organisiert und leitet. Dieses formalisierte Leitungssystem wird in den aktuellen *Reaktionen* des Individuums auf Konflikte oder Probleme reflektiert bzw. manifestiert sich darin. Da es lediglich die formale Organisation der Urteilsoperationen ist, die eine Struktur definiert, wird man notwendigerweise zu zusätzlichen Unterscheidungen zwischen *Inhalt* und *Struktur* sowie zwischen *Kompetenz* und *Performanz* geführt, wenn man eine Methodologie einführen möchte, die Strukturen identifizieren kann (vgl. Kohlberg 1984, Kap. 5; dt. 1995, S. 175-216).

Im Gegensatz dazu betrachten weiche Stufenmodelle Strukturen weniger als eine Form des Denkens und mehr im Hinblick auf annähernd stabile Funktionen und Inhalte der Persönlichkeit. Dieser Gebrauch des Strukturbegriffs ist in etwa vergleichbar mit dem Strukturbegriff, der dem psychoanalytischen Konzept des Charakters innewohnt. Struktur im Sinne von Loevinger ist eine der Persönlichkeit hypothetisch zugrundeliegende Einheit, wie das Selbst oder das Ego. Da Struktur ein nur hypothetisch zugrundeliegendes Konstrukt darstellt, kann sie niemals direkt beobachtet werden. Die Existenz einer Struktur kann lediglich aus hinreichenden Anzeichen erschlossen werden; sie läßt sich nicht logisch aus den Beobachtungen eines Phänomens abstrahieren. Die vorliegenden Maße zum Erfassen einer weichen Struktur basieren auf Inhaltskategorien oder Mischungen von Inhalt und Struktur als hinreichendem Anzeichen für eine zugrundeliegende Struktur.

Um ausdrücklich zwischen Inhalt und Struktur unterscheiden zu können, sieht das Auswertungshandbuch (Colby, Kohlberg et al. 1987) vor, daß zuerst der moralische Inhalt eines Urteils im Hinblick auf eine moralische Norm oder ein moralisches Element definiert und erst dann die Stufenstruktur des Urteils im Vergleich mit dem Handbuch bestimmt wird. Die moralischen Elemente und Normen werden in *Tabelle 3* definiert, *Tabelle 4* zeigt beispielhaft und ausschnittsweise ein Kriteriumsurteil aus dem Auswertungshandbuch, das zur Identifizierung der Stufe des moralischen Urteils eingesetzt wird, nachdem der Inhalt klassifiziert ist.

---

**Tabelle 3: Die Elemente und Normen zur Inhaltsklassifikation**

---

**Die Elemente**

I. Modale Elemente

1. Gehorchen (zu Rate ziehen): Personen oder eine Gottheit. Sollte gehorchen, Einwilligung einholen (sollte um Rat bitten, überzeugen).
2. Tadeln (gutheißen). Sollte verantwortlich gemacht, mißbilligt werden (sollte gutgeheißen werden).
3. Strafen, vergelten (freisprechen, entlasten). Sollte vergelten (sollte freisprechen).
4. Ein Recht haben (kein Recht haben).
5. Eine Pflicht haben (keine Pflicht haben).

II. Wert-Elemente

A. *Egoistische (ichbezogene) Konsequenzen*

6. Guter Ruf (schlechter Ruf).
7. Belohnung erstreben (Strafe vermeiden).

B. *Utilitaristische Konsequenzen*

8. Positive (negative) Konsequenzen für das Individuum.
9. Positive (negative) Konsequenzen für die Gruppe.

C. *Einem Ideal oder der Harmonie dienende Konsequenzen*

10. Den Charakter (Charakterfestigkeit) wahren.
11. Die Selbstachtung wahren.
12. Einem sozialen Ideal oder der Harmonie dienen.
13. Der menschlichen Würde und Autonomie dienen.

D. *Fairneß*

14. Perspektiven abwägen oder Rollenübernahme.

15. Reziprozität oder positives Verdienst.
16. Billigkeit und Verfahrensgerechtigkeit wahren.
17. Den Sozialvertrag oder freie Übereinkünfte verteidigen.

**Die Normen**

1. Leben
   a) Erhaltung
   b) Qualität/Quantität
2. Eigentum
3. Wahrheit
4. Bindung, Zugehörigkeit
5. (Erotische Liebe und Sexualität)
6. Autorität
7. Gesetz
8. Vertrag
9. (Bürgerrechte)
10. (Religion)
11. Gewissen
12. Strafe

(Quelle: Kohlberg 1995, S. 191 f.)

---

Tabelle 4: Kriteriumsurteil (Beispiel)

*Kriteriumsurteil Nummer 7*
Dilemma: IV
Thema: Recht/Bewahrung des Lebens
Norm: Recht
Element: Belohnungen erstreben (Strafe vermeiden)
Stufe: 2
*Kriteriumsurteil*
(Der Arzt sollte der Frau das Medikament nicht geben), weil er damit seine Stelle oder eine Gefängnisstrafe riskiert.

(Quelle: Colby, A./Kohlberg, L., et al. 1987, Bd. 2, S. 344)

---

Die Existenz einer Stufe des moralischen Urteils als Struktur basiert demnach auf einer eindeutigen Unterscheidung zwischen Inhalt und Struktur sowie auf der Einsicht, daß ein Individuum konsistent in bezug auf unterschiedliche moralische Inhalte urteilt; z.B. im Hinblick auf unterschiedliche moralische Dilemmata, die verschiedenartige Normen oder Themen beinhalten (vgl. Colby, Kohlberg et al. 1987). Am bedeutsamsten für die Konzeption von ›harten Stufen‹ ist das Bestehen einer invarianten Sequenz. Eine sich über 20 Jahre erstreckende Längsschnittuntersuchung amerikanischer Männer im Alter von 10 bis 45 Jahren zeigte, daß keine Person eine Stufe ausließ und daß nur 2% um eine halbe oder eine Stufe regredierten. Vergleicht man dieses Ergebnis mit einer Untersuchung zur Test-Retest-Reliabilität, in der 10% der Befragten regredierten, so ist das Größenverhältnis deutlich geringer, was wiederum darauf hinweist, daß die Abweichungen vollständig als Meßfehler erklärt werden können (vgl. Colby, Kohlberg et al. 1987; Kohlberg 1984, Kap. 5; dt. 1995, S. 175-216). Ähnliche Ergebnisse konnten in einer Längsschnittuntersuchung in der Türkei (vgl. Kohlberg 1984, Kap. 8) und in einem israelischen Kibbuz (vgl. Kohlberg 1984, Kap. 9) gefunden werden.

Im Hinblick auf die Probleme der Reliabilität und der longitudinalen Validität hat sich das moralische Stufenkonstrukt gut etabliert. Ein erstes zentrales Thema betrifft die kulturelle Universalität der Stufen und die Universalität über die Geschlechter hinweg. Das Thema der Geschlechterdifferenz wurde von Carol Gilligan (1982; dt. 1984) angesprochen, die behauptete, daß Frauen im Vergleich zu Männern in geringerem Maße an der Gerechtigkeit und stärker an Fürsorge orientiert seien sowie daß unser Test der moralischen Stufen, der Dilemmata und Fragen zur Gerechtigkeit betont, Vorurteile gegenüber Frauen enthalte bzw. Frauen niedriger als Männer beurteile. Diese Behauptung wird von mir ausführlich in meiner Arbeit aus dem Jahr 1984 (Kap. 4) beantwortet; ich greife dazu vor allem auf drei Studien zurück: Die erste ist Walkers (1984; dt. 1991) Überblicksartikel und Meta-Analyse der verfügbaren 78 Studien, die einen Vergleich der Geschlechter in der Kindheit, der Adoleszenz und dem Erwachsenenalter vornehmen. Walker kommt zu dem Ergebnis, daß keine Geschlechtsunterschiede, die über eine Zufallswahrscheinlichkeit hinausgehen, gefunden werden konnten, sofern die Ausbildung kontrolliert wurde. Die zweite Untersuchung betrifft die von mir und meinen Kollegen durchgeführte Längsschnittuntersuchung im Kibbuz (vgl. Kohlberg 1984, Kap. 7). Hier waren Frauen auf jeder moralischen Stufe vertreten, beginnend auf Stufe 2 bis hin zu Stufe 4/5; es gab keine Mittelwertunterschiede zwischen den Geschlechtern, und die Frauen folgten der gleichen Sequenz wie die Männer. Die dritte Studie liegt mit Snareys (1985) Überblick über die kulturvergleichende Forschung vor, die keine Hinweise auf Geschlechtsunterschiede beibringen konnte.

Im Hinblick auf die kulturelle Universalität liegen neben den bereits erwähnten Studien Untersuchungen aus über 30 Kulturen vor. Eine Übersicht über diese Veröffentlichungen (Snarey 1985, Edwards 1986) zeigt, daß alle Stufen bis zu Stufe 5 sowohl in östlichen wie in westlichen Kulturen in der erwarteten Altersanordnung existieren. Die Stufe 5 wird nicht in dörflichen Kulturen gefunden und scheint sowohl mit höherer Bildung als auch kultureller Komplexität verbunden zu sein. Es ist unwahrscheinlich, daß prinzipiengeleitetes moralisches Denken spezifisch westlich ist, da hinduistische, buddhistische und konfuzianische Philosophien ebenso als prinzipiengeleitet angesehen werden wie jene aus dem Sokratischen Athen oder jene der Propheten Jerusalems. Es ist wahrscheinlich, daß ein Auswertungshandbuch, das auf Antworten aus den USA basiert, nach einer Ergänzung um moralische Konzepte oder ›Kriteriumsurteile‹ für andere Kulturen verlangt; dies gilt besonders für die höheren Stufen – die philosophisch orientierte Kritik, daß die moralischen Stufen ein westliches Vorurteil aufweisen, wird bei Kohlberg 1984 (Kap. 4) diskutiert.

## Moralische Stufen und Handeln

In den nachfolgenden Kapiteln berichten wir von Personen, deren Lebensentscheidungen auf vielfältige Weise ihre moralische oder ethische Stufe reflektieren. Die erste Frage, die ein Leser wahrscheinlich stellen wird, lautet dann: »Was ist die Beziehung zwischen der Stufe des moralischen Urteils und dem Handeln?« Dies ist keine leichte Frage, und wir sehen die Beziehung des moralischen Urteils zum Handeln nicht als eine Frage der Validität der moralischen Stufe an; d.h., bei der Einschätzung der Stufen handelt es sich nicht um einen Test, der durch seine Vorhersage von Handlungen validiert werden kann. Wir verstehen die Beziehung zwischen den beiden Komponenten vielmehr so, daß aus ihr theoretische Fragen hervorgehen, deren Beantwortung weitere Forschung verlangt. Diese Forschung befindet sich immer noch in der Entwicklung; ich will aber hier meine Folgerungen im Hinblick auf die umfangreichen Forschungsarbeiten, die bis heute durchgeführt wurden, zusammenfassen (vgl. ausführlich Kohlberg 1984, Kap. 7; dt. 1995, S. 373-493; vgl. jetzt auch Garz/Oser/Althof 1999).

Ende der 60er und zu Beginn der 70er Jahre machte ich in meinen theoretischen Veröffentlichungen auf eine Reihe von Studien aufmerksam, die von Korrelationen zwischen höheren Stufen des moralischen Urteils und ›moralischen‹ Handlungen berichteten. Meine Interpretation der Ergebnisse dieser Untersuchungen betonte, daß moralische Stufen eine Linse oder einen Filter bildeten, durch die (a) eine moralische Situation und die dadurch hervorgerufenen Emotionen wahrgenommen werden und durch die (b) die alternativen Handlungsvollzüge, die dem Subjekt zur Verfügung stehen, formuliert werden können. Blasi hat 1980 (vgl. auch 1983; dt. 1999) einen umfangreichen Überblick der einschlägigen Literatur mit dem Ergebnis erstellt, daß die Mehrzahl der Studien, die das Kohlbergsche Meßverfahren benutzten, von Korrelationen berichteten zwischen relativ hohem moralischen Stufenurteil und dem, was im allgemeinen als moralisches Verhalten bezeichnet wird, einschließlich von Dimensionen wie Ehrlichkeit, Widerstand gegen Versuchung und altruistischem oder prosozialem Verhalten. Ungeachtet dieser Korrelationen folgerte Blasi jedoch, daß diese Untersuchungen kaum ein theoretisches Licht auf das Problem der Verbindung von Urteil und Handeln werfen. Blasi schlug daher vor, daß eine theoretische Brücke zwischen moralischem Urteilen und moralischem Handeln gefunden werden könnte, indem man sich auf Urteile der Verantwortlichkeit konzentriert; d.h. Verantwortlichkeitsurteile des Selbst, auf eine ›moralisch richtige‹ Weise handeln zu sollen.

Blasis Überblick und die Untersuchungen von Kohlberg und Candee (Kohlberg 1984, Kap. 7; dt. 1995, S. 373-493) weisen darauf hin, daß die Beziehung der moralischen Stufe zum Handeln monoton ist. Mit anderen Worten, je höher die Stufe des Urteilens, desto wahrscheinlicher wird die Handlung in Übereinstimmung mit der moralischen Entscheidung stehen, die in bezug auf ein Dilemma getroffen wurde. Diese monotone Beziehung wird selbst in Situationen beobachtet, in denen der Inhaltsfaktor der moralischen Entscheidung über die Stufen hinweg konsistent ist. So konnte McNamee beispielsweise zeigen, daß die große Mehrheit der Befragten in ihrer Stichprobe, die sich auf Stufe 3 und 4 befand, dachte, daß es richtig sei, einer ›offensichtlich unter Drogen stehenden Person‹ (welche in Wirklichkeit mit der Versuchsleiterin zusammenarbeitete), die um Hilfe bat, zu helfen. Selbst bei dieser Übereinstimmung über die deontische Entscheidung war es jedoch eher wahrscheinlich, daß die Personen, die sich auf Stufe 4 und nicht auf Stufe 3 befanden, tatsächlich halfen. Ergebnisse, die mit denen aus der Studie von McNamee vergleichbar sind, fanden sich auch in (a) der Reanalyse der Daten des *Berkeley Free Speech Movement* von Haan, Smith und Block (1968; dt. 1977; vgl. Candee/Kohlberg 1987) und in (b) der von Kohlberg und Candee durchgeführten Reanalyse der Daten des Milgram-Experiments (1974) in dem einer Versuchsperson vom Experimentator befohlen wird, einem ›Opfer‹ als Teil einer vermeintlichen Untersuchung zum Lernerfolg elektrische Schläge zu versetzen.

Auf der Grundlage von Blasis Übersichtsartikel (1980) und den Arbeiten von Rest (1983 und dt. 1999) erklären Candee und ich die in der Literatur dargestellte monotone Beziehung zwischen moralischer Stufe und Handeln mit der Hypothese, daß moralisches Handeln aus einem dreistufigen Prozeß resultiert.

Der erste Schritt beinhaltet das Fällen eines deontischen Urteils der Richtigkeit oder der Gerechtigkeit in der Situation. Der zweite Schritt besteht aus dem Treffen eines Urteils, wonach das Selbst verantwortlich oder zurechnungsfähig für das Ausführen dieses deontischen Urteils in der moralischen Situation ist. Der dritte Schritt bedeutet, dieses Urteil auszuführen. Mit anderen Worten: Die monotone Zunahme in der Konsistenz der Stufe existiert zwischen dem getroffenen deontischen Urteil einerseits und einem Urteil im Hinblick auf die Verantwortlichkeit des Selbst, dieses grundlegende Urteil in eine Handlung umzusetzen, andererseits.

Diese hypothetisch unterstellte monotone Zunahme der stufenbezogenen Konsistenz zwischen deontischen Urteilen und Urteilen der Verantwortlichkeit wurde von Helkama (1979) anhand von Reaktionen auf hypothetische Dilemmata beobachtet. So fand er beispielsweise, daß auf Stufe 3 und 4 etwa 50% der Befragten sagten, daß Heinz das Medikament stehlen solle, daß aber von diesen 50% nur 28% erklärten, daß Heinz dafür verantwortlich wäre, wenn seine Frau aufgrund der Tatsache, daß er das Medikament nicht stiehlt, stirbt. Auf Stufe 5 (und 4 5) dachten jedoch mehr als 50% der Befragten, daß Heinz für den Tod seiner Frau verantwortlich wäre. Die Konsistenz zwischen einem deontischen Urteil der Richtigkeit und einem Urteil der Verantwortlichkeit war auf Stufe 5 folglich fast zweimal so groß wie die auf den konventionellen Stufen beobachtete.

Das heißt, daß Urteile, die beinhalten, daß wir eine Verantwortung haben zu handeln, zunehmend konsistenter werden sowohl mit den hypothetischen als auch mit den deontischen ›Real-life‹-Urteilen, wenn man sich auf der Kohlbergschen Stufenhierarchie aufwärts bewegt. Diese ansteigende Konsistenz läßt sich auch in der Folge meiner früher formulierten Behauptung (Kohlberg 1981, Kap. 4) erwarten, daß jede höhere Stufe in dem Sinne präskriptiver ist, als sie erfolgreicher moralische Verpflichtungen und Verantwortlichkeiten von nichtmoralischen Überlegungen unterscheidet. So kann eine Person beispielsweise auf den konventionellen Stufen denken, daß es richtig oder gerecht wäre, einem Opfer zu helfen (McNamee 1978) oder sich zu weigern, ein Opfer mit Stromstößen zu bestrafen. Gleichzeitig kann diese Person jedoch meinen, daß sie für die Ausführung der Taten nicht verantwortlich sei, da dem Experimentator die Autorität oder die Verantwortung zukommt, die endgültigen Entscheidungen in dieser Situation zu treffen. Allerdings betrachten Personen, die sich auf Stufe 5 befinden (und häufig auch Personen, die sich auf den niedrigeren Unterstufen B befinden), die Übernahme der Verantwortung, in Übereinstimmung mit ihrer autonomen deontischen Entscheidung zu handeln, als notwendig. Ausreden, die darauf abzielen, die Verantwortung zu handeln nicht zu übernehmen, z.B. der Verweis auf die Autorität des Experimentators oder das Ersuchen um dessen Zustimmung, werden von diesen Personen als illegitim angesehen.

Die Vorstellung, daß Verantwortlichkeitsurteile auf der postkonventionellen Ebene mit deontischen Urteilen konsistent sind, erlaubt es uns, bestimmte philosophische Probleme im Hinblick darauf, was tatsächlich moralisch richtig oder was eine ›moralische‹ Handlung ist, zu vermeiden. Die Vorstellung hilft uns auch, das Problem zu vermeiden, einen ›objektiven‹ Standard für das

Fällen eines Urteils über die moralische Werthaftigkeit einer Handlung oder eines Handelnden zu treffen. Um zu definieren, was richtig ist, können wir uns demgegenüber auf die Reaktion des Befragten beziehen; weiterhin hilft diese Vorstellung zu verstehen, daß die zunehmende Konsistenz zwischen moralischem Urteil und moralischem Handeln ein Phänomen darstellt, das mit dem moralischen Stufenwachstum verbunden ist.

Darüber hinausgehend interessieren wir uns für einen stärker universalistischen Ansatz zur Definition des moralischen Handelns. In diesem Zusammenhang untersuchen wir, ob prinzipiengeleitete Personen (d.h. Personen, die auf Stufe 5 oder 6 urteilen) eine Übereinstimmung in ihren Urteilen bezüglich eines bestimmten Dilemmas erreichen. In den Kulturen, in denen wir die Beziehung zwischen Struktur und deontischer Entscheidung untersucht haben (z.B. in den USA, in Finnland und Israel), fanden wir, daß Personen auf Stufe 5 Übereinstimmung darüber erzielen, daß Heinz das Recht hat zu stehlen. Sowohl die Philosophen als auch die von uns befragten Laien der Stufe 5 gebrauchten Kantische oder deontologische Prinzipien des Respekts vor dem Leben oder der Persönlichkeit des anderen, wenn sie ihre deontische Wahl trafen. Wenn der Apotheker im Heinz-Dilemma (vgl. Anhang) seine Eigentumsrechte geltend macht, berücksichtigt er nicht das Recht der Frau auf Leben, das aus einer deontologischen Perspektive Vorrang vor den Eigentumsrechten gewinnt. Wir konnten auch feststellen, daß die Verwendung des utilitaristischen Prinzips der Erzielung des größten Wohlergehens für alle, die in das Dilemma involviert sind, ebenfalls zu der gleichen Entscheidung – dem Diebstahl – führt.

Unsere philosophischen Überlegungen haben uns zu der Überzeugung geführt, daß eine *moralische* Handlung eine Handlung ist, die (a) in dem Sinne ›objektiv richtig‹ ist, daß der Gebrauch philosophischer Prinzipien von Personen auf Stufe 5 zu einer Übereinstimmung im Hinblick darauf führt, was eine ›richtige‹ Handlung ausmacht, und die (b) ›subjektiv richtig‹ ist, wenn sie sowohl von einem moralischen Urteil oder Grund geleitet ist, der der Form nach ›richtig‹ ist, als auch konsistent mit der objektiv richtigen Entscheidung.

Diese kontroverse philosophische Sichtweise führt uns dazu zu sagen, daß zumindest in einigen Situationen prinzipiengeleitete oder Personen der Stufe 5 Handlungen ausführen, die sowohl der Form als auch dem Inhalt nach richtig sind.

Aber dieser Anspruch gilt nicht nur für die höchsten oder prinzipiengeleiteten Stufen. Auch Personen, die sich auf niedrigeren Stufen befinden, wählen gelegentlich den ›richtigen‹, ›gerechten‹ oder ›prinzipiengeleiteten‹ Inhalt in Reaktion auf unsere hypothetischen Dilemmata. Sie wählen diesen Inhalt zudem auf eine Art und Weise, die formal dem nahe kommt, was sowohl Kant als auch Piaget autonom nennen würden. Was den Inhalt angeht, ziehen sie die Alternative der Erhaltung der Gerechtigkeit oder der Menschenrechte dem Befolgen von Gesetzen oder Autoritäten in Situationen vor, in denen diese willkürlich sind oder im Konflikt mit dem Recht und der Gerechtigkeit stehen.

Bisher haben wir moralische Handlungen auf eine Weise diskutiert, als wären diese einzig durch interne psychische Faktoren des Subjekts bestimmt. Dies trifft nicht zu, denn moralisches Handeln vollzieht sich üblicherweise in einem gesellschaftlichen oder Gruppenkontext, und dieser Kontext übt in der Regel einen tiefgreifenden Einfluß auf das Fällen moralischer Entscheidungen von Personen aus. Personen treffen ihre moralischen Entscheidungen im Alltag fast immer im Kontext von Gruppen-Normen oder Entscheidungsprozessen von Gruppen. Darüber hinaus ist das individuelle moralische Handeln häufig eine Funktion dieser Normen oder Prozesse. So ermordeten beispielsweise amerikanische Soldaten im Massaker von My Lai am Kampf unbeteiligte Frauen und Kinder. Sie taten dies, nicht weil sie unreif moralisch urteilten und dachten, daß diese Handlung richtig sei, nicht, weil sie als Personen in irgendeinem Sinn ›krank‹ waren, sondern weil sie an etwas teilnahmen, das dem Grunde nach eine Gruppenhandlung war, die auf der Basis von Gruppennormen erfolgte. Die von jeder Person getroffene moralische Entscheidung stand im Kontext der Armee und deren Prozeduren des Treffens von Entscheidungen. Die Entscheidungen der Soldaten hingen zu einem großen Teil ab von einer kollektiven Definition der Situation sowie davon, was in diesem Zusammenhang getan werden sollte. Zusammengefaßt heißt das: Das Massaker von My Lai war eher eine Funktion der an diesem Ort und zu dieser Zeit vorherrschenden ›moralischen Atmosphäre‹ als eine Funktion der Stufe des moralischen Urteils der dort beteiligten Personen.

In einer von uns durchgeführten frühen Studie (Kohlberg/Scharf/ Hickey 1972; dt. 1978) untersuchten wir die moralische Atmosphäre eines Gefängnisses in bezug auf ihren Effekt für das Handeln. Der Ausgangspunkt war die Analyse von Antworten, die in moralischen Gruppendiskussionen zu hypothetischen und ›Real-life‹-Dilemmata gegeben wurden. Ein Ergebnis der Untersuchung bestand darin, daß keiner der 34 Insassen einen höheren Punktwert für das tatsächlich im Gefängnis erlebte Dilemma erzielte als für das standardisierte Dilemma, das nicht im Gefängnis spielte. Beispielsweise urteilten 16 Insassen in bezug auf das Standarddilemma auf Stufe 3, während elf von ihnen das Gefängnis-Dilemma auf Stufe 2 beurteilten. Die Insassen verstanden die Beziehungen zu den Mitgefangenen in den instrumentellen Begriffen der Stufe 2. Es bestand die Ansicht, daß die Insassen ›sich gegenseitig ausbeuten‹, ihre Freunde ›verpfeifen‹ und auf schwächere Mitgefangene ›einschlagen‹. Obwohl die Beziehungen zu anderen Insassen für den wechselseitigen Schutz notwendig waren, wurden sie dennoch in der Regel durch das Bestehen von ›Konfliktlinien‹ beeinträchtigt.

Wir versuchten in dieser Untersuchung die Vorstellung einer Stufe der moralischen Atmosphäre zu entwickeln, die sich von der individuellen moralischen Stufe unterscheidet. Wir konnten das Konzept der moralischen Atmosphäre in der Folge durch die Forschungen an drei alternativen und drei regulären *High Schools* verfeinern. In diesen Arbeiten zeigt sich eine teilweise Wiederannäherung unserer Stufentheorie an die Theorie Durkheims und anderer Soziologen, die die Rolle der gemeinsam geteilten gesellschaftlichen, institutionellen oder Kleingruppen-Normen für die Bestimmung moralischer Verantwortung betonten. Im Mittelpunkt unserer Analyse zur moralischen Atmosphäre stehen die Beobachtung und Definition von kollektiven Normen. Normen, die von einer Gruppe geteilt werden, lassen sich von individuellen moralischen Urteilen sowohl in Gruppendiskussionen als auch in Interviews zur moralischen Atmosphäre unterscheiden. Die Unterscheidungen, die in diesen Untersuchungen getroffen werden, beruhen sehr stark auf Durkheims (1961; dt. 1973) Vorstellung von Normen als Vorschriften, die sich aus den gemeinsam geteilten Erwartungen in einer Gruppe ergeben. Über die Untersuchung der kollektiven Normen hinaus

haben sowohl Durkheim als auch unsere Gruppe das Gemeinschaftsgefühl oder das Gefühl der Gruppensolidarität sowie deren Zusammenhalt, den wir als moralische Atmosphäre bezeichnen, erforscht.
Aus unserer Sicht können diese gemeinsam geteilten Normen ihrerseits eine Stufung aufweisen, die sich von der individuellen Stufe unterscheidet. Die optimale Übereinstimmung zwischen der Stufe des Individuums und der Stufe der empfundenen Kollektivnormen der Gruppe oder Schule kann als Stimulus wirken und das moralische Wachstum sowohl im Urteilen als auch im Handeln befördern.


## Die Rolle der Umwelt

Es ist offensichtlich, daß die moralischen Stufen in erster Linie das Ergebnis der Interaktion des Kindes mit anderen bilden und nicht einer direkten Entfaltung von biologischen oder neuronalen Strukturen. Die Betonung der sozialen Interaktion bedeutet jedoch nicht, daß die Stufen des moralischen Urteils direkt die Unterweisung *(teaching)* von Werten durch die Eltern oder die direkte Verinnerlichung der Werte durch das Kind repräsentieren. Die moralischen Stufentheorien verstehen den Einfluß des Trainings und der Disziplin durch die Eltern nur als einen Teil einer Welt- oder sozialen Ordnung, die von dem Kind wahrgenommen wird. Ein Kind kann die moralischen Werte der Eltern und der Kultur internalisieren und sie sich in dem Sinne zu eigen machen, daß es diese Werte in Beziehung setzt zu einer verstandenen sozialen Ordnung sowie zu seinen eigenen Zielen als einem sozialen Selbst.
Kulturell universelle, invariante Sequenzen in den sozialen Konzepten und Werten des Kindes implizieren, daß es universelle strukturelle Dimensionen oder Invarianten in der sozialen Welt gibt, die analog zu denen in der physischen Welt sind. Universelle physikalische Konzepte konnten gefunden werden, weil es eine universelle physische Struktur gibt, die der Vielfalt der physischen Anordnungen, in denen die Menschen leben, sowie der Vielfalt der formalen physikalischen Theorien, die in unterschiedlichen Kulturen vertreten wurden, zugrunde liegt. In annähernd

vergleichbarer Weise implizieren die sozialen Strukturen universelle strukturelle Dimensionen der sozialen Erfahrung. Dies basiert auf der Tatsache, daß soziale und moralische Handlungen die Existenz eines Selbst in einer Welt einschließen, die aus anderen ›Selbsten‹ zusammengesetzt ist; letztere spielen komplementäre Rollen, die innerhalb institutioneller Systeme organisiert sind. Um eine soziale Rolle in der Familie, Schule oder Gesellschaft *spielen* zu können, muß das Kind in der Gruppe implizit die Rolle von anderen ihm und anderen gegenüber *übernehmen*. Eine Seite dieser Rollenübernahme wird durch Handlungen der Reziprozität oder Komplementarität (Mead 1934; dt. 1975²) repräsentiert, die andere Seite durch die Handlungen und Einstellungen der Gleichheit, des Teilens und der Imitation (Baldwin 1897; dt. 1900). Diese Tendenzen, die eng mit der Entwicklung der Sprache und der Symbolisierung verbunden sind, bilden die Basis aller sozialen Institutionen, die mannigfaltige Muster von geteilten oder komplementären Erwartungen repräsentieren.

Diese institutionellen Erwartungen weisen per se eine normative oder moralische Komponente auf, einschließlich der Rechte und Pflichten, und verlangen eine moralische Rollenübernahme. Obwohl die konkreten Bestimmungen oder das erwünschte Verhalten für vorliegende Rollen während der Altersentwicklung vergleichsweise feststehen, unterliegen die Perspektiven, in denen diese Verhaltensweisen mit einer moralischen Ordnung verbunden werden, nach und nach einer stufenähnlichen Transformation. Das erforderliche Verhalten kann auf Macht und externem Zwang beruhen (Stufe 1) oder auf einem System des Austauschs (Stufe 2) oder der Bedürfnisbefriedigungen (Stufe 3 und 4) oder auf Idealen bzw. allgemeinen logischen Prinzipien der sozialen Organisation (Stufe 5 und 6). Die Ordnung in dieser Entwicklung ist größtenteils das Resultat von allgemeinen Aspekten der kognitiven Entwicklung. Konzepte legitimierter Erwartungen setzen Konzepte der Reziprozität und des Austauschs voraus, während allgemeine Prinzipien der sozialen Organisation und Gerechtigkeit wiederum Konzepte legitimierter Erwartungen voraussetzen.

Zusätzlich zum kognitiven Fortschritt scheinen die Möglichkeiten zur Teilnahme und Rollenübernahme in allen grundlegenden Gruppen, denen das Kind angehört, für die moralische Entwicklung bedeutsam zu sein. Piagets Theorie (1932; dt. 1983) hat die Gruppe der Gleichaltrigen als Quelle der moralischen Rollenübernahme hervorgehoben, während andere Theoretiker die Teilnahme an den größeren sekundären Institutionen (Mead 1934; dt. 1975[2]) oder die Teilnahme an der Familie selbst betonen (Baldwin 1897; dt. 1900). Die Forschungsergebnisse legen nahe, daß alle diese Gelegenheiten zur Rollenübernahme wichtig sind sowie daß alle in eine ähnliche Richtung wirken, indem sie die moralische Entwicklung stimulieren, nicht indem sie ein besonderes Wertsystem hervorrufen. In mehreren Untersuchungen aus unterschiedlichen Kulturen wurde gefunden, daß das moralische Urteil von Mittelschichtkindern im Vergleich zu Kindern aus der Unterschicht weiter fortgeschritten war (Snarey 1985). Dies ist nicht deshalb so, weil Kinder aus der Mittelschicht einen bestimmten Typus des Denkens bevorzugen, der mit dem vorherrschenden Muster der Mittelschicht übereinstimmt. Vielmehr zeigte sich, daß Kinder aus der Mittel- wie der Arbeiterschicht sich durch die gleiche Sequenz bewegten, daß aber die Mittelschichtkinder sich schneller und weiter bewegten. Vergleichbare Unterschiede wurden in der amerikanischen Stichprobe zwischen Kindern gefunden, die stark an der *peer group* partizipierten (populäre Kinder), und Kindern, die nicht am Geschehen der *peer group* partizipierten (Kinder, die in Tests zur Beliebtheit nicht ausgewählt wurden). Untersuchungen weisen darauf hin, daß diese Unterschiede teilweise aus früheren Unterschieden in der Gelegenheit zur Rollenübernahme in der Familie des Kindes resultieren (Teilnahme in der Familie, Kommunikation, emotionale Wärme, gemeinsames Fällen von Entscheidungen, Übertragung von Verantwortlichkeit auf das Kind, Aufzeigen der Konsequenzen der von anderen getroffenen Handlungen) sowie teilweise darauf aufbauen (vgl. Holstein 1972; Parikh 1980; Powers 1983; Speicher-Dubin 1983).

In unserer Diskussion über »Den Erwachsenen als Philosophen« (Kapitel 5) weisen wir auf Bedingungen in der Arbeitsrolle von Personen hin, die die moralische Entwicklung von Erwachsenen zu stimulieren scheinen – Bedingungen des kognitiv-moralischen Konflikts, die dazu führen, die eigene moralische Position zu überdenken, die Verantwortung für faire oder ethische Ergebnisse der eigenen Arbeit zu übernehmen sowie den Standpunkt von anderen in der Arbeitswelt nachzuvollziehen und deren Perspektiven in die Anforderungen der Arbeit zu integrieren.

## Philosophische Themen

Obwohl dieses Buch versucht, den Menschen als Philosophen vorzustellen, und keine technischen Fragestellungen der Moralphilosophie ausarbeitet, sollte der Leser mit den philosophischen Überzeugungen und Kontroversen, die mit dem Ansatz der moralischen Stufen einhergehen, vertraut sein. Die erste Frage betrifft den Charakter der Moral und des moralischen Bereichs. Die zweite betrifft den Sinn, in dem gesagt werden kann, daß eine höhere Stufe eine adäquatere Stufe ist. Die dritte Frage betrifft dasjenige, das auf dem Spiel steht, wenn von einer ›höchsten‹ sechsten Stufe des ethischen Urteilens gesprochen wird.

Im Hinblick auf das Thema des moralischen Bereichs lautet die erste Frage: »Wie wollen wir den von uns untersuchten moralischen Bereich definieren?« Eine Teilantwort wurde in *Tabelle 3* gegeben, die zwölf moralische Normen wie Leben, Eigentum und Recht identifiziert; wir haben gefunden, daß diese Normen in allen von uns untersuchten Kulturen Anklang finden. *Tabelle 3* identifiziert weiterhin die moralischen Elemente, von denen wir fanden, daß sie als Gründe dafür, das Richtige verpflichtend zu machen, existierten; dies sind Gruppierungen von Elementen, die das Wohlergehen anderer, die moralische Vervollkommnung oder die Harmonie des Selbst und der anderen, Elemente der Fairneß, einschließlich der Rechte und Pflichten der Reziprozität, Billigkeit und Gleichheit usw. enthalten. Die in *Tabelle 3* aufgeführten moralischen Bereiche entstammen ethnologischen und philosophischen Arbeiten zur Moral, die sowohl die moralischen Konzepte, die von gewöhnlichen Menschen, als auch diejenigen, die von Moralphilosophen verwandt werden, untersuchten.

[Eine andere Möglichkeit der Definition des moralischen Bereichs bestünde darin][2], diese Bestimmungen den Befragten zu überlassen und sie zu fragen: »Was ist für Sie ein moralisches Dilemma oder Thema?« Die Schwierigkeit, die mit diesem An-

---

2 Ergänzung der Herausgeber.

satz verbunden ist, liegt darin, daß unterschiedliche Personen in unterschiedlichen Kulturen unterschiedliche Vorstellungen davon haben, was Moral ist, oder auch, daß sie den Begriff ›Moral‹ nicht ausdrücklich verwenden. Nachdem wir die Befragten unserer Längsschnittstudie zu unseren hypothetischen Dilemmata interviewt hatten, stellten wir die Frage, ob dies moralische Dilemmata waren: »Erzählen Sie mir von einem moralischen Problem oder einer Entscheidung, der Sie ausgesetzt waren.« Ein junger Erwachsener, den wir fragten, ob es sich beim Heinz-Dilemma um ein moralisches Dilemma handelt, entgegnete: »Nein, ich denke, das fällt heraus, weil es Sex einschließt; daher ist es nicht moralisch«.

Obwohl wir in *Tabelle 3* Sexualnormen oder -themen aufgelistet haben, werden sie in unserer Standardauswertung nicht berücksichtigt, und wir verstehen das Heinz-Dilemma in dem Sinne, daß es Konflikte zwischen Liebe und affektiven Beziehungen auf der einen sowie Recht und Eigentum auf der anderen Seite enthält. Ein anderes Beispiel für die Schwierigkeiten, die damit einhergehen, wenn man die eigenen Definitionen der Befragten übernimmt, liefert das folgende Beispiel: Einer der Befragten in der Längsschnittstudie präsentierte als moralisches Dilemma die Frage, ob er das Haus, in dem er wohnte, kaufen oder weiterhin mieten sollte. Dies würde üblicherweise nicht als moralisches, sondern als praktisches, pragmatisches oder ökonomisches Dilemma bezeichnet werden. Obwohl unsere moralischen Stufen die in *Tabelle 3* aufgeführten Konzepte, einschließlich dem Wohlergehen oder der Sorge um die Konsequenzen für die Wohlfahrt der anderen, vollständig enthalten, haben wir betont, daß für sie die Themen der Gerechtigkeit zentral sind, d. h. Pflichten oder Obligationen im Verhältnis zu den Rechten anderer. Wir haben weder die Verantwortlichkeiten für das Selbst oder seine Ideale noch Handlungen zugunsten anderer betont, die über Rechte und Pflichten hinausgehen (Handlungen, die von Philosophen als supererogatorisch bezeichnet werden und die keine spezifische Verantwortung gegenüber Personen, Familie und Freunde ausmachen).

Zeitgenössische formalistische Philosophen wie Frankena (1973[2]; dt. 1972) und Peters (1971) erkennen zumindest zwei Tugenden oder zwei Prinzipien an: das Prinzip der Gerechtigkeit und das

Prinzip des Utilitarismus. Sowohl der Utilitarismus als auch die Gerechtigkeit sind Tugenden oder Prinzipien, die die Beziehung der Mitglieder einer Gesellschaft zueinander und gegenüber der Gesellschaft insgesamt regulieren (vgl. Rawls 1971; dt. 1975). Beide Prinzipien sind in unserer Theorie und in unserem Auswertungssystem enthalten; wir gestehen jedoch zu, daß das ›Prinzip‹ des Altruismus, der Fürsorge oder der verantwortlichen Liebe in unserer Arbeit nicht angemessen repräsentiert ist. Dieser Punkt wurde auf kraftvolle Weise von Gilligan (1977, 1982; dt. 1984) herausgearbeitet.

Seit 1976 haben Gilligan und ihre Kolleginnen die Art und Weise analysiert, mit der Personen moralische ›real-life‹-Dilemmata konstruieren, beispielsweise das Dilemma, ob eine Abtreibung vorgenommen werden sollte. Gilligan hat sowohl den Weg dokumentiert, auf dem die Befragten diese Dilemmata lösen, als auch die Bewertungen, die sie für ihre eigenen Lösungen anbieten. Sehr häufig beziehen sich diese Dilemmata auf den Konflikt zwischen Fürsorge für sich selbst und Fürsorge für einen anderen. Als ein Ergebnis des Arbeitens mit diesen Dilemmata konnten Gilligan und ihre Kolleginnen eine Orientierung der Fürsorge und der Verantwortung definieren, von der sie annehmen, daß sie sich von der Gerechtigkeitsorientierung – so wie sie sie verstehen – unterscheidet. Sie fanden, daß mehr Frauen als Männer die Fürsorgeorientierung bevorzugten und mehr Männer als Frauen die Gerechtigkeitsorientierung, beide Orientierungen wurden jedoch von den meisten Befragten eingesetzt.

Dieses und andere Ergebnisse deuten für uns jedoch *nicht* darauf hin, daß es zwei getrennte allgemeine Moralen gibt, eine Moral der Gerechtigkeit und der verallgemeinerten Fairneß sowie eine andere, vollständig abgetrennte oder entgegengesetzte Moral der Fürsorge. Aus unserer Sicht setzen die besonderen Verpflichtungen der Fürsorge die allgemeinen Pflichten der Gerechtigkeit, die für sie notwendig, aber nicht hinreichend sind, voraus, gehen aber auch über sie hinaus. Folglich können Dilemmata, die sich auf besondere Beziehungen ausrichten, Antworten der Fürsorge hervorrufen, die das Gefühl einer verallgemeinerten Verpflichtung der Gerechtigkeit gegenüber ergänzen und vertiefen. In unseren Standarddilemmata existieren Erörterungen im Hinblick auf besondere Beziehungen in gewissem Sinn als Ergänzung, da sie über die Pflichten hinausgehen, die Personen einander auf der Basis von persönlichen Rechten schulden. Diese Überlegungen brauchen jedoch nicht im Konflikt zu einer Gerechtigkeitsethik zu stehen; so vertieft beispielsweise Heinz' Fürsorge für seine Frau sein Gefühl der Verpflichtung, deren Recht auf Leben zu respektieren. Folglich dienen Antworten auf unsere Gerechtigkeitsdilemmata, die diese besonderen Überlegungen zum Ausdruck bringen, als Ergänzungen und nicht als Alternativen zu den Lösungen der Gerechtigkeit, die von dem Problem hervorgerufen wurden. Wir meinen, daß dasjenige, das von Gilligan als Ethik der Fürsorge bezeichnet wurde, an sich und für sich betrachtet nicht gut für die Lösung von Gerechtigkeitsproblemen geeignet ist: Probleme, die nach Prinzipien verlangen, um konfligierende Ansprüche zwischen Personen, um die man sich in gewissem Sinn kümmern sollte, zu lösen.

Aus unserer Perspektive repräsentieren Gerechtigkeit und Fürsorge nicht zwei unterschiedliche moralische Orientierungen, die auf der gleichen Ebene der Allgemeinheit und Gültigkeit existieren. Wir meinen, daß Gerechtigkeit sowohl rational ist *als auch* eine Einstellung der Empathie enthält. Aus diesem Grund unterbreiten wir den folgenden Vorschlag: Es existiert ein Maßstab, auf dem mannigfaltige moralische Dilemmata und Orientierungen plaziert werden können. Persönliche moralische Dilemmata und Orientierungen der besonderen Verpflichtung (die eben diskutiert wurden) repräsentieren ein Ende dieses Maßstabs, und die standardisierten hypothetischen Gerechtigkeitsdilemmata und Operationen der Gerechtigkeit repräsentieren das andere Ende.

Daß die Themen der Gerechtigkeit einen zentralen Bereich innerhalb der moralischen Entwicklung darstellen, ist aus einer Reihe von Gründen sinnvoll:

1. Indem sie Reaktionen auf sich widersprechende Güter und Ansprüche hervorrufen, decken sie Gründe auf, deren Struktur analysiert werden kann und die dazu benutzt werden können, ›harte Stufen‹ zu definieren. Inwieweit andere Formen der Moral als ›harte Stufen‹ bestimmt werden können, ist eine offene Frage.
2. Verbunden hiermit ist die Frage, ob eine spätere oder höhere Stufe eine bessere oder adäquatere Stufe des Urteilens oder

Begründens ist. Da wir am Verhältnis der moralischen Stufen aus einer geschlechtsspezifischen Perspektive interessiert sind, die sich an sich entwickelnden Menschen orientiert, haben wir diese Frage als gerechtfertigt angesehen.

Wir behaupten – mit bestimmten Einschränkungen –, daß eine höhere Stufe moralische oder Gerechtigkeitsprobleme adäquater löst. Wir denken, daß das Ideal, auf das sich die Gerechtigkeitsurteile hinbewegen, das einer universellen Übereinstimmung aller ist, die potentiell in einen Gerechtigkeitskonflikt involviert sind. Gerechtigkeitsurteile zielen auf einen Dialog, in den alle betroffenen Parteien durch Diskussionen und gemeinsame Prinzipien einstimmen können und der nicht auf Konfliktlösungen, die auf Täuschung, Manipulation oder Zwang beruhen, hinausläuft. Diese Position schließt dasjenige ein, das von Philosophen der ›moralische Standpunkt‹ *(moral point of view)* genannt wird: Der ›moralische Standpunkt‹ betont die Eigenschaften der Unparteilichkeit, der Universalisierbarkeit und die Anstrengung und das Wollen, zu einer allgemeinen Übereinstimmung oder zu einem allgemeinen Konsens mit anderen menschlichen Wesen über das, was richtig ist, zu kommen (vgl. Baier 1965, dt. 1974; Frankena 1973², dt. 1972).

Zusätzlich zu der Bereitschaft, in einen offenen Dialog einzutreten und nach Unparteilichkeit oder Fairneß bei dem Erreichen einer Lösung zu suchen, haben wir die herausgehobene Stellung der Goldenen Regel (Kohlberg 1981) betont, der idealen oder reversiblen Rollenübernahme als einer Eigenschaft des ›moralischen Standpunkts‹. [Die Idee der Goldenen Regel erscheint][3] zunächst auf Stufe 3, wenn Urteile vom Standpunkt verschiedener Personen gefällt werden können. Auf der höchsten moralischen Stufe haben wir dies als die ›moralische Reise nach Jerusalem‹ bezeichnet und damit die Bereitschaft gemeint, sich auf einen Dialog einzulassen oder Rollen zu tauschen, so daß alle möglichen Gründe, die bei der Entscheidung ins Spiel kommen, berücksichtigt werden. Ein besonders einleuchtendes Beispiel des ›moralischen Standpunkts‹ wird von John Rawls in seiner *Theorie der Gerechtigkeit* (1971; dt. 1975) vorgestellt. Nach

---

3 Ergänzung der Herausgeber.

Rawls sind die Prinzipien der Gerechtigkeit, denen in jeder Gesellschaft zugestimmt werden könnte, jene, die in einem ›Urzustand‹ unter dem ›Schleier des Nichtwissens‹ ausgewählt werden würden, der verbirgt, in welcher Rolle oder unter welchen Umständen man in einer Gesellschaft leben würde: reich oder arm, schwarz oder weiß, intelligent oder weniger intelligent, als Mann oder als Frau. Rawls führt in einer langen, sorgfältig begründeten, aber kontroversen Argumentation die so gewählten Prinzipien aus: Zunächst wäre dies die maximale Freiheit, die mit der gleichen Freiheit von anderen verträglich ist, und zweitens die Ausschaltung aller Ungleichheiten hinsichtlich des Einkommens und des Respekts, die aus der Perspektive derjenigen Mitglieder, die in einer Gesellschaft am meisten benachteiligt werden, nicht zu rechtfertigen sind. Allgemeiner gesprochen meinen wir, daß jede höhere Stufe sich einem vollständigen ›moralischen Standpunkt‹ mehr annähert; d. h. daß sie a) inklusiver und b) reversibler als die vorhergehende Stufe ist.

Die größere Inklusivität einer jeden höheren Stufe wird durch die sozio-moralische Perspektive repräsentiert. Auf der präkonventionellen Ebene (den Stufen 1 und 2) übernimmt das Kind nur die Perspektive eines Individuums, das gehorcht, etwas abweist oder mit einem anderen Individuum in der Gesellschaft einen Handel vornimmt. Auf der konventionellen Ebene (den Stufen 3 und 4) nimmt die Person den Standpunkt des ›Wir‹ ein, den sie mit der Familie oder der *peer group* (Stufe 3) oder dem ›Wir als Mitglieder einer Gesellschaft‹ (Stufe 4) teilt. Auf der prinzipiengeleiteten Ebene nimmt die Person die Perspektive eines rationalen Individuums ein, das Rechte hat, die denen der Gesellschaft vorausgehen, die aber von der Gesellschaft auf eine unparteiische Weise geschützt werden (Stufe 5), oder die Perspektive eines jeden rationalen moralischen Individuums, das durch ethische Prinzipien wie dem Respekt vor der Persönlichkeit des Menschen geleitet wird. Aus einer logischen Position gesehen, ist es klar, daß jede höhere sozio-moralische Perspektive umfassender ist als ihre Vorgängerin und daß sie in diesem Sinn kognitiv adäquater ist, eine Lösung zu erreichen, die für alle gerecht ist.

In der Terminologie Piagets bedeutet Reversibilität ein sich entwickelndes Charakteristikum der Urteilsoperationen, das eine Integration dieser Operationen in ein äquilibriertes System repräsentiert. In unseren Stufen ist die Reziprozität des ›Richtigen‹ bezüglich Strafe oder Belohnung auf Stufe 1 nicht in die Gleichheit integriert. Diese beiden Operationen werden auf Stufe 2 integriert, aber lediglich, um eine bessere moralische Billigkeit zu erreichen. Auf Stufe 2 bedeutet die Goldene Regel, dem anderen das zu tun, was er mir getan hat.

Auf Stufe 3 ist die Reziprozität vollendet, das Reziproke ist integriert, so daß es nun heißt, daß man anderen gegenüber so handelt, wie man auch gerne behandelt werden würde, und nicht, wie man behandelt wurde. Auf Stufe 4 ist die Gleichheit in die vollendete Reziprozität der Stufe integriert; Fairneß bedeutet, alle Personen vor dem Recht, sei es zivil oder religiös, gleich zu behandeln. Auf Stufe 5 ist die Gleichheit mit anderen Operationen integriert zu einer Konzeption der Billigkeit als Verteilung im Hinblick auf die Rechte oder das Wohlergehen, das allen besonderen sozialen Rollen vorausgeht; Beispiele hierfür sind die freie Wahl des Lebensstils oder das Recht auf Chancengleichheit. Die noch immer unzureichend definierte Stufe 6 basiert empirisch auf universellen und allgemeinen Prinzipien, auf die sich alle Personen, die den moralischen Standpunkt einnehmen, einigen können.

Beim Erzielen eines zwanglosen Konsenses über Probleme der Gerechtigkeit kann Stufe 3 mithin dazu führen, zu einem Konsens innerhalb einer bestimmten kleinen Gruppe zu gelangen, Stufe 4 kann zu einem Konsens in einer bestimmten Gesellschaft oder Institution führen, Stufe 5 kann zu einem Konsens über Menschen- und Bürgerrechte führen, und Stufe 6 kann den Weg zu einem Konsens über ›ideale‹ Pflichten des Menschen weisen. Die empirische Ausgestaltung und die philosophischen Behauptungen zur Gültigkeit von Stufe 6 sind jedoch, wie bereits angemerkt, noch ungeklärt und verlangen nach einer Reihe weiterer Untersuchungen.

Abschließend ist zu sagen: Wenn wir die Stufe 6 und den damit verbundenen Anspruch der größeren Angemessenheit verlassen, verbleiben wir dennoch bei einer philosophischen Prämisse, die in das Konzept der Stufen selbst eingebaut ist – eine Prämisse, die aus der Perspektive einer Reihe von Moralphilosophen akzeptabel ist. Eine spätere Stufe bedeutet ebensowenig automatisch eine adäquatere Stufe, wie der Altersabschnitt, der auf das

Erwachsenenalter folgt, automatisch besser ist. Empirisch gesehen wäre es möglich, daß der Egozentrismus des Individuums auf die soziale oder prinzipiengeleitete Moral folgen würde. Sowohl die Tatsache, daß das philosophische Argument der größeren Angemessenheit einer jeden höheren Stufe konsistent ist mit der empirischen Evidenz über die Abfolge der Stufenentwicklung, als auch die Gründe für eine stufenmäßige Entwicklung sind äußerst wichtig für Erzieher wie für Eltern. Die Erziehung kann die direkte Indoktrination zur Seite legen und sich auf die Stimulation von Entwicklung konzentrieren, die sich nicht gänzlich von der Entwicklung im schulischen Bereich unterscheidet. Die Eltern müssen jedoch weiterhin indoktrinieren, weil sie nicht einfach die Entwicklung des moralischen Urteilens und Handelns stimulieren können; sie müssen hier und jetzt konkrete moralische Normen und Verhaltensweisen lehren. Aber auch Erziehung gelingt am besten in Kenntnis der kindlichen Entwicklung.

### Stufen, die in diesem Buch diskutiert werden

Innerhalb des Bereichs, der durch die ›harten strukturalen Stufen‹ abgedeckt ist, lassen sich bestimmte Parallelen finden, die in *Tabelle 5* verzeichnet sind; hier werden die Parallelen und Unterschiede zwischen Piagets kognitiven Stufen, Selmans (1980; dt. 1984) Stufen der Perspektivenübernahme und den moralischen Stufen aufgelistet.

**Tabelle 5: Parallel verlaufende Stufen in der Entwicklung der Kognition, der Rollenübernahme und der Moral**

| Kognitive Stufe | Stufe der Perspektivenübernahme | Moralische Stufe |
| --- | --- | --- |
| *Präoperational* | *Stufe 1 (Subjektivität)* | *Stufe 1 (Heteronomie)* |
| Die ›Symbol-Funktion‹ entsteht, aber das Denken wird durch Zentrierung und Irreversibilität markiert. | Es existiert ein Verständnis der Subjektivität von Personen, aber es wird nicht realisiert, daß Personen sich wechselseitig als Subjekte betrachten können. | Die physischen Konsequenzen einer Handlung und die Richtlinien von Autoritäten definieren richtig und falsch. |
| *Konkrete Operationen* | *Stufe 2 (Selbst-Reflexiv)* | *Stufe 2 (Austausch)* |
| Die objektiven Charakteristika eines Objekts werden von den Handlungen, die sich darauf beziehen, getrennt; Klassifizierungs-, Seriations- und Konservationsfertigkeiten entwickeln sich. | Es liegt ein sequentielles Verständnis vor, daß der andere das Selbst ebenso als ein Subjekt sehen kann wie das Selbst den anderen als Subjekt sehen kann. | Das Richtige wird so definiert, daß es den eigenen Interessen und Bedürfnissen dient; kooperative Interaktionen basieren auf einfachem Austausch. |
| *Beginn der formalen Operationen* | *Stufe 3 (Wechselseitigkeit)* | *Stufe 3 (Erwartungen)* |
| Die Koordination des Reziproken mit dem Inversen entwickelt sich; die Logik der Propositionen wird beherrscht. | Es wird realisiert, daß das Selbst und die anderen sich wechselseitig als Subjekte, die Perspektiven übernehmen, wahrnehmen | Die Betonung liegt auf dem Stereotyp der guten Person; es besteht ein Interesse an Anerkennung. |

| Kognitive Stufe | Stufe der Perspektivenübernahme | Moralische Stufe |
|---|---|---|
| | können (eine verallgemeinerte Perspektive). | |
| *Frühe formale Operationen* | *Stufe 4 (Soziales und konventionelles System)* | *Stufe 4 (Soziales System und Bewußtsein)* |
| Der hypothetisch-deduktive Ansatz entsteht; er schließt die Fähigkeiten zur Entwicklung von potentiellen Beziehungen zwischen Variablen ein sowie die Organisation von experimentellen Untersuchungen. | Es wird realisiert, daß jedes Selbst den gemeinsam geteilten Standpunkt des generalisierten anderen einnehmen kann (das soziale System). | Der Fokus liegt auf der Aufrechterhaltung der sozialen Ordnung durch die Befolgung des Rechts und dadurch, daß man seine Pflicht tut. |
| *Konsolidierte formale Operationen* | *Stufe 5 (Symbolische Interaktion)* | *Stufe 5 (Sozialvertrag)* |
| Die Operationen sind jetzt umfassend und systematisch. | Die Perspektive des sozialen Systems kann jetzt von einem der Gesellschaft vorgeordnetem Standpunkt verstanden werden. | Recht wird durch wechselseitige Standards definiert, denen die gesamte Gesellschaft zugestimmt hat. |

(vgl. Kohlberg 1984, S. 390f.)

Selmans Stufen der Perspektivenübernahme erfassen die Art und Weise, in der die sich entwickelnde Person Probleme der Freundschaft in Paarbeziehungen, in *peer groups* und in Eltern-Kind-Beziehungen beschreibt sowie Anstrengungen unternimmt, diese zu lösen. Diese Stufen gehen aus Selmans Forschungsbemühungen hervor, die für die moralischen Stufen notwendigen Voraussetzungen der Rollenübernahme zu verstehen. Eine Reihe von Untersuchungen, darunter die Arbeiten von Walker (1980) und Walker/Richards (1979), legen nahe, daß die kognitiven Stufen Piagets notwendig, aber nicht hinreichend sind für die von Selman vorgelegten Stufen der Perspektivenübernahme; diese sind wiederum notwendig, aber nicht hinreichend für die moralischen Stufen, die nicht nur *Beschreibungen* der sozialen Beziehungen oder Themen enthalten, sondern *Vorschriften* darüber, was getan werden sollte bzw. was die faire Lösung einer Problematik ausmacht. Die Parallelen sind nicht zufällig. Ich hatte Piagets Stufen im Hinterkopf, als ich die moralischen Stufendefinitionen erstellte, und Selman hatte die moralischen Stufen im Hinterkopf, als er die Ebenen der sozialen Perspektivenübernahme ausarbeitete. Das Vorliegen einer Beziehung als ›notwendig-aber-nicht-hinreichend‹ bewährt sich nicht nur einfach deshalb, weil kognitive Stufen allgemeiner sind als die Stufen der sozialen Perspektivenübernahme und diese wiederum allgemeiner sind als die moralischen Stufen, sondern sie bewährt sich, weil jeder Bereich eine bestimmte Art der Erfahrung verlangt.

Selbst wenn wir uns nur im Bereich der ›harten‹ strukturellen Stufen befinden, können Personen sich auf verschiedenen Punkten der jeweiligen Stufen aufhalten, obwohl die Stufen, wie gezeigt, Parallelen aufweisen. Wenn wir uns den ›weichen‹ strukturalen Stufen des Selbst zuwenden, die die Stufen der Kognition, der Perspektivenübernahme und der Moral als Teilbereiche für die allgemeinen Beziehungen des Selbst zu den anderen einschließen, also z. B. den Arbeiten von Kegan (1982; dt. 1986), Loevinger (1976) und Fowler (1981; dt. 1991), so ist offensichtlich, daß es sich hierbei um etwas handelt, das Max Weber ›Idealtypen‹ nannte; eine Art zusammengesetzte Photographie, welche die strukturelle Konsistenz einer Person hervorhebt und diese Konsistenz im Interesse des Verständnisses der Problemverbindungen im Charakter oder in der Persönlichkeit überzeichnet.

Wenn wir uns Eriksons funktionalen Stufen oder Lebensphasen zuwenden, wird noch deutlicher, daß sich das Individuum innerhalb der funktionalen Stufe auf verschiedenen Entwicklungsebenen bewegen kann. In dem Kapitel über »Den älteren Menschen als Philosophen« präsentieren wir Porträts alternder Menschen (zwischen 65 und 80 Jahren), die sich auf unterschiedlichen ›Stufen des Glaubens‹ im Sinne von Fowler befinden bzw. die unterschiedliche entwicklungsmäßige Weltbilder aufweisen. Diese unterscheiden sich sowohl untereinander als auch von den hier vorgestellten Adoleszenten oder Erwachsenen. Alle diese Menschen gehen unterschiedlich mit der von Erikson formulierten Lebensaufgabe der Integrität (vs. Verzweiflung) um; wobei die Menschen auf der am weitesten fortgeschrittenen Stufe des Glaubens dies am besten leisten.

## Fazit

Dieses Buch behandelt die großen Bereiche des menschlichen Lebens nicht nur vom Standpunkt der ›harten‹ Stufen des logischen und gerechtigkeitsbezogenen Urteilens, sondern auch aus der Perspektive der ›weichen‹ Stufen der reflexiven Sinnschöpfung sowie der funktionalen Stufen Eriksons.

Das Kapitel über das Kind als Philosophen diskutiert vor allem das Alter von 4 bis 7 Jahren, in denen das Kind die konkret-operatorische Logik und die Stufe des Gerechtigkeitsurteilens als Verpflichtung gegenüber Autoritäten oder sozialen Mächten entwickelt. Darüber hinaus wird dieser Bereich aus der Perspektive von John Broughtons ›weichen‹ Stufen der erkenntnistheoretischen Reflexion über Geist *(mind)*, Körper, Wahrheit und Realität thematisiert.

Das Kapitel über den Adoleszenten als Philosophen diskutiert nicht nur das Anwachsen der formal-operatorischen Logik sowie des konventionellen Denkens über Gerechtigkeit, sondern auch die Reflexion des Adoleszenten über sich selbst. Während dieses Zeitraums kommt es zu einem Infragestellen der Wirklichkeit des Selbst und der Welt sowie zu einem Hinterfragen der konventionellen moralischen Normen oder Wahrheiten; Zweifel entstehen, und das Bewußtsein über die Probleme der Relativität und des Skeptizismus im Hinblick auf moralische und intellektuelle Wahrheiten wächst. In diesem Zusammenhang greifen wir sowohl auf die Arbeiten von Broughton und Perry zur Entwicklung des epistemologischen Relativismus bei Wahrheits- und Gerechtigkeitsproblemen als auch auf die von uns erarbeiteten moralischen Stufen zurück.

Der Aufsatz zur Adoleszenz betont die Entdeckung des transzendentalen Selbst, oder des Ichs, als eines subjektiv Wissenden und Erfahrenden. Die Kompetenz für diese Fähigkeit liegt implizit in Piagets Konstruktion des Urteils der Adoleszenten als formaloperatorische Selbstflexion oder als Denken über Denken. Dies wurde jedoch bereits viel deutlicher von James Mark Baldwin (1906), Piagets großartigem amerikanischen Vorgänger in der Untersuchung der genetischen Epistemologie, auf den Begriff gebracht. Es ist die Theorie Baldwins, die Broughtons Konstruktion der Stufen des Denkens über das Selbst und über die Realität bei Adoleszenten zugrunde liegt.[4]

Die Kapitel über das Erwachsenenalter und die Adoleszenz diskutieren ihren Gegenstand nicht nur im Hinblick auf ›harte‹ und ›weiche‹ strukturelle Stufen, sondern auch im Hinblick auf ein unterschiedliches Stufenparadigma, das funktionale Stufenparadigma von Erik Erikson (1959; dt. 1966). Der Unterschied zwischen Eriksons funktionalen Stufen und den strukturellen Stufen wurde bereits herausgearbeitet: Während Eriksons funktionale Stufen des Lebenszyklus einen eigenen Ansatz der Entwicklung in der Adoleszenzperiode repräsentieren, stellt seine Bezugnahme auf die funktionalen Aufgaben des Ich bei der Bildung der Identität eine Parallele zur strukturalen Entdeckung des Selbst in der Adoleszenz dar. Im Kapitel über den Erwachsenen als Philosophen gehen wir weiterhin auf die Eriksonsche Betonung der Generativität für die Arbeit wie die Familie ein.

Im Kapitel über »Den älteren Menschen als Philosophen« greifen wir erneut das funktionale Stufenthema Eriksons auf, nun im Hinblick auf die Auseinandersetzung des älteren Menschen mit Integration und Verzweiflung; hiermit ist Eriksons achte und abschließende Stufe der Ego-Entwicklung angesprochen. Die Beschäftigung mit der Integrität ist zum Teil eine moralische Reflexion über die gesamte Geschichte des Selbst als eines moralisch Handelnden. Darüber hinaus beinhaltet sie eine Reflexion über metaphysische und religiöse Realitäten. Diese religiöse Reflexion ist ein zentraler Bestandteil der Interessen des älteren Menschen und ist für sein Verständnis der Integrität des Lebens zentral. In diesem Zusammenhang greifen wir auf die Arbeiten

---

4 Anmerkung der Hg.: Kohlberg geht an dieser Stelle nicht auf das später verfaßte Kapitel »Der Jugendliche als Philosoph« ein.

von John Fowler zurück. Fowlers ›weiche‹ strukturelle Stufeninterpretation über das ethische und religiöse Denken und Fühlen repräsentiert eine Synthese der Stränge von Piagets kognitiven Stufen (was von Fowler als symbolisches und begriffliches Wirken bezeichnet wird), von Selmans Ebenen der Rollenübernahme (was von Fowler als Rollenübernahme und Ausmaß der Identifikation bezeichnet wird), von Broughtons und Perrys erkenntnistheoretischen Stufen (was von Fowler als Kriterien und Modi der Aneignung von Überzeugungen und der Autorität von Überzeugungen genannt wird) sowie von meinen moralischen Stufen (die Fowler als ethische Standards und deren Grundlagen bezeichnet).

Das heißt also: Der grundlegende Ansatz, den wir in diesem Buch vertreten, besteht darin, die Etappen der Kindheit, der Adoleszenz, [der Jugend; die Hg.], des Erwachsenenalters sowie des Alters im Hinblick auf eine Synthese von kognitiven, moralischen, erkenntnistheoretischen, metaphysischen und religiösen Stufen zu beschreiben. Dies entspricht einem ganzheitlichen Ansatz, innerhalb dessen die Lebensalter als idealtypisch konzipierte Synthesen unterschiedlicher, aber miteinander verbundener Stufen verstanden werden. Diese Synthesen können am besten mit der Metapher des Menschen als Philosophen beschrieben werden.

Den Kapiteln zur Kindheit, zur Adoleszenz und zum älteren Menschen ist jeweils ein einschlägiges Zitat aus dem großartigen Gedicht über den Lebenszyklus *Ode. Ahnungen der Unsterblichkeit* von William Wordsworth vorangestellt. Dieses Gedicht enthält Passagen, die das Kind beschreiben als »Du bester Philosoph«, den Adoleszenten als eingebunden in »ewiges Fragen: nach Gehalt und Sinn der äußeren Gestalt…, die kreist in unerschaffnem Weltenring«, der aber zugleich »Glanz im Grass [und] Herrlichkeit in den Blumen« findet, und dem älter werdenden Menschen schreibt Wordsworth das Folgende zu: »Aus den tröstenden Gedanken, die aus Menschenleid sich ranken; aus dem Glauben, der den Tod durchblickt im Alter, das uns milde Weisheit schickt.«

## 2. Das Kind als Philosoph

Der Geist ist »nie in Ruhe, sondern in immer fortschreitender Bewegung begriffen. Aber wie beim Kinde nach langer stiller Ernährung der erste Atemzug jene Allmählichkeit des nur vermehrenden Fortgangs abbricht – ein qualitativer Sprung – und jetzt das Kind geboren ist, so reift der sich bildende Geist langsam und stille der neuen Gestalt entgegen, löst ein Teilchen des Baues seiner vorhergehenden *Welt* nach dem andern auf. ... Dies allmähliche Zerbröckeln, das die Physiognomie des Ganzen nicht veränderte, wird durch den Aufgang unterbrochen, der, ein Blitz, in einem Male das Gebilde der neuen Welt hinstellt« (Hegel 1807, S. 18 f.).

> Seht nur das Kind bei erstlichen Genüssen...
> Zu Füßen irgend kleinen Kartenplan,
> Bruchstück von seinem Lebenstraum...
> Geformt mit jüngsterrungenem Geschick;
>     Und Hochzeit oder Festgelage,
>     Ein Grabgang oder eine Klage –
>     Dem bald gehört sein Herz,
>     Dem paßt sein Lied sich an;
>     Und seine Zunge dann
> An Handelsrede, Liebe, Streit und Scherz;
>     Doch währts nur kurze Frist,
>     Bis dies verworfen ist,
>     Dann lernt stolz-freudenvoll
> Der kleine Spieler seine neue Roll;
> Und füllt die ›launige Bühne‹ dann und wann
> Mit den Gestalten bis zum alten Mann: -
> Das Leben bringt sie all im Wagen an,
>     Als sollt er nie erlahmen,
>     Bestimmt: nur nachzuahmen.
> Du, dessen äußere Erscheinung nicht
>     Von Seelengröße spricht,
> Du bester Philosoph, der du noch nicht fliehst
> Dein Erbteil, Auge unter Blinden du,
> Der stumm und taub die ewige Tiefe liest,
> Vom ewigen Geist durchdrungen immerzu...
> Gedenken der vergangenen Jahre nährt

Mein unablässig Preisen: doch nicht dem,
Was doch der Rühmung wär zuvörderst wert:
Freiheit und Glück und Kindergläubigkeit...
　All dem gelte nicht
　Mein Preis- und Dankgedicht:
　Doch ewigem Fragen: nach Gehalt
　Und Sinn der äußeren Gestalt:
　(Ists Blendwerk, schwindende Kontur?)
　Wahnbilder einer Kreatur,
Die kreist in unerschaffenem Weltenring...
　　William Wordsworth, *Ode. Ahnungen der Unsterblichkeit*, 1807

Im Mittelpunkt dieses Kapitels stehen das Bemühen, die Welt aus der Sicht des Kindes zu sehen, sowie die Idee, dies mit Hilfe der Theorie der kognitiven Entwicklung zu formalisieren – so wie sie von Piaget, seinen Vorgängern und Nachfolgern ausgearbeitet wurde. Der von Piaget ausgelösten Revolution der Entwicklungspsychologie liegen die miteinander verbundenen Annahmen oder Einsichten zugrunde, daß Kinder Philosophen sind und daß die Philosophie der Kinder sich in Stufen entwickelt. Freud konnte zeigen, daß Kinder – ebenso wie Erwachsene – an der Geburt, am Tod und am Geschlechtsleben interessiert sind. Piaget konnte allerdings zeigen, daß Kinder in der Hauptsache deshalb an der Geburt, dem Tod und dem Geschlechtsleben interessiert sind, weil sie sich Gedanken über den Ursprung der Dinge machen; darüber, was Raum und Zeit, was Kausalität und Realität, was Gut und Böse ist, also Fragen, die im Mittelpunkt des Interesses jener Erwachsenen stehen, die wir Philosophen nennen. Philosoph sein bedeutet, sich Gedanken zu machen über die grundlegenden Begriffe oder Kategorien der Erfahrung, und genau hieran sind auch kleine Kinder interessiert. Stufen zu durchlaufen heißt, qualitative Transformationen der Sicht der Welt oder der Philosophie zu erfahren. – Zu dem soeben Gesagten, nämlich, daß Piaget das Kind als Philosophen entdeckte und qualitative Stufen der Weltsicht beobachtete, muß ich jetzt hinzufügen, daß diese Entdeckung in Wirklichkeit viel weiter zurückliegt.

Die beiden Zitate, die dieses Kapitel eröffnen, sind ein Manifest der frühen ›romantischen‹ Entdeckung des kindlichen Geistes und der Stufen der menschlichen Entwicklung im neunzehnten

Jahrhundert. Hegel war der erste, der parallel verlaufende Stufen in der Entwicklung der kulturellen Ideen oder Philosophien und der Entwicklung des Kindes sah, wobei er sowohl Kinder als auch Kulturen damit beschäftigt fand, diese Philosophien zu konstruieren. Stufen, so legt das Zitat von Hegel nahe, sind Selbstkonstruktionen des Geistes, neue Formen, die alte Formen auflösen und die zur Wahrnehmung neuer Welten führen. Wordsworth drückt die romantische Vision der doppelten Natur des Kindes als Konstrukteur aus: Das Kind ist Künstler und Philosoph. Bei Wordsworth ist das Kind zunächst Spieler, Künstler und Träumer, sein Glaube sind Freiheit und Glück. Die offensichtliche ›Berufung‹ des Kindes, »nachzuahmen«, seine Kultur und seine Rolle zu lernen, ist in der Tat das spielerische und spontane Verfügen über Rollen, die, »geformt mit jüngsterrungenem Geschick«, »Bruchstücke von seinem Lebenstraum« repräsentieren. Die stärker offene Seite des kindlichen Geistes ist die des phantasievollen Spielers, Künstlers und Dramatikers, die tiefergehende Seite ist jedoch die des »Philosophen«, »vom ewigen Geist durchdrungen immerzu«, voll »ewigem Fragen: nach Gehalt und Sinn der äußeren Gestalt: (Ists Blendwerk, schwindende Kontur?)«.

## Das Kind als Philosoph: Die Idee der Konstanz

Ich möchte versuchen, die doppelte Natur des Kindes als Spieler und als Philosoph zu illustrieren, indem ich den Umgang des Kindes mit Konstanz und Änderungen betrachte; das »Blendwerk« und die »schwindende Kontur«, das »ewige Fragen: nach Gehalt und Sinn der äußeren Gestalt«, die von Piaget untersucht wurden.

Piaget verstand, daß die Aufregung des sehr kleinen Kindes beim Versteck-Spiel vom Interesse an der Frage: ›Was ist Realität?‹ herrührte – d. h. aus dem Problem der Unterscheidung zwischen Erscheinung und Wirklichkeit. Kinder mögen das Versteck-Spiel, weil sie Subjektives und Objektives unterscheiden lernen; weil sie eine Welt permanenter, sich nicht verändernder Gegenstände konstruieren. Kleinkinder, die jünger als zehn Monate sind, haben keine Vorstellung von einem permanenten Objekt.

Falls sie nach einem glänzenden Spielzeug greifen, das in diesem Moment mit einem Tuch abgedeckt wird, beenden sie die Greifbewegung; das Spielzeug existiert nicht länger für sie. Mit 18 Monaten wissen sie, daß Objekte permanent existieren, auch wenn sie diese nicht mehr sehen können. Aber erst nachdem die Kinder etwa sechs Jahre alt geworden sind, nehmen sie die physische Natur und Identität eines Objektes als unveränderlich wahr: Dinge, deren Erscheinungsweise sich ändert, ändern sich in Wirklichkeit.

Es macht einen Teil des Charmes der frühen Kindheit aus, daß Gegenstände ihre Identität verändern können; daß kleine Kinder sowohl spielen können, daß sie so sind, wie eine Vielzahl von Personen und Geschöpfen, als auch zu fühlen, daß sie tatsächlich so sind. Manchmal ist dieses Fließende in der Identität von Sachen eine Quelle der Angst, manchmal des Vergnügens. Wir kauften meinem Jungen, der gerade drei Jahre alt geworden war, zu Halloween ein Hundekostüm und führten ihn vor einen Spiegel, woraufhin er sagte: »Ich bin ein Hund« und vor Vergnügen lachte. Ich fragte ihn: »Bist du ein Hund oder bist du in Wirklichkeit ein Junge?« – »Ich bin ein Hund, ein richtiger Hund.« Er rannte in die Küche, nahm einen Hundekuchen und tat halb so, halb versuchte er tatsächlich, ihn zu essen. Zu behaupten, daß das Kind ein Philosoph ist, bedeutet zu behaupten, daß Kinder an den grundlegenden Begriffen oder Kategorien der Erfahrung interessiert sind. Zu behaupten, daß das Kind sich als Philosoph *entwickelt*, bedeutet zu behaupten, daß seine ursprünglichen und grundlegenden Begriffe sich von unseren eigenen unterscheiden. Weil sich die Philosophie der Kinder von der unsrigen unterscheidet, werden auch wir zur Reflexion darüber gezwungen, daß wir Philosophen sind, daß unsere Begriffe von Realität, Wahrheit und Güte grundlegend für das Verständnis unseres eigenen Geistes *(mind)* sind.

Wir haben als ein Beispiel für grundlegende Begriffe die Kategorie der Substanz, Konstanz oder Identität benutzt. Wir haben das Konzept der Konstanz als eine Kategorie benutzt, weil es auf jeder neuen allgemeineren Ebene des Denkens in einer neuen Form gegenwärtig ist (vgl. die Definitionen in *Tabelle 1* in der Einleitung).

Die zentralen kognitiven Konstanten oder Invarianten der Welt der Erwachsenen entwickeln sich über drei Ebenen: die senso-motorische, die intuitiv-konkrete und die formal-abstrakte Ebene. Am Ende der senso-motorischen Periode hat das Kind die Konstanz der Objekte in Raum und Zeit gemeistert. Das Kind hat jedoch kein Verständnis davon, welche Eigenschaften eines Objektes sich ändern können und welche konstant bleiben. Das Kind der intuitiv-konkreten Ebene, z. B. mein Sohn, beherrscht noch nicht alle grundlegenden Invarianten. Diese bilden sich etwa im Alter von sechs oder sieben Jahren heraus, sobald das Kind in der Lage ist, mit konkreten Operationen umzugehen, d. h. mit den logischen Operationen der Addition, Subtraktion, Inklusion, Reziprozität und so weiter. Die Invarianten, die sich auf der formal-operatorischen Ebene herausbilden, sind jene, die den Gesetzen der Physik zugrunde liegen. Der Adoleszente kann durch hypothetisch-deduktives Denken die Unveränderlichkeit der gesetzmäßigen Varianz erfassen. Setzt man den Adoleszenten vor ein Pendel und fragt, wodurch dessen Schwingungsfrequenz determiniert wird, so kann er die invarianten Beziehungen der Schwingungsfrequenz des Pendels zur Länge der Schnur entdecken sowie feststellen, daß alle anderen Varianzen irrelevant sind. Den Adoleszenten gelingt dies deshalb, da sie nun sowohl in der Lage sind, hypothetisch-deduktiv zu argumentieren, als auch systematisch Experimente durchzuführen, um Hypothesen zu testen.

### Phantasie als spielerisches Denken in der Kindheit

Viele Menschen sind es nicht gewohnt, das Kind als einen Philosophen zu sehen oder als jemanden, der Konstanten und andere Kategorien der Erfahrung ausbildet. Sie verstehen diese Dinge eher als ›Phantasie‹, d. h. als einen Ausdruck kindlichen Verlangens und Wünschens, der nicht durch die äußere Wirklichkeit kontrolliert wird.

Die kognitiv-entwicklungsbezogene Sicht des Kindes leugnet deren ›Phantasie‹ nicht, interpretiert sie jedoch anders. ›Phantasie‹ bedeutet Spiel, und Kinder bewegen sich leicht fort von spielerischen und hin zu nüchternen Einstellungen im Hinblick auf Gegenstände. Ihre spielerische Einstellung ignoriert allerdings die Realität nicht, sie ist weder ›Primärprozeß‹ noch in erster Linie motiviert durch die ungezähmten Sexual- und Aggressionstriebe. Das kindliche Spiel ist vielmehr – ebenso wie die ›arbeitsbezogene‹ Einstellung der Welt gegenüber – auf die Beherrschung der Realität ausgerichtet. Das kindliche Spiel ist selbstverständlich nicht das nüchterne Nachdenken des erwachsenen Philosophen – es besteht nicht aus ›reiner Vernunft‹. Wir wollen hier jedoch festhalten, daß Kinder die grundlegenden realitätsbezogenen Orientierungen und deren Kategorien aufrechterhalten, gleich, ob die Kinder verspielt, nüchtern oder furchtsam sind, und daß sie selbst im Spiel mit Realität hantieren.

Als mein Sohn so tat, als esse er den Hundekuchen, lag dem kein orales Bedürfnis zugrunde. Vielmehr zeigte sich hierin sein Bemühen, die Unterscheidung zwischen Realität und Erscheinung durch eine spielerische Einstellung zu überwinden. Die spielerischen Einstellungen der Kinder, ebenso wie ihre ernsthafteren Einstellungen, reflektieren ihre allgemeine Art zu denken, ihr Konzept der Realität. Um diese Aussage zu illustrieren, werde ich eine Untersuchung diskutieren, die sowohl ein spielerisches als auch ein ernsthaftes Element enthält. Eine von mir betreute Dissertation von Rheta DeVries (1969) ging von der Beobachtung aus, daß kleine Kinder einen Sinn für die Konstanz von Identität haben – wie ich sie eben im Hinblick auf die Reaktionen auf das Halloween-Kostüm beschrieben habe. Da Kinder sich in ihren Reaktionen auf Menschen in Kostümen und Masken zu stark unterscheiden, haben wir eine andere Situation ausgesucht, um die kindlichen Reaktionen bezüglich der Konstanz systematisch zu untersuchen. Anstatt die Maske einem Menschen anzuziehen, befestigten wir die Maske eines kleinen, grimmig aussehenden Hundes an einer lebendigen und gut-trainierten Katze mit dem Namen Maynard. Als drei- bis vierjährige Kinder gefragt wurden, was dies für ein Tier sei, reagierten sie auf die Maskierung der Katze so, daß sie sagten, daß sie nun ein Hund sei und – wenn sie wählen konnten – fütterten sie diese mit Hundefutter. Sechsjährigen Kindern, wie auch vielen Fünfjährigen, war sehr wohl bewußt, was vorgefallen war.

Am interessantesten sind die Reaktionen der Fünfjährigen, die sich nicht entscheiden konnten, was vorgefallen war. Janice beispielsweise liebkost die Katze zärtlich, bevor ihr die Maske

angezogen wird. Nachdem die Maskerade erfolgt ist, zieht sie sich sofort zurück, beobachtet das Tier jedoch genau. Als sie gefragt wird, antwortet sie, daß das Tier ein Hund ist, fügt allerdings hinzu: »Wenn ich meinen Finger in die Nähe seiner Schnauze bringe, beißt er mich nicht, oder?« Sie probiert ihre Idee allerdings nicht aus. Bei einer ausführlichen Befragung sagt sie zunächst, daß aus der Katze ein Hund wurde, auf weiteres Nachfragen aber entgegnet sie, daß es kein richtiger Hund sei, sondern daß das Tier nur ein Hundegesicht anhabe. Schließlich willigt sie ein, das Tier zu streicheln, tut dies jedoch nur sehr zaghaft. Als sie erneut gefragt wird, ob es wirklich ein Hund ist, antwortet sie: »Das ist die Frage, ist es eine Katze oder ein Hund? Ich denke, es ist ein Hund. Ich will seine Ohren anfassen. Es ist ein Hund ... aber dennoch, er hat Augen wie eine Katze, wie kann es ein Hund sein? Ich denke, es ist ein Hund.«
Janice verfügt über eine echte wissenschaftliche, aufgeschlossene und forschende Einstellung im Hinblick auf die Identität des Tieres, die sie bald aufgeben wird zugunsten der begrenzteren Sichtweise, daß Katzen Katzen und Hunde Hunde sind sowie daß Katzen nicht Hunde sein können, gleich was passiert.
Weshalb hat Rheta DeVries diese Studie durchgeführt? Um zu zeigen, daß Kinder tatsächlich anders denken als Erwachsene. Piagets Kritiker behaupten, daß Piaget Kindern dumme Fragen stellt und dumme Antworten bekommt. Die Theorie, die psychoanalytische Kritiker herausgearbeitet haben, besagt, daß das, was die Kinder Piaget erzählen, keine andere Logik oder Orientierung an der Realität darstellt, sondern eher die Reaktionen ihrer Phantasie auf nichtrealitätsbezogene oder abstrakte Fragen. Wir konnten jedoch zeigen, daß die Verhaltensweisen und Emotionen der Kinder in dieser Situation mit dem, was sie sagten, übereinstimmten. Nur diejenigen Kinder, die sagten: »Dies ist wirklich ein Hund«, weigerten sich, das Tier zu liebkosen, und waren allgemein furchtsam. Die Furcht der Kinder in dieser Situation reflektierte, wie das Herumspielen meines Sohnes mit dem Hundekuchen, ihre Ebene des Denkens über die Realität und nicht ihre tieferliegenden Ängste oder Phantasien.

## Die Kinder denken selbst – ihre grundlegenden Ideen entspringen nicht direkt aus Unterweisungen

Zu sagen, daß Kinder Philosophen sind, bedeutet zu sagen, daß sie selbständig denken. Die grundlegenden Ideen der Kinder kommen nicht direkt von Erwachsenen oder anderen Kindern; sie werden vielmehr aufrechterhalten, obwohl die Erwachsenen etwas anderes lehren. Ein Beispiel aus einer Schulklasse soll dies erläutern.

Ein eingetopfter Kaktus stand vor den Kindern, und diese wurden gebeten zu diskutieren, ob es sich um eine Pflanze oder ein Tier handelt, und wie sie dies unterscheiden können. Schließlich stimmten alle Kinder bis auf eines zu, daß es sich um eine Pflanze handelt, sowie daß Pflanzen sich nicht bewegen, daß sie keine Nahrung aufnehmen und so weiter. Ein Junge blieb jedoch standhaft und betonte, daß er immer noch denke, daß es ein Tier sei, das sich als Pflanze tarne. »Man kann jedoch niemals sicher sein«, fügte er hinzu, »da das Tier jedesmal, wenn es jemanden kommen sieht, sich sofort wieder in eine Pflanze verwandelt.« Er hatte den Lehrer wie die Klasse verblüfft. In diesem Fall war es kein Experiment, das ihn glauben ließ, daß Dinge ihre Identität verändern können – die Idee kam von ihm. Und diese Idee erweist sich als einigermaßen widerständig gegen alle Anstrengungen der Erwachsenen, ihre kulturelle Wirklichkeit den Kindern einzuprägen.

Lehrer haben wenig Schwierigkeiten damit, die Vorstellung anzuerkennen, daß Kinder selbständig denken, sobald diese Fehler machen oder ›phantastische‹ Dinge erzählen. Sie haben größere Schwierigkeiten anzuerkennen, daß Kinder selbständig denken, wenn sie richtig denken oder richtige Antworten geben. Lehrer nehmen gerne an, daß das Kind die richtige Antwort kennt, weil sie diese den Kindern beigebracht haben. Aber die grundlegenden richtigen Antworten werden ebenso von den Kindern kreiert wie die falschen. Als Beispiel greife ich auf Ergebnisse einer anderen Aufgabe zur Erkennung der Realität zurück: den Traum. Orientiert an Piaget, fragte ich Kinder, ob sie jemals einen Alptraum hatten, und ob sie sich gefürchtet hatten, als sie aus ihrem Alptraum erwachten. Die vierjährige Susie erzählte uns, daß sie von einem Riesen träumte und sagte: »Ja, ich hatte Angst, mein

Bauch hat gezittert, und ich weinte, und ich habe meiner Mutti von dem Riesen erzählt«. Ich fragte dann: »War es wirklich ein Riese oder war es nur ein Schein? Schien der Riese dazusein oder war er wirklich da?« »Er war wirklich hier, aber er ging weg, als ich aufwachte. Ich sah seine Fußstapfen auf dem Boden.«

Folgt man Piaget, so kann Susies Reaktion nicht als das Produkt einer wildgewordenen Phantasie abgetan werden, sondern sie repräsentiert das generelle Scheitern kleiner Kinder, subjektive von objektiven Komponenten der Erfahrung zu unterscheiden. Es fällt leicht, einzusehen, daß Susies Denken über den Traum von ihr selbst stammt und nichts darstellt, das ihr von Erwachsenen beigebracht wurde. Es fällt schwerer, einzusehen, daß den älteren Kindern die realistischere Sichtweise des Traumes ebenfalls nicht beigebracht wird. Ein realistisches Traumkonzept reflektiert jedoch ebenso eine Stufe, eine sich entwickelnde kognitive Struktur, wie das unrealistische Denken des Kindes. *Tabelle 6* spezifiziert die tatsächlichen Schritte oder Stufen der Entwicklung, die im Traumkonzept von Kindern gefunden wurden. Der erste Schritt, der von den meisten Kindern der amerikanischen Mittelschicht früher als mit fünf Jahren erreicht wird, besteht aus der Erkenntnis, daß Träume keine tatsächlichen Ereignisse sind. Der nächste Schritt, der kurz darauf erreicht wird, beinhaltet, daß Träume von anderen nicht gesehen werden können. Sechsjährigen Kindern ist deutlich bewußt, daß sich Träume in ihrem Innern abspielen, und im Alter von sieben Jahren ist ihnen deutlich bewußt, daß Träume Gedanken sind, die sie selbst verursacht haben.

## Tabelle 6: Sequenz in der Entwicklung des Traumkonzepts bei amerikanischen und Atayal-Kindern

| Schritt | Skalen-Muster bzw. Typen | | | | | | |
|---|---|---|---|---|---|---|---|
| | 0 | 1 | 2 | 3 | 4 | 5 | 6 |
| 1. *Nicht real* – Erkennt, daß Traumobjekte nicht real oder nicht wirklich im Raum sind. | – | + | + | + | + | + | + |
| 2. *Unsichtbar* – Erkennt, daß andere seinen Traum nicht sehen können. | – | – | + | + | + | + | + |
| 3. *Innerer Ursprung* – Erkennt, daß der Traum aus seinem Inneren kommt. | – | – | – | + | + | + | + |
| 4. *Innere Lokalisierung* – Erkennt, daß der Traum innen stattfindet. | – | – | – | – | + | + | + |
| 5. *Immateriell* – Erkennt, daß der Traum keine materielle Substanz, sondern ein Gedanke ist. | – | – | – | – | – | + | + |
| 6. *Selbst-verursacht* – Erkennt, daß Träume nicht durch Gott oder andere Kräfte, sondern durch die Denkprozesse des Ich verursacht sind. | – | – | – | – | – | – | + |
| Mittleres Alter der amerikanischen Kinder bei jeweiligem Muster oder Stufe (Bereich zwischen 4 und 8 Jahren) | 4,6 | 4,10 | 5,0 | 5,4 | 6,4 | 6,5 | 7,1 |
| Mittleres Alter der Atayal-Kinder bei jeweiligem Muster (Bereich von 7-18 Jahre) | 8 | 8 | 10 | 16 | 12 | 11 | |
| Anzahl der amerikanischen Kinder, die Skalen-Typen | entsprachen = 72 nicht entsprachen = 18 | | | | | | |
| Anzahl der Atayal-Kinder, die Skalen-Typen | entsprachen = 12 nicht entsprachen = 3 | | | | | | |

(Quelle: Kohlberg 1969, S. 357; dt. 1974, S. 25)

Die von uns erwähnten Stufen bilden eine invariante Ordnung oder Sequenz der Entwicklung, wobei invariante Ordnung der Entwicklung bedeutet, daß Kinder, die einen schwierigeren Schritt der Entwicklung vollzogen haben, auch alle einfacheren Schritte in der Sequenz durchlaufen haben sollten; d.h. sie erzielen positive Werte (+) für alle einfacheren Posten in der Tabelle. Beispielsweise werden alle Kinder, die zu Schritt 3 voranschreiten, d.h. der Erkenntnis, daß Träume einen inneren Ursprung haben, ebenfalls die Schritte 1 und 2 durchlaufen haben. Die Tatsache, daß nur 21 von 105 befragten Kindern sich nicht in dieses Muster einfügten, bildet einen akzeptablen Befund für die Existenz einer invarianten Sequenz in der Entwicklung des Traumkonzepts. Die stufenweise Entwicklung des Traumkonzepts zeigt nicht von selbst an, daß die späteren Stufen kein Ergebnis der Übermittlung durch Erwachsene oder die Kultur sind. Um diesen Tatbestand zu dokumentieren, mußte ich eine Kultur untersuchen, in der Erwachsene glauben, daß Träume wirklich sind bzw. von außen kommen. Als ich die moralische Entwicklung der Atayal erforschte, einer malayischen Bevölkerungsgruppe in Taiwan, fand ich, daß diese, wie viele präliterale Stämme, an die Realität von Träumen glaubt. Als Beispiel soll ein ›informelles Interview‹ dienen, das ich mit der 70jährigen Medizinfrau des Dorfes führte. Ich suchte sie auf, da ich unter einer starken Erkältung litt, und bat um ihre Hilfe. Im Verlauf ihres diagnostischen Interviews erzählte ich ihr, daß ich vergangene Nacht von einer Schlange geträumt hatte, worauf sie entgegnete: »Vielleicht erkrankten sie an dem, was sie letzte Nacht träumten, so daß die Schlange sie krank werden ließ.« Ich fragte zurück: »War es eine richtige Schlange?« – »Nein, es war ein Geist, der die Form einer Schlange angenommen hatte – wenn Sie tagsüber etwas Schlechtes tun, dann bestrafen Sie die Geister in der Nacht. Ihr Körper blieb im Bett, aber Ihre Seele ging mit dem Geist in die Berge.«
Die Medizinfrau, wie die meisten Atayal, mit denen ich sprach, setzte die Seele, den Traum und die Geister gleich. Träume wie Geister sind weder Gedanken noch Dinge, Träume werden von Geistern verursacht, und während des Traums verläßt die Seele den Körper und erfährt Dinge an weit entfernten Orten.
Bis zum elften Lebensjahr scheinen sich die befragten Atayal-Jungen auf eine subjektive Traumkonzeption hinzubewegen und

die gleichen Stufen wie die amerikanischen Kinder zu durchlaufen, wenn auch langsamer. Mit anderen Worten: Die Atayal-Kinder entwickelten bis zum Alter von elf Jahren auf natürliche Weise ein subjektives Traumkonzept, obwohl die Älteren ein System religiöser Überzeugungen vertreten, das sie glauben läßt, daß Träume nicht subjektiv sind. Das ist sicher ein Beleg dafür, daß die Entdeckung der subjektiven Beschaffenheit des Traumes durch die Kinder von ihnen selbst kommt und nicht dadurch determiniert ist, was ihnen vermittelt wird.

**Das Kind als Moralphilosoph**

Viele mit der Erziehung von Kindern befaßte Pädagogen lehnen Piagets kognitive Stufen nicht ab, aber sie finden diese begrenzt. Die Stufen beziehen sich zwar auf die Logik des Kindes und dessen Vorstellungen über die physikalische Welt, aber sie scheinen die soziale und emotionale Welt des Kindes nicht zu berühren. Die Position, die hier eingenommen wird, besagt, daß die grundlegende Logik der Stufen Piagets auch auf die soziale und emotionale Entwicklung des Kindes angewandt werden kann. Diese Position impliziert, daß *parallele* Charakteristika oder Stufen der kognitiven und der sozialen Entwicklung existieren. Soziale und moralische Entwicklung ist mehr als kognitive Entwicklung; die soziale Entwicklung folgt einer komplizierteren Logik, aber diese schließt die Logik der Begriffe der physikalischen Welt ein. Die sozialen Stufen, die eine eigene Logik auf die überzeugendste Art verkörpern, sind die moralischen Stufen. Der Grund dafür, daß die überzeugendsten sozialen Stufen jene der Moral sind, liegt darin, daß das Kind nicht nur ein Philosoph im Hinblick auf die physikalische Welt ist, sondern daß es auch ein Moralphilosoph ist, der sich mit den Kategorien von ›Gut‹ und ›Böse‹ beschäftigt. Um anzudeuten, was dies meint, lassen Sie mich kurz die vier Stufen des moralischen Denkens beschreiben, die wir für die Kindheit gefunden haben. Ich will mit dem Beispiel eines meiner Söhne beginnen, das die Stufe 1 der Moral illustriert. Es illustriert auch, daß Kinder ihre eigene Moral generieren, trotz der Anstrengungen ihrer liebevollen Eltern.

Im Alter von 5 Jahren trat mein Sohn der pazifistischen und vegetarischen Bewegung bei und weigerte sich, Fleisch zu essen, weil (wie er sagte) es schlecht ist, Tiere zu töten. Obwohl seine Eltern ihn zu überzeugen versuchten, daß es Unterschiede zwischen gerechtem und ungerechtem Töten gibt, blieb er für sechs Monate Vegetarier. Jedoch, wie alle ›Tauben‹ erkannte er an, daß manche Formen des Tötens ›legitim‹ sind. Eines Abends las ich ihm aus einem Buch über das Leben der Eskimos vor, das die Beschreibung einer Jagd auf Seehunde enthielt. Beim Anhören der Geschichte wurde er sehr wütend und sagte: »Weißt Du, es gibt eine Sorte Fleisch, die ich essen würde: Eskimo-Fleisch. Es ist schlimm, Tiere zu töten, und daher ist es in Ordnung, das zu essen.«

Ich möchte nun zunächst darauf hinweisen, daß mein Sohn sich zwar auf Stufe 1 befand, daß dies aber dennoch eine *Moral* der Stufe 1 war. Grundlegend für die Moral ist ein Interesse für das Leben anderer – nicht weil dieses Interesse unterrichtet wird, sondern weil es eine unmittelbare einfühlende Reaktion gibt. Daß sich Kinder für das Leben von Tieren interessieren, wird nicht unterrichtet. Ich habe bereits meinen anderen Sohn mit der Aussage »Ich bin ein Hund, ein richtiger Hund« zitiert; eine solche Projektion des Selbst führt auf natürliche Weise zu Empathie. Schmerz im Angesicht des Todes ist eine natürliche empathische Reaktion, obwohl sie weder notwendigerweise universell ist noch durchgehend eingenommen wird. In meinem Beispiel führte der Wert des Lebens sowohl zu Vegetarismus als auch zu dem Wunsch, Eskimos zu töten. Dieser letzte Wunsch stammt ebenfalls von einer universellen Wertetendenz ab, einem Überzeugtsein von der Gerechtigkeit oder der *Reziprozität* (hier in Begriffen von Rache und Strafe ausgedrückt – ›Auge um Auge, Zahn um Zahn‹ bzw. auf höheren Stufen die Ansicht, daß diejenigen, die die Rechte von anderen verletzen, nicht erwarten können, daß ihre eigenen Rechte respektiert werden). Empathie und Gerechtigkeit sind mithin die Grundlagen der Moral; jede höhere Stufe ist eine neue Stufe der Empathie und Gerechtigkeit. Da Stufe 1 dieses Gefühl für Werte und Gerechtigkeit reflektiert, ist sie bereits eindeutig eine moralische Stufe. Piaget nannte die Stufe 1 die Stufe des heteronomen Gehorsams gegenüber Erwachsenen und Regeln. Obwohl für Stufe 1 die Betonung von Gehorsam und Bestrafung typisch ist, handelt es sich doch um die eigene moralische Konstruktion des Kindes.

Vorschulkinder befinden sich oft auf einer früheren, stärker egozentrischen Stufe in ihrem Denken über ›Gut‹ und ›Böse‹. Diese frühere Stufe bezeichnen wir als ›Stufe 0‹. Auf dieser Stufe ist das, was ich mag, gut, und schlecht ist dasjenige, was ich nicht mag. Kinder auf dieser Stufe sind unsicher, was ›gut‹ bedeutet, wenn es von anderen als ›gut‹ etikettiert wurde. Für sie ist dasjenige gut, das sie selbst möchten, das Vergnügen bereitet und aufregend ist. Einer meiner Söhne rief, als er sich auf Stufe 0 befand: »Ich bin wild, und wenn ich groß bin, werde ich schießen. Wir können die schlimmen Kerle sein, Räuber, die schießen. Oder wir können die guten Kerle sein, die guten Kerle erschießen die schlimmen.« Auf Stufe 0 besteht der Unterschied zwischen den ›guten Kerlen‹ und den ›schlimmen Kerlen‹ darin, daß die guten Kerle über mehr Macht verfügen und gewinnen – nicht daß sie anders handeln. Daher nennen wir die Stufe 0 egozentrisch.

Auf Stufe 1 dominieren Etiketten wie gut und schlecht dasjenige, was ich mag: ›Töten ist schlecht.‹ ›Gut‹ und ›schlecht‹ sind Qualitäten, die ›draußen sind‹. Die Dinge sind einfach gut oder schlecht. Es besteht ein Gefühl der Gerechtigkeit als Reziprozität des ›Auge-um-Auge, Zahn-um-Zahn‹, wonach gute Handlungen belohnt und schlechte bestraft werden sollen. Die Basis für Regeln und Strafe liegt in der Macht der Autoritäten. Stufe 1 ist demnach die Stufe der Etikettierung, von Bestrafung und Gehorsam.

Auf Stufe 2, etwa im Alter von 7 oder 8 Jahren, wird das Gute instrumentell verstanden; es ist etwas, das einen Zweck erreicht oder den Interessen des Selbst oder anderer, die ihm nahestehen, dient. Etwas ist gut für mich, aber es mag nicht gut für dich sein. Das Gute ist relativ, etwas, das für mich gut ist, mag für dich nicht gut sein. Das heißt aber auch: Wenn dasjenige, das gut ist, sich für alle unterscheidet, dann können wir tauschen, handeln und Geschäfte machen. Fairneß oder Reziprozität bedeutet einen Austausch zum Vorteil aller. Wir nennen diese Moral der Stufe 2 eine Moral des instrumentellen Relativismus und Austauschs. Piaget nannte sie die Stufe der Kooperation, wodurch sie etwas erhabener klingt, als sie es tatsächlich ist, obwohl Kooperation in der Tat ein Gefühl der Stufe 2 der Zweckbestimmtheit und des Austauschs impliziert. Mein Sohn folgte diesem Entwicklungsfahrplan und erreichte die instrumentelle, relativistische Orientierung der Stufe 2, als er sieben Jahre alt war – diese Stufe weist gelegentlich eine sehr pragmatische Sicht der Moral auf. Er erzählte mir folgendes: »Weißt du, der Grund, weshalb die Menschen nicht stehlen, ist, weil sie Angst vor der Polizei haben. Gäbe es keine Polizei, würde jeder stehlen.« Ich sagte ihm, daß ich – so wie die meisten Menschen – deshalb nicht stehle, weil wir es als falsch ansehen, weil wir nicht wollen, daß andere Menschen uns Dinge wegnehmen und so weiter. Die Antwort meines Sohnes lautete: »Ich versteh' das einfach nicht, es ist irgendwie verrückt, nicht zu stehlen, wenn keine Polizei in der Nähe ist.« Natürlich habe ich alle die richtigen Dinge gesagt, alle die Gründe dafür, daß ich nicht stehle, selbst wenn die Polizei nicht in der Nähe ist, aber er dachte einfach, daß ich ein Dummbeutel sei.

Glücklicherweise entwickelte er sich im Alter von neun Jahren zur nächsten Stufe weiter; der Stufe des ›Gut-‹ und des ›Um-andere-Menschen-Besorgtseins‹. Der Kern von Stufe 3 liegt in der Fähigkeit, sich in die anderen hineinzuversetzen und die Dinge aus deren Perspektive zu sehen. Auf Stufe 2 konnte mein Sohn Stehlen aus der Perspektive anderer, ebenfalls auf einen Zweck ausgerichteter Menschen verstehen, aber er konnte sich nicht in die Position der Opfer, derjenigen, denen die Dinge gehören, versetzen. Nun, auf Stufe 3, steht die Goldene Regel für Fairneß. Als ich meinen Sohn jetzt fragte: »Ist es wichtiger, gut oder clever zu sein?«, entgegnete er: »Es ist wichtiger, gut zu sein, weil, wenn du selbstbezogen bist, kannst du nicht glücklich werden – wenn du ein Schwein bist, sind die anderen Menschen auch nicht gut zu dir.« Hier generalisiert er die instrumentelle Reziprozität der Stufe 2 zu einer Art Sozialvertrag, der nach Altruismus verlangt, indem er sich in die Position der anderen versetzt und darüber nachdenkt, weshalb er gut in bezug auf andere ist und diese ihm gegenüber gut sind.

Nun möchte ich zeigen, weshalb Eltern oder Erzieher wirklich Moralphilosophen sein müssen. Im Alter von neun Jahren hatte einer meiner Söhne sein Interesse für Tiere immer noch nicht aufgegeben, und er sagte mir, daß es genausogut sei, sein Leben für die Rettung eines Tieres wie für die Rettung eines Menschen zu riskieren. Ich erwiderte: »Aber Tiere sind nicht soviel wert wie Menschen«; worauf er antwortete: »Das denkst du nur, weil du selbstsüchtig bist, weil du ein Mensch bist. Das Tier denkt so etwas nicht, das Tier denkt, daß es genausoviel wert ist. Du bist selbstsüchtig, du bist eine Person, deshalb magst du die Menschen mehr, aber die Tiere denken nicht so.« Nun, wie gehen Sie damit um? Sie müssen wirklich ein Philosoph sein. Falls Sie aber ein Philosoph sind, könnten Sie zu der Entscheidung gelangen, daß er recht hat. Falls Sie kein Philosoph sind, werden Sie an irgendeinem Punkt, so wie ich, einbrechen und sich auf Argumente der Stufe 4 wie Recht, Ordnung und elterliche Autorität berufen.

## Moralische Entwicklung und kognitives Wachstum

Zu Beginn dieses Abschnitts habe ich ausgeführt, daß moralische und soziale Entwicklung mehr bedeutet als kognitive Entwicklung, obwohl sie von ihr abhängt. Das Kind der Moralstufe 0 ist auch prälogisch oder präoperational. Mein Sohn befand sich im Alter von vier Jahren auf dieser Stufe. Wenn er etwas Schlechtes tat und ihm gesagt wurde, daß es schlecht sei, antwortete er: »Du bist schlecht, nicht ich.« Dieser ›Abwehraussage‹ lag eine moralische Logik der Stufe 0 zugrunde. Wenn Sie etwas tun, was das Kind nicht mag, z. B., es als schlecht zu bezeichnen, dann sind Sie schlecht, weil Sie es ›verletzt‹ haben. – Auf Stufe 1 würde das Kind erkennen, daß, falls es böse wäre, es nicht falsch wäre, wenn es bestraft oder als böse bezeichnet würde.

Zur gleichen Zeit, als mein Sohn sich auf der Stufe 0 der Moral befand, war er auch prälogisch im Sinne Piagets. Beispielsweise fuhr er mit seiner Argumentation fort: »Wenn ich größer werde und Du kleiner wirst, dann nenne ich Dich schlimm und ›versohle Dir den Hintern‹.« Sein Denken basierte auf der prälogischen Vorstellung, daß die Größe eines Erwachsenen nicht aufrechterhalten werden kann; wenn er groß wird, werden wir klein. Obwohl die moralischen Stufen parallel zu den kognitiven verlaufen, geht ein bestimmter kognitiver Schritt dem parallelen moralischen Schritt immer voraus. Moralisches Denken verlangt mehr als die Logik der Objekte; es schließt die subtilere und komplexere Logik der Subjekte oder die Perspektiven und Ansprüche anderer Menschen ein. Aus diesem Grund hängen die moralische und soziale Entwicklung und Erziehung von der kognitiven Entwicklung und Erziehung ab; sie verlangen aber viel mehr im Hinblick auf eine ausgeprägt soziale und nichtkognitive Erfahrung.

## Die Stufen des Ich

Die Intuition sagt uns, daß es, zusätzlich zu den getrennten Entwicklungslinien wie Kognition und Moral, eine Einheit der Person gibt, die alle Erfahrung zusammenbindet und die wir Ich *(ego)* oder Selbst nennen können. Irgendwie ist und entwickelt sich das Selbst als etwas Ganzes. Es entwickelt sich nicht als kognitive Funktion und deren Stufe, nicht als moralische Funktion und deren Stufe und so weiter. Das einheitliche Selbst oder Ich ist grundsätzlich adaptiv und auf die äußere Welt orientiert, es will um die Wahrheit der Welt wissen und ist sich mehr oder weniger selbst bewußt. In der psychoanalytischen Theorie entspricht das sich entwickelnde und adaptive Ich mehr oder weniger dem kognitiven Ich. Es ist nicht das Prinzip der moralischen oder sexuellen Entwicklung; es steht auf dem Kriegsfuß mit seiner irrationalen Über-Ich-Moral und seinem sexuellen Es. Im Gegensatz dazu wollen wir die Einheit der kognitiven, moralischen und psychosexuellen Entwicklungslinien betonen. Diese Einheit wird in eine Konzeption des Selbst, das in Beziehung zu anderen steht, integriert. Teilweise präsentiert der Begriff der Ich-Entwicklung damit die Tendenz des Kindes, sich auf ganz parallel verlaufenden Ebenen der kognitiven und moralischen Entwicklung zu befinden. Zum Teil repräsentieren die Stufen des Ich jedoch mehr als kognitive und moralische Entwicklung; sie repräsentieren Konzeptionen des Selbst im Verhältnis zur physischen und sozialen Realität.

Hiervon unterscheidbare, aber verwandte theoretische Ansätze zur Definition der Ich-Entwicklung wurden von vielen Autoren vorgeschlagen: so von Erikson (1950; dt. 1973[5]), Fromm (1947; dt. 1979), Sullivan (1953), Loevinger (1976), van den Daele (1968) und Kegan (1982; dt. 1986). Ungeachtet der Unterschiede in der Konzeption der Stufen des Ich, gibt es eine ziemlich hohe Korrelation zwischen Maßen der Reife des Ich – und zwar auf den unterschiedlichen Schemata basierend (Sullivan et al. 1964; van den Daele 1968). Wie Loevinger gezeigt hat, korrelieren alle Maße zur Ich-Entwicklung ungeachtet der Theorie, weil alle Entwicklungsschemata auf bestimmten Regelmäßigkeiten in der Altersentwicklung des Selbst sowie sozialer Einstellungen basieren; dies gilt auch ungeachtet der theoretisch unterbreiteten Gründe für diese Entwicklung.

Obwohl es also ein breite theoretische wie empirische Übereinstimmung in bezug auf die Niveaus der Ich-Entwicklung gibt, liegt keine klare, akzeptabel verfeinerte Definition von Ich-Stufen vor. Das hat zwei Gründe:

1. Weil die Stufen des Ich, anders als kognitive und moralische Stufen, nicht dadurch definiert werden, was das Kind denkt oder direkt in Worte faßt; sie werden vielmehr definiert als die variierenden Zustände des Selbst, die hinter dem Gebrauch von Wörtern und Ideen liegen. Wenn Theoretiker unterschiedliche Vorstellungen über das Selbst oder Ich haben, werden sie auch über leicht unterschiedliche Definitionen der Stufen des Ich verfügen.

2. Der zweite Grund der Nichtübereinstimmung liegt in den unterschiedlichen Annahmen über die Beziehungen der Stufen des Ich zu kognitiven und moralischen Stufen. Empirisch wurde eine gute Beziehung zwischen dem kognitiven Niveau und zahlreichen Maßen des Ich-Niveaus sowie zwischen diesen und dem Niveau der Moralstufe ermittelt (Sullivan et al. 1964; van den Daele 1968). Demzufolge ist es schwierig zu erkennen, welche Aspekte der Entwicklung bei der Definition der Ich-Stufen eingeschlossen werden sollen, und welche getrennt als kognitive oder moralische Entwicklung im Gegensatz zur Ich-Entwicklung definiert werden sollen. Aus unserer Sicht stellen die Stufen des Ich mehr dar als kognitive Stufen, hängen jedoch von ihnen ab. Die verfügbare Evidenz im Hinblick auf die unterschiedlichen Schemata von Ich-Stufen legt in der Tat nahe, daß die kognitive Stufe sensu Piaget eine notwendige, aber nicht hinreichende Bedingung für das Erreichen der parallel verlaufenden Ich-Stufe ist. Alle Kinder auf einer bestimmten Stufe des Ich müssen die parallel verlaufende kognitive Stufe erreicht haben, aber nicht alle Kinder auf einer bestimmten kognitiven Stufe werden ihr Selbst-

Konzept und ihre Selbst-Erfahrung auf der korrespondierenden Stufe des Ich organisiert haben.

Um die Beziehung der kognitiven Stufe zur Stufe des Ich zu klären, ist es hilfreich, sich kognitive Stufen als logische Stufen vorzustellen und Ich-Stufen als Stufen der Orientierung im Hinblick auf die physische und soziale Realität. Dies ist eine ›strukturelle‹ Konzeption der Ich-Entwicklung. Wir haben bereits die Realitätsorientierung des Kindes als Teil seiner kognitiven Stufe beschrieben. Jedoch besteht der Kern der kognitiven Stufen aus der Logik und den Beziehungen von Kausalität, Raum und Zeit. Ein etwas anderes Problem für das Kind als Philosophen liegt darin, darüber nachzudenken, wie sein Selbst oder sein Geist *(mind)* mit der externen Welt und wie es mit anderen Selbsten verbunden ist, d. h. mit der physischen sowie der sozialen ›Realität‹. Piaget hat seine früheste und stärkste Sichtweise des Kindes als Philosophen in seinem Buch *Das Weltbild des Kindes* (1926; dt. 1978) ausgedrückt. Seine späteren Veröffentlichungen greifen nicht die Entwicklung des Kindes als Philosophen, sondern als Logiker und Naturwissenschaftler auf, der mit der Erklärung physikalischer Erfahrung beschäftigt ist. Der erwachsene Philosoph reflektiert darüber, was Realität, was Geist oder Selbst und was die Beziehung zwischen ihnen ist. Piaget untersuchte in seinem frühen Werk die Antworten der Kinder, die nicht direkt aus ihrer Logik entstammten, auf diese Fragen. Logische Operationen machen bestimmte Unterscheidungen des Subjektiven und Objektiven in der kindlichen Vorstellung von Realität möglich, aber sie verursachen sie nicht direkt. Die anwachsenden Unterscheidungen zwischen dem Subjektiven und dem Objektiven redefinieren wiederum sowohl das Selbst als auch die äußere Welt. Das Selbst ist etwas aus Denken und Fühlen in einem Körper Zusammengesetztes. Teilweise hängen die entwicklungsbezogenen Neudefinitionen des Selbst von den sich ändernden Ideen über die Beziehung zwischen Denken und Fühlen sowie dem Körper und der äußeren Welt ab. Betrachtet man die Entwicklung der Konzepte von Geist und Selbst im Verhältnis zur Realität, so repräsentieren die Stufen des Ich eine Serie von Differenzierungen des Subjektiven (Geist und Selbst) vom Objektiven (dem materialen und sinnlich-empirischen) mit entsprechend besseren Integrationen der Beziehungen des Selbst zur nichtsubjektiven Realität. Diese erkenntnistheoretischen Stufen redefinieren in gewissem Umfang das Wissen, Fühlen und moralische Urteil des Kindes. So verwechseln beispielsweise Kinder auf einer frühen Stufe ihre Wünsche mit dem, was richtig ist; dies ist Teil einer umfassenderen Verwechslung von innerer Phantasie und äußerer Realität. Auf einer späteren Stufe verwechseln sie das ›moralisch Gesollte‹ mit den moralischen Überzeugungen und Regeln, die von ihrer Gesellschaft geteilt werden; dies ist Teil einer allgemeinen erkenntnistheoretischen Verwechslung des gültigen Wahren oder Guten mit demjenigen, an was die Gruppe glaubt. Auf einer noch späteren Stufe, während der Adoleszenz, wird das moralisch Ideale von der sozialen Realität unterschieden, und eine ideale Wahrheit wird unterschieden von dem, was andere glauben bzw. vom tatsächlichen Wissen selbst.

Die erste Unterscheidung, die das Kind trifft, ist die zwischen ›wirklichen‹ und nicht-wirklichen ›Ereignissen‹. Für den Fall der kindlichen Traumkonzeption sahen wir, daß der erste aufgedeckte Aspekt der Subjektivität des Traums besagt, daß dieser nicht ›wirklich‹ ist. Das Wirkliche ist etwas, das berührt und behandelt werden kann, das kräftig ist und die Zeit überdauert.

Zu diesem frühen Punkt der Entwicklung wird das Wirkliche mehr oder weniger gleichgesetzt mit dem, was sich außerhalb befindet. Was wirklich ist, befindet sich außerhalb meines Körpers, was nicht wirklich ist, ist innerhalb meines Körpers. Das Kind versteht Träume zunächst so, daß sie nicht-wirklich sind, und kurz darauf denkt es, daß sie physische, aber nicht-wirkliche Ereignisse innerhalb des Körpers darstellen. Wenn das Kind das Wirkliche mit der Außenwelt gleichsetzt, dann ist das Wirkliche etwas Außenstehendes und Unmittelbares, nicht etwas, das gedacht oder das gefühlt wird. Das Selbst ist der Körper und dasjenige, was der Körper tut. Mit etwa sechs bis sieben Jahren reorganisieren Kinder ihre Erfahrungen um die Unterscheidung zwischen dem Geist (oder dem Mentalen) und dem Körper (oder Physikalischen). Zuvor wurde der Geist als körperliche Aktivität (Denken, Reden) behandelt, oder als etwas, das innerhalb, jedoch Teil des Körpers ist. Diese neue und klare Unterscheidung von zwei getrennten Einheiten in jeder Person, dem Mentalen und dem Physischen, veranlaßt viele wichtige Änderungen in der Beziehung des Kindes zur Realität, sowie zu den Werten, die es sich selbst und anderen Menschen zuschreibt. In bezug auf die Realität verfügt das Kind nun über ›Geist‹; die Verbindung zur Realität verlangt Denken und Gescheitheit, sie verlangt eine geistige Aktivität. Werte befinden sich nicht einfach ›da draußen‹ in den Objekten, sie sind mit dem kindlichen Geist verbunden, d. h. dessen Gebrauch und Besitz durch das Kind. Das Kind versteht sein ›Selbst‹ jetzt sowohl als Körper und als Geist, und es hat ein Gefühl davon, daß der Geist den Körper und die körperlichen Emotionen kontrolliert. Die Kinder werden somit dahin geführt, Willen und Selbstkontrolle von physischer Macht und Zwang zu unterscheiden.

Die nächste Neuorganisation der Realität, die typischerweise in der Adoleszenz vorgenommen wird, sieht sowohl das Mentale als auch das Physische als mögliche Objekte des Denkens und der Erfahrung und trifft die Unterscheidung zwischen dem, was subjektiv, und dem, was objektiv ist. Dies führt zum Begriff des ›transzendentalen Selbst‹, einem Selbst als Wissenden oder Erfahrenden, das sich abhebt von dem, was es weiß. Dieses ›transzendentale Selbst‹ kann alles, was es kennt und glaubt, in Frage stellen; es ist durch sein ›empirisches Selbst‹ und dessen Ideen, Überzeugungen und Absichten nicht gebunden.

Obwohl das transzendentale Selbst für den Adoleszenten die natürlichste Sache sein kann, erhebt sich mit der neuen Differenzierung zwischen dem subjektiven oder transzendentalen Selbst und dem empirischen Selbst des Körpers, des Geistes oder der Rolle die von Erikson (1964; dt. 1966) beschriebene Frage nach der Identität bzw. deren Krise. Das transzendentale Selbst muß wählen, welches der vielen möglichen ›Selbste‹ es sein möchte. Bei der Beschreibung der aufkommenden Differenzierung des Adoleszenten zwischen dem Subjektiven und dem Objektiven haben wir die Möglichkeit hervorgehoben, alles zu subjektivieren. Die Etablierung einer ausbalancierten Beziehung zwischen Subjektivem und Objektivem verlangt eine neue Unterscheidung: die zwischen dem Rationalen und dem Irrationalen. An diesem Punkt der Reifung des Ich werden universelle und prinzipiengeleitete Ethiken unterschieden von den ›subjektiven‹ oder kulturell relativen; die nicht-zufällige, universelle und rationale wissenschaftliche Methode wird unterschieden vom zufälligen, subjektiven und sich ändernden Wissen; und das Selbst als Vollstrecker rationaler Entscheidungen wird differenziert von dem emotionalen, unsicheren Selbst, das durch die Freiheit gelähmt wird. Das Selbst wird nicht länger als einzigartig verstanden, sondern als auf der Suche nach sozialer Universalität im Hinblick auf Werte, Wahrheit und ästhetische Erfahrung. Diese Differenzierung definiert die endgültige, klar umrissene Stufe der Ich-Entwicklung, des Gefühls für ein Selbst, das sich der Rationalität, der rationalen Moral und sozialen Kreativität verpflichtet weiß.

In der Beschreibung der Entwicklung der Ideen von Geist und Selbst haben wir uns auf die empirische Arbeit von Broughton (1982), die von James Mark Baldwins Theorie der genetischen Epistemologie (1906) inspiriert wurde, bezogen. Die von Broughton formulierten Ebenen sind in *Tabelle 7* zusammengefaßt.

Tabelle 7: Ebenen der natürlichen Philosophie – dargestellt am Beispiel von vier Hauptkategorien

| Ebene | Selbst-Welt | Mental-Material | Realität-Erscheinung | Wissender-Gewußtes |
|---|---|---|---|---|
| 1. Objektiv (Alter 4-7) | *Mutmaßend:* Selbst-evidentes körperliches Selbst. | *Adualistisch:* Grobe Unterscheidung von Kopf und Körper. Sichtbares und Unsichtbares wird nicht differenziert. Geist und Körper sind wechselseitig durchlässig. | *Objektiv:* Realität wird unterstellt. Einfache und unmittelbare Existenz externer Dinge. Das Wirkliche wird nicht vom Nonartifiziellen differenziert. Realität wird mit Leben verwechselt. | *Dogmatisch:* Das Denken ist von seinen Gegenständen nicht differenziert. Direktes, automatisches Wissen. Einfache extrinsische Wahrheit, die von Autoritäten weitergereicht wird. |

| Ebene | Selbst-Welt | Mental-Material | Realität-Erscheinung | Wissender-Gewußtes |
|---|---|---|---|---|
| 2. Individuell (Alter 8-12) | *Individuell:* Das Selbst ist eine spezifische Person, Ich oder Du, die wahrnimmt und handelt. Quelle oder Urheber. | *Organisch:* Geist wird als Organ (Gehirn), das den Rest des Körpers kontrolliert, vom Körper getrennt. | *Naiv Realistisch:* Das Sichere der Realität wird direkt wahrgenommen. Die Erscheinung ist die Art und Weise, wie etwas ›aussieht‹, und dies *ist* die Realität. Das Reale wird von dem Bildlichen als dauerhaft abgegrenzt. | *Empirisch:* Differenzierung von Denken/Gegenstand. Erfahrung wird direkt vom Objekt verursacht. Die Wahrheit, im Gegensatz zur Lüge, ist eine absolute Tatsache, die individuell erkannt und geltend gemacht wird. |
| 3. Getrennt (Alter 12+) | *Getrennt:* Das Selbst ist eher Geist (mentales Selbst) als Körper. Es hat einzigartige subjektive Züge, Meinungen, Überzeugungen und Werte. Das authentische innere Selbst wird von der unechten äußeren Erscheinung differenziert (sozial-personales oder Rollen-Selbst). | *Unreif dualistisch:* Das abstrakt Mentale vom konkret Physischen als ein flüssiges (nicht endgültiges) und unsichtbares Medium differenziert. Mentales und Physisches sind überlappende Klassen. | *Realistisch:* Die Erscheinung wird im allgemeinen realistisch wahrgenommen, aber der Geist kann persönliche Störungen hinzufügen (Meinungen oder Werte). | *Sozial:* Konkrete Tatsachen werden von den Individuen gewußt. Wahrheit wird interpersonal demonstriert und plausibilisiert (Überlappung). Aufsteigender Skeptizismus. |

| 4. Dualistisch (Alter 18+) | *Substantiell:* Selbst als System: Seele, Intellekt, Logik, Identität oder ›cogito‹ (Selbst-Kontrolle). Das Selbst verfügt über mentale und physische Attribute. Es existiert ein Selbst-Konzept oder eher ein ›me‹ als ein ›I‹. Verallgemeinertes Selbst bzw. verallgemeinerte Perspektive. | *Cartesianisch:* Dualismus zwischen objektivem mechanistischen wissenschaftlichen Ursache-Wirkungs-System und subjektiver oder spiritueller Welt der Überzeugungen, der Zwecke und der Vernunft. Das Unbewußte wird vom Bewußten differenziert. | *Dualistisch:* Die Realität wird unterstellt. Das Noumenale wird vom Phänomenalen unterschieden. Die substanzielle Realität ist ein gesetzförmiges System, das Erscheinungen generiert (Daten). | *Positivistisch:* Das Wissen besteht aus einer induktiven Generalisierung von Beobachtungen – konstruktives Kopieren der Welt. Wahrheit, die sich Realität unterordnet, ist wiederholbar und durch sozio-konventionelles Testen von Modellen erreicht. Der unparteiische ›verallgemeinerte andere‹ definiert den objektiven Standpunkt. |
|---|---|---|---|---|

Quelle: Broughton 1982, S. 234

## In welchem Sinn sind Stufen wirklich?

Wir möchten zusammenfassen, was bisher über das Kind als Philosophen im Hinblick auf die Existenz kognitiver und moralischer Stufen gesagt wurde. Zunächst, was verstehe ich unter der Existenz kognitiver und moralischer Stufen? In den meisten anspruchsvollen Diskussionen der Stufentheorien werden sie als mehr oder weniger nützliche theoretische Fiktionen betrachtet. Stufen wurden von Freud, von Erikson, von Gesell oder von Piaget beschrieben. Alle diese Stufen können eine mehr oder weniger nützliche Abstraktion vom Prozeß der Entwicklung darstellen; sie können jedoch sicherlich nicht alle wahr oder wirklich sein, und vielleicht ist es sinnlos, dies auch nur von einer Stufe anzunehmen. Konträr zu solchen logischen Spitzfindigkeiten haben sowohl ich als auch andere versucht, im Rahmen von Forschungsarbeiten zu zeigen, daß Stufen wirkliche Strukturen sind, die in der Entwicklung gefunden werden können.

Die begrifflichen und empirischen Kriterien für Stufenstrukturen schließen ein:

1. Die Antworten verändern sich auf qualitative Weise.
2. Es findet eine invariante sequentielle Entwicklung statt; es sei denn, daß extreme Bedingungen vorliegen.
3. Jede Stufe integriert die vorhergehende und setzt die Elemente der vorausgegangenen Stufe logisch voraus.
4. Jede Stufe bildet eine logisch und empirisch konsistente ›strukturierte Ganzheit‹.

Ich betone, daß sich von Piagets kognitiven Stufen sagen läßt, daß sie ›existieren‹, weil sie diese Kriterien ziemlich gut erfüllen. Da Piagets Stufen existieren, stellen sie eine genaue Anleitung für den Pädagogen bereit. Die Stufen von Freud, Erikson und Gesell erfassen wichtige Aspekte der kindlichen Entwicklung, aber existieren nicht in dem gleichen Sinn wie die Stufen Piagets. Man kann nicht bei Kindern in allen Kulturen feststellen, daß sie eine invariante Sequenz konsistent organisierter Antworten durchlaufen, wenn die Beobachtungen sich an den Stufen von Freud, Erikson oder Gesell ausrichten. Dies ist zum Teil deshalb so, weil diese Stufen theoretisch sind; sie sind aus hypothetischen Konstrukten abgeleitet, die nicht direkt beobachtet werden können. Wenn Stufen der Reifung angesprochen werden, wie bei Gesell und Freud, handelt es sich bei dem zugrundeliegenden theoretischen Konstrukt um eine neurophysiologische Struktur, die reift. Das tatsächliche stufenbezogene Verhalten ergibt sich aus der Auslösung der hypothetischen physiologischen Struktur. Darüber hinaus wird unterstellt, daß diesen Stufen zusätzlich zu den physiologischen Strukturen nicht beobachtbare unbewußte psychische Tendenzen und Motive zugrunde liegen.

Im Gegensatz dazu werden kognitive und moralische Stufen unabhängig von jeder bestimmten psychologischen oder physiologischen Theorie definiert. Man kann Piagets kognitive Stufen akzeptieren, ohne sich damit seiner spezifischen Theorie der Entwicklung des Kindes verpflichtet zu fühlen. Strukturelle Stufen *sind* das, auf was sie sich beziehen: Muster des Denkens, die sich durch das, was das Kind sagt und tut, offenbaren; sie müssen nicht ›diagnostiziert‹ werden. Offensichtlich müssen bestimmte Voraussetzungen unterstellt werden, um strukturelle Stufen beobachten zu können, vor allem die Voraussetzung, daß es ein Muster oder eine Konsistenz gibt in dem, was das Kind denkt; diese weisen eine *Logik* auf, wenn auch nicht unsere Erwachsenenlogik. Die Beschreibung der Logik des kindlichen Geistes *(mind)* hängt jedoch nicht von der Zuschreibung einer bestimmten psychologischen Theorie oder eines bestimmten hypothetischen Konstrukts ab. Die Aufgabe desjenigen, der eine Stufe definiert, ist wie die des Literaturkritikers oder des Geisteswissenschaftlers *(humanist)*, der versucht, das Muster der Ideen, die in den Arbeiten von Aristoteles oder Shakespeare enthalten sind, zu analysieren. Die Interviews des Entwicklungspsychologen sind die Texte des Geisteswissenschaftlers. Der Test, inwieweit die Interpretation richtig ist, besteht darin zu zeigen, daß, wenn bestimmte Ideen auf eine bestimmte Weise im Text miteinander verbunden sind, diese Beziehungen auch an anderen Stellen des Textes oder im Text insgesamt sinnvoll sind. Die Akzeptanz der Analyse eines Geisteswissenschaftlers über die Struktur des Denkens von Aristoteles hängt nicht von der Akzeptanz einer Theorie zur Psychologie der Persönlichkeit des Aristoteles ab. Die Akzeptanz einer strukturellen Analyse der Stufe eines Kindes beinhaltet ebensowenig eine Verpflichtung gegenüber einer bestimmten Theorie der Persönlichkeit des Kindes.

Natürlich gibt es eine Stufe der Verallgemeinerung, die der Stufentheoretiker, nicht aber der Literaturkritiker, vornimmt. Der Kritiker analysiert das geistige Muster einer Person, der Stufentheoretiker analysiert das Muster, das *allen* Kindern auf einer bestimmten Ebene der Entwicklung gemeinsam ist. Um diese Verallgemeinerung vornehmen zu können, muß der Stufentheoretiker zwischen dem kulturell oder individuell variablen *Inhalt* des kindlichen Denkens und dem Muster des Urteils bzw. der Struktur des kindlichen Denkens unterscheiden. Beispielsweise antworteten taiwanesische Kinder auf einer bestimmten Ebene (Stufe 2) auf das Dilemma, ob ein Ehemann ein Medikament stehlen solle, um seine Frau zu retten, daß er das Medikament stehlen solle, da die Beerdigungskosten im Fall des Todes seiner

Frau sehr hoch seien. Amerikanische Kinder, die sich auf dieser Ebene befinden, erwähnen diesen spezifischen *Inhalt*, die hohen Beerdigungskosten, niemals, sie benutzen jedoch die gleiche pragmatische Struktur des Urteilens mit Inhalten wie ›Er braucht seine Frau, um zu kochen und die Kinder zu beaufsichtigen‹. Die korrekte Unterscheidung zwischen ›Struktur‹ und ›Inhalt‹ bei der Beschreibung der Stufen ist ein schwieriger und langwieriger Prozeß. Nimmt man zuviel ›Inhalt‹ heraus, verbleiben Stufen ohne Fleisch zum Verständnis des individuellen Kindes und seiner Entwicklung. Verbleibt zuviel Inhalt, kommt es zu einem Bild der Stufe, das für einige, aber nicht für alle Individuen gilt, die dieser Stufe zugeordnet wurden; also gerade nicht zu einem Muster, das bei jedem Individuum gefunden werden kann. Dies ist ein ernsthaftes Problem, da die Stufentheorie eine Theorie bezüglich *aller Individuen* und nicht nur für Gruppen oder Durchschnittswerte ist. Die Stufentheorie behauptet, daß jedes einzelne Individuum, das längsschnittlich untersucht wird, sich Schritt für Schritt und immer in der gleichen Reihenfolge durch die Stufensequenz bewegt. Jede Abweichung von dieser Ordnung, die nicht auf offensichtliche Beobachtungsfehler oder dramatische, eine Regression verursachende Streßsituationen oder Schädigungen zurückgeführt werden kann, gefährdet die Validität der Stufenkonzeption selbst. Eine Stufensequenz, die auch nur von einem Kind nicht befolgt wird, ist ebensowenig eine Sequenz, wie ein Lerngesetz, das auch nur von einer einzigen Ratte nicht beachtet wird, ein Gesetz darstellt. So gesehen ist die 4%ige Abweichung von der Sequenz der moralischen Stufen in Form einer ›Rückwärts-Entwicklung‹ bei den Befragten aus unserer Längsschnittstudie auch nur deshalb akzeptabel, weil sie sich innerhalb der Grenzen des Meßfehlers bei Testwiederholungen bewegt.
Zusammengefaßt bedeutet dies, daß die strukturellen Stufen Beschreibungen von miteinander verzahnten Charakteristika des Denkens darstellen. Bei gültigen Stufen sollten alle Individuen auf konsistente Weise in eine dieser Stufen (oder eine Mischung aus benachbarten Stufen) hineinpassen. Darüber hinaus müssen alle Individuen sich in schrittweiser Ordnung durch diese Stufen bewegen. Können diese Bedingungen eingehalten werden, sprechen wir von ›wirklichen‹ Stufen, die unabhängig von theoretischen Vorannahmen sind.

## Strukturelle und psychoanalytische Stufen: Strukturen des Denkens und Freudianischer Inhalt

Mit der Behauptung, daß die von uns beschriebenen strukturellen Stufen wirklich sind, impliziere ich in gewisser Weise, daß die anderen theoretischen Stufen weniger wahr sind – obwohl ich nicht sagen will, daß diese vollständig falsch sind. Die anderen stufenbezogenen Ansätze unterscheiden sich dadurch, daß sie den sich entwickelnden Inhalt des Denkens und der Emotion betrachten und nicht deren Struktur. Dementsprechend handelt es sich um keinen Widerspruch in dem Sinne, daß sich zwei miteinander konkurrierende kognitiv-strukturelle Stufentheorien gegenüberstehen. Stufen, die mentale Inhalte definieren, können viele wichtige Entwicklungsmerkmale identifizieren, die von strukturellen Stufen nicht erfaßt werden, und tun dies auch. Wir vertreten jedoch die These, daß, insoweit die Entwicklung dieses Inhalts wirklich sequentiell und regelmäßig für alle Individuen verläuft, dies deshalb der Fall ist, weil es sich um Inhalte handelt, die durch eine bestimmte strukturelle Stufe des Kindes sensibilisiert werden. In meinen Veröffentlichungen über die kognitive und moralische Stufe des Kindes habe ich Beispiele verwandt, die aus psychoanalytischen Beschreibungen der Phantasie bekannt sind. Im Stufenkonzept der Psychoanalyse ist das präoperationale und in moralischer Hinsicht auf Stufe 0 denkende Kind ›phallisch‹ oder ›ödipal‹. Seine moralischen Aussagen sind durch Vergeltung bestimmt. Die Äußerungen meines Sohnes über die Eskimos stellen einen ›oral-aggressiven Kannibalismus‹ dar. Seine Bemerkung, daß sein Vater klein wird, wenn er wächst, ist ›ödipal‹. Seine Leugnung, schlecht zu sein, repräsentiert den ›Abwehrmechanismus der Leugnung‹.

In der Diskussion der Phantasie als spielerischen Denkens habe ich zu zeigen versucht, daß die Struktur oder das *Muster* des kindlichen Denkens selbst dann, wenn sein Inhalt emotional ›aufgeladen‹ ist, nicht durch die ›Phantasie der Primärprozesse‹, sondern durch adaptives Denken (auf einer bestimmten Ebene) bestimmt ist, das dazu dient, Erfahrungen zu organisieren und diese mit anderen zu kommunizieren. Als Beleg dafür habe ich die Untersuchung von DeVries zitiert, die zeigen konnte, daß das Verhalten und die emotionale Reaktion von Kindern auf die Veränderung einer Katze zu einem Hund zum größten Teil durch die Ebene ihres Denkens über Konstanz bestimmt wurden und nicht durch Emotionen und Phantasie. Indem ich dies sage, leugne ich nicht, daß der Inhalt des kindlichen Denkens freudianische Elemente aufweist, aber das Gesagte impliziert, daß der freudianische Inhalt als konsistent mit dem präoperationalen Denken des kleinen Kindes verstanden werden muß sowie daß er zum Teil durch ihn generiert wird; d. h. daß dieser freudianische Inhalt nicht das Eindringen der Phantasie des ›Primärprozesses‹ in das adaptive Denken des ›Sekundärprozesses‹ darstellt. Um diesen Punkt zu verdeutlichen, möchte ich ein anderes Beispiel einführen, das eine psychoanalytische Interpretation des Eindringens der Phantasie nahelegt: Eine spontane Reaktion von Jimmy, der gerade fünf Jahre alt geworden ist, lautete: »Ich kann ein Mädchen sein, weißt Du? Ich kann es. Ich kann eine Perücke tragen und meine Stimme verstellen, daß ich wie ein Mädchen klinge.« Es scheint plausibel, die unreife Logik dieser Aussage der Tatsache zuzuschreiben, daß die Wünsche und Konflikte des Jungen auf diesem Gebiet stark genug waren, sein Interesse, realistisch oder korrekt zu sein, aufzuheben. Bei einer anderen Gelegenheit hatte der Autor (als Experimentator) jedoch die folgende Konversation mit Jimmy.

> Experimentator: Werden Flugzeuge kleiner, wenn sie fort in den Himmel fliegen?
> Jimmy: Ja, sie werden wirklich winzig.
> Experimentator: Werden sie wirklich klein, oder sehen sie nur klein aus?
> Jimmy: Sie werden wirklich klein.
> Experimentator: Was wird mit den Menschen im Flugzeug?
> Jimmy: Sie schrumpfen.
> Experimentator: Wie können sie schrumpfen und klein werden?
> Jimmy: Sie schneiden sich ihre Köpfe ab.

Auch diese Aussagen können eher als motivational determiniert denn als eine Reflexion der allgemeinen Ebene von Jimmys Denken angesehen werden. Es ist offensichtlich, daß Jimmy im zweiten Gesprächsauszug kein Interesse daran hat, Richtiges zu sagen, und er endet daher mit einer ›Phantasie‹-Aussage. Manchmal sorgt sich Jimmy zu sehr (Geschlechtsrolle), manchmal zu wenig (Flugzeug-Fragen), aber wenn die allgemeine Ebene seines

Denkens gleich ist, dann fällt es schwer zu behaupten, daß diese Ebene eher ein Ergebnis affektiver als kognitiv-struktureller Faktoren ist. Der springende Punkt ist also, daß Jimmys Überzeugung, daß er ein Mädchen sein kann, eher konsistent ist mit seinem allgemeinen präoperativen Denkmuster, als daß sie eine spezifische Phantasie darstellte, die mit seinem ›realitäts-orientierten‹ Denken im Widerspruch stünde.

Ich möchte abschließend noch ein Beispiel nennen, das die Art und Weise klären soll, wie der freudianische Inhalt auf einer bestimmten Ebene des Denkens eingeführt werden kann. Als der Verfasser ein Kind im Rahmen eines Konstanz-Experiments testete, hatte er ein Erlebnis, das die Freudianer, die gegen die angebliche Piagetsche Sichtweise des Kindes als ›rein kognitiv‹ opponieren, erfreuen würde. Ich zeigte einem fünfjährigen Mädchen das Problem der ›Erhaltung der Masse‹, in dem zwei Bälle aus Knete, die die gleiche Größe aufweisen, in ihrer Form verändert werden. Der Experimentator verformte seinen Ball zu einem *hot dog* und bat das Mädchen, aus ihrem Ball einen ›Pfannkuchen‹ zu machen. Er fragte dann, ob diese immer noch die gleiche Größe besitzen oder ob einer größer als der andere sei. Das Mädchen entgegnete, ganz aufgeregt: »Meiner ist größer, sieh', ich kann deinen zudecken«, und sie begann, den Pfannkuchen um den *hot dog* zu wickeln, bis dieser vollkommen umschlossen war. Einem Freudianer bereitet es wenig Schwierigkeiten, die Reaktion als Symbolisierung der ›ödipalen‹ sexuellen Einstellung des Mädchens zu verstehen; als eine Demonstration der Qualität ihrer Genitalien und ihrer Sexualität gegenüber den markanteren Genitalien oder der Sexualität des Mannes. Wir würden diese Interpretation nicht bestreiten, aber darauf hinweisen, daß trotz des Vorhandenseins des Freudschen Inhalts die Ebene ihres Denkens in bezug auf diese Aufgabe, bei der es ihr nicht gelang, die Erhaltung der Masse zu verstehen, konsistent war mit ihrem Denken im Hinblick auf andere Piagetsche Aufgaben, denen sie sich ›rein kognitiv‹ annäherte.

In diesem Abschnitt wollten wir zeigen, daß Denkinhalte und Interessen, die Freudianer Vorschulkindern als ›ödipal‹ zuschreiben, nicht nur verträglich sind mit Piagets Verständnis der Struktur des Vorschulkindes als ›präoperational‹ oder ›prälogisch‹, sondern daß diese tatsächlich durch die präoperationale Denkstruktur des Kindes und die von Piaget unterstellte adaptive Motivation zur Assimilation an die Realität generiert werden. Die Erzeugung des Freudschen Inhalts resultiert besonders aus den Anstrengungen des prälogischen Kindes, Merkmale seines Körpers auf die soziale und physische Welt zu beziehen. Wir haben bereits betont, daß Freud herausfand, daß Kinder – ebenso wie Erwachsene – an der Geburt, am Tod und am Geschlechtsleben interessiert sind, daß Piaget jedoch feststellte, daß Kinder in der Hauptsache deshalb an der Geburt, am Tod und am Geschlechtsleben interessiert sind, weil sie Philosophen sind, die sich Gedanken über die grundlegenden Begriffe oder Kategorien der Erfahrung machen. Die grundlegenden Kategorien der Erfahrung, auf die Piaget sich in seinen Untersuchungen der Kinder konzentriert, sind die formalen Erfahrungskategorien von Logik, Raum, Zeit, Kausalität, Substanz usw. Es gibt jedoch auch grundlegende inhaltliche Kategorien der Erfahrung wie die der Geschlechtsidentität oder Leben und Tod. Eine Beschäftigung mit diesen Kategorien hilft, die Lücke zwischen strukturellen Stufen und den Stufen des Denkinhalts, wie sie von Freud und anderen präsentiert wurden, zu überbrücken.

### Denkstrukturen und Gefühle

Verknüpft mit dem Problem der Verbindung von Denkstrukturen zu dem Inhalt des Denkens ist das Problem der Verbindung von Strukturen des Denkens mit Affekten oder Emotionen. Wenn die kognitiv-strukturellen Stufen den Inhalt ignorieren, dann ignorieren sie auch das Gefühl. Ohne leugnen zu wollen, daß die strukturellen Stufen nur eine sehr abstrakte Wiedergabe der Gefühle und ihrer Entwicklung bereitstellen, ist es wichtig, darauf hinzuweisen, daß ›Emotionen‹, wie ›Kognitionen‹, organisierte Strukturen sind. In der Tat ist die Trennung zwischen Kognition und Emotion nur eine Abstraktion – wir verfügen über keine Kognition ohne Emotion und über keine Emotion ohne Kognition. Jede Emotion enthält eine Wahrnehmung der Welt und des Selbst. Wenn diese Wahrnehmungen sich mit der Entwicklung verändern, verändern sich auch die Emotionen. Neue moralische Emotionen entwickeln sich mit den Änderungen in der Struktur des moralischen Urteils. Wut in der Kindheit wird mit der Entwicklung des moralischen Denkens zu moralischer Empörung, und Furcht vor Strafe wird in etwas späterem Alter zu Schuld. Der Unterschied zwischen der Furcht vor Strafe und der Furcht, schuldig zu sein, liegt nicht in der körperlichen Qualität oder der Entstehung schmerzhafter Gefühle, er besteht darin, wie über das schmerzhafte Gefühl gedacht wird. ›Furcht vor Strafe‹ impliziert, daß die Antizipation des Schmerzes mit einer Reihe von externen Ereignissen verbunden ist, die zu Bestrafung führen, Schuld impliziert das schmerzhafte Gefühl, das das Ergebnis eines internen Prozesses der Selbstbeurteilung ist. Der qualitative Unterschied zwischen Furcht und Schuld ist dann ›kognitiv‹ oder, besser noch, ›strukturell‹. Wir meinen hiermit, daß sich Gefühle, die sich entwickeln, sich ebenso in ihrer Struktur oder Organisation verändern, wie dies für Kognitionen gilt. Die Entwicklung des Denkens und von Emotionen ist demnach eine parallele strukturelle Entwicklung, in der die strukturelle Veränderung von Emotionen weitgehend parallel verläuft mit den kognitiv-strukturellen Veränderungen.

Mit der Behauptung, daß Emotionen eine strukturelle Komponente aufweisen, sagen wir nicht, daß die emotionale Entwicklung auf die kognitive Entwicklung reduzierbar sei oder daß inhaltliche Entwicklungsveränderungen auf strukturelle Änderungen reduzierbar seien. Wir behaupten vielmehr, daß man nicht zwei Theorien haben kann: eine für die kognitive Entwicklung, eine andere für die emotionale Entwicklung. In den frühen Tagen der psychoanalytischen Theoriebildung gab es Überlegungen, die Entwicklung des Denkens aus der Triebtheorie, die zur Erklärung der emotionalen Entwicklung eingesetzt wurde, abzuleiten. Nach diesen frühen Theorien war das logische und realistische Denken (der Sekundärprozeß) eine verwässerte Form der triebdeterminierten Phantasie (des Primärprozesses), eine Verwässerung, die aus Frustration, Verzögerung, Gegen-Besetzung, Abwehrvorgängen und so weiter resultiert. Wir haben gesehen, daß das Verständnis des Denkens des kleinen Kindes im Sinne einer verwässerten Phantasie unhaltbar ist. In Anerkennung dieser Tatsache gestehen die meisten Analytiker heute eine ›autonome, konfliktfreie‹ Sphäre der Ich-Entwicklung zu, aber sie konzedieren nicht, daß die grundlegenden Prozesse, die zu deren Entwicklung führen, auch für das intensivere emotionale Leben des Kindes, das sie überwiegend durch biologische Triebe bestimmt sehen, gelten müssen.

Wir behaupten also: Obwohl grundlegende physische Triebe wie Hunger und Durst existieren, generieren diese weder auf direkte Weise die tieferen sozialen Emotionen noch entwickeln sie sich zu ihnen. Statt dessen meinen wir, daß die sozio-emotionale und die kognitive Entwicklung über die gleiche grundlegende motivationale Natur verfügen – was von Robert White (1959) als Kompetenz- oder Wirksamkeits-Motivation bezeichnet wurde. Darunter versteht er die Tendenz, sich an die Umwelt anzupassen oder sie zu meistern, Neuheiten und Inkongruenzen zu suchen sowie das Selbst zu vergrößern oder zu erweitern. Kleine Kinder sind gerade keine Geschöpfe, die nur in Reaktion auf Grundtriebe agieren können, sie untersuchen vielmehr auf aktive Weise ihre Welt, meistern oder assimilieren diese und passen sich an sie an bzw. akkommodieren sich. Die frühesten sozialen Emotionen und Aktivitäten des Kindes entstehen aus eben dieser Wirksamkeits-Motivation und nicht aus oralen Trieben oder Belohnungen. Wie Kagan (1971) gezeigt hat, ist das soziale Lächeln des kleinen Kindes ein Lächeln auf einen komplexen (gesichts- oder nicht-gesichtsbezogenen) Wahrnehmungsreiz hin, der eine gewisse Balance von Vertrautheit und Nichtübereinstimmung aufweisen muß. Die kleinen Kinder lächeln aufgrund des plötzlichen Erkennens des Vertrauten. Woraufhin sie lächeln, ändert sich regelmäßig mit dem Alter, wenn ihre kognitiv-verarbeitenden Strukturen sich ändern.

## Der kognitiv-entwicklungsbezogene Ansatz zur psychosexuellen Entwicklung

Wir behaupten also, daß die stärker emotional aufgeladenen Gebiete der Ich- und Moralentwicklung durch die gleichen allgemeinen kognitiven Strukturen und motivationalen Tendenzen determiniert sind, die wir diskutiert haben (wir sagen allerdings nicht, daß es sich bei der Entwicklung auf diesen Gebieten um eine rein kognitive Entwicklung handelt). Um dasjenige, was wir meinen, zu illustrieren, möchten wir auf ein Gebiet der Entwick-

lung zu sprechen kommen, auf dem die Psychoanalyse ihre größten Beiträge erbracht hat: die psychosexuelle Entwicklung. Wir werden versuchen, viele der freudschen Beobachtungen beizubehalten, aber zeigen, daß die psychosexuelle Entwicklung die zusammenhängenden Operationen der kognitiven und moralischen Denkmuster einschließt und daß die Entwicklung des Kindes auf diesem Gebiet durch eine Kompetenzmotivation und nicht durch Triebe determiniert ist. Dieser ›kognitive‹ Ansatz impliziert nicht, daß das Kind nicht auf intensive Weise an den Themen, die Freud beschrieben hat, interessiert sei. Sind kleine Kinder nicht am Thema des Essens interessiert und über das ›Gegessen-Werden‹ besorgt? Wir glauben doch. Sind kleine Kinder nicht an ihren Genitalien und an ihrem Körper sowie dem von anderen interessiert und daran, wie diese miteinander in Beziehung stehen? Natürlich. Wir glauben jedoch nicht, daß wir libidinöse Triebe unterstellen müssen, um dieses Interesse zu erklären. Es scheint zweifelhaft, ob kleine Kinder über sehr starke Sexualtriebe, vergleichbar mit denen der Adoleszenten, verfügen; aufgrund ihrer Physiologie trifft dies nicht zu. Worüber sie verfügen, ist ein Interesse an oder eine Faszination für bestimmte Gedanken, von denen sich sagen läßt, daß sie ›sexuell‹ sind. Dies ist deshalb der Fall, da ihre Vorstellungen über die soziale Welt sich um ihre Körperideen drehen sowie um ihre Ideen über die Körper von anderen. Soziale Handlungen sind Körperhandlungen; Zuneigung meint physischen Kontakt und ist, in diesem Sinne, ›libidinös‹. Wut meint einen physischen Kampf und physische Zerstörung. Da das Denken der Kinder konkret ist, zentrieren sich die Vorstellungen und die Emotionen auf das Denken über die körperlichen Aktivitäten, die von Freudianern als ›sexuell‹ und ›aggressiv‹ bezeichnet werden (Kohlberg 1966).
Wenn wir nach der Bedeutung dieser Aktivitäten fragen oder nach der Geschlechtsrolle des Kindes, auf die sie sich beziehen, müssen wir ein Thema ansprechen, das von fundamentaler Bedeutung für das Kind ist: Die Frage, ob es sich selbst als Junge oder Mädchen sieht. Es fällt zunächst schwer zu glauben, daß die kognitive Identität eines Kindes als Junge oder Mädchen die kindliche Sexualität oder die sexuellen Interessen zu erklären hilft. Es gibt jedoch einen nachhaltigen Beleg für die Bedeutung der kognitiven Identität für die Psychosexualität. Dieser Beleg

entstammt den Untersuchungen von Money, Hampson und Hampson (1957) zur psychosexuellen Entwicklung von Hermaphroditen; d.h. Individuen, die hormonell einem Geschlecht angehören und dem anderen Geschlecht im Hinblick auf ihre externen genitalen Merkmale. Im allgemeinen können sich diese Individuen gut an die Rolle oder Identität, die ihnen zugewiesen wurde, anpassen; und zwar ungeachtet ihres ›wirklichen‹ genetischen oder hormonellen Geschlechts. Es ist allerdings häufig vorgekommen, daß es nach der Entdeckung, daß das Kind in ›Wirklichkeit‹ genetisch oder hormonell dem anderen Geschlecht angehört, zu operativen Eingriffen kam und die Geschlechtsidentität des Kindes als männlich oder weiblich neu zugeschrieben wurde. Die Studien belegen, daß das Individuum, wenn die Neuzuschreibung der Identität vor dem Alter von zwei bis vier Jahren erfolgt, sich an diese anpaßt und sich in der Adoleszenz normal im Hinblick auf die zugeschriebene Geschlechtsidentität bewegt. Falls die Neuzuschreibung jedoch nach dem Alter von zwei bis vier Jahren erfolgt, wächst das Individuum mit tiefgehenden Konflikten und Störungen der sexuellen Funktion in bezug auf die zugeschriebene Geschlechtsidentität auf. Es ist offensichtlich für die normale sexuelle Funktionsweise entscheidend, daß sich das Individuum in der frühen Kindheit eine Geschlechtsidentität als weiblich oder männlich zuweist. Diese Geschlechtsidentität ist eine Kognition und nicht etwas, das entweder durch die Biologie oder durch emotionale Komplexe wie den Ödipus-Komplex und seine Lösung vorgegeben ist. Diese Geschlechtsidentität ist bis zum Alter von vier Jahren vergleichsweise instabil. Da die Geschlechtsidentität abhängig ist vom allgemeinen kognitiven Wachstum der Konstanz, kann es sich durch eine Neuzuschreibung vor dieser Periode ändern. Die Geschlechtsidentität von Kindern ist aber nicht nur wichtig für die Sexualität des Erwachsenen. Die ›Gender‹-Kategorie bzw. die Geschlechtsidentität ist die wichtigste Kategorie, der kleine Kinder sich selbst zuordnen. Es wird in der Regel davon ausgegangen, daß die Geschlechtsidentität das entscheidende Merkmal ist, auf dessen Grundlage Eltern ihr kleines Kind behandeln. Für einige Eltern ist es von überragender Bedeutung, für andere weniger. Für Kinder ist dies jedoch immer von überragender Bedeutung, da es die einzige allgemeine Kategorie oder Rolle darstellt, der sie sich selbst zuordnen. Die andere grundlegende Kategorie der Selbst-Identität für Kinder besteht in dem Gegensatz von Kind und Erwachsenem. Anders als das Geschlecht ist die Altersidentität jedoch nicht feststehend; die Kinder wissen, daß sie erwachsen werden; insofern entstehen Konflikte in bezug auf die Altersidentität nicht in der gleichen Weise.

Weil das Geschlecht die einzige feststehende allgemeine Kategorie ausmacht, in die Kinder sich und andere einordnen können, nimmt es eine enorme Bedeutung bei der Organisation ihrer sozialen Wahrnehmungen und Handlungen ein. Wir müssen daher die tatsächliche Entwicklung dieser grundlegenden Geschlechtsidentität beachten. Sie scheint im ersten oder den ersten beiden Lebensjahren nicht vorhanden zu sein, aber im Alter von drei Jahren bezeichnen sich die Kinder korrekt und können das Geschlecht von anderen zumindest teilweise richtig angeben. Wenn die Kinder vier Jahre alt sind, können sie das Geschlecht richtig zuordnen und zeigen auch ein Bewußtsein davon, daß das Geschlecht sich nicht wandeln kann. So weist Johnny, ein viereinhalb Jahre alter Junge gegenüber dem jüngeren Jimmy, der gerade erst vier Jahre alt wird, eine ›Gender‹-Konstanz auf. Hier ist das Gespräch:

> Der ältere Johnny: Wenn ich groß bin, werde ich Flugzeugbauer.
> Der jüngere Jimmy: Wenn ich groß bin, werde ich eine Mama.
> Der ältere Johnny: Nein, du kannst keine Mama sein, du mußt ein Papa werden.
> Der jüngere Jimmy: Nein, ich will eine Mama sein.
> Der ältere Johnny: Nein, du bist kein Mädchen; du kannst keine Mama sein.

Obwohl die Konstanz der Geschlechtsidentität ab dem Alter von drei bis vier Jahren geltend gemacht wird, weist diese Konstanz weder eine klare logische Grundlage auf noch ist sie vor dem Alter von sechs oder sieben Jahren verbunden mit den Unterschieden der Genitalien. Das heißt, daß die Geschlechtsidentität des Kindes zu einer wahrnehmungsmäßig oder logisch unveränderlichen Identität in dem Zeitraum wird, in dem das Kind auch andere unveränderliche kognitive Identitäten entwickelt. Diese Kohärenz konnte demonstriert werden, als wir die gleichen Fragen, die DeVries über maskierte Hunde und Katzen gestellt hatte, nun bezüglich des Geschlechts stellten. Wir fragten, ob ein Mädchen zu einem Jungen werden könnte, wenn es sich dies wünschte, oder wenn es einen Jungenhaarschnitt trug oder Jungenkleidung trug. Die meisten Kinder waren sich vor dem Alter von sechs bis sieben Jahren nicht sicher, daß ein Mädchen, ungeachtet der Änderungen in seiner Erscheinung oder seinem Verhalten, kein Junge sein konnte. Kinder, die Identitätskonstanz bei einer Aufgabe unter Beweis stellten, zeigten diese aller Wahrscheinlichkeit nach auch bei anderen.

Bis hierher haben wir über die Herausbildung eines einzigen Konzepts, der Geschlechtsidentität, gesprochen. Unser struktureller Ansatz impliziert, daß Entwicklungsänderungen in der kognitiven Struktur der Geschlechtsidentität des Kindes sich auch in Entwicklungsänderungen der Geschlechtsrolleneinstellungen, die häufiger bei kleinen Kindern untersucht werden, widerspiegeln. Betrachten wir die Einstellung zu Maskulinität-Feminität, die von zahlreichen Präferenztests für geschlechtstypische Objekte und Aktivitäten eingeschätzt wird. Es überrascht nicht, daß ein Junge, wenn es für ihn sicher ist, daß er auf unveränderliche Weise ein Junge ist, und lernt, daß Jungen bestimmte Aktivitäten mögen und Mädchen andere, dann ›Jungen-Sachen‹ präferiert. Im Alter von sechs bis sieben Jahren, wenn die Kinder das Höchstmaß *(ceiling)* an Geschlechtsidentität erreichen, erreichen sie ebenfalls das Höchstmaß bei diesen Präferenztests zu Maskulinität-Feminität, wobei sie zu 80 bis 100% gleichgeschlechtliche Wahlen treffen. Dies stellt ebensowenig eine Reaktion auf ein Kulturtraining oder eine Belohnung dar, wie dies auf die Entwicklung der Konstanz der Geschlechtsidentität zutrifft. Vielmehr kann es zwei Dingen zugeschrieben werden. Zunächst betrifft dies die Überzeugung der Kinder, daß sie wenig Entscheidungsmöglichkeiten im Hinblick auf geschlechtstypische Aktivitäten und Rollen haben. Wenn unser vierjähriger Jimmy die Ansicht aufgibt, daß er eine Mama sein kann, gibt er auch die Überzeugung auf, daß er Krankenschwester oder Sekretärin oder jemand sein kann, der Mädchenkleider trägt oder mit Puppen spielt. Im Alter von sechs oder sieben Jahren setzen die Kinder das ›Ich-bin‹ ihrer Geschlechtsidentität mit dem, was sie schätzen, gleich. Du kannst kein Mädchen sein, also willst du es auch nicht; du kannst keine Krankenschwester sein, also willst du es auch nicht. Zweitens existiert eine natürliche Tendenz, sich selbst zu mögen und gut über sein Selbst, und was mit ihm verbunden oder ebenso wie es ist, zu denken. Wenn die anderen Jungen wie das eigene Selbst sind, dann mag man sie mehr, als man Mädchen mag. Ein vierjähriger Junge zeigte eine Vorliebe für einen männlichen Babysitter. Auf die Frage warum, griff sein siebenjähriger Bruder ein und antwortete: »Weil er selbst ein Junge ist«. Das gleiche Geschlecht auf eine konsistente und kategorische Weise vorzuziehen, verlangt ein Anwachsen des Begriffsverständnisses und die Entwicklung feststehender logischer Klassen. Für Jungen unter fünf Jahren gilt, daß die Zuneigung für das gleiche Geschlecht nur die Gruppe der Gleichaltrigen betrifft. Im Alter von sieben oder acht Jahren gilt dies sowohl für den Vater wie für fremde Erwachsene. Für dieses Alter zeigen sowohl Präferenzmaße als auch Maße der Imitation, daß der Vater der Mutter vorgezogen wird, und deuten damit hin auf das erste genderbezogene Hinübergehen zu gleichgeschlechtlichen Präferenzen. Das bedeutet, daß sowohl dasjenige, das oft als Identifikation mit dem Vater bezeichnet wurde, als auch dasjenige, das Maskulinität der Werte genannt wurde, mit dem kognitiven Wachstum der Geschlechtsidentität des Jungen und aus ihm heraus entsteht.

Wenn das Kind nun seine Identität sowie seine Einstellungen und Werte um seine Geschlechtsidentität organisiert hat, müssen wir danach fragen, um welche Einstellungen und Werte es sich handelt. Wenn wir uns die Eigenschaften anschauen, die Kinder den männlichen und weiblichen Rollen und damit verbunden dem Thema des Vorrangs der einen vor der anderen zuordnen, dann finden wir eine fast ebenso große kognitiv-entwicklungsbezogene Regelmäßigkeit wie bei der Geschlechtsidentität. Im Alter von sechs Jahren sehen fast alle Jungen Männer als mächtiger, aggressiver, maßgebender und intelligenter an als Frauen. Teilweise spiegelt sich hierin auch die bereits bekannte Tendenz des Jungen, dasjenige besonders zu schätzen, das wie er selbst ist. Dies ist jedoch nur die halbe Wahrheit, da gleichaltrige Mädchen hierin mit ihm übereinstimmen.

Kulturvergleichende Untersuchungen machen darauf aufmerksam, daß diese Stereotypen universell sind. Im Rahmen unserer Arbeit fanden wir, daß schwarze Jungen, die ohne Vater aufwuchsen, die gleichen Vaterstereotypen im gleichen Alter entwickelten wie schwarze und weiße Jungen, die mit einem Vater aufwuchsen. Wie können wir dies erklären? Indem wir zu der Vorstellung zurückkehren, daß für das kleine Kind mit dem Geschlecht verbundene Rollen und Eigenschaften mit körperlichen Eigenschaften verbunden sind. Da Männer als körperlich größer, stärker und aktiver als Frauen wahrgenommen werden, wird von ihnen auch angenommen, daß sie etwas besitzen, das wir eher als psychische denn als körperliche Eigenschaften bezeichnen würden, so z.B. Aggressivität, Furchtlosigkeit, Cleverness und Dominanz. Das Kind unterscheidet nicht zwischen körperlichen und psychischen Eigenschaften; körperliche Stärke und Energie wird mit Intelligenz, Aggression und Dominanz gleichgesetzt. Diese Tendenz, psychische Eigenschaften und Werte aus körperlichen abzuleiten, vereinigt sich mit der kategorischen Sichtweise des Kindes bezüglich der Geschlechtsrollenfestschreibung. Jungen können keine Krankenschwestern sein, Mädchen können keine Soldaten sein. Rollen, von denen wir annehmen, daß sie durch beide Geschlechter ausgefüllt werden können, die faktisch aber häufiger von Männern besetzt sind, werden kategorisch dem männlichen Geschlecht zugeschrieben – angefangen beim Arzt über den Polizisten bis hin zum Präsidenten. Ein Junge kann genausowenig eine Krankenschwester wie eine Mutter sein. Wir können daher sagen, daß der sechsjährige Junge, mehr noch als seine Eltern, ein vollkommen entwickelter männlicher Chauvinist ist, und er ist dies ungeachtet der Tatsache, daß er in einer Gesellschaft aufwächst, die einen gewissen Grad an Geschlechtsrollendifferenzierung kennt. Glücklicherweise modifizieren oder mäßigen spätere Phasen der kognitiven Entwicklung diesen Chauvinismus bzw. machen ihn rückgängig.

Die nächste Phase der kognitiven Entwicklung des Geschlechtsrollenkonzepts findet statt, wenn das Kind Rollen redefiniert im Hinblick auf ihren Ort in einer moralischen Ordnung, die Gesellschaft genannt wird, und nicht im Hinblick auf ihre körperlichen Charakteristika. Wenn wir das Geschlechtsrollenkonzept und die Einstellungen von Schülern der ersten Klasse mit denen der fünften Klasse vergleichen, sehen wir große Unterschiede, die mit der Entwicklung der sozio-moralischen Konzepte zusam-

menhängen. In der fünften Klasse werden die psychischen Differenzen zwischen Männern und Frauen so verstanden, daß sie eher aus Unterschieden in bezug auf Wünsche oder Intentionen entstehen denn aus physisch-körperbezogenen Unterschieden. Grundlegender noch, die Differenzen zwischen Männern und Frauen werden verstanden als Unterschiede in den sozialen Rollen, die sie einnehmen, und nicht als körperliche oder biologische Charakteristika. Schüler der fünften Klasse denken, daß Geschlechtsrollen durch gesellschaftliche oder gemeinsam geteilte Erwartungen und Normen definiert sind. Unterschiede in den Rollenerwartungen entstehen durch die soziale Funktion der Rolle, ihre Funktion für andere Menschen oder die Gesellschaft. Die Absichten und Wünsche der Schüler der fünften Klasse sind diktiert durch die gesellschaftlichen Geschlechtsrollen, von denen sie annehmen, daß sie diese in Zukunft ausfüllen werden. Während dieses Alters sind dann die Geschlechtsidentität und die Werte des Kindes zu einem großen Teil durch Konformität gegenüber gesellschaftlichen Rollen determiniert – und diese Konformität gegenüber gesellschaftlichen Rollen hat eine starke Fundierung im Unterschied zwischen den Geschlechtern. In der Adoleszenz entwickeln schließlich viele oder sogar die meisten Kinder eine Unabhängigkeit gegenüber der Konformität mit feststehenden Geschlechtsrollensterotypen und entwickeln ein persönliches Bild sowie Ideale der Maskulinität und Feminität, die sie zu ihren eigenen Bestrebungen ins Verhältnis setzen.
Zusammengefaßt läßt sich sagen, daß viele Aspekte der psychosexuellen Entwicklung des Kindes als Ausarbeitungen der allgemeinen Trends der kognitiven, moralischen und Ich-Entwicklung verstanden werden können. Diese erzeugen sehr spezifische Fragen im Hinblick darauf, ein Junge oder ein Mädchen zu sein, sowie über die Beziehungen zu anderen des gleichen oder anderen Geschlechts und über die eigene zukünftige Rolle.
Wir haben die mehr oder weniger ›positiven‹ oder ›moralischen‹ Weisen beschrieben, auf die hin die Entwicklung des Geschlechtsrollenkonzepts die Motivation des Kindes für Wertschätzung und Beherrschung von Kompetenzen kanalisiert. Der psychoanalytische Blick betont die dunkle Seite der psychosexuellen Eigenschaften des Kindes, er ist sozusagen daran interessiert, Verbindungen zwischen dem Denken und den Erfahrungen

in der Kindheit und der Psychopathologie von Erwachsenen herzustellen. Wir haben an anderer Stelle diskutiert (Kohlberg, Lacrosse, Ricks 1972), daß die Bemühungen der Freudianer, die Psychopathologie von Erwachsenen mit dem Denken und den Erfahrungen von Kindern in Beziehung zu setzen, nicht sehr erfolgreich waren, wenn man sich die Ergebnisse von Längsschnittuntersuchungen ansieht. Dennoch gibt es eine dunkle Seite des kindlichen Denkens und Fühlens, die von den kognitiv-entwicklungsbezogenen Erklärungen mehr oder weniger vernachlässigt wird. Aus unserer Perspektive kann man das von den Freudianern beschriebene Kind so verstehen, daß es über die dunkle Seite der positiven Interessen des von Piaget beschriebenen Kindes verfügt. Das Kind verfügt über ein positives Gefühl für Gerechtigkeit, das eine dunkle Seite im Sinne einer Voreingenommenheit mit Rache oder Bestrafung aufweisen kann. Das Kind hat ein Interesse am Leben und an dessen Entstehung, das allmählich übergehen kann in ein dunkles Interesse am Tod. Um diesen Punkt zu klären, wollen wir auf die dunkle Seite der moralischen Entwicklung übergehen, die von der Psychoanalyse als Über-Ich thematisiert wird. Das Freudsche Konzept der Moral hat seine Basis in dem populären christlichen Konzept des Gewissens als einer kleinen Instanz innerhalb des Kopfes, die das Selbst warnt und es bestraft. Es betonte also, daß (a) Moralität Bestrafung und Selbst-Bestrafung ist, und zwar durch (b) eine Instanz, die vom Selbst oder Ich unterschieden ist sowie (c) von der Wahrnehmung des Selbst in bezug auf seine ihn umgebende soziale Situation. Darüber hinaus betonte Freud die Analogie zwischen der Moralität des kleinen Kindes und der Moralität des Erwachsenen, der depressiv oder paranoid ist bzw. neurotische Schuldgefühle aufweist.

Wenden wir uns diesen Punkten zu, so findet sich eine Bedeutung, nach der die kindliche Moral der Stufe 1 im psychoanalytischen Bild des ›strafenden Über-Ichs‹ erkennbar ist. Kinder, die sich auf Stufe 1 befinden, glauben, daß Eltern oder Autoritäten immer Recht haben und daß Bestrafungen (selbst grausame Strafen) gerechtfertigt sind. Regeln werden in Abwesenheit von Autoritäten befolgt, da ein vages Gefühl einer unvermeidbaren Strafe existiert. Das Kind kann an eine immanente Gerechtigkeit in dem Sinne glauben, daß eine schlechte Handlung von Gott oder durch die Natur bestraft wird, selbst wenn kein Mensch sie sieht. In der strengeren calvinistischen Tradition wird dieses Gefühl einer immanenten Gerechtigkeit im Kind durch die Doktrin der vorbestimmten Verdammung und des Höllenfeuers gefördert. Unter solchen Umständen ist es nicht überraschend, wenn das Kind der Stufe-1 Züge ›eines strengen Über-Ichs‹ aufweist.

Das kleine Kind verfügt jedoch nicht über die Kapazität für eine tiefgehende Schuld, die von der Freudschen Theorie impliziert wird. Untersuchungen zeigen, daß eindeutige Schuld, im Unterschied zur Furcht, zuerst in der Präadoleszenz auf den konventionellen Stufen der Moral auftaucht. Darüber hinaus verschwinden die irrationalen moralischen Gefühle, die kleine Kinder haben, mit der Entwicklung. Im Alter von fünf Jahren besaß mein Sohn ein ›strenges Über-Ich‹, das ihm verbot, lebende Dinge zu essen. Im Alter von sieben Jahren war er zu einem ›Psychopathen‹ geworden, der stehlen würde, falls er nicht erwischt wird.

Aus meiner Perspektive ist die Entwicklung des ›Gewissens‹, d. h. von Vorstellungen und Gefühlen über Strafe und Schuld, nur eines von vielen Themen, die von der Entwicklung des moralischen Gefühls des Kindes angesprochen werden, und es ist eng mit dem sich entwickelnden Sinn der Gerechtigkeit verbunden, dem Bewußtsein der Beziehungen von Zuneigung und Autorität, dem Begriff des Rechts und so weiter. Diese ›Entwicklung‹ kann bei manchen Kindern eine dunkle Seite aufweisen; aber diese dunkle Seite definiert nicht die Entwicklung selbst.

Zusammengefaßt bedeutet dies, daß andere ›Stufen‹, beispielsweise die psychoanalytischen, bedeutende Einsichten und Beobachtungen bereitstellen, die aus einer strukturellen Sicht nicht erzielt werden können. Zu einem großen Teil können diese Einsichten jedoch erfolgreich in einer Weise neu gefaßt werden, die in die Theorie der kognitiven Entwicklung integriert werden kann. Eine solche Integration stellt weitgehend eine Aufgabe für die Zukunft dar. Eine Aufgabe, die nicht für den Pädagogen entscheidend ist, sondern für das klinische Verständnis des individuellen Kindes.

## Strukturelle Stufen und der Prozeß der Erziehung

Man hat lange Zeit angenommen, daß die mit den Stufen verbundenen Implikationen für die frühe Erziehung einen passiven Ansatz nach sich ziehen – den Ansatz, das Kind mit der Sicherheit und der Freiheit zum spontanen Wachstum auszustatten. Die Metapher für dieses Wachstum war die Pflanze, die nur gegossen werden muß, um zu wachsen, und deren Wachstum nicht erzwungen werden kann. Diese Metapher beruhte auf der Vorstellung, daß die Stufen angeboren oder in das Nervensystem verdrahtet sind, sowie daß sie sich in einer regulären Beziehung zum Alter und zum physischen oder neurologischen Wachstum entfalten. Im Gegensatz zu dieser Wachstums-Metapher stand eine andere Metapher, die des Behaviorismus und umweltbezogenen Assoziationismus. Nach dieser Metapher ist der Geist eine Maschine, ein Schaltbrett, das einen *output* ausgibt, nachdem es einen *input* erhalten hat, und das den *input* mit dem *output* verbindet. Je mehr Informationen die Umwelt durch adäquates Lehren als *input* bereitstellt, desto mehr *output* existiert im Hinblick auf schulische Leistungen und angemessene soziale Verhaltensweisen. Sowohl Dewey als auch Piaget behaupten, im Kontrast zu beiden Sichtweisen, daß die Existenz von Stufen voraussetzt, daß wir Entwicklung als einen Dialog zwischen Kindern und ihrer Umwelt verstehen. Eine kognitive Stufe, eine Stufe des Wissens, kann sich nicht ohne etwas zu Wissendes entwickeln, ohne ein Objekt oder eine Welt. Die Natur der Stufen ist ebenso von der Natur der physischen und sozialen Welt determiniert wie von der Natur des biologischen Organismus. Da die Stufen universell sind, sind die Aspekte der Erfahrung der Welt, auf die sich unsere Stufen beziehen, universelle Charakteristika der Welt; Charakteristika, die in jeder Kultur oder Familie dieser Welt existieren. Sie schließen ebenso die Erfahrung mit physischen Objekten ein, die den universellen Naturgesetzen folgen, wie die sozialen Erfahrungen, die universelle Charakteristika aufweisen; Charakteristika, die aus den Universalien der sozialen Interaktion resultieren, d. h. aus der Tatsache, daß alle Kinder Selbste in einer Welt mit anderen Selbsten sind, die organisiert sind in Familien, Gruppen und Nationen mit bestimmten Universalien an Regeln und an Gerechtigkeit.

Wenn soziale und physische Welten diese universellen Erfahrungsmerkmale aufweisen, weshalb werden diese dann so unterschiedlich auf unterschiedlichen Stufen wahrgenommen und weshalb bewegen sich manche Kinder schneller als andere von einer Stufe zu der nächsten Stufe? Die Welt wird aufgrund dieser universellen Merkmale der Erfahrung auf unterschiedlichen Stufen unterschiedlich wahrgenommen, beispielsweise sind physikalische oder moralische Gesetze auf unterschiedliche Weise auf jeder Stufe organisiert. Auf jeder Stufe bilden die Denkmuster nicht direkte Reflexe der Muster der Umwelt, sondern sind das Ergebnis der Interaktion zwischen dem aktiven Denkmuster des Kindes und dem Muster der Umwelt. Entwicklung geschieht durch Dialog oder Interaktion. Das Kind reagiert auf die Welt, und die Welt reagiert auf das Kind, wobei das Interaktionsmuster auf eine Balance oder ein Äquilibrium hinarbeitet. Ein erworbenes Balancemuster wird Stufe genannt. Dieses Muster oder die Balance einer niedrigen Stufe wird durch einen Mangel an Übereinstimmung zwischen der Stufenstruktur und der Erfahrung gestört, was zu einem neuen Handlungs- und Reaktionsmuster mit der Welt führt, was wiederum zu einer neuen Stufe, einer neuen Balance oder einem neuen Äquilibrium führt.

Die Umwelten unterscheiden sich im Hinblick darauf, wieviel Stimulation sie zur Verfügung stellen, und in dem Grad, in dem die Stimulation mit der Entwicklungsebene des Kindes sowie seinen Aktivitäten übereinstimmt. Die Rolle der Erfahrung in der Erziehung ist es also, Stimulation für die Bewegung zur nächsten Stufe der Entwicklung sowie für die Konsolidierung einer erreichten Stufe zu einer festen Organisation bereitzustellen, die aus der Welt einen kohärenten, sinnvollen und vernünftigen Ort macht.

# 3. Der Adoleszente[1] als Philosoph[2]

Du, dessen äußere Erscheinung nicht
  Von Seelengröße spricht,
Du bester Philosoph...

Nur ein Kind! Doch herrlich durch das Himmelsgut
Der Freiheit auf dem Gipfel deines Seins!: –
Was forderst du den Jahrn mit wehem Ernst
Das Joch ab, das du sicher kennenlernst,
Blindlings mit deiner Seligkeit im Zwist?
Voll bald trägt deine Seele irdische Last
Und Sitte liegt auf dir so schwer sie ist
Wie Frost so schwer, tief wie das Leben fast!

Gedenken der vergangenen Jahre nährt
Mein unablässig Preisen: doch nicht dem,
Was doch der Rühmung wär zuvörderst wert:
Freiheit und Glück und Kindergläubigkeit...
  Doch ewigem Fragen: nach Gehalt
  Und Sinn der äußeren Gestalt:
  (Ists Blendwerk, schwindende Kontur?)
  Wahnbilder einer Kreatur,
Die kreist in unerschaffnem Weltenring...
Ahnung, die unsre sterbliche Natur
Staunend erzittern ließ als sündig Ding.

William Wordsworth, *Ode. Ahnungen der Unsterblichkeit*, 1807

Zu Beginn des 20. Jahrhunderts brachte G. Stanley Hall mit seiner Diskussion der Adoleszenz als einer Stufe der Entwicklung die Entwicklungspsychologie in Amerika auf den Weg. Wäh-

---

1 Anmerkung der Hg.: Die Übersetzung verfährt hier nach folgenden Regeln: Sofern die Zeitspanne der Adoleszenz angesprochen ist, verwenden wir diesen Begriff; für die Personen, die sich in diesem Altersabschnitt befinden, haben wir den Ausdruck Adoleszente gewählt, da der sonst übliche Begriff des Jugendlichen zentral für das nächste Kapitel ist. Sofern im Original von Teenagern die Rede ist, übernehmen wir diesen Ausdruck.
2 Kohlberg schrieb dieses Kapitel unter Verwendung eines früheren, gemeinsam mit Carol Gilligan verfaßten Artikels (Kohlberg/Gilligan 1971).

rend der nächsten 50 Jahre betrachteten die meisten amerikanischen Pädagogen und Psychologen jedoch die Adoleszenz nicht als eine Stufe, sondern als eine Periode des Lebens, nämlich die Jahre zwischen dreizehn und zwanzig (›teens‹). Teenager wurden zum Teil als Kinder, zum Teil als Erwachsene angesehen, mit einer eigenen semi-ernsthaften *Peer*- oder Jugend-›Kultur‹. Lehrbuch auf Lehrbuch zur Adoleszenz wurde verfaßt, und jedes lieferte mit statistischer Genauigkeit jegliche Einzelheiten über den ›durchschnittlichen‹ Teenager.

Selbst anhand der Lehrbuchbeschreibungen der Teenager konnte man vermuten, daß das zentrale Phänomen der Adoleszenz in der von Erikson beschriebenen Suche nach Identität besteht, der Entdeckung des Selbst als etwas Einzigartigem, Unsicherem, und dem Infragestellen der Position im Leben. Die Entdeckung des Körpers und seines Sexualtriebs sowie der befangenen Unsicherheit in bezug auf diesen Körper bildet einen Aspekt der Entdeckung des Selbst. Die romantischen Interessen und Hoffnungen über die Zukunft des Selbst haben schon immer ein weiteres Element der Beschreibung des Adoleszenten dargestellt. Ein dritter Aspekt, der durch die Entdeckung des Selbst impliziert wird, ist das Bedürfnis nach Unabhängigkeit, nach Selbstbestimmung und Entscheidung, im Gegensatz zur Anerkennung der Anweisungen und der Kontrolle durch die Erwachsenen. Ein vierter Aspekt, der in Verbindung mit der Entdeckung des Selbst durch den Adoleszenten steht, betrifft dessen Egozentrismus und Hedonismus: die Konzentration des Adoleszenten sowohl auf jene Ereignisse, die sein Selbstbild betreffen, als auch auf solche, die zu unmittelbaren Erfahrungen führen. Kinder können egozentrisch und hedonistisch sein, sie sind jedoch nicht subjektbezogen; sie konzentrieren sich auf Ereignisse und nicht auf ihre subjektive Erfahrung der Ereignisse, als dasjenige, was wichtig ist. Ein fünfter Aspekt, der durch die Entdeckung des Selbst impliziert wird, ist das Interesse, einer Gruppe Gleichaltriger *(peers)* anzugehören; und zwar im Unterschied zur Definition des Selbst unter dem Gesichtspunkt der Beziehungen zur Familie und zu den Eltern.

Alle diese Aspekte der Adoleszenz, die auch von den Eltern und Lehrern, die mit den Jugendlichen zusammen sind, so gesehen werden, haben zu einer weitverbreiteten Anerkennung und Ak-

zeptanz der funktionalen Stufen Eriksons geführt, die die Adoleszenz als den Zeitabschnitt der ›Adoleszenz-Krise‹ oder Identitätsbildung charakterisieren – das werden wir in Kürze ausbreiten.
Zunächst wollen wir jedoch anmerken, daß, obwohl die Entdeckung des Selbst im eben beschriebenen Sinn auf der Tagesordnung der amerikanischen Diskussion zur Adoleszenz stand, diese einem anderen, stärker soziologisch ausgerichteten Thema untergeordnet war: dem Thema der Adoleszenz als einer marginalen Rolle zwischen Kindheit und Erwachsenenalter. Das Gefühl des Adoleszenten für sein Selbst, mit seinen vielfältigen Möglichkeiten, seinen Unsicherheiten und seiner Befangenheit, wurde als das Ergebnis einer gesellschaftlichen Position verstanden, in der man sich manchmal als Erwachsener und manchmal als Kind sieht und auch so gesehen wird. Aus der Perspektive der marginalen Rolle werden das Bedürfnis nach Unabhängigkeit und die Zukunftsphantasien der Adoleszenten als der Wunsch verstanden, ›erwachsen zu sein‹. Ihre Konflikte und die Instabilitäten werden als Konflikte verstanden zwischen dem Wunsch, erwachsen zu sein, sowie einer Rolle und Persönlichkeit, die sich noch nicht in Übereinstimmung mit dem Erwachsensein befinden.
Diese Soziale-Rollen-Sichtweise der Adoleszenz, d. h. des Adoleszenten als Teenager, verortet die Instabilität des Selbst des Adoleszenten vor dem Hintergrund einer stabilen Gesellschaft. Den Stimmungen und der Wut und den Träumen der amerikanischen Teenager wird ein nicht hinterfragtes Anerkennen der Stabilität und Realität jener sozialen Ordnung gegenübergestellt, in die der Adoleszente eintreten will. Unterhalb des Hedonismus und der Rebellion des Teenagers existiert der Konformist. Das erste Gesetz besteht darin, mit den Normen der Gruppe der Gleichaltrigen übereinzustimmen. Neben dieser Gruppen-Konformität wußte der Teenager jedoch auch, daß, wenn die Karten über die Zukunft auf den Tisch gelegt wurden, man dem guten alten Vater zuhörte. Ein extremes Beispiel über die Realität des amerikanischen Teenagers, der zwar alles heruntermacht, sich aber im Prinzip konform verhält, bildete eine Gruppe von kalifornischen, aus den Vorstädten stammenden *High School*-Absolventen der 50er Jahre. Diese Gruppe feierte ihren Schul-

abschluß mit einem Sommer wohlgeplanter Raubüberfälle. Im Zeitraum ihres abweichenden Verhaltens bestand ihre einzige Sorge darin, daß sie, falls man sie entdecken würde, nicht mehr auf das College ihrer Wahl gehen konnten.

Die gezeigte Konformität gegenüber der *peer*-Kultur war somit das erste Thema in der Behandlung der Adoleszenten in den 50er Jahren, von August Hollingheads *Elmstown Youth* (1961), über James Colemans *Adolescent Society* (1967) bis hin zu Albert K. Cohens *Delinquent Boys* (1955; dt. 1961). Das zweite Thema lautete, daß diese *peer*-Kultur selbst schon determiniert wurde durch die Realitäten der sozialen Schicht und die Mobilität der Erwachsenen, in die die *peer*-Kultur eingebettet war. Gleich ob Streber, Athlet oder Gauner, *glamour girl*, Sex-Kätzchen oder einfaches Mädchen *(Plain Jane)*, die Entdeckung des Selbst durch den Teenager führte zum Ausspielen des Rollenrepertoires der Kultur der Adoleszenten.

Anders als die Soziologie des Teenagers präsentierte die amerikanische Literatur die Adoleszenz auch als das unhinterfragte Akzeptieren der Realität der Erwachsenengesellschaft. Die Adoleszenz wurde als eine phantasievolle Erweiterung der kindlichen Unschuld in Angesicht der schmutzigen, aber nicht in Frage zu stellenden Realität des Erwachsenenlebens präsentiert. Von *Huckleberry Finn* bis zum *Fänger im Roggen* brachte der wirkliche amerikanische Adoleszente die Unschuld des Kindes vor der Realität der Erwachsenen zu einem neuen Bewußtsein, was zu einer Vorstellung der Falschheit und Verderbtheit der Welt der Erwachsenen führte; eine Vorstellung, die wiederum in ihrer Existenz nicht hinterfragt wurde. Sherwood Andersons Geschichte eines Vierzehnjährigen, der seine Vaterfigur bei einer Prostituierten findet, ist mit »Ich möchte wissen warum« überschrieben. Obwohl der amerikanische Adoleszente möglicherweise durch die schmutzigen Elemente des Erwachsenenlebens geschockt war und ›wissen wollte warum‹, war es keine Frage, daß er schließlich in die Realität der Erwachsenen eintreten und sie akzeptieren würde. Selbst wenn er wissen wollte warum, stellte der amerikanische Adoleszente selten die amerikanische Annahme von Fortschritt und Aufwärts-Mobilität in Frage, die Annahme, daß die Gesellschaft sich vorwärts bewegt. Er stellte die Weisheit seiner Eltern eher deshalb in Frage, weil sie altmodisch waren.

Dieses Hinterfragen war selbst ein Ausdruck des Vertrauens in die Erwachsenengesellschaft der Zukunft. Das Gefühl des Adoleszenten, seine Werte seien denen der Eltern überlegen, war ein Ausdruck seines Glaubens, daß er eine engere Verbundenheit mit der Erwachsenengesellschaft der Zukunft haben würde, als dies für seine Eltern galt. Es war ein Glaube an den Fortschritt.

Während der 60er Jahre wurde uns die Möglichkeit eines Infragestellens durch die Adoleszenten verdeutlicht, das tiefer als in den zurückliegenden Jahren ging. Unser Bild des Adoleszenten wurde an das Phänomen der Gegenkultur akkommodiert, an den Hippie und den Revolutionär, die nicht an den Fortschritt und die Aufwärts-Mobilität glaubten. Sowohl die Hippies als auch die Neue Linke lehnten nicht nur den *Inhalt* der Erwachsenengesellschaft ab, sondern auch ihre *Formen*. Anders als ihre revolutionären Vorgänger in 30er Jahren weigerten sich die neuen Radikalen, sich zu organisieren. Anders als die Revolutionäre der 30er Jahre wollten sie nicht zu Erwachsenen werden, sich wirklich verändern und die Erwachsenengesellschaft der Zukunft regieren. – Der heutige Adoleszente kann wahrscheinlich, anders als der Adoleszente der 60er Jahre, nicht als ein radikaler Rebell gesehen werden, sondern er zeigt eher das Verhalten des egoistischen Privatismus.

Ungeachtet, ob radikale Rebellion oder egoistischer Privatismus, den Generationsunterschieden in der Adoleszenz liegt immer ein Gefühl des Infragestellens und die damit parallel laufende Entdeckung eines neuen Selbst oder die Suche nach ihm zugrunde. Üblicherweise wurde dieses Hinterfragen und diese Suche nach einem Selbst als das Ergebnis der marginalen Rolle des Adoleszenten zwischen Kindheit und Erwachsenenalter verstanden. Es wurde in aller Regel ebenfalls unterstellt, daß dem Hinterfragen seinerseits wieder etwas Gegebenes zugrundeliegt: Welche Unsicherheiten Adoleszente auch haben, sie wollen Erwachsene sein. Das Phänomen der 60er Jahre machte für die Amerikaner eine viel tiefergehende Form des Infragestellens, die für die Adoleszenz charakteristisch ist, deutlich; eine Form, die nicht nur eine Frage von Rollen ist. Das Potential für ein tiefergehendes Infragestellen durch den Adoleszenten wird durch den Identitätskonflikt angedeutet, der für Eriksons psychohistorische Stufentheorie der Adoleszenz zentral ist. Es ist der philosophische Zweifel an der Wahrheit, am Guten und der Realität, der durch Piagets erkenntnistheoretische Stufentheorie der Adoleszenz angesprochen wird. Für die Adoleszenten in den 80er Jahren scheint ein tiefergehender Zweifel ein seltenes Phänomen zu sein. Aber das theoretische Verständnis der Adoleszenz als Stufe muß deren idealtypisches Potential und nicht deren ›durchschnittliche‹ Manifestationen betonen.

Wir sollten das Infragestellen der Adoleszenten nicht nur wegen seiner Relevanz für die psychologische Theorie ernst nehmen, es ist auch für eine erfolgreiche Lösung der gegenwärtigen Probleme der amerikanischen *high school* von zentraler Bedeutung. Für die Pädagogik nimmt das gerade angesprochene Sinnproblem die Form an, ob die *high school* für den Adoleszenten eine Bedeutung aufweist. Wir haben ausgeführt, daß die amerikanische Psychologie die Entdeckung des Selbst durch den Adoleszenten vor dem Hintergrund einer stabilen, sich aber progressiv entwickelnden sozialen Ordnung verortete. Nach dieser Auffassung lag die Entdeckung des Selbst im Rahmen des Wunsches, ›erwachsen‹ zu sein, wie immer verwirrt oder vage dieses Bild des Erwachsenen auch war. Aus dieser Sicht weist die *high school* für den Adoleszenten eine doppelte Bedeutung auf. Zunächst ist sie der zentrale Ort der *peer*-Kultur, innerhalb dessen die Adoleszenten ihre unmittelbare Identität finden, sei es als Streber, Athlet oder Ganove. Zweitens, auf der akademischen Seite, ist sie der Verbindungspunkt zu einem Ort in der Erwachsenenwelt. In den meisten *high school*s sind diese Bedeutungen noch gültig, und das Infragestellen der Realität der Erwachsenen reicht nicht sehr tief. In manchen stellt dies jedoch ein ernsthaftes Problem dar, und die *high school* ist im Grunde ein sinnloser Ort. Bevor wir uns dem Problem der Sinnlosigkeit der *high school* zuwenden können, benötigen wir einen klareren Blick auf die Fragen des Adoleszenten. Dazu müssen wir uns den Spielarten der Stufentheorien sowohl von Erikson als auch von Piaget zuwenden.

## Eriksons Theorie der Identitätskrise und -funktion in der Adoleszenz

Nach Erikson (1982; dt. 1988) steht das Schulkind vor der psychosozialen Krise des Werksinns gegenüber dem Minderwertigkeitsgefühl [in der Übersetzung von 1988: Fleiß vs. Inferiorität]. Eine erfolgreiche Lösung dieser Krise schließt die Entwicklung der Tugend der Kompetenz ein, »ein Grundgefühl kompetenter Aktivität..., das sowohl den Gesetzen der Werkzeugwelt als auch den Regeln der Kooperation bei geplanten und festgelegten Vorgehensweisen angepaßt ist« (Erikson 1982, S. 75; dt. 1988, S. 99). Auf dieser Stufe ›lernt das Kind, das Lernen zu lieben‹, wie auch das Spielen und – mit großer Ungeduld – ›ihr Ethos der Produktion‹. Das Schulkind entwickelt ebenfalls eine unumstößliche Hierarchie der Arbeitsrollen. Die Kompetenz ist nicht nur arbeitsorientiert, sondern auch bezogen auf die sich ›entwickelnden Methoden der Verifizierung und Beherrschung von Faktizität‹, die Erikson mit Piagets konkreten Operationen verbunden sieht (vgl. ebd., S. 75 f.; dt. S. 100). Im Gegensatz zum Werksinn und dessen Tugend, der Kompetenz, steht das mögliche Gefühl der Minderwertigkeit des Schulkindes im Hinblick auf seine schulischen Leistungen oder auf die Aktivitäten in der *peer*-Gruppe. Dies ist ein Gefühl der Minderwertigkeit, das entweder zu einem ausufernden Wettbewerbsverhalten oder zur Lähmung bezüglich der erreichbaren Leistung führt.

Eriksons Vorstellungen zu Werksinn und Minderwertigkeit sind leichter zu erfassen als sein Konzept der psychosozialen Krise von Identität versus Identitätsdiffusion beim Adoleszenten. Nicht nur Erikson, sondern auch andere Psychologen, einschließlich Jung und Piaget, haben die Entdeckung des Selbst in der Adoleszenz hervorgehoben und als etwas bezeichnet, das der Bestätigung nicht nur durch die Eltern, sondern durch andere bedarf; vor allem einer Bestätigung als Mitglied einer *peer*-Gruppe.

Es ist zweifellos so, daß das Gefühl des Selbst nicht in der Adoleszenz geboren wird, vielmehr wird es während dieser Zeit einer Befragung unterzogen. Das Selbst der Kindheit ist dasjenige, das William James (1890) und G.H. Mead (1934; dt. 1975[2]) als ›Me‹ im Unterschied zum ›Ich‹ (›I‹) beschreiben. Ein ›Me‹ schließt meinen Körper, meinen Besitz und meine Rollen oder meine Mitgliedschaft in der familiären, *peer-* und Schulwelt ein. Das ›Me‹ des Schulkindes verfügt über Individualität oder Identität, aber nicht im Sinne Eriksons. Wir können dazu den von Broughton befragten zehnjährigen C. S. zitieren, der auf die Frage ›Was ist das Selbst?‹ antwortet: »Mein Selbst ist C. Eine Person, die auf dem Planeten Erde geboren wurde. ... Ich bin einzigartig. Es könnte eine Person geben, die so aussieht wie ich oder so spricht wie ich, aber niemand verfügt über genau die gleichen Einzelheiten wie ich« (Broughton 1982, S. 243).

C. S. beschreibt sein ›Me‹, sein objektives körperliches Selbst, das auf der Erde mit einzigartigen individuellen Details existiert. Sein ›Me‹ ist nicht offen für Entscheidungen oder bereit, Dinge in Frage zu stellen. Im Gegensatz dazu liegt der Focus für einen Adoleszenten in der Eriksonschen Identitätskrise auf dem wählenden und wissenden ›Ich‹. Das ›Ich‹ kann sein ›Me‹ wählen; d. h., es kann sein ›Me‹ lediglich als ein Sortiment an Rollen ansehen, die von ihm entweder verbunden oder aufgegeben werden können. Wir können bereits jetzt, vor der Diskussion der kognitiven und erkenntnistheoretischen Entwicklung, sagen, daß das Selbst, das in den Rollen mit anderen ausgespielt wird, nur eine der vielen Möglichkeiten darstellt, die für Piagets Adoleszenten der formal-operationalen Ebene existieren. Einer der von Broughton befragten Adoleszenten hat dies wie folgt auf den Begriff gebracht: »Das Selbst ist etwas, von dem du möchtest, daß es die Menschen sehen. Es ist einerseits natürlich und andererseits Schauspielerei ... Das Selbst ist wie etwas, das du nachahmen möchtest« (Broughton 1982, S. 247).

Im nächsten Kapitel über die Jugend werden wir die Verpflichtung von jungen Erwachsenen oder Jugendlichen in Beziehung zur Theorie von Erikson diskutieren. Wie Erikson jedoch sagt,

> kann natürlich keiner so recht ›wissen‹, wer er oder sie ›ist‹, ehe passende Partner in Arbeit und Liebe gefunden und geprüft sind. Die Grundmuster der Identität müssen aber (1) aus der selektiven Bestätigung und Ablehnung der Identifikationen des Individuums aus der Kindheit hervorgehen und (2) aus der Art und Weise, in der der soziale Prozeß der erlebten Zeit die Identität der jungen Menschen festlegt (Erikson 1982, S. 72; dt. 1988, S. 94).

Es ist die Kraft des ›I‹, ›eine Identifikation zu bestätigen oder abzulehnen‹, auf die sich der von Broughton befragte Adoleszente als Gefühl bezieht, wenn er sagt, daß Teile seines Selbst Schauspielerei sind, daß sie ›Imitation‹ oder Identifikation darstellen können. Obwohl die Wahlmöglichkeiten des ›I‹ letztendlich zu einer Verpflichtung im Sinne eines Sortiments an Rollen und zu Aktivitäten, die Identitätskrise zu lösen, führen müssen, hängt diese Krisenlösung auch von der gesellschaftlichen Definition des Platzes des Adoleszenten in ihr ab. Erikson versteht das Beschäftigtsein des Adoleszenten mit ›Subkulturen‹ als einen Reflex seiner Beschäftigung mit Gedanken im Hinblick auf die vagere, weitere und länger andauernde Gesellschaft, in der er einen Platz finden muß, der ihm Identität verleiht, ein Gefühl der Gleichheit und Kontinuität seines Selbst.

Es ist wichtig, daß für Erikson das Gefühl der Identität, der Kohärenz und der Gleichheit des Selbst in der Zeit sowie zwischen dem Bild des Selbst von sich selbst und den Bildern der anderen, psychisch wichtiger ist als Erfolg oder soziale Wertschätzung, die dem Verhalten des Selbst entgegengebracht werden. Dies wird in einer Form der Reaktion auf die Identitätskrise offensichtlich: der Bildung einer negativen Identität. Erikson beschreibt dies folgendermaßen:

> Die Gefahr dieses Stadiums ist die Identitätsdiffusion, so wie Biff es in Arthur J. Millers *Tod eines Handlungsreisenden* ausspricht. ›Ich kann es einfach nicht zu fassen kriegen, Mutter, ich kann das Leben nirgends festhalten.‹ In Fällen, in denen dieser Zwiespalt auf starken früheren Zweifeln an der eigenen ethnischen oder sexuellen Identität beruht, kommt es nicht selten zu abweichenden oder gar psychotischen Vorfällen. Ein Jugendlicher nach dem anderen kommt mit der Rolle, die ihm durch die unerbittliche Standardisierung der amerikanischen Adoleszenz aufgezwungen wurde, nicht zurecht und flüchtet auf die eine oder andere Weise: Er verläßt die Schule oder den Arbeitsplatz, bleibt nächtelang fort oder zieht sich in bizarre und unzugängliche Stimmungen zurück. Ist er erst einmal ›abweichend‹ geworden, ist es sein größtes Bedürfnis und oft seine einzige Rettung, daß ältere Freunde, Berater und Personen des Rechtssystems davon absehen, ihn weiter zu typisieren, indem sie Diagnosen aufstellen und soziale Urteile aussprechen, die die besonderen dynamischen Bedingungen der Adoleszenz ignorieren. Denn wenn man die scheinbar psychotischen oder kriminellen Vorfälle in der Adoleszenz richtig

diagnostiziert und behandelt, weisen sie nicht die gleiche fatale Bedeutung auf wie in anderen Altersabschnitten. So mancher Jugendliche, der herausfindet, daß die Behörden von ihm erwarten, daß er ›ein Stromer‹, ›ein komischer Vogel‹ oder ›nicht auf Draht ist‹, gehorcht auf perverse Weise und wird erst aus Trotz dazu (Erikson 1959; dt. 1966, S. 110; Übersetzung leicht geändert).

Ähnliche Äußerungen über abweichendes Verhalten finden wir bei soziologischen ›*labeling*‹-Theoretikern, die unterstellen, daß die Kraft eines sozialen Etiketts stärker bei der Formung einer Selbst-Definition ist als der Wunsch des Adoleszenten, über ein positiveres Etikett zu verfügen. Eriksons Sichtweise des Adoleszenten ist nicht so passiv. Vielleicht kann man sagen, daß Erikson, wie Piaget, unterstellt, daß die fundamentale Motivation des Adoleszenten darin besteht, aus sich und seinem Leben einen Sinn zu machen. Junge Menschen, die unter einer Identitätskonfusion leiden, ziehen es vor, eine negative Identität zu haben, anstatt keinerlei Identität aufzuweisen. Erikson sieht, ebenso wie Piaget, eine fundamentale Tendenz im Adoleszenten, Wechselseitigkeit oder Reziprozität zwischen dem Selbst und einer Gemeinschaft zu finden, der gegenüber der Adoleszente eine Verpflichtung eingehen kann.

Es ist dieser Aspekt der Adoleszenz, in dem Erikson die bedeutsamste ethische oder moralische Motivation sieht. Er meint, daß Adoleszente eine *ideologische Gemeinschaft* suchen, in der sie die Tugend der *Treue* zur Schau stellen können. Manchmal kann diese ideologische Gemeinschaft, ihren Werten und ihrer Definition nach, ziemlich unethisch sein, ohne moralische Prinzipien und ohne Toleranz gegenüber anderen Gruppen und Außenseitern. Dennoch können die Anforderungen einer Ideologie oder einer Gruppe oder Gemeinschaft, die mit einer Ideologie verbunden ist, den Adoleszenten zu einer beträchtlichen Selbst-Aufopferung führen. Dies ist mehr als offensichtlich in der totalitären Welt der Nazis oder in terroristischen Gruppen des Nahen Ostens, die gegenüber dem Feind oder Verräter die Selbst-Vernichtung verlangen. Auf einer viel trivialeren Ebene spielt dies in den Cliquen, die oft während der Adoleszenz existieren, eine Rolle. Erikson sagt, die jungen Menschen »werden auf bemerkenswerte Weise gruppenbezogen intolerant und grausam in ihrem Ausschluß von anderen, die ›verschieden‹ sind im Hinblick auf die Hautfarbe oder den kulturellen Hintergrund, auf Geschmack und Talente, oft auch nur in gänzlich geringen Aspekten der Kleidung und Gestik, die willkürlich als Zeichen für In- und Outsider gewählt werden« (Erikson 1959; dt. 1966, S. 110; Übersetzung leicht geändert).

Zusammengefaßt heißt dies, obwohl der Adoleszente nach moralischer und ideologischer Bedeutung sucht, erkennt Erikson auch die Potentiale des Adoleszenten, sich in seiner Suche nach Identität ein nicht-moralisches Selbst zu schmieden. Der Adoleszente Eriksons ist ein Philosoph, der nach einem kohärenten Selbst fragt und sucht, indem er Ideologien und ethische Weltsichten mit moralischen, politischen und religiösen Elementen konstruiert, wozu eine Mitgliedschaft sowie Loyalität und Treue in einer Gruppe oder Gemeinschaft gehört, die diese Ideologie teilt.

Bei Erikson setzt die ethische Seite des Adoleszenten eine Inkorporation moralischer Elemente im Selbst-Bild voraus, etwas, das üblicherweise zum ersten Mal zu Beginn der Adoleszenz einsetzt. Damon (1984) hat zwei Ebenen des Auftretens des Moralischen, die im Selbst-Bild oder der Selbst-Beschreibung vorkommen, herausgearbeitet. In der frühen Adoleszenz neigt das Kind, in Korrespondenz zu dem, was wir als konventionelle Moral (Stufe 3) herausarbeiten werden, dazu, eine moralisch oder sozial interaktive Komponente in seine Selbst-Definition einzuschließen. Damon zitiert Paul, der sich im Alter von zwölf Jahren im Hinblick auf sein ›Aussehen‹ beschreibt, sein Interesse, körperlich stärker zu werden, und der als seine Wünsche materielle Dinge sowie Aktivitäten, die aufregend sind oder »Spaß machen«, auflistet. 18 Monate später beschreibt Paul sich als eine »gute Person«, die »hilfsbereit« und »freundlich« ist. Er sagt, daß er sich gut dabei fühle, anderen Leuten zu helfen und ›freundlich‹ zu sein sowie »niemandem gegenüber unhöflich«. Die zweite Eigenschaft, die er sich zuschreibt, besteht darin, daß »es Spaß macht, mit ihm zusammen zu sein«, etwas, was »dich beliebt macht, und alle Jugendlichen in der Gruppe akzeptieren dich«. Wenn das nicht der Fall ist, so fügt er hinzu, »dann bist du wie ein Ausgestoßener. Sie machen sich lustig über dich, aber mit den anderen zusammen zu sein macht einfach Spaß« (Damon 1984, S. 122-124). Auf einer späteren Altersstufe findet Damon, daß

Adoleszente sich in Begriffen beschreiben, die Erikson als eine Reihe ideologischer Überzeugungen bezeichnen würde, ein System politischer, religiöser und ethischer Sichtweisen oder Verknüpfungen. Diese werden wir in eingehenderer Weise in unserem nächsten Kapitel zur Jugend untersuchen, in dem wir Fälle von Jugendlichen vorstellen, die Verpflichtungen gegenüber politischen, moralischen und religiösen Sinn-Systemen überprüfen und in Frage stellen.

## Sullivans Theorie zur Adoleszenz

Eriksons Stufentheorie ist eine ›funktionale‹ Stufentheorie, die die funktionalen Aufgaben des sich entwickelnden Selbst oder Ego während jedes Abschnitts des Lebenszyklus zur sozialen Welt in Beziehung setzt. Harry Stack Sullivan (1940, 1953) hat ebenfalls eine funktionale Stufentheorie des Selbst ausgearbeitet, die sich jedoch stärker auf die für die Adoleszenten wichtigen Beziehungen zwischen den *peers* konzentriert. Nach Sullivan wird die Periode des Schulalters, die er den ›juvenilen Abschnitt‹, nennt, von der Kindheit durch das Entstehen eines dringenden Bedürfnisses nach ›*compeers*‹ abgegrenzt. Unter ›*compeers*‹ (Kameraden) versteht er Personen, die sich auf einer Ebene befinden und die im allgemeinen ähnliche Attribute gegenüber Autoritäten, Aktivitäten und so weiter aufweisen. Dies markiert den Beginn des ›juvenilen Abschnitts‹, zu dessen wichtigsten Entwicklungen die ›Talente zum Wettbewerb, zu Kooperation und zum Kompromiß‹ gehören, was wiederum der Eriksonschen Konzeption der Stufe des Werksinns versus Minderwertigkeitsgefühl ähnelt. Wie Erikson betont Sullivan die Arena der Schule sowie die Notwendigkeit, das Minderwertigkeitsgefühl hier durch die ›Talente zum Wettbewerb, zu Kooperation und zum Kompromiß‹ zu vermeiden.

Die von Sullivan beschriebenen Kameraden des ›juvenilen Abschnitts‹ sind noch keine Freunde; sie sind Personen *wie* das Selbst, die zusammen spielen oder gemeinsame Beschäftigungen aufnehmen, welche nach Kooperation verlangen sowie danach, sich an die Persönlichkeit anderer anzupassen – eine Anpassung, die nicht den Gehorsam des Kindes gegenüber seinen Eltern repräsentiert, sondern eine Kooperation unter Gleichen, die eher die Fähigkeit zur Erzielung von Kompromissen oder zur Verhandlung einschließt als die ›unangemessene Magie der Kindheit – Tränen, Wutanfälle und ähnliches‹.

Wir haben angemerkt, daß Sullivan nicht unterstellt, daß die Kooperation der *peergroup* die Erfahrungen und Kapazitäten der Freundschaft einschließt, welche für ihn den Zeitraum der Adoleszenz einläuten. Er führt aus:

> Etwa im Altersabschnitt zwischen achteinhalb oder neuneinhalb bis zu zwölf Jahren geschieht etwas in der Kultur, das ich einmal das stille Wunder der Präadoleszenz genannt habe. ... Ich sage ›Wunder‹ der Präadoleszenz, weil es nun zum ersten Mal seit der Geburt ... eine Bewegung, von dem, was wir im traditionellen Sprachgebrauch Egozentrizität nennen können, in Richtung auf einen vollkommenen sozialen Zustand gibt. Bis dahin hat es *keinen* Fall gegeben, in dem eine andere Person der affektiven Bedeutung ... nahe kam, die das Kind oder Juvenile für sich selbst empfand (Sullivan 1940, S. 41).

Sullivan argumentiert weiterhin, daß die frühere ›Liebe‹ des Kindes für seine Eltern, obwohl sie voller Emotionen war, eine Anpassung an den Erwachsenen darstellt, um die eigenen Bedürfnisse des Kindes zu erfüllen. Er behauptet, daß die große Zuneigung für die Eltern oder Lehrer und der Respekt vor ihnen ›immer noch das Kind im Mittelpunkt beläßt, als die Sache, an der es vor allen anderen interessiert ist‹. Nach Sullivan taucht erst in der Präadoleszenz oder der Adoleszenz die Fähigkeit zu lieben auf:

> Die Fähigkeit zu lieben erscheint in ihrer anfänglichen Form als Markierung, daß man aufgehört hat, juvenil zu sein und in die Präadoleszenz eingetreten ist. ... Jetzt werden die Zufriedenheit und die Sicherheit, die durch jemand anderen erfahren werden ... ebenso bedeutsam für die Person wie ihre eigene Zufriedenheit und Sicherheit (ebd., S. 42).

Sullivan nennt dies eine Beziehung zwischen ›dicken Freunden‹ *(chum relationship)*, da sie üblicherweise mit jemandem eingegangen wird, der dem gleichen Geschlecht angehört; jemand, der dem Selbst ähnlich ist und bei dem man sich wohl fühlt. Wenn dies geschieht, kommt es, so Sullivan, zu einem wechselseitigen Austausch von Gedanken und Gefühlen:

> Sobald man gewahr wird, daß die gesamte, weitgehend autistische und in Maßen bestätigte Struktur, auf die man sich als seinen Geist, sein Denken bzw. seine Persönlichkeit bezieht, in Wirklichkeit offen ist für einen Merkmalsvergleich, für eine Überprüfung und eine Gegenprüfung, beginnt man, sich in einem Sinn menschlich zu fühlen, den man zuvor nicht verspürt hat. Man wird in einem umfassenderen Sinn menschlich, in dem man die allgemeine Humanität der Menschen zu schätzen lernt (Sullivan, 1940, S. 44).

Sullivan schreibt der Aufnahme von Freundschaften in der frühen Adoleszenz zwei ethische Tendenzen zu. Die erste ist der Beginn der Fähigkeit, ›deinen Nachbarn wie dich selbst zu lieben‹; die zweite die Entdeckung eines Gefühls der allgemeinen Humanität, die sich hinaus über die dyadische Beziehung, in der sie ursprünglich entdeckt wurde, erstreckt. Beide sind eingeschlossen in der von Sullivan so genannten ›Zusammenarbeit‹ *(collaboration)*, einem großen Schritt, der über die Kooperation des juvenilen Abschnitts hinausgeht. »Kooperation bedeutet, nach den Regeln des Spiels zu spielen, um *mein* Prestige, mein Gefühl der Überlegenheit und mein Selbstwertgefühl zu bewahren. Wenn wir zusammenarbeiten, geht dies *uns* an« (Sullivan 1940, S. 55).

Für Sullivan folgt auf die Kameradschaftsbeziehung in der Präadoleszenz ein entwicklungsmäßig viel problematischeres Geschehen: das Einsetzen der sexuellen Begierde. Die Integration der Sexualität in ein Muster der Intimität kann sehr lange dauern, so daß Sullivan teilweise mit Erikson darin übereinstimmt, daß geschlechtliche Intimität eine Leistung des jungen Erwachsenen darstellt, welcher für Erikson wiederum der Erwerb von Identität vorausgegangen sein muß.

Bis hierher haben wir über die Entwicklung des Selbst der Adoleszenten in den funktionalen Stufentheorien der Identität und Intimität bei Erikson und Sullivan gesprochen sowie über die damit einhergehenden Tugenden der Treue und desjenigen, was Sullivan als ›Liebe‹ bezeichnet. Wir werden diese Phänomene jetzt aus der Perspektive der ›strukturalen‹ Stufentheorie betrachten. Wir beginnen mit Piagets Stufen der Kognition in der Adoleszenz, die es dem Adoleszenten einerseits ermöglichen, sich vielfache Möglichkeiten vorzustellen, was das Selbst alles werden kann, und die andererseits die von Erikson beschriebene

Erforschung der Identität voraussetzen. Wir behandeln dann die erkenntnistheoretische Entwicklung in der Adoleszenz mit ihrer Betonung der Subjektivität. Im Anschluß daran greifen wir auf die von mir ausgearbeitete Entwicklung der moralischen Stufen in der Adoleszenz zurück sowie auf die Leidenschaft gegenüber Gerechtigkeit und Gemeinschaft, die zentral ist für das von Erikson beschriebene Interesse an Ideologien und Treue. Schließlich werden wir Selmans strukturelle Stufen der Freundschaft in ihrem Verhältnis zu Sullivans Theorie der Adoleszenz diskutieren.

## Piagets kognitive Stufentheorie der Adoleszenz

Der kognitive Stufenübergang in der Adoleszenz wird von Piaget definiert als der Übergang vom konkret-operationalen Urteilen zum *abstrakten* und *reflexiven* Denken. Genauer noch, es ist der Übergang vom logischen Schließen als einem Sortiment von konkreten Operationen zum logischen Schließen als einem Set von formalen Operationen oder ›Operationen über Operationen‹. ›Operationen über Operationen‹ implizieren, daß Adoleszente Klassifikationen klassifizieren, Kombinationen kombinieren und Beziehungen in Beziehung setzen können. Sie schließen ein, daß sie über das Denken denken und Systeme des Denkens oder ›hypothetisch-deduktive‹ Theorien kreieren können. Dies beinhaltet die logische Konstruktion aller Möglichkeiten; d. h. das Bewußtsein, daß das Beobachtete nur eine Teilmenge des logisch Möglichen ist. Es beinhaltet in ähnlicher Weise die hypothetisch-deduktive Einstellung – nämlich einen Begriff davon, daß eine Überzeugung oder eine Behauptung keine unmittelbare Wahrheit, sondern eine Hypothese darstellt, deren wirklicher Wert in der Wahrheit der konkreten Behauptungen enthalten ist, die sich daraus ableiten lassen.

Ein Beispiel der Bewegung von den konkreten zu den formalen Operationen kann der Arbeit von E. A. Peel (1967[2]) entnommen werden. Peel fragte Kinder, was sie über das folgende Ereignis dachten: »Nur mutige Piloten dürfen über hohe Berge fliegen. Ein Kampfpilot, der über die Alpen flog, stieß mit einer Kabelbahn zusammen und durchtrennte ein Hauptkabel, was dazu führte, daß einige Kabinen auf den darunterliegenden Gletscher fielen. Mehrere Personen wurden getötet.« Ein Kind, das sich auf der konkret-operatorischen Ebene befand, antwortete: »Ich denke, daß der Pilot kein guter Flieger war. Es wäre besser gewesen, wenn er weiterhin gekämpft hätte.« Ein Kind, das sich auf der formal-operatorischen Ebene befand, entgegnete: »Er war entweder über die Kabelbahn, die sich auf seiner Route befand, nicht informiert, oder er flog zu tief; möglicherweise wurde auch sein Kompaß vor oder nach dem Start gestört, was ihn vom Kurs abbrachte und den Unfall mit der Bahn verursachte«.

Das Kind der konkret-operatorischen Ebene unterstellt, daß der Pilot im Fall einer Kollision ein schlechter Pilot war; das Kind auf der formal-operatorischen Ebene betrachtet alle möglichen Ursachen für die Kollision. Das konkret-operatorische Kind übernimmt die Hypothese, die ihm am wahrscheinlichsten erscheint; das formal-operatorische Kind konstruiert alle Möglichkeiten und prüft sie nacheinander.

Als zweites Beispiel können wir eine von Piaget entworfene Aufgabe schildern, die systematisch von Kuhn, Langer, Kohlberg und Haan (1977) repliziert wurde. Einem Kind wird ein Pendel gezeigt, dessen Länge ebenso wie die daran angebrachten Gewichte variiert werden können. Das Kind wird gebeten, zu entdecken bzw. zu erklären, was die Geschwindigkeit der Bewegung oder die ›Schwingungsfrequenz‹ des Pendels determiniert. Nur das Kind auf der formal-operatorischen Ebene ist in der Lage, ›Variablen zu isolieren‹, d. h. die Länge zu variieren und das Gewicht konstant zu halten usw. und zur korrekten Lösung zu gelangen (daß die Schwingungsfrequenz durch die Länge determiniert wird). Der Erfolg bei dieser Aufgabe steht nicht in Beziehung zu dem einschlägigen verbalen Wissen über die Naturwissenschaft oder die Physik, sondern ist eine Funktion der logischen Stufe.

Der Übergang von den konkreten zu den formalen Operationen ist jedoch kein Alles-oder-nichts-Phänomen. Es gibt zwei Unterstufen der formalen Operationen, die dem gerade beschriebenen vollständigen Wissen um alle Möglichkeiten vorausgehen. Diese Unterstufen werden in der Einführung dieses Buches in *Tabelle 1*, die einen Überblick über die kognitiven Stufen Piagets bietet, beschrieben. Vereinfacht läßt sich sagen, daß von Mittelschicht-Amerikanern die erste Unterstufe der formalen Operationen im Alter von 10 bis 13 Jahren erreicht wird, wohingegen der Beginn der Erörterung aller Möglichkeiten etwa im Alter von 15 oder 16 Jahren einsetzt. In der beginnenden Unterstufe der formalen Operationen gelang es den Kindern, Beziehungen nacheinander bzw. in einer Reihe umzukehren oder zu ordnen, aber sie waren nicht in der Lage, abstrakte Überlegungen über alle Möglichkeiten anzustellen. In Piagets Terminologie waren sie fähig, ›das Inverse und das Reziproke zu kombinieren‹, aber es gelang ihnen nicht, alle Beziehungen zu kombinieren. Ein Beispiel des Scheiterns, Beziehungen umzukehren, wird in der Antwort des konkret-operatorischen Kindes auf die Frage deutlich: »Was sagt dir die Goldene Regel, wenn dir jemand auf der Straße entgegenkommt und dich schlägt?« Die typische Antwort lautet: »Schlag zurück, tue das den anderen, was sie dir tun.« Der schmerzhafte Prozeß, den das sich im Übergang befindliche formal-operatorische Kind in Beantwortung dieser Frage durchläuft, wird durch die folgende Antwort verdeutlicht: »Nun, im Sinne der Goldenen Regel muß man so etwas wie träumen, daß dein Geist deinen Körper verläßt und in die andere Person hineingeht; dann kommt er zu dir zurück, und du siehst es nun, wie sie es gesehen hat, und du handelst auf die Art und Weise, die du von dort aus gesehen hast.«

Als ein Beispiel der Unterstufen der kognitiv-logischen Entwicklung wollen wir den ausgefüllten Fragebogen von Andrew betrachten, einem Schüler der ›*Cambridge Alternative High School*‹, vom dem wir später in diesem Kapitel mehr hören werden. Die früheste Unterstufe der formalen Operationen wird gemeistert, wenn der Schüler eine oder die beiden formal-operatorischen Aufgaben lösen kann. Die erste umfaßt das Erkennen der logischen Widersprüche, die in den ›absurden Sätzen‹ des Stanford-Binet-Tests enthalten sind. Bei diesem Test besteht Andrew die Aufgabe, wie in der folgenden Antwort deutlich wird:

*Jemand sagte: Wenn ich mich jemals aus Verzweiflung töte, werde ich keinen Freitag wählen, weil Freitag ein schlechter Tag ist und mir kein Glück bringen würde. Was ist dumm an diesem Satz?*
»Wenn du dich umbringen willst, dann spielt dein Glück keine Rolle.«

Die zweite Aufgabe zur frühen Unterstufe der formalen Operationen testet die Fähigkeit, Aussagen in einer Reihe anzuordnen. Die Serienbildung von konkreten Objekten ist eine Aufgabe, die von konkret-operatorischen Kindern im Alter von fünf bis sieben Jahren gelöst wird. In diesem Altersabschnitt können Kinder Stäbe mit unterschiedlicher Länge in einer aufsteigenden Ordnung arrangieren. Wenn es sich um verbale Aussagen handelt, kann dies vor dem Erreichen der frühen formalen Operationen nicht geleistet werden. Wie die folgende Antwort belegt, besteht Andrew jedoch den Test zur verbalen seriellen Anordnung:

> *Die Haare von Alice sind dunkler als die von Mary. Die Haare von Alice sind heller als die von Jane. Wer hat die hellsten Haare?*
> »Mary.«

Die nächste Unterstufe der formalen Operationen des Denkens wird durch die Fähigkeit angezeigt, alle möglichen Kombinationen oder Variablen eines Problems zu erörtern. Andrew besteht diesen Test auf leichte Weise. Einer dieser Tests verläuft wie folgt:

> *Ein Chemiekasten enthält ein Experiment, das eine rote Färbung erzeugt. Es gibt vier Behälter mit flüssigen Chemikalien im Kasten: Eine Salzlösung (S), eine Säurelösung (A), eine basische Lösung (B) und Peroxyd (P). Keine dieser Flüssigkeiten weist eine Färbung auf. Das Problem besteht darin herauszufinden, welche Chemikalien gemischt werden müssen, um die rote Färbung zu erzeugen. Du kannst so viele Mischungen herstellen, wie du willst, um die richtige Mischung zu finden. Schreibe auf, welche Chemikalien du zuerst mischen würdest, um Rot zu bekommen. Dann schreibe auf, welche Mischung du als nächstes ausprobieren würdest, falls es beim ersten Mal nicht klappt. Schreibe alle Mischungen auf, die du versuchen würdest. Versuche sicherzustellen, daß du keine Kombination ausläßt, die erfolgreich wäre. Versuche aber auch, keine unnötigen Kombinationen aufzulisten oder zu viele Wiederholungen durchzuführen.*

Andrew antwortete:  ABSP
  ABS  ASP  ABP  BSP
  AB  AS  AP  BP  BS  SP.

Nach der Fähigkeit, alle Überlegungen in Erwägung zu ziehen, setzt die Fähigkeit ein, die relevanten Variablen eines Problems systematisch zu isolieren, was voraussetzt, daß alle Kombinationen oder Möglichkeiten – wie es Andrew getan hat – konstruiert werden. Dies impliziert, die irrelevanten Variablen auszuschließen, nachdem alle möglichen Variablen betrachtet wurden, oder die relevante Variable durch hypothetisch-deduktives Denken zu isolieren. Ein Beispiel hierfür ist die Pendel-Aufgabe von Inhelder und Piaget. Bei dieser Aufgabe steht es dem Adoleszenten frei, alle Faktoren, die die Schwingungsfrequenz eines Pendels beeinflussen könnten, zu variieren. Die einzige Variable, die die Frequenz beeinflußt, ist die Länge der Schnur, was von anderen Variablen wie der Größe des Pendels oder dessen Schwung usw. isoliert werden muß.

Bei der Diskussion der kognitiven Entwicklung müssen wir schließlich auf einen Unterschied zwischen der Entwicklung der konkreten Operationen in der Kindheit und der Entwicklung der formalen Operationen in der Adoleszenz aufmerksam machen. Die Fähigkeit, konkret-operatorisch zu denken, wird von einigen Kindern durch eindeutiges logisches Urteilen bereits im Alter von fünf Jahren unter Beweis gestellt, bei anderen im Alter von acht oder neun Jahren, aber alle Kinder verfügen letztendlich über konkret-operatorisches Denken. Im Gegensatz dazu ist der Zeitpunkt der kognitiven Revolution in der Adoleszenz extrem variabel, und für einige Menschen ereignet sich diese nie (vgl. Kuhn, Langer Kohlberg und Haan 1977).

### Erkenntnistheoretische Veränderungen in der Adoleszenz und die Entdeckung des Selbst

Wir haben Piagets Stufe der formalen Operationen als eine logische Stufe beschrieben. Was für das Verständnis der Adoleszenten jedoch besonders wichtig ist, ist nicht die Logik der formalen Operationen, sondern deren Erkenntnistheorie, deren Konzept von Wahrheit und Realität. Im vorhergehenden Kapitel haben wir ausgeführt, daß der Erwerb der konkreten Operationen des Kindes im Alter von sechs bis neun Jahren zu einer Differenzierung führt zwischen dem Externen und Physischen sowie dem Internen und Mentalen. Wir haben das Traumkonzept des Kindes erwähnt, in dem die Nichtrealität des Traumes äquivalent war zu der Definition als einem inneren mentalen Ereignis ohne externe physische Entsprechung. Das konkret-operatorische Kind setzt das Subjektive und Mentale mit Phantasien gleich, mit unrealistischen Kopien äußerer physischer Ereignisse. Die Entwicklung der formalen Operationen führt aber zu einer neuen Sichtweise des Externen und Physischen. Das Externe ist nicht länger das Reale, ›das Objektive‹, noch ist das Interne das ›Nicht-Reale‹. Im Extremfall greift das Denken des Adoleszenten den Solipsismus auf, oder zumindest das cartesianische *cogito*, die Vorstellung, daß das einzig wirkliche Ding das Selbst ist. Ich fragte ein 15jähriges Mädchen: »Was ist für dich am wirklichsten?« Sie antwortete ohne Zögern: »Ich selbst!«

Die Zeilen von Wordsworth, die dieses Kapitel einleiten, repräsentieren seine eigene Erfahrung der Adoleszenz, die er wie folgt beschrieben hat:

> Ich war oft nicht in der Lage, mir von externen Dingen vorzustellen, daß sie eine externe Existenz haben, und ich kommunizierte mit allem, was ich sah, nicht als etwas, das getrennt von mir, sondern in mir, in meiner eigenen körperlichen Natur, war. Sehr oft habe ich auf meinem Schulweg eine Mauer oder einen Baum angefaßt, um mich aus diesem Abgrund des Idealismus in die Realität zurückzurufen. Zu dieser Zeit hatte ich Angst vor diesen Vorgängen (Wordsworth, in Trilling 1941, S. 143).

Der von Wordsworth in seiner Adoleszenz vertretene Solipsismus war verbunden mit seinem erwachten poetischen Gefühl, seiner Erfahrung der Natur und seiner transzendentalen Religiosität. Es scheint, daß für alle Adoleszenten die Entdeckung des Subjektiven eine Bedingung ist für ein ästhetisches Gefühl im Sinne der Erwachsenen, für die Erfahrung der Natur als einer kontemplativen Erfahrung, und für die Religiosität einer mystischen Vielfalt. Dies ist wahrscheinlich ebenso die Bedingung für die romantische Liebe des Adoleszenten. Diese gesamte Erfahrungskonstellation wird romantisch genannt, weil sie sich auf die Feier des äußeren Ebenbilds des Selbst konzentriert. Die allgemeine Sichtweise, daß der Romantizismus der Adoleszenz zugehöre, ist deshalb richtig, weil sie die Ursprünge des Romantizismus an der Geburt des subjektiven Selbst in der Adoleszenz festmacht.

Der Eckstein einer Piagetschen Interpretation der Adoleszenz besteht in der dramatischen Veränderung, durch die die alten

Vorstellungen der Welt in Begriffen einer neuen Philosophie restrukturiert werden. Wie wir im letzten Kapitel bemerkt haben, definierte Piaget schon das Vorschulkind als einen Philosophen; und er revolutionierte die Entwicklungspsychologie, indem er demonstrierte, daß Kinder auf jeder Stufe der Entwicklung aktiv ihre Erfahrungen organisieren und Sinn bezüglich der klassischen Kategorien und Fragen zu Raum, Zeit, Kausalität, Realität usw. aus der physischen und sozialen Welt schaffen, mit der sie interagieren. Es ist jedoch erst in der Adoleszenz, daß das Kind zu einem Philosophen in dem formalen oder traditionellen Sinn wird, daß der Geist über sich selbst und seine Beziehung zu Wahrheit und Realität reflektiert.

Wir haben bereits die Entwicklung von Bewußtseinsniveaus im Hinblick auf die natürliche Philosophie oder Erkenntnistheorie des Kindes skizziert, wie sie von Broughton (1982) dokumentiert wurde; diese Ebenen sind implizit bereits enthalten in Piagets *Das Weltbild des Kindes* (1926; dt. 1978) und J. M. Baldwins *Thought and Things* (1906). Nach Broughton ermöglichen frühe oder partielle formale Operationen ein ›geteiltes Selbst‹ oder einen ›unreifen Dualismus‹. In der späten Kindheit ist der Geist der Kontrolleur des Körpers und ist dennoch weiterhin eine Art unsichtbares ›Ding‹ oder eine Art Materie. Das Selbst ist der Körper, und seine Aktivitäten werden durch den Körper kontrolliert; es ist ein konkretes individuelles ›Me‹.

Auf der Ebene des geteilten Selbst in der Adoleszenz überschneiden sich Geist und Körper immer noch, aber ersterer wird – anders als das Gehirn – nicht als ein Teil des Körpers gedacht. Broughton zitiert die 13jährige C. H., die ausführt: »Das Gehirn ist jener Teil von mir, wo der Geist ist. Aber der Geist ist nicht körperlich oder fest, er ist seelisch *(spiritual)*« (vgl. Broughton 1982, S. 246). S. R. antwortet auf die Frage »Was ist das Selbst?«: »Die innere Seite, zum großen Teil der Geist. ... Dein Körper ist deine Außenseite, aber dein Selbst ist mehr als dein Geist, die Art und Weise, wie deine Gedanken fließen. Es gibt physische Dinge, die alle haben, und diese sind auch ein Teil von dir, aber nur ein kleiner Teil« (ebd., S. 247).

Sobald das Selbst mit dem Geist identifiziert wird, entsteht das Problem bezüglich der Differenz zwischen dem wirklichen inneren Selbst, dem ›I‹, und dem äußeren Selbst, das von den anderen gekannt oder beurteilt wird, dem ›Me‹. Broughton zitiert die 18jährige M. C., die auf die Frage, was das Selbst ist, antwortet: »Etwas, von dem du willst, daß die Menschen es sehen. Auf eine Weise ist es natürlich, auf eine andere unecht. ... Der Geist ... ist das, was du wirklich in dir drinnen denkst ... und was zu sagen du manchmal Angst hast, und das Selbst ist wie etwas oder wie jemand, das oder den du imitiert hast« (ebd.; Kohlberg weicht in seinem Zitat leicht vom Original ab, Anm. d. Hg.). Der Konflikt zwischen dem wirklichen Selbst und dem Spielen einer Rolle, dem Übereinstimmen oder Imitieren, ist für den Adoleszenten ein anhaltender Konflikt, das gilt besonders für die *peer*-Beziehungen. Wir haben bereits darauf aufmerksam gemacht, daß Sullivan (1940, 1953) die Macht der Beziehung unter ›dicken Freunden‹ in der frühen Adoleszenz, in der zwei gleichgeschlechtliche Freunde sich gegeneinander voller Vertrauen und Teilhabe offenbaren, als natürliche Ereignisse der Adoleszenz mit großem Wert beschrieben hat. Manchmal wird allerdings das ›geteilte Selbst‹ des Adoleszenten skeptisch im Hinblick auf die Fähigkeit, das Selbst oder den Geist des anderen im Gegensatz zu seiner eigenen Person oder Rolle ›wirklich zu kennen‹. »Dein Geist ist etwas sehr Geheimes«, sagte die 17jährige M. L.: »Du behältst ihn größtenteils für dich selbst. Du willst nicht nach draußen gehen und allen erzählen, was du denkst. Daher bist du eine unterscheidbare Person, unterschiedlich« (Broughton 1982, S. 248). Solche Vorbehalte legen Eriksons Annahmen nahe, daß Intimitätsbeziehungen solange schwierig sind, bis ein sicheres Gefühl der Identität besteht.

Für manche Adoleszenten kann das geteilte Selbst zum Skeptizismus nicht nur im Hinblick auf die Wahrheit des eigenen Wissens über ein anderes Selbst führen, sondern auch im Hinblick auf die Realität des eigenen Wissens über Gegenstände – dies ist der Solipsismus, den Wordsworth aus seiner eigenen Zeit der Adoleszenz berichtet hat. Kommt es zu einem Skeptizismus in bezug auf das Wissen über die Realität, wird dieser üblicherweise aber durch interpersonelle Zustimmung oder Übereinkünfte gelöst. Die 13jährige C. H. sagt: »Sie könnten sagen, daß ... ›dein Geist dir einen Streich spielt‹. Du mußt – du brauchst eine Meinung. Du brauchst die Unterstützung von jemandem, der sagt ›das ist gut‹« (ebd.). Dieses Bedürfnis nach einer ›konsensuellen Validierung‹ ist sowohl für die von Sullivan diskutierte Kameradschaftsbeziehung als auch für die Frage nach der Identität, die von Erikson beschrieben wurde, zentral.

### Sexualität und Drogengebrauch in der Adoleszenz

Eine Manifestation der Entdeckung des Selbst, die Entdeckung des Körpers und seiner Sexualtriebe, wollen wir in diesem Buch nur kurz ansprechen. Teilweise handelt es sich hierbei natürlich um eine biologische Universalie, den physischen Wachstumsspurt, der die Pubertät markiert, sowie um einen begleitenden, qualitativ neuen Sexualtrieb. Wenn es etwas gibt, das mit Sicherheit über das Neue im Geist der Adoleszenten gesagt werden kann, dann ist dies, daß sie, wie die Älteren, ›Sex im Sinn haben‹. Diese Veränderungen haben natürlich im Mittelpunkt des Freudschen Denkens über die Adoleszenz als einer Stufe gestanden. Das Freudsche Denken hat jedoch die neuen Elemente der sexuellen Erfahrung in der Adoleszenz unterschätzt. Für den Freudianer ist die Sexualität der frühen Adoleszenz das Wiedererwachen der Sexualität der frühen Kindheit, die zuvor latent war – verbunden mit einem sich daraus ergebenden Wiederbeleben der ödipalen Gefühle. Es ist zwar richtig, daß die Sexualität der Adoleszenten den Stempel früherer Erfahrungen trägt, aber sie bedeutet nicht das Wiedererwachen der früheren sexuellen Gefühle. Der Sexualtrieb des Adoleszenten ist ein qualitativ neues Phänomen (vgl. Kohlberg 1966).

Obwohl der Sexualtrieb während der Pubertät erweckt wird, gibt es große individuelle und kulturelle Unterschiede im Hinblick auf den Umfang, zu dem er das Verhalten und die Erfahrung des Adoleszenten determiniert. Die Sexualität ist für das Selbst mancher 14jähriger von zentraler Bedeutung, für andere wird das Thema in die Zukunft geschoben. Was jedoch für alle zutrifft, ist eine intensivierte Emotionalität, gleich ob sie als sexuell oder als nicht-sexuell erlebt wird. Diese Emotionalität wird jetzt auch eher als ein Teil des Selbst erfahren denn als ein Gegenstück zu objektiven Ereignissen in der Welt. Ellinwood (1969) untersuchte die Altersentwicklung der verbalen Kenntnisse sowie des Ausdrucks von Emotionen sowohl mit projektiven Tests als auch in freien Beschreibungen. Sie konnte zeigen, daß vor der

Adoleszenz (etwa im Alter von 12 Jahren) Emotionen als objektive Begleiterscheinungen von Aktivitäten und Gegenständen erfahren wurden. Kinder verspürten Ärger, weil Ereignisse oder Personen schlecht waren; sie verspürten Zuneigung, weil Menschen gut oder entgegenkommend waren; sie fühlten Begeisterung, weil die Aktivitäten aufregend waren oder Spaß machten. Während der Adoleszenz werden Emotionen jedoch als das Ergebnis von Zuständen des Selbst und nicht als die direkte Entsprechung von externen Ereignissen erfahren.

Der Unterschied läßt sich vielleicht durch die Bezugnahme auf die Drogenerfahrungen in der Mittelschicht verdeutlichen. Gelegentlich nehmen Präadoleszente Drogen, ebenso wie sie Bier trinken oder Zigaretten rauchen. Wenn sie dies tun, geschieht dies im Sinne einer aufregenden Tätigkeit, die verboten ist und eigentlich in den Bereich der Erwachsenen gehört. Für den Drogenbenutzer in der Adoleszenz repräsentieren Drogen ein Medium zu bestimmten subjektiven Stimmungen, Gefühlen und Empfindungen. In vielen Fällen ist der Drogengebrauch ein Werkzeug, um Depressionen, die als eine innere subjektive Stimmung empfunden werden, zu überwinden. Auf jeden Fall ist der Gebrauch von Drogen keine Aktivität, der eine objektive Qualität zukommt; er dient der Auslösung subjektiver innerer Gefühle und Zustände. Das gilt auch für solche Aktivitäten wie das intensive Hören von Musik – einer Tätigkeit, die charakteristischerweise in der frühen Adoleszenz (zwischen 11 und 14 Jahren) aufgenommen wird. Die Rock, Folk-Rock und die Blues-Musik, die bei den Adoleszenten so populär ist, enthält ausdrücklich die Darstellung subjektiver Stimmungen und wird auch in eben diesem Geiste gehört.

Verbunden mit der Entdeckung der subjektiven Gefühle und Stimmungen ist die Entdeckung der Ambivalenz und der Konflikte der Gefühle. Wenn Gefühle die objektiven Entsprechungen von externen guten und schlechten Ereignissen sind, kann es nur wenig Toleranz und Akzeptanz gegenüber dem Gefühl der Liebe und zugleich des Hasses für ein und dieselbe Person geben. Die Untersuchung von Ellinwood (1969) zeigt, daß Adoleszenten bewußt solche Ambivalenzen ausdrücken, was natürlich den Handelswert der Blues- und Folk-Rock-Musik ausmacht, der für sie ausgestrahlt wird.

## Die moralische Stufenentwicklung in der Adoleszenz

Wenn die Entdeckung der subjektiven Erfahrung und des transzendentalen Selbst eine Seite der vom Adoleszenten vorgenommenen neuen Differenzierung des Subjektiven und Objektiven darstellt, dann repräsentiert die Trübung und das Infragestellen der Gültigkeit der gesellschaftlichen Wahrheiten und deren Richtigkeit die andere. Um diese Seite der Adoleszenz zu betrachten, müssen wir von den kognitiven zu den moralischen Stufen übergehen.

Wie im Fall der konkreten Operationen gibt es Parallelen zwischen den Unterstufen der formalen Operationen und unseren moralischen Stufen. Sowohl in pädagogischen Interventionsprogrammen (vgl. Power, Higgins, Kohlberg 1989) als auch in experimentell durchgeführten Studien zum ›moralischen Training‹ konnte ermittelt werden, daß das Erreichen der ersten Unterstufe der formalen Operationen (Koordination des Inversen und des Reziproken) notwendig, aber nicht hinreichend für das Erreichen von Stufe 3 des moralischen Urteilens ist; das Erreichen der Unterstufe der systematischen Isolation der Variablen wiederum ist notwendig, aber nicht hinreichend für das Erreichen von Stufe 4 des moralischen Urteilens.

Die zentrale Entwicklung, die für die frühe Adoleszenz typisch ist, ist das Erreichen einer Moral der sozialen Gruppe oder einer ›konventionellen Moral‹, die Stufe 3, die wir im letzten Kapitel kurz beschrieben haben. Wir hatten dort das Kind als Sozialphilosophen bezeichnet, allerdings besondere Beispiele frühreifer Kinder herangezogen. Hier wollen wir Tommy vorstellen, einen Teilnehmer an unserer US-amerikanischen Längsschnittstudie, der sich während der Adoleszenz wie in Zeitlupe durch die ersten drei Stufen entwickelte. Tommy beantwortet das Heinz-Dilemma (vgl. Anhang) im Alter von zehn Jahren folgendermaßen: »Heinz sollte das Medikament nicht stehlen, er sollte das Medikament kaufen. Wenn er es stehlen würde, könnte er ins Gefängnis kommen, und das Medikament müßte er auf jeden Fall zurückgeben.« Hier ist Tommy nicht nur an der Befolgung des Gesetzes und an der Vermeidung von Strafe interessiert, sondern auch am Leben der Frau. Er führt diesen Gedanken weiter aus, wenn er sagt: »Aber vielleicht sollte Heinz das Medikament doch stehlen, weil seine Frau eine wichtige Dame ist wie Betsy Ross, die die amerikanische Flagge machte.«[3] Auf die Frage, ob es entscheidend sei, daß die Person ›wichtig‹ ist, antwortet Tommy: »Es ist so, wie wenn Präsident Eisenhower sich in einem Flugzeug befindet, und er krank wird, und die Stewardeß nur wenig Medizin besitzt und diese ihrer Freundin und nicht dem Präsidenten, der wichtigen Person, gibt, dann kommt die Stewardeß ins Frauengefängnis.« Auf die weitere Frage: »Was ist besser, das Leben einer wichtigen Person oder das vieler unwichtiger Leute zu retten?« antwortet er: »Also, wenn ein Damm bricht und alle Häuser überflutet werden und wenn dann begonnen wird, die Menschen zu retten, dann kann es sein, daß eine wichtige Person eine Menge Möbel hat, aber wahrscheinlich hat ein ganzer Haufen nicht so wichtiger Menschen mehr Möbel.« Wir bezeichnen diese Antwort mit ihrer ›Ausrichtung an Strafe und Gehorsam‹ als Stufe 1, aber es ist kaum die Antwort eines Kindes, das durch Strafen eingeschüchtert wurde. Vielmehr ist Tommy ein Philosoph, der versucht, Sinn aus einer hierarchischen sozialen Ordnung zu machen, in der ›Wichtigkeit‹ zählt.

Piaget (1932; dt. 1983) würde sagen, daß Tommy ein ›moralischer Realist‹ ist, der physische mit soziomoralischen Eigenschaften verwechselt. Er würde sagen, daß dieser Realismus ›egozentrisch‹ ist, da das Kind seine Bewertung mit den Bewertungen autoritativer Personen und Gruppen verwechselt. Tommy unterscheidet seine eigene Perspektive (oder die von Heinz) nicht klar von derjenigen der autoritativen anderen oder der Perspektive ›der Mehrheit‹ der Gesellschaft. Daher kommt es dazu, daß der Wert des Lebens mit dem Wert von Möbeln verwechselt wird.

Die Tatsache, daß Tommys Verwechslung der individuellen und der sozialen Perspektive noch nicht die ›wirkliche‹, soziale Moral darstellt, wird durch seine Antwort auf das Heinz-Dilemma, die er drei Jahre später gibt, verdeutlicht. Nun ist sein Denken auf Stufe 2 und reflektiert eine Moral getrennter Individuen, die auf instrumentelle Weise voneinander abhängig und durch einen

---

3 Anmerkung der Hg.: Von Betsy Ross (1752-1836) wird behauptet, daß sie im Auftrag von George Washington im Jahr 1776 die erste amerikanische Fahne herstellte. Die Geschichte, obwohl nicht belegt, gehört in den USA zum Schulwissen.

konkreten Austausch aneinander gebunden sind: ›Kratzt du meinen Rücken, kratze ich deinen‹. Mit 13 sagt Tommy: »Heinz sollte das Medikament stehlen, um das Leben seiner Frau zu retten. Vielleicht muß er ins Gefängnis, aber er hätte immer noch seine Frau.« Auf die Frage »Warum wäre das so viel wert, daß er dafür ins Gefängnis geht?« antwortet er: »Nun, wenn es ein Haustier wäre, dann könnte er immer wieder ein neues bekommen, aber er kann keine andere Frau bekommen, das wäre nicht das gleiche.« Ehefrauen sind also aus einer instrumentellen Perspektive nicht ersetzbar, während dies auf andere Sachen nicht zutrifft. Als er gefragt wird »Sollte er das Medikament für einen Freund stehlen, wenn der Freund im Sterben liegt«, entgegnet er: »Das geht zu weit. Er könnte dann im Gefängnis sein, während sein Freund lebt und es ihm gutgeht. Ich glaube nicht, daß ein Freund das für ihn tun würde.« Seine Antworten der Stufe 2 sollten nicht so gelesen werden, daß Tommy einen egoistischen Charakter hätte. Er schätzt die Familie und seine Freunde aufrichtig, aber sein Bedürfnis, vernünftig und fair zu sein, wird durch seine soziomoralische Perspektive begrenzt, derzufolge getrennte, aber gleichberechtigte Individuen in spezifische Beziehungen der Reziprozität zueinander eintreten.

Ein Schlüssel zur sozialen oder konventionellen Moral der Stufe 3, der von uns bereits angesprochen wurde, ist die ›Goldene Regel‹. Auf den Stufen 1 und 2 wird die Goldene Regel interpretiert als ›Schlag zurück, wenn jemand kommt und dich schlägt‹. Wir zitierten zuvor einen frühreifen 10jährigen Jungen auf Stufe drei, der träumen mußte, daß sein Gehirn sich hin- und herbewegt, was Piagets erste Unterstufe der formalen Operationen – die Koordination des Reziproken und des Inversen bzw. die Negation des Reziproken – einschloß.

Der zweite Schlüssel für Stufe 3 ist die soziomoralische Perspektive einer dritten Person, die eine dyadische Beziehung beobachtet, die geteilte bzw. wechselseitige Perspektive eines Paares oder einer kleinen Gruppe. Im Alter von 16 Jahren drückt Tommy diese Perspektive in seiner Antwort aus: »Wenn ich Heinz wäre, würde ich das Medikament für meine Frau gestohlen haben. Liebe hat keinen Preis, noch so viele Geschenke ergeben keine Liebe. Auch das Leben hat keinen Preis.« Hier versteht Tommy Liebe als das Zentrum einer geteilten bzw. wechselseitigen Beziehung, was nicht mit Stufe 2 übereinstimmt, wonach alles einen Preis hat – sowohl die Liebe als auch das Leben stellen zentrale soziale Werte dar.

Im Alter von 21 Jahren hat sich Tommy nach der vorgeschriebenen Zeit in der Armee und einem kurzen Besuch eines *community colleges* zur Stufe 4 weiterentwickelt. Jetzt führt er aus: »Heinz sollte das Medikament stehlen. Wenn du heiratest, legst du einen Eid vor Gott ab, deine Frau zu lieben und zu ehren. Heirat meint nicht nur Liebe, es ist eine Verpflichtung, wie ein Rechtsvertrag.«

Von einer wechselseitigen Perspektive hat Tommy sich zu der Perspektive eines sozialen Systems und einer sozialen Ordnung entwickelt, die durch zivile und religiöse Gesetze bestimmt werden, welche wiederum die Rollenverpflichtungen definieren. Seine Moral besteht aus dem, was der Philosoph Francis Harris Bradley als »meinen Platz und dessen Pflichten« (1876/1962) bezeichnet hat. Aber Tommy gelangt zu dieser Perspektive erst lange Zeit nach der *high school* – was bei weitem kein ungewöhnliches Vorkommnis darstellt.

Wie Tommys Beispiel anzeigt, erreichen nur einige Adoleszenten am Ende der *high school* die Stufe 4. Einer der Befragten aus unserer Längsschnittstudie, dem dies gelang, war Kim, der, wie Tommy, aus stabilen Verhältnissen in der Arbeiterschicht stammte. Um unseren Gegenstand etwas zu variieren, präsentieren wir seine Antworten auf das Dilemma von ›Joe und seinem Vater‹ (vgl. Anhang). Im Alter von 10 Jahren nimmt Kim einen festen Standpunkt der Stufe 2 ein. Er sagt: »Ich denke nicht, daß Joe ihm das Geld geben sollte, weil er das Geld ja für das Camp gespart hat, und wenn er dort hingehen will, sollte er dort hingehen, und sein Vater sollte zu Geld kommen, indem er arbeitet.« Joe und sein Vater werden von Kim als Gleiche angesehen, ausgestattet mit Eigentumsrechten, die auf der Reziprozität beruhen, für das Geld gearbeitet und es verdient zu haben. Das Versprechen des Vaters hat noch nicht die Bedeutung von Stufe 3, der Enttäuschung von gemeinsam geteilten Erwartungen, erreicht. Im Hinblick auf das Versprechen äußert sich Kim: »Du solltest dein Versprechen immer einhalten.« Auf die Frage »Warum?« antwortet er: »Wenn er es nicht tut, kann sein Sohn nicht mit in das Camp, und der Vater würde mit seinen Freunden gehen, und Joe müßte zu Hause bleiben.« Kim ist also nicht über das enttäuschte Vertrauen und den Schaden, der der Beziehung entsteht, besorgt (das wird zuerst auf Stufe 3 gesehen), sondern er betont, daß der Sohn seine gleichermaßen wichtigen Interessen oder Bedürfnisse nicht erfüllen kann.

Im Alter von 13 Jahren reagiert er auf das Dilemma von ›Joe und seinem Vater‹ auf Stufe 3, wobei er sich in seiner Antwort auf das Thema ›Versprechen‹ konzentriert.

> *Sollte Joe sich weigern, seinem Vater das Geld zu geben?*
> Ich denke, daß Joe sich weigern sollte, weil er das Geld selbst verdient hat, und wenn sein Vater wirklich unbedingt an dem Angelausflug teilnehmen wollte, hätte er das Geld sparen können, und wenn er kein Geld hat, sollte er warten und später an dem Angelausflug teilnehmen. Der Vater sollte ihn zuallererst überhaupt nicht gefragt haben. Er hat ihm bereits versprochen, daß er ins Camp fahren kann, wenn er sich das Geld selbst verdient und damit bezahlt.
> *Weshalb sollte ein Versprechen eingehalten werden?*
> Ich denke, es sollte deshalb eingehalten werden, weil Joe seinen Vater sehr gern hat und ihm viel Vertrauen entgegenbringt, und er kann etwas von diesem Vertrauen verlieren, wenn sein Vater ihn bittet, ihm das Geld, für das er so hart gearbeitet hat, auszuhändigen.

Der dreizehnjährige Kim sieht im Mittelpunkt des Dilemmas Liebe, Respekt und Vertrauen in der Beziehung zwischen Vater und Sohn. Wenn der Vater sein Versprechen bricht, wird er etwas von der Zuneigung und dem Vertrauen seines Sohnes verlieren. Er wendet in ›naiver Weise‹ seine eigenen Gefühle und Erwartungen auf den Sohn an: »Joe hat seinen Vater sehr gern und bringt ihm viel Vertrauen entgegen.«

Am Ende des vorletzten Jahres in der *high school* hat Kim sich zu Stufe 4 fortbewegt. In seiner Antwort auf das Dilemma von ›Joe und seinem Vater‹ betont er:

> Joe sollte sich weigern, seinem Vater das Geld zu geben. Er hat es nicht nur verdient, sondern er hat einen viel besseren Grund als sein Vater, das Geld zu verbrauchen. Es stimmt, daß sein Vater Joe aufgezogen hat und sein rechtlicher Vormund ist, aber wenn er auf diese Weise ein Versprechen bricht, bietet er ein schlechtes Beispiel, gerade für die Ausbildung des Charakters. Wenn Joe seinem Vater das Geld geben würde, würde dies nur die Tür für weitere Forderungen des Vaters öffnen.

> *Weshalb ist es von Bedeutung, daß ein Versprechen gebrochen wurde?*
> Nun, wenn man einem Individuum nicht trauen kann, dann gibt es
> nur eine geringe Grundlage, auf der man mit ihm umgehen kann.
> Freundschaft basiert auf Vertrauen, aber selbst wenn du nicht be-
> freundet bist, mußt du dich auf eine Person verlassen können, damit
> Handlungen, die auszuführen die Person zustimmt, auch erfolgen; du
> mußt sicher sein, daß diese Handlungen ausgeführt werden.

Kim befindet sich im Hinblick auf sein Bewußtsein der sozialen Ordnung auf Stufe 4, auf der ein Elternteil als von der Gesellschaft definierter ›rechtlicher Vormund‹ die Verpflichtung hat, den Charakter des Sohnes zu formen und Versprechen einzuhalten, um eine vertrauenswürdige Person zu sein. Kim sieht ein Versprechen aus der Perspektive des ›generalisierten anderen‹, einem allgemeinen Mitglied der Gesellschaft. ›Man‹, d.h. der ›generalisierte andere‹, muß den anderen vertrauen können, daß sie ihr Wort halten. Auf Stufe 4 gibt es nicht nur ein äußeres moralisches System, das ›Gesellschaft‹ genannt wird, sondern es gibt auch ein inneres System, das als ›Charakter‹ oder Konsistenz bzw. Vertrauenswürdigkeit bezeichnet wird.

### Das moralische Infragestellen des Adoleszenten

Verstehen wir den Adoleszenten als moralischen Philosophen, so befindet sich eine Reihe von Adoleszenten in einer Übergangszone. Sie verstehen das konventionelle moralische Denken und können damit umgehen, aber sie betrachten es als willkürlich und relativ. Sie verfügen noch über kein klares Verständnis von – oder eine Verpflichtung gegenüber – moralischen Prinzipien, die universell sind und beanspruchen, über eine nichtrelative Gültigkeit zu verfügen. Insoweit sie jedes ›Prinzip‹ als nichtrelativ ansehen, handelt es sich um das Prinzip ›Mach' deine eigene Sache und laß andere die ihre machen‹.

Ein ausgeprägter Relativismus kann sich in der *high school* bei Schülern zeigen, die die Stufe 4 erreicht haben und diese dann von einem radikal relativistischen Standpunkt aus hinterfragen. Solche Schüler bilden eine Ausnahme in der *high school*, vor allem in den 8oer Jahren, in denen die radikale Gegenkultur und die *free schools* nicht länger in Mode sind.

Üblicher als der gerade beschriebene radikale Relativismus oder Amoralismus ist ein ›persönlicher Relativismus‹, der besagt: ›Ich kann für mich selbst moralische Urteile fällen, aber kann sie nicht für andere fällen oder sie ihnen aufdrängen‹ (vgl. Kohlberg 1984, Kap. VI). Mit anderen Worten: Es besteht ein Zweifel, ob das Selbst oder auch sonst jemand ein Urteil fällen könne, das auf (alle) andere(n) Personen universalisierbar ist. Dieser Typus des Relativismus ist nicht mit einer bestimmten Stufe verbunden, bei den Adoleszenten tritt er jedoch, wie wir illustrieren werden, oft auf Stufe 3 auf.

Ein Beispiel hierfür ist Andrew, ein 15jähriger, der die *high school* besuchte und Ende der 70er Jahre interviewt wurde – seine Antworten auf die Piagetschen Logik-Aufgaben wurden bereits vorgestellt. Hier antwortet er auf das ›Euthanasie-Dilemma‹ (vgl. Anhang): »Es ist ihre Entscheidung, sie hat die Schmerzen.«

> *Geht das Gesetz gegen Sterbehilfe in die Entscheidung ein?*
> Das Gesetz sollte dir überhaupt nicht in den Sinn kommen. Du solltest einfach das tun, von dem du annimmst, daß es richtig ist. Jeder gibt dir eine Reihe von Antworten. Wichtig ist, was für dich richtig ist. Es ist eine Sache der persönlichen Überzeugung.
> *Was bedeutet Moral für dich?*
> Was ich persönlich wirklich glaube; daß dies richtig oder falsch, gut oder schlecht ist. In vielen Fällen mag es gar kein Richtig oder Falsch geben. Es gibt nur Richtig oder Falsch für jedes Individuum. Einfach das, was du fühlst.

Für Andrew als einen persönlichen Relativisten der Stufe 3 besteht die Welt aus mehr oder weniger guten Individuen, jedes mit seinen eigenen moralischen Gefühlen und Meinungen, von denen keine auf deutliche Weise richtiger sind als andere.

Gegen Ende der *high school* verfügte Andrew über ein Denken, das weitgehend Stufe 4 entsprach. Er stimmte immer noch nicht immer mit dem Gesetz überein, aber beurteilte Gesetze jetzt nach ihrer Tendenz, der Gesellschaft zu dienen, sowie im Hinblick auf das Gewissen, Rechte und Verpflichtungen. Er führt aus:

> Dr. Jefferson sollte es tun. Es ist die richtige Sache. Die Frau trifft eine vernünftige Entscheidung, und sie wird sowieso bald sterben. In anderen Situationen haben Menschen Verpflichtungen gegenüber anderen Menschen; sie üben auch einen Einfluß auf andere aus, wenn sie

Selbstmord begehen. Ich denke, daß sie in diesem Fall das Recht hat zu sterben.
*Wie steht es mit dem Gesetz?*
In diesem Fall stimme ich mit ihm nicht überein. Ich sage nicht, daß ich das Gesetz im allgemeinen nicht respektiere. Aber man muß entscheiden, ob das Gesetz zum Guten der Gesellschaft beiträgt oder nicht. In manchen Fällen muß man sein Gewissen über das Gesetz stellen.

Andrew zeigt damit den philosophischen Subjektivismus an, den wir als ein Charakteristikum des Adoleszenten als Philosophen betont haben, die Entdeckung des Selbst, das über einen einzigartigen moralischen Standpunkt verfügt und das die akzeptierten moralischen Standards in Frage stellt. Er illustriert ebenfalls das Thema, mit dem dieses Kapitel eingesetzt hat, den Privatismus des zeitgenössischen Adoleszenten, der weit davon entfernt ist, ›egoistisch‹ oder auf Stufe 2 zu sein, sondern eher den Mangel an Hoffnung auf Gerechtigkeit und Gemeinschaft in der größeren Gesellschaft reflektiert; und dies ungeachtet von Andrews intensiver Identifikation mit seiner eigenen alternativen *high school*. Während seines Interviews in der elften Klasse der *high school* formuliert er:

> Wen interessiert das Gesetz? Es ist eine persönliche Entscheidung, ein Gesetz in einer Gesellschaft, die so riesig ist wie Amerika, wird zu allgemein und unpersönlich. Ich sage nicht, daß ich keinen Respekt für die Gesetze im allgemeinen habe, aber in einer Gesellschaft, die so groß wie diese ist, werden sie unbedeutend. Vor den Regeln der Alternativschule habe ich Respekt, weil dies *unsere* Regeln sind, aber in einer riesigen verrückten Gesellschaft passiert nichts; ich habe sowieso keine Hoffnung auf Gesetz und Ordnung oder darauf, daß die Gesellschaft wie die Alternativschule arbeitet, wo die Dinge noch wirklich etwas bedeuten. Aber in der größeren Gesellschaft – es wäre ›cool‹, wenn es dort auch so zuginge – aber wen kümmert's? Einige Gesetze stehen für das Gute in der Gesellschaft, andere existieren einfach, damit es Gesetze gibt.

Bei der Diskussion des Adoleszenten als Philosophen haben wir sein relativistisches Hinterfragen betont, ein Infragestellen, das in den 60er und 70er Jahren augenscheinlich war. In den 80er Jahren mag diese Form des Infragestellens noch existieren, aber es nimmt eher die Form eines ›persönlichen Relativismus‹ an

(›Ich fälle Urteile über mein eigenes Verhalten, aber nicht über das von anderen‹), wie im Falle von Andrew. Es ist auch weniger wahrscheinlich, daß das Hinterfragen durch den Aktivismus der ›Gegenkultur‹ repräsentiert wird, als durch eine privatistische Entfremdung von der Teilnahme an der größeren Gesellschaft. Nichtsdestoweniger liegt unterhalb des gegenwärtigen Privatismus des Adoleszenten nicht nur der von uns diskutierte fragende Relativismus, sondern auch dasjenige, was diesem Fragen zugrundeliegt – ein Interesse an Gerechtigkeit und individuellen Rechten.

## Geschlechtsunterschiede in der Entwicklung des moralischen Urteils der Adoleszenten

Aufgrund der Arbeiten von Carol Gilligan (1982; dt. 1984) und ihren Kolleginnen und Kollegen gibt es eine intensive Diskussion über Geschlechtsunterschiede bei der Entwicklung der moralischen Stufen. Obwohl diese Diskussion eine Reihe von interessanten theoretischen Fragen zu Tage gebracht hat, haben Überblicksarbeiten zur Literatur über Geschlechtsunterschiede bei den moralischen Stufen (Walker 1984) generell keine Differenzen in der Rate der Entwicklung von moralischen Stufen aufgezeigt, die auf das Geschlecht zurückgeführt werden können. Gilligans These, daß die weiblichen moralischen Interessen sich stärker an den Themen der Fürsorge und Beziehungen ausrichten und die von Männern stärker an den Rechten, kann dennoch gültig sein, ohne daß damit jedoch bei unserem Meßverfahren Geschlechtsunterschiede in Tempo und Grad der Entwicklung impliziert werden. Bei der längsschnittlich befragten Jane zeigen sich in der Lösung unserer moralischen Dilemmata sowohl Überlegungen über Rechte als auch über Fürsorge, wie es auch in den Beispielen von Andrew, Tommy und Kim der Fall war.

Wie im Fall von Andrew geben wir die Antworten von Jane auf die Frage wieder, was Dr. Jefferson tun soll (vgl. das Euthanasie-Dilemma im Anhang). Jane kommt aus der Arbeiterschicht und ist in ihrem zweiten Jahr auf der *high school (sophomore)*, als wir sie 1975 zum ersten Mal interviewten. Zu dieser Zeit schließt sie ihren Übergang zur moralischen Stufe 3 ab, weist aber immer noch Elemente der zweiten Stufe auf. Sie nimmt zum Dilemma wie folgt Stellung:

> Der Arzt sollte das Morphium verabreichen, weil ich gesehen habe, was ein Angehöriger durchmachte. Es ist ihr Leben. Sie sollte solche Schmerzen nicht erleiden müssen. Man stirbt sowieso, ich könnte den Schmerz nicht aushalten.
> *Sollte ihr Ehemann etwas mit der Entscheidung zu tun haben?*
> Sie hat die Schmerzen; niemand wird mit mir sterben. Er sorgt sich um sie, und er würde sie verlieren, aber es ist ihre Entscheidung, er hat wenig zu sagen. Wenn ich es wäre, würde mein Mann nicht wollen, daß ich leide.
> *Der Doktor verstößt gegen das Gesetz, wenn er hilft. Sollte das eine Rolle spielen?*
> Ich würde das Risiko auf mich nehmen, wenn es gegen das Gesetz verstößt. Ich möchte nicht sehen, daß sie Schmerzen empfindet. Ich denke nicht, daß es in dieser Situation gegen das Gesetz verstößt. In anderen Situationen sollte man dem Gesetz gehorchen: Ich will nicht, daß mich jemand bestiehlt, deshalb sollte auch ich nicht stehlen.

Auf dieser Stufe der Entwicklung ist es für Jane primär eine Entscheidung der Frau; es ist ihr Leben, und jeder würde wollen, daß ihre Schmerzen enden. In ihrer Antwort gibt es Überbleibsel der individualistischen und instrumentellen Perspektive von Stufe 2 sowie eine Sichtweise der Konformität gegenüber Gesetzen und der Gesellschaft als einer Sache des Risikos der Bestrafung und der individuellen Verantwortlichkeit. Im Hinblick auf das Recht nimmt sie den Beginn von Stufe 3 ein. Sie glaubt, daß man nicht stehlen soll, weil man nicht will, daß jemand anders etwas von einem stiehlt; dies ist der Beginn der Perspektive der Goldenen Regel. Sie verfügt auch (teilweise) über eine Perspektive der Stufe 3 im Hinblick auf die Beziehung der Fürsorge von Ehemann und Ehefrau, was die Idee einschließt, daß der Ehemann seine Frau nicht leiden lassen möchte, obwohl er sie nicht verlieren will.

Auf die Frage, ob ein anderer Arzt Dr. Jefferson melden sollte, sagt sie: »Ich würde es nicht tun. Er sollte sich um seine eigenen Angelegenheiten kümmern, er könnte eine Menge Schwierigkeiten bekommen.« Dies ist eine Antwort, die eher für die zweite Stufe repräsentativ ist. Zwei Jahre später beantwortet sie das Dilemma auf einer konsolidierten Stufe 3, sowohl im Hinblick auf die eheliche Beziehung als auch auf das Gesetz:

»Ja, weshalb sollte man ihr Leben noch mehr in Unordnung bringen? Ihr Ehemann sollte eine Rolle spielen, weil sie verheiratet sind und er wirklich um sie besorgt ist, aber er sollte ihre Meinung respektieren. Das Leben bedeutet mehr, als unglücklich zu sein, man sollte auf die gute Seite des Lebens schauen. Aber wenn gar nichts hilft – es ist immer noch ihr Leben.«

Jetzt dominieren die Beziehungsnormen und nicht Bedürfnisse oder hedonistische Überlegungen auf klare Weise. Janes Sichtweise des Gesetzes wurde ebenfalls stärker gesellschaftlich oder ›konventionell‹. Auf die Frage »Es verstößt gegen das Gesetz, sollte das eine Rolle spielen?« reagiert sie wie folgt:

Ja, denn dann begeht er ein Verbrechen, er verstößt gegen das Gesetz. Wenn jeder losgeht und das Gesetz bricht, wird Chaos entstehen, es wird getötet, und es wird keine Welt geben. Aber Dr. Jefferson will eigentlich gar nicht das Gesetz brechen, daher befindet er sich in einem Konflikt.

Zusammengefaßt bedeutet dies, daß die anhand dieses Dilemmas aufgezeigte Stufenentwicklung von Jane auf ähnliche Weise wie die von Andrew, den wir zuvor zitiert haben, ausgewertet wurde. Andrew diskutierte das Euthanasie-Dilemma stärker in der Sprache der Rechte, Pflichten und der ›Rationalität‹: »Es ist ihre Entscheidung. ... Es ist eine vernünftige Entscheidung, sie hat das Recht zu sterben. ... In anderen Situationen haben Menschen Verpflichtungen gegenüber anderen Menschen; sie üben auch einen Einfluß auf andere aus, wenn sie Selbstmord begehen.«

Wie Carol Gilligan sagen würde, spricht Jane weniger in der Sprache der Rechte und Verpflichtungen und mehr in der Sprache der Fürsorge innerhalb von Beziehungen: »Ihr Ehemann sollte eine Rolle spielen, weil sie verheiratet sind und er wirklich um sie besorgt ist, aber er sollte ihre Meinung respektieren.« Ihr Interesse an der Fürsorge innerhalb einer Beziehung wird ausbalanciert durch die Erörterung der Perspektivenübernahme im Sinne der ›Goldenen Regel‹, die der Ehemann vornehmen muß. Er muß ihren Schmerz berücksichtigen und »ihre Meinung respektieren«. Die Ebenen der soziomoralischen Perspektivenübernahme, die unsere Stufen sowie Selmans Stufen der Freundschaft definieren, sind also umfassend genug, um sowohl die

Berücksichtigung der persönlichen Beziehungen von Fürsorge und Gemeinschaft zu umreißen als auch die stärker unpersönliche Berücksichtigung von Rechten und Pflichten. Dies ist auf der Stufe 3 in bezug auf die Beziehungen von Verwandtschaft und Freundschaft mehr als offensichtlich, aber dies gilt auch für die ›gesellschaftliche‹ Perspektive der Stufe 4, die sich nicht auf eine Gesellschaft des Rechts und der individuellen Verbindungen fokussieren muß, sondern die eine Fokussierung auch im Hinblick auf eine große oder kleine menschliche Gemeinschaft vornehmen kann. Janes Antwort, ob Dr. Jefferson angezeigt werden soll, ist keine Antwort der Stufe 2 (›Kümmere dich um deine eigenen Angelegenheiten‹), sondern eine Antwort der Goldenen Regel auf Stufe 3: »Er sollte Dr. Jefferson nicht melden, weil er sich zuallererst an die Stelle von Dr. Jefferson versetzen und versuchen sollte, ihn zu verstehen.«

Auf die Frage, was der Richter tun sollte, zeigt Jane ebenfalls ein Denken, das sich im Übergang zu Stufe 4 befindet. Sie sagt: »Der Richter sollte das Gesetz berücksichtigen und ihm eine Strafe geben; er sollte einen Preis zahlen, auch wenn er dachte, daß er im Recht war. Er hat ein Verbrechen begangen, und vom Standpunkt der Gesellschaft aus sollte er bestraft werden.« Hier nimmt Jane erneut eine rechtliche und gesellschaftliche Sichtweise ein, die sich im Übergang zu Stufe 4 befindet. Anders als für Andrew spielte für Jane als Moralphilosophin der persönliche Relativismus niemals eine Rolle. Am Ende ihrer Zeit auf der *high school* stellt sie jedoch sowohl ihre Bereitschaft, an der Gesellschaft zu partizipieren bzw. auf diese einzuwirken, als auch die Fairneß der Gesellschaft auf eine Weise in Frage, die wir privatistisch und nicht rebellisch genannt haben. Im letzten Schuljahr *(senior)* betont sie:

> Ich weiß nicht, ob ich im nächsten Jahr zum *college* gehe oder für ein Jahr eine Auszeit nehme, um zu arbeiten. Was ich vom Leben haben möchte, ist ein guter Job, ich möchte bei meiner Arbeit glücklich sein. Ich wäre gerne Stewardeß und möchte reisen, um zu flüchten; die Welt deprimiert mich, und die Regierung deprimiert mich. Ich möchte nicht die Wahrheit über mein Land hören. Ich weiß, daß es korrupt ist; es wird behauptet, dies sei ein Lebensstil, aber ich bin noch jung genug, um mich davor zu fürchten, daß ich auch so werde. Wir sagen, daß wir eine demokratische Regierung haben, aber ich

denke überhaupt nicht, daß sie die Menschen fair behandelt. Manchmal denke ich, daß die Regierung die Menschen haßt und daß sie versucht, die Menschen zu bestechen. Wenn wir eine demokratische Regierung hätten, gäbe es keine Gettos, keine Menschen, die von der Wohlfahrt leben, und keine Unruhen. Aber vielleicht ist es gar nicht so, es ist eine große Welt da draußen, und ich erwarte von ihr nicht, daß sie reibungslos läuft. Ich verstehe sie nicht, aber irgendwie will ich sie auch gar nicht verstehen.

## Die Leidenschaft des Adoleszenten für Gerechtigkeit und Rechte

Wir wollen an dieser Stelle eine Episode beschreiben, die dokumentiert, daß der ›privatistische‹, ›narzistische‹ Adoleszente von heute durchaus ein fragender Philosoph ist, der mit einer Leidenschaft für Gerechtigkeit und die ›Rechte‹ ausgestattet ist. Die Episode fand im Jahr 1979 an der Scarsdale Alternative School statt, einer Schule, an der Regeln durch eine ›partizipatorische Demokratie‹ zustande kommen. Das Vorhandensein einer Regel gegen den Marihuana-Gebrauch wurde zum Gegenstand einer Gemeinschaftsdiskussion. Eine Reihe von Schülern nahm den Standpunkt ein, daß die Freiheit, Marihuana zu rauchen, zu ›den Basisrechten des Menschen‹ gehört. Eine Schülerin, Julie, erläuterte: »Ich denke, daß es das Recht eines Menschen ist, ›high‹ in die Klasse zu kommen, aber die Leute sollten es nicht tun«. Andere Schüler erwiderten, daß es unfair sei, ›high‹ in die Schule zu kommen, weil es sowohl die Klasse als auch den großen Teil der Schüler, der nicht ›high‹ in die Schule kommt, stört. Diane unterstützte Julies Meinung, daß die Schüler ein Recht hätten, ›high‹ in die Schule zu kommen, indem sie sagte: »Ich denke, daß ein Schüler ›high‹ in die Klasse kommen darf, selbst wenn es bei der Mehrheit in der Klasse Anstoß erregt. Es ist wie mit dem Nasebohren. Es mag andere Menschen stören, aber das bedeutet nicht, daß man nicht das Recht dazu hat oder daß eine Regel dagegen verabschiedet werden sollte.«

Diane verwechselt zwei Rechtsbegriffe. Der erste besagt, daß individuelle Rechte nicht zwangsläufig durch die Regeln der Mehrheit begrenzt werden sollen, daß also Minoritäten Rechte haben. Der zweite enthält die Unterscheidung zwischen ›moralischer

Richtigkeit‹ oder Gerechtigkeit und Richtigkeit, wie sie durch die Konvention oder eine willkürliche Regel bestimmt wird; Turiel (1983) hat gezeigt, daß Kinder in der Präadoleszenz eine solche Unterscheidung treffen.

Dianes Kommentar führte die Gemeinschaftssitzung, an der 80 Schüler teilnahmen, in eine anhaltende philosophische Diskussion über die Natur und die Definition von Rechten. Eine Unterscheidung wurde schnell getroffen, nämlich diejenige zwischen ›richtig sein‹ und ›ein Recht haben‹. Jake sagte: »Ich glaube nicht, daß die Menschen in der Schule ›high‹ sein sollten. Ich glaube, daß sie ein Recht haben, es zu tun, aber sie sollten es nicht tun.« Er fuhr fort: »Aber die Menschen haben auch das Recht, gegen das Gesetz zu verstoßen. Sie haben diese Wahl, aber dann müssen sie auch willens sein, die Strafe zu zahlen.«

Andere stimmten dem nicht zu: »Wir haben kein Recht, jemanden umzubringen, selbst wenn wir willens wären, die Strafe auf uns zu nehmen. Du hast ein Recht mit einer Wahlmöglichkeit verwechselt. Ich glaube, daß sowohl das Individuum als auch die Gemeinschaft Rechte haben, aber in diesem Fall überwiegen die Rechte der Gemeinschaft die des Individuums.« Die generelle Meinungsverschiedenheit im Hinblick auf dieses Thema wurde von Alice ausgedrückt:

> In unserer Gruppe dachten drei Leute, daß sie das Recht hätten, ›high‹ in die Schule zu kommen, und acht der Anwesenden sagten, daß dies nicht stimmt. Was machen wir denn mit dem Drittel der Gruppe, das denkt, daß es ein Recht hat, ›high‹ in die Schule zu kommen? Können wir für sie Regeln oder Vorschriften machen?

Zwei Ideen, die zentral für die Lösung dieser Dilemmata waren, wurden zum Ausdruck gebracht. Die erste besagte, daß die Schule eine moralische Gemeinschaft sei, in der die Individuen ein Interesse daran haben sollten, andere Mitglieder nicht zu stören oder den Fortschritt in der Klasse und den Gemeinschaftssitzungen nicht zu behindern, daß also ›*high*‹ zu sein als eine Form der Nichtpartizipation die Gemeinschaft schädigt. Die zweite Idee besagte, daß die Schule eine freiwillig zusammengekommene Gemeinschaft verkörpere, und freiwillige Teilnahme an einer Gemeinschaft beruht auf der Übereinstimmung aller Mitglieder, den Regeln der Mehrheit zu folgen oder im Hinblick auf das Wohlergehen der Mehrheit zu handeln; dies gilt trotz des persönlichen Rechts, außerhalb der Schule Marihuana zu rauchen. Diese Idee des ›Gesellschaftsvertrags‹ oder des ›allgemeinen Willens‹ wurde von Lisa ausgedrückt:

> Ich sehe es so, daß eine Person eine Verpflichtung gegenüber der Klasse und der Gemeinschaft hat, nicht ›high‹ zu sein; indem man ein Mitglied dieser Klasse ist, gibt man das Recht auf, ›high‹ zu sein. Außerhalb der Klasse mag es ein persönliches Recht geben, ›high‹ zu sein.

Am Ende der lang andauernden Diskussion entschied sich die Mehrheit dafür, diese Position zu übernehmen und für eine Regel gegen den Gebrauch von Marihuana zu stimmen, die für alle gültig war.

Bei der Diskussion der Sitzung der *Scarsdale School* haben wir die Fähigkeit einer Gruppe privilegierter und reflexiver Adoleszenten betont, Themen des Rechts und der Gerechtigkeit bei einer für sie wichtigen Angelegenheit auf eine ›reife‹ Art oder auf einer hohen Stufe unter den Bedingungen der Demokratie zu behandeln und zu lösen. Vom Adoleszenten als einem Rechtsphilosophen wenden wir uns nun einer anderen Seite der Adoleszenz zu, die durch die Diskussion in der Schule angesprochen wurde: dem Interesse des Adoleszenten, einer sorgenden *(caring)* Gemeinschaft anzugehören.

### Entwicklungsebenen der Treue gegenüber der Gemeinschaft

Wir müssen jetzt allerdings aus der Perspektive einer strukturellen Sichtweise von Stufen Eriksons ethische Tugend der Treue in Beziehung zur Ideologie oder zu einer Gemeinschaft von *peer*s und Mitgläubigen entwickeln; diese Treue entspringt aus einem Identitätsgefühl und stärkt es. Die ›Tugend‹ der Treue unterscheidet sich etwas von der ›Tugend‹ der Gerechtigkeit, auf die sich unsere Stufen direkt beziehen. Ein anderes Wort für Treue ist Loyalität, und offensichtlich ist Loyalität eine ›Tugend‹, die von Freunden und *peergroup*s erwartet wird. Erikson hebt jedoch hervor, daß Treue letztendlich etwas Größeres einschließt oder auf ihm beruht; etwas Größeres, das im Hinblick auf die Vorstellungen eine ›Ursache‹ oder eine Ideologie ist. Als Gruppe ist eine Gemeinschaft größer als eine kleine Freundesgruppe; die Gemeinschaft ist eine Gruppe, die die Solidarität, die unter Freunden verspürt wird, repräsentiert, und sie ist eine größere Organisation, die zumindest teilweise die ›Gesellschaft‹ repräsentiert. Eriksons Denken über dieses Thema repräsentiert zum Teil seine Erfahrung in der ›Jugendbewegung‹, soweit dies auf andere Kulturen, insbesondere die amerikanische, universalisiert werden kann.

Ein amerikanischer ›Philosoph-Psychologe‹ der Jahrhundertwende, Josiah Royce (1908/1982), stellt eine nützliche Klärung des Eriksonschen Motivs der Treue als einer für den Adoleszenten identitätsbezogenen ethischen Tugend bereit.

Loyalität, sagt Royce, ist mehr als Konformität: »Ein Mensch ist loyal, wenn er eine *Veranlassung (cause)* dafür hat, wenn er bereit ist, sich dieser Veranlassung hinzugeben, und wenn er diese Hingabe durch beständiges Handeln im Dienst dieser Veranlassung ausübt.« Loyalität, so Royce, ist sozial, »sie betrifft andere Menschen und lädt Individuen in eine Gemeinschaft ein. Man kann ein Individuum lieben, aber loyal sein kann man nur gegenüber einer Bindung, die dich und andere in eine Einheit verpflichtet, und loyal gegenüber Individuen ist man nur aufgrund dieser Bindung. Unter Loyalität verstehe ich die praktisch hingebende Liebe eines Individuums gegenüber einer Gemeinschaft« (Royce 1982, S. 279f.).

Eriksons oder Royces Konzept der Treue oder Loyalität gegenüber einer Gemeinschaft mit gemeinsam geteilten Idealen hängt ab vom Wachstum der strukturalen Stufen. Wir wollen dies durch eine andere längsschnittlich durchgeführte Paralleluntersuchung illustrieren. Es handelt sich um Interviews mit einer Schülerin (Jane), die an der Alternativ-Schule in Cambridge, einer Schule mit einem starken Sinn für Gemeinschaft, erhoben wurden.

In der soziologischen Literatur werden den Begriffen ›Gemeinschaft‹ (im Original auf deutsch; die Hg.) oder Kommunität typischerweise die Begriffe ›Gesellschaft‹ (im Original auf deutsch; die Hg.), Sozietät oder Assoziation gegenübergestellt. Gemeinschaft impliziert ein innerlich geschätztes Set von Beziehungen und Beteiligungen. Assoziation legt nahe, daß soziale

Beziehungen oder Gruppen auf instrumentelle Weise bewertet werden, um die Ziele des Individuums zu unterstützen oder seine Rechte zu garantieren. So verstanden scheint ein Ideal der Gemeinschaft im Unterschied zur Assoziation erst ab unserer dritten Stufe – oder später – sinnvoll.

Jane kam an die Schule, als diese seit zwei Jahren bestand; zu dieser Zeit sprachen sich bereits viele Schüler für die Ideale der Gemeinschaft aus. Bei Jane lag während ihres ersten Jahres an der Schule kein Konzept der Gemeinschaft vor, obwohl es im Fach Sozialkunde unterrichtet wurde. Auf die Frage »Wird im Unterricht über den Unterschied zwischen einer Assoziation und einer Gemeinschaft gesprochen?« antwortete sie: »Ja, in eine Assoziation tritt man wegen eines Ziels ein, in der Gemeinschaft machen wir Ausflüge und kommen zusammen. Wir reden nicht nur über eine Sache, wir reden über eine Menge Dinge.« Für Jane bedeutet die Differenz zwischen einer Assoziation und einer Gemeinschaft die Differenz zwischen einer Arbeits- und einer Spielgruppe. Die in der Idee der Gemeinschaft enthaltene Verpflichtung oder das moralische Ideal bedeutet für sie daher, »mit der Gruppe auszukommen«. Wir wollten wissen: »Wie entscheidet ihr in eurer Straßengruppe über Probleme?«, und Jane antwortete: »Wenn welche ›raus‹ wollen, dann gehen sie, wenn sie bleiben wollen, dann bleiben sie.« Daraufhin fragten wir: »Wie ist es in der *Cluster School*?« und Jane entgegnete: »Man sollte mitmachen. Wenn du zu der Schule gehören willst, warum solltest du dann nicht mitgehen? Darauf baut die Schule auf – Ausflüge machen und Reden. Wenn man hier nicht gehen will, dann muß man nicht gehen, aber es ist eine Gemeinschaft, deshalb sollte man sich an den Ausflügen beteiligen, und alle sollten zusammenbleiben.«

Jane verfügt somit über eine Norm der Gemeinschaft: deren physischen Zusammenhang. Eine zweite Norm lautet: »Mit der Gruppe auszukommen«. Sie sagt: »Wir kommen alle miteinander aus. Draußen in der *high school* schlagen sie sich. Draußen in der *high school* haben einige weiße ›*Kids*‹ Kate bedroht, weil sie dafür stimmte, schwarze Kinder aufzunehmen. Hier kommen schwarze und weiße ›*Kids*‹ wirklich gut miteinander aus.«

Ein Jahr später hat sich Jane von einer Vorstellung der zweiten Stufe der Gemeinschaft zu einer Vorstellung der dritten Stufe weiterentwickelt. Sie versteht nun, daß die meisten Kinder der Schule auf ein gemeinsames Ziel, »eine gute Schule zu erreichen«, hinarbeiten. Sie sagt: »Ich denke, daß die Schule eine Gemeinschaft auf einer Grundlage ist, wo wir alle zusammenkommen und wir alle nach einem Ziel streben: nach einer wirklich guten Schule.« Sie definiert Gemeinschaft jetzt im Hinblick darauf, daß alle einen Anteil daran haben, die Schule oder Gruppe an sich mit einem Wert zu versehen – »eine gute Schule zu erreichen«.

Wieder ein Jahr später entwickelt sich Jane weiter zu unserer vierten Stufe des Ideals von Gemeinschaft. Ein Aspekt dieser vierten Stufe ist die nun einsetzende Idee eines allgemeinen Willens – von einer Gruppe von Menschen, die alle an das Wohlergehen der Gemeinschaft denken. Jane führt aus: »Die Schule ist eine Gemeinschaft, weil jeder, um zu einer Entscheidung zu kommen, dasjenige, was er denkt oder fühlt, ausspricht. Und die Entscheidung wird von allen getroffen. Es sind unterschiedliche Leute, aber es ist dennoch etwas Ganzes, an dem jeder teilhat.«

Auf der dritten Stufe sah Jane die Gemeinschaft im Sinne von Zielen und Werten, die von den Individuen, die die Gruppe ausmachen, geteilt werden. Jetzt versteht sie die Gruppe als eine organische Ganzheit, die versucht, die individuellen Stimmen zu gemeinsamen Entscheidungen zu vereinen. Die Gemeinschaft ist eine Gestalt (im Original auf deutsch; die Hg.), die sich von der Summe der individuellen Mitglieder und dem, was diese in die Gruppe einbringen, unterscheidet.

Ein anderer Aspekt der sich entwickelnden Konzeption der Stufe der Gemeinschaft bei Jane besteht in den verallgemeinerten Verpflichtungen des Respekts und der Fürsorge für alle Mitglieder, ungeachtet zufälliger Freundschaften oder der Zugehörigkeit zu Cliquen. So sagt Jane: »In dieser Schule sollten die Mitglieder sich respektieren und zuhören, selbst wenn sie nicht zustimmen können. Sie wollen sich umeinander kümmern, und sie kümmern sich umeinander, weil dies eine Gemeinschaft ist, und das ist es, was man in einer Gemeinschaft tun muß.«

Jane wiederholt hier die Aussagen von Royce (1982) und dem großen französischen Moralsoziologen Durkheim (1961; dt. 1973), die beide betonen, daß die Verpflichtung, anderen gegenüber altruistisch zu sein, aus der Solidarität mit der Gruppe als ganzer entspringt bzw. von ihr abhängt. So hebt Jane hervor: »In einer demokratischen Gemeinschaft können wir keine selbstbezogenen Leute haben, die nur über sich reden. Es gibt viele, die die Gemeinschaft lieben und eine Menge in sie hineinstecken, und es ist hart zu akzeptieren, daß sich jemand nicht darum schert.« Am Fall von Jane können wir also sehen, wie sich in ihrer Wahrnehmung ihrer Beziehungen zur Gemeinschaft Eriksons funktionale Stufe der Treue zusammen mit der strukturalen Moralentwicklung ausbildet.

## Selmans strukturelle Stufen der Freundschaft und der Mitgliedschaft in Gleichaltrigen-Gruppen

Bei der Diskussion von Eriksons Theorie der Identität des Adoleszenten haben wir auf deren Betonung der ethischen Tugend der Adoleszenz hingewiesen, der Loyalität oder Treue, der Treue gegenüber einer Gemeinschaft oder Gruppe und deren Idealen. Wir haben vermerkt, daß Andrew nicht fähig war, der größeren Gesellschaft zu vertrauen oder ihr gegenüber treu zu sein. Während er sich ihr gegenüber privatistisch verhielt, vertraute er einer kleineren Gruppe, der Gemeinschaft der Alternativschule. Häufiger als die Identifizierung mit der Gemeinschaft einer Schule ist die Treue des Adoleszenten gegenüber Freunden oder gegenüber einer *peer*-Gruppe bzw. Freundesclique.

Wir haben den zentralen Stellenwert der Freundschafts- und *peer*-Gruppen-Beziehungen anhand der funktionalen Stufentheorien sowohl von Erikson als auch von Sullivan diskutiert. Ein strukturaler Ansatz der Stufenentwicklung von Freundschaft und der Mitgliedschaft in *peer*-Gruppen wurde von Robert Selman (1980; dt. 1984) ausgearbeitet. Selmans erstes Interesse bestand darin, allgemeine Ebenen oder Stufen der sozialen Perspektivenübernahme zu entwickeln, die unseren moralischen Stufen noch zugrunde lagen oder diese koordinieren können.

Im Hinblick auf unsere erste moralische Stufe haben wir auf eine bestimmte egozentrische Konfusion zwischen der Perspektive des Individuums und der Perspektive von anderen Personen aufmerksam gemacht. Kinder der ersten Stufe der Perspektivenübernahme nach Selman sind sich der Tatsache deutlich bewußt, daß unterschiedliche Personen unterschiedliche Dinge wissen; es ist ja gerade so, daß das größere Wissen der Erwachsenen die Grundlage für deren Autorität darstellt. Diese Kinder können auch bestimmte Unterscheidungen zwischen den physischen Handlungen und den Konsequenzen des Verhaltens des Selbst oder von anderen sowie den psychischen Intentionen einer Person treffen – eine Unterscheidung, die, wie Piaget entdeckte (1929; dt. 1978), in der frühen Kindheit nicht vorgenommen wird.

Kinder, die sich auf der ersten Stufe befinden, nehmen jedoch nicht die Perspektive einer zweiten Person im Hinblick auf ihre eigene Person ein. Dies ist das Hauptcharakteristikum der zweiten Stufe Selmans: das Bewußtsein, daß genauso wie das Selbst die Intentionen von anderen antizipiert, die anderen in reziproker Weise die Intentionen des Selbst antizipieren. Selman (1980; dt. 1984) benutzte eine Aufgabe, die von John Flavell (1968; dt. 1975) entwickelt worden ist, um diese Fähigkeit zur Perspektivenübernahme einzuschätzen. In dieser Aufgabe wurde ein erstes Kind so instruiert, daß es versuchen sollte, ein zweites Kind, das Geld gewinnen wollte, hinter's Licht zu führen. Ein Becher, der 5 Cent genannt wurde, wurde über einen Nickel (5 Cent) gestülpt, und ein Becher, der 10 Cent genannt wurde, wurde über einen Dime (10 Cent) gestülpt. »Dem Kind wird mitgeteilt, daß ein anderes Kind hereinkommen und einen der beiden Becher umdrehen wird, um das darunterliegende Geld zu gewinnen« (Selman 1984, S. 35). Das erste Kind wurde nun gebeten, die Münze einem der Becher zu entnehmen, um das zweite Kind zu täuschen, so daß es kein Geld gewinnt.

Auf der ersten Ebene der von Selman beschriebenen Perspektivenübernahme entnimmt das Kind den Dime aus dem Becher mit dem Argument, daß das zweite Kind den Dime vorziehen wird. Auf der zweiten Ebene stellt das erste Kind ein Bewußtsein darüber unter Beweis, daß das zweite Kind versuchen wird, die Strategie oder Intention des ersten Kindes zu antizipieren. Dem ersten Kind ist bewußt, daß das zweite Kind von dem Interesse des ersten Kindes, die größere Geldmenge zu erhalten, weiß; daher überlegt es sich, ob es den kleineren Betrag nimmt, um das zweite Kind hereinzulegen. Das erste Kind antizipiert damit, daß das zweite Kind auf reziproke Weise ebenso von seinen Intentionen weiß, wie es selbst von denjenigen des zweiten Kindes weiß.

Auf der dritten Ebene der von Selman beschriebenen Perspektivenübernahme nimmt das Kind nicht nur die reziproke Perspektive einer zweiten Partei ein, sondern die Perspektive einer dritten Person im Hinblick auf die Perspektive jeder Partei in der Dyade. Jedes Kind tritt über die Dyade hinaus und versteht, daß jedes Kind *gleichzeitig* die Perspektive des anderen verstehen sowie eine *wechselseitige Perspektive* konstruieren kann. Diese wechselseitige Perspektivenübernahme ist Voraussetzung für unsere dritte Stufe sowie für ein Verständnis der Goldenen Regel, das die Dinge gleichzeitig aus der eigenen wie aus der Perspektive der anderen versteht. Sie ist in Tommys Antwort der Stufe 3 enthalten, die die Liebe von Heinz als einen gemeinsam geteilten Wert oder eine gemeinsam geteilte Norm beschreibt: »Liebe hat keinen Preis«; sie ist ebenfalls in Kims Sichtweise in bezug auf das Einhalten eines Versprechens enthalten, die eine gemeinsam geteilte Perspektive oder den Wert des Vertrauens für beide Parteien einschließt.

Selmans vierte Ebene der Perspektivenübernahme impliziert die Sichtweise, die von George Herbert Mead (1934; dt. 1975²) das ›generalisierte andere‹ genannt wurde, d. h. daß die Beziehung aller Mitglieder in einer Gesellschaft berücksichtigt wird. Wir haben die moralische Seite dieser Perspektive anhand Tommys Antwort der Stufe 4 bezüglich des Vertrags illustriert, der jedes Mitglied der Kirche oder der amerikanischen Gesellschaft bindet, sowie anhand der Antwort von Kim über das Einhalten eines Versprechens, die aus der Perspektive eines ›generalisierten anderen‹ erfolgt, der in den Beziehungen mit den anderen Mitgliedern der Gesellschaft Verläßlichkeit voraussetzen muß. Die ›Perspektive des generalisierten anderen‹ wird üblicherweise in einem institutionellen Kontext hervorgerufen, so daß es schwierig ist, sie auf die dyadischen Beziehungen anzuwenden, die im Mittelpunkt von Selmans Interesse stehen. Zu diesem Zweck betrachtet er das Selbst oder die Person als eine ›Institution‹, die an wechselseitigen Beziehungen auf unterschiedlichen Ebenen – von der Oberflächlichkeit bis zur unausgesprochenen Tiefe – teilnehmen kann.

Selman (1971), Byrne (1973) und Walker (1980) haben ermittelt, daß die Ebene der sozialen Perspektivenübernahme notwendig, aber nicht hinreichend für unsere moralischen Stufen ist. Beispielsweise zeigt sich bei vielen Befragten, die sich auf der dritten Ebene der Perspektivenübernahme befinden, noch ein moralisches Urteil der Stufe 2. Die Moralstufe 3 verlangt zusätzlich zu Ebene 3 der sozialen Perspektivenübernahme eine Konstruktion von präskriptiven Verpflichtungen, Rechten und Beziehungen der Gerechtigkeit. Die Ebenen der Perspektivenübernahme nehmen andererseits einen breiteren Umfang ein als moralische Stufen. Sie helfen, Situationen der Kommunikation, Verhandlung und selbst Wettbewerbssituationen (wie im Falle des Spiels von Flavell) sowie Modi der Konfliktlösung zu strukturieren. Selman war vor allem an der Definition struktureller Ebenen als Stufen in der Art und Weise interessiert, wie Adoleszente Freundschaft und *peer*-Gruppen-Beziehungen beschreiben sowie wie sie *peer*-Konflikte im Dialog und durch das, was er als ›Verhandlungen‹ beschreibt, auf den verschiedenen Ebenen lösen.

Selmans Beschreibungen der Ebenen der Freundschaft und der Beziehungen in der *peer*-Gruppe sind umfangreich. Sie übertragen seine Ebenen der sozialen Perspektive auf bestimmte Themen innerhalb der *peer*-Beziehungen. Wir wollen kurz die Ebenen der Freundschaft anhand der Thematik, wie Freunde Konflikte lösen bzw. mit Auseinandersetzungen umgehen, illustrieren (vgl. Selman 1980; dt. 1984, S. 116ff.). Auf der ersten Ebene wird eine Konfliktlösung entweder durch einseitige Herrschaft oder durch einseitiges Nachgeben erzielt. Auf der zweiten Ebene wird erkannt, daß die Konfliktlösung zwischen Freunden bilateral oder wechselseitig erfolgen muß; d.h. daß eine Lösung die Empfindungen beider Partner berücksichtigen muß. Auf die Frage »Wie löst ihr Konflikte, wenn Freunde miteinander nicht übereinstimmen?« antwortete ein 14jähriger: »Wenn einer ein bestimmtes Spiel spielen will, und der andere will ein anderes Spiel spielen, und wenn man das nicht lösen kann, dann werden wir zuerst dein Spiel und dann mein Spiel spielen. So kann jeder das tun, was er will.« Die Begrenzung dieser Freundschaftskonzeption, und darin ähnelt sie der Moral der Gleichheit und Reziprozität von Stufe 2, besteht darin, daß jede Person unabhängig von der anderen zufriedengestellt werden kann. Diese

Überzeugung der Stufe 2, die besagt, daß alles in Ordnung ist, so lange jeder glücklich ist, ungeachtet der Tatsache, ob sie zu einer wechselseitigen Übereinstimmung kommen, zeigt, daß weder der Konflikt noch seine Lösung als etwas verstanden werden, das innerhalb der Beziehung selbst seinen Ursprung hat.

Im Gegensatz dazu lautet die Aussage eines Fünfzehnjährigen auf Stufe 3 wie folgt:

> Wenn man sich nach einem Streit einfach nur einigt, ist das nicht gut. Man muß wirklich fühlen, daß man glücklich wäre, wenn man sich in den Schuhen seines Freundes befinden würde. Mit jemandem, der kein Freund ist, kann man einfach einen Vergleich schließen, aber darum geht es bei einer Freundschaft nicht.

Die Wechselseitigkeit wird somit mit einer Freundschaftsbeziehung identifiziert, und sie unterscheidet die Freundschaft von der Gegenseitigkeit zwischen Fremden. Freundschaft wird außerdem mit Bindung identifiziert und mit einem Verstehen, das über die Nichtübereinstimmung hinausgeht und das daher Freunde, die Nichtübereinstimmungen zu lösen vermögen, zu noch besseren Freunden macht. Im Mittelpunkt der Konfliktlösung steht eher der Dialog oder die Kommunikation zwischen den Freunden als ein Kompromiß, der jeder Partei dasjenige gibt, was sie möchte. Die Bindung selbst ist die Quelle der Konfliktlösung, so wie es von einer Dreizehnjährigen ausgesprochen wurde: »Du kennst deine Freundin schon so lange, und du magst sie so sehr, und du bist ganz plötzlich so sauer auf sie, aber du magst sie immer noch, und du weißt bei dir, daß ihr in ein paar Sekunden sowieso wieder Freundinnen sein werdet.«

Es scheint sicher, daß die Entwicklung zu der von Selman beschriebenen dritten strukturellen Ebene der Freundschaft notwendig ist für das Verständnis der Veränderungen, die Sullivan als die Geburt der wirklichen Zuneigung und Intimität, mit ihren potentiell heilenden oder integrierenden Effekten für das Selbst des Adoleszenten, charakterisiert.

Die zentrale Leistung auf der von Selman konzipierten Stufe 4 ist die Integration von Autonomie und Abhängigkeit in ein interdependentes System der Kommunikation und Interaktion. Zu Beginn dieser Stufe steht die Ablehnung der Bindung der dritten

Ebene als ›Überabhängigkeit‹. Ein Sechzehnjähriger sagt: »Dann kommst du so weit, daß du fast von der anderen Person abhängst, und kein Individuum mehr bist.«

Diese Bewegung hin zur Unabhängigkeit wird in der Folge durch die Überzeugung abgemildert, daß vollständige Unabhängigkeit nutzlos oder unmöglich ist. Mit dem Bewußtsein der Interdependenz zwischen unabhängigen Personen *(selves)* geht das Bewußtsein einher, daß ein geteiltes, unausgesprochenes Verständnis besteht, das Konflikte in der Freundschaft löst. Eine Sechzehnjährige drückte dies so aus: »Man könnte es ausdiskutieren, aber üblicherweise löst es sich von selbst. Man muß nicht alles erklären. Man konzentriert sich auf etwas, und jeder weiß, was es bedeutet; aber wenn dies nicht der Fall ist, dann mußt du es ausdiskutieren.«

Selman hat seine Untersuchungen zur Freundschaft mit der Adoleszenz beendet. Wenn man Eriksons Vorstellung der Intimität, die in einer bereits erreichten Identität fundiert ist, erfüllen wollte, dann wäre in Selmans Konzeption eine fünfte Ebene erforderlich.

## Delinquenz, negative Identität und strukturelles Verharren auf einer Stufe

Wir haben bereits Eriksons Erklärung angesprochen, die abweichendes Verhalten und Verbrechen im Sinne einer negativen Identität beschreibt, die keinerlei Identität vorgezogen wird. Selmans Arbeiten zur Übernahme der sozialen Perspektive, unsere moralischen Stufen sowie Selmans Konzeption der Wahrnehmungen der *peer*-Gruppe werfen zusätzliches Licht auf Abweichung und Kriminalität bei Adoleszenten. Die meisten jugendlichen Straftäter, die eines Verbrechens überführt wurden, befinden sich auf der Stufe 2 des moralischen Urteilens im Vergleich zu gleichaltrigen Arbeiterjugendlichen aus der Kontrollgruppe, die vorwiegend konventionell (Stufe 3 oder 4) urteilen (vgl. Jennings/Kilkenny/Kohlberg 1983). Diese Ergebnisse wurden in zahlreichen Untersuchungen in Ländern des Westens gefunden. Viele dieser Jugendlichen beherrschen Piagets formaloperatorisches Urteilen, das eine Voraussetzung für konventionelles moralisches Urteilen darstellt. Eine Reihe von ihnen verfügt auch über die Fähigkeit zur sozialen Perspektivenübernahme der Stufe 3 nach Selman – eine weitere Voraussetzung für das konventionelle moralische Urteilen.

Weshalb erreichen gerade diese Adoleszenten nicht die Stufe 3 des moralischen Urteilens, sondern verwenden Urteile der Moral und der Gerechtigkeit auf Stufe 2? Eine Antwortet lautet, daß dies deshalb so ist, weil sie in einer Welt leben, die sie als ›einer frißt den anderen‹ wahrnehmen; eine Welt, die auf der Idee des ›mit gleicher Münze heimzahlen‹ basiert, der Vergeltung sowie des instrumentellen Austauschs von Gefälligkeiten. Häufig argumentieren auch ihre Eltern auf der moralischen Stufe 2 (vgl. Jennings/Kilkenny/Kohlberg 1983). In einer Vielzahl dieser Familien wurden die Adoleszenten mißbraucht, oder ihr Vertrauen wurde betrogen. In der ›Welt der Straße‹ werden *peer*s, aber auch Erwachsene, einschließlich Polizisten, Bewährungshelfer und Sozialarbeiter, als Personen wahrgenommen, die ›nur an sich denken‹, und auch die Wahrnehmung der größeren Gesellschaft erfolgt vor dem Hintergrund dieser zweiten Stufe.

Einer der delinquenten Adoleszenten, Ron, vertraute einem Interviewer an, daß er und sein Partner John in eine Reihe von betrügerischen Operationen involviert waren. Diese verlangten die Fähigkeit der Perspektivenübernahme auf Stufe 3. Er beschrieb beispielsweise, wie sie 100 $ am Tag ›verdienen‹ konnten, indem sie die folgenden Betrügereien in mehreren Geschäften durchführten:

> Ron betrat ein Geschäft, kaufte etwas für weniger als einen Dollar und zahlte dafür mit einem 10-Dollar-Schein, auf dem eine Telefonnummer stand. Einige Minuten später betrat sein Partner John den Laden, kaufte ebenfalls etwas für weniger als einen Dollar und zahlte mit einem Dollar. Als ihm die Kassiererin das Wechselgeld gab, protestierte er mit dem Argument, daß er ihr einen 10-Dollar-Schein gegeben habe, und daß er es beweisen könne, weil er sich an eine Telefonnummer erinnere, die auf dem Schein stand, und die er nun wiederholte. In fast allen Fällen gab eine verblüffte Kassiererin nun weitere neun Dollar an John, und dieser verließ das Geschäft.

Ron rechtfertigte dieses Vorgehen mit dem Hinweis, daß jeder jeden ›übers Ohr haut‹, darunter auch Geschäfte und größere Firmen, und daß er, um seinen fairen Anteil vom Kuchen zu bekommen, die anderen ausnahm, ansonsten würde er sich selbst als ›Gelackmeierten‹ ansehen. – Seine Vorstellung von Fairneß liegt offensichtlich auf Stufe 2. Auf die Frage des Interviewers »Was wäre ein fairer Anteil?« konterte er mit der Erklärung, daß ein fairer Anteil dasjenige ist, was jemand braucht, um so zu leben, wie er es will. Ron fügte hinzu, daß der Interviewer wahrscheinlich naiv und ein Dummkopf sei und die Welt, wie sie wirklich funktioniert, nicht verstehe. Wir denken, daß sein vollständiges Vertrauen darauf, daß seine Sicht der Welt ›realistisch‹ sei, ihm im Weg steht und verhindert, daß er sich auf die dritte Stufe der Moral entwickelt; diese Sichtweise erlaubt es ihm allerdings auch, seine Fähigkeit der Perspektivenübernahme einzusetzen, und von dem Vertrauen, das, wie er weiß, die meisten Kassiererinnen im Umgang mit der Kundschaft an den Tag legen, zu profitieren.

Die Frage, die man sich dann natürlich stellt, lautet, ob Ron bzw. andere Adoleszente mit abweichendem Verhalten ihre Beziehungen zu einem Partner wie John oder zu einer Straßengang im Hinblick auf Selmans Konzeption der Freundschaft bzw. der *peer*-Gruppe entsprechend Stufe 3 sehen, obwohl sie die größere Gesellschaft nicht auf diese Weise wahrnehmen.

In meiner Doktorarbeit aus dem Jahr 1958 habe ich eine kleine Gruppe von Adoleszenten mit abweichendem Verhalten aus einem Jugendgefängnis nicht nur im Hinblick auf das Heinz-Dilemma, sondern auch über ihre Beziehungen zu anderen Mitgliedern ihrer Gruppe befragt; einige dieser Jungen konnte ich drei Jahre später noch einmal interviewen. In aller Regel befanden sich die Wahrnehmungen der *peer*-Beziehungen dieser Adoleszenten ebenso wie beim Heinz-Dilemma auf Stufe 2. Jay, ein kluger Siebzehnjähriger, der sich auf der formal-operatorischen Stufe befand, antwortete auf das Heinz-Dilemma wie folgt: »Weshalb sollte er es (das Medikament) für seine kranke Frau stehlen, wenn er sie gegen ein neues Modell eintauschen kann?« Er, der als Anführer in seiner Gruppe im Jugendgefängnis angesehen wurde, sagte: »Ich mache Affen aus ihnen«, als er beschrieb, wie er die anderen überredete, Dinge zu tun, die er dann nicht ›ausbaden‹ mußte.

Die delinquenten Adoleszenten, von denen Erikson sagt, daß sie eine negative Identität keinerlei Identität vorziehen, haben allerdings aller Voraussicht nach Selmans oder auch meine Stufe 3 erreicht, andernfalls würden sie nicht so bereitwillig von einem erwachsenen Mentor oder Therapeuten angenommen werden, mit denen eine Beziehung wechselseitigen Vertrauens etabliert werden kann.

Die Konzeption der Gruppe sowie der Gesellschaft, die von den delinquenten Adoleszenten im Hinblick auf das moralische Urteil und die Wahrnehmung der sozialen Welt auf Stufe 2 vertreten wird, ist gänzlich von dem verschieden, was wir als den Privatismus der konventionellen Stufen 3 oder 4, wie im Fall des bereits zitierten Andrew, beschrieben haben. Andrew beurteilt die Gesellschaft mit den Standards der Gerechtigkeit auf Stufe 4 und stellt fest, daß die Gesellschaft diesen Standards nicht gewachsen ist. Als Ergebnis fühlt er sich von der Gesellschaft entfremdet und verweigert die Teilnahme, sich selbst aber verpflichtet er auf die Einhaltung der moralischen Standards der Stufe 4.

Ich habe in diesem Kapitel an verschiedenen Stellen die moralischen Diskussionen in den *high school*s sowie die Entscheidungsfindungen angesprochen, die sich an der Gerechtigkeit und an der Gemeinschaft orientieren. Die Grundlage für dieses Vorgehen beruht auf der Unterstellung, daß die ethische Entwicklung das Ziel der Erziehung ausmachen sollte. Mit dieser Behauptung greifen wir auf das Denken von John Dewey zurück, das im Herzen einer demokratischen Philosophie der Erziehung steht. Nach Dewey bedeutet Erziehung die Stimulation der Entwicklung über Stufen hinweg, und zwar dadurch, daß Gelegenheiten zum aktiven Denken sowie zur aktiven Organisation der Erfahrung bereitgestellt werden.

Neben der eindeutigen Fokussierung auf die Entwicklung gibt es einen weiteren Aspekt des pädagogischen Denkens von Dewey, der einer Wiederbelebung bedarf: Es ist der Glaube, daß die Erfahrung in der Schule, welche die Entwicklung stimuliert, eine ›real-life-Erfahrung‹ sein und eine solche repräsentieren muß. Wenn Entwicklung das Ziel der Erziehung ist, dann muß diese Entwicklung für den Adoleszenten selbst bedeutungsvoll bzw. real sein. In diesem Sinne muß Erziehung von dem Adoleszenten so verstanden werden, daß sie ihm bei seiner Suche nach Identität sowohl hilft, als sich auch auf das Leben bezieht. Weder das

Interesse am Selbst noch das Interesse am Leben sind Sachverhalte, die der Intellektualität oder der intellektuellen Entwicklung entgegenstehen. Die Opposition von ›Intellekt‹ und ›Leben‹ ist selbst ein Reflex des zweibahnigen Systems, innerhalb dessen eine lange Tradition akademischer Erziehung ein Moratorium bereitstellte für die gemächliche Selbst-Kristallisation der Rollenidentität eines Erwachsenen, der der Elite angehörte, während es für die Massen geboten war, eine frühe berufliche Identität, entweder durch die Arbeit selbst oder durch das Erlernen eines Berufs an einer berufsbezogenen *high school*, zu erwerben.

Wenn die Erfahrung an der *high school* für den Adoleszenten sinnvoll sein soll, dann muß sie deren gegenwärtiges Selbstverständnis und das Verständnis ihrer Identität in Rechnung stellen. Wie die meisten Psychologen denken die meisten Adoleszenten, daß das Selbst wenig mit der intellektuellen oder moralischen Entwicklung zu tun hat. Der relativistische oder privatistische Adoleszent ist zufrieden, wenn er bzw. sie auf die Frage nach der Quelle und Grundlage von Werten und Sinn ›ich selbst‹ antworten kann. Wie die meisten Psychologen neigt er bzw. sie dazu, den Inhalt der Selbst-Entwicklung mit dem Ich, mit dem Selbst-Bewußtsein bzw. mit der Identität gleichzusetzen. Der andere Pol des Ichs oder der Selbst-Entwicklung ist jedoch der eines neuen Bewußtseins über den neuen Sinn des Lebens.

Wir haben hier den moralischen und ethischen Bereich der Ich-Entwicklung, der offensichtlich philosophisch ist, etwas ausführlicher diskutiert. Wir sollten darauf hinweisen, daß es darüber hinaus ästhetische (Parsons 1987), religiöse (Fowler 1981; dt. 1991), metaphysische sowie epistemologische (Broughton 1982) Ebenen und Werte gibt, die in der Adoleszenz geboren werden. Die eine Seite der Ich-Entwicklung ist die Struktur des Selbst-Konzepts, die andere Seite besteht aus dem Konzept des Individuums über das Wahre, Gute, Schöne und Wirkliche.

Hinter allen diesen Entwicklungszielen liegen die moralischen und philosophischen Dimensionen der Frage nach dem Sinn des Lebens, die der Adoleszente hinterfragt und mit denen sich die Schule beschäftigen muß. Der Adoleszente ist von seiner Eigenart her ein Philosoph. Auch die *high school* muß über eine Philosophie verfügen und diese darstellen, wenn sie für den Adoleszenten sinnvoll sein will.

# 4. Der Jugendliche als Philosoph
*mit Ann Higgins*

Kenneth Keniston hat im Jahr 1970 einen Artikel unter der Überschrift *Jugend: Eine neue Lebensstufe* veröffentlicht und dort folgendes zum Ausdruck gebracht:

> Wenn weder ›Adoleszenz‹ noch ›frühes Erwachsenenalter‹ junge Männer und Frauen annähernd richtig beschreiben ..., wie können wir diese dann bezeichnen? ... Mit meiner Antwort gehe ich davon aus, daß wir Zeugen eines massenhaften Aufkommens einer zuvor nicht bekannten Lebensstufe werden, einer Stufe, die zwischen Adoleszenz und Erwachsenenalter liegt. Ich schlage vor, diese Lebensstufe die Stufe der Jugend *(youth)* zu nennen, und verbinde mit diesem angreifbaren und vagen Begriff eine neue und spezifische Bedeutung.

In der sich anschließenden Diskussion verweist Keniston auf die soziale Tatsache, die hinter der Behauptung steht, daß Jugend eine neue Lebensstufe sei – die Tatsache, daß die Hälfte der jungen Amerikaner heute das *college* besucht und viele zur *graduate school* übergehen, während dies noch 1900 für weniger als 6% der Fall war. Viele dieser jungen Menschen, so Keniston, unterscheiden sich deutlich von jenen ›jungen Erwachsenen‹ in den frühen und mittleren Zwanzigern, die häufig Familien haben und sich vollständig ihrem Beruf verschreiben:

> Was eine wachsende Minorität von Post-Adoleszenten heute charakterisiert, ist, daß sie die Fragen, die einst das Erwachsenenalter definierten, nicht gelöst haben: nämlich die Fragen der Beziehung zur bestehenden Gesellschaft, Fragen im Hinblick auf den Beruf sowie Fragen zur gesellschaftlichen Rolle und zur Lebensstufe.

Keniston identifiziert als zentrale Spannung zwischen Selbst und Gesellschaft eine durchdringende Ambivalenz sowohl im Hinblick auf das Selbst als auch auf die Gesellschaft, und er stellt die Frage, wie die beiden kongruenter zueinander gestaltet werden können. Er weist auf unsere Moralstufen als auf eine der Entwicklungen hin, welche die Periode der Jugend definieren, und er sagt richtigerweise, daß die Mehrzahl der Erwachsenen nicht über die konventionellen Stufen zur prinzipiengeleiteten oder postkonventionellen Moral hinausgeht sowie daß für diejenigen, die dies tun, diese Entwicklung auf dem *college* oder der *graduate school* einsetzt.

Neben der Aufmerksamkeit, die Keniston Eriksons Beschreibung der jugendlichen Identität sowie meinen Stufen der Moral schenkt, weist er auf die von William Perry formulierten Stufen der intellektuellen und epistemologischen Entwicklung während der *college*-Jahre als dritten Fokus der Entwicklung hin. Wenn wir auch nicht damit übereinstimmen, Jugend eine besondere ›Stufe‹, sei es im strukturalen Sinn unserer moralischen Stufen oder im funktionalen Sinn von Eriksons Identitätstheorie, zu nennen, wie Keniston dies tut, so verstehen wir Jugend doch als einen besonderen Abschnitt im Lebenszyklus, vor allem für jene Personen, die weiterführende Schulen besuchen.

In unserer Diskussion über den Adoleszenten als Philosophen porträtierten wir diesen als einen subjektiv Fragenden, einen Betrachter hypothetischer Welten und gelegentlich als einen relativistisch die Moral der Familie, der Schule und der *peergroup* Hinterfragenden. Dieser Relativismus, der in einem gewissen Ausmaß bei einigen Adoleszenten in der *high school* auftritt, kann nun in stärker ausgeprägter Form bei vielen Jugendlichen auf dem *college* gefunden werden. In diesem Kapitel zur Jugend werden wir Einzelheiten zum Thema des Relativismus und dessen Auflösung entfalten. Dazu greifen wir auf Fälle aus unserer Längsschnittstudie zurück, beschreiben den Übergang nach dem Abschluß der *high school* zum *college*, zur *graduate* oder *professional school* bis zum Beginn der Berufsrolle der Erwachsenen. Wir wollen diese Entwicklung aus der Perspektive von drei Stufen-Modellen betrachten. Das erste Modell ist mein eigenes strukturales Modell der moralischen Entwicklung. Um zu vereinfachen: In diesem Modell ist der radikale moralische Relativismus eine Form des Disäquilibriums der konventionellen Moral, das darauf basiert, daß eine Perspektive ›außerhalb der Gesellschaft‹ im Hinblick auf die vorausgegangenen konventionellen Stufen eingenommen wird, und stellt einen Übergang zur nächsten Stufe, der prinzipiengeleiteten oder Stufe 5 der Moral (Kohlberg 1973, dt. 1995, S. 81-122), dar. Das zweite Modell ist Eriksons (1959, dt. 1966; 1982, dt. 1988) funktionales Stufen-Modell der Identitätskrise in der Adoleszenz und Jugend. Das dritte Modell ist Perrys (1970) ganzheitlich-strukturales Modell der intellektuellen und ethischen Epistemologien bei Jugendlichen auf dem *college*. Wir werden Fälle aus unserer Längsschnittstudie aus jeder dieser Perspektiven betrachten und versuchen, sowohl die Ähnlichkeiten als auch die Unterschiede zwischen jedem der drei Modelle zu zeigen.

### Relativismus als Übergang von der konventionellen zur prinzipiengeleiteten Moral: Die Fallstudie Kim

Bei einem der Befragten aus unserer Längsschnittstudie, bei Kim, dessen Aussagen bereits im vorhergehenden Kapitel beschrieben wurden, scheint eine relativistische Phase ein klares Beispiel für eine disäquilibrierte Übergangsperiode zu sein, die mit dem Aufbrechen der konventionellen Moral einsetzt. Dieses Phänomen befindet sich in Übereinstimmung mit unserem Entwicklungsmodell, das postuliert, daß ein interner kognitiv-moralischer Konflikt eine notwendige Bedingung für den Übergang von einer Stufe zu einer nächsten ist. Für Kim scheint der kognitiv-moralische Konflikt sowohl eine ausreichende als auch eine notwendige Bedingung für den Übergang zu Stufe 5 gewesen zu sein.

Kim ist der jüngste der Befragten aus unserer US-amerikanischen Längsschnittstudie. Dem Kapitel zur Adoleszenz ist zu entnehmen, daß er als 17jähriger Schüler der *high school* auf Stufe 4 urteilte. Als Studienanfänger im zweiten Studienjahr (*sophomore*) und als Relativist beurteilt er mit 20 Jahren seine eigene Position (der Stufe 4) auf der *high school* als grundlegend konventionell und erläutert: »Ich habe versucht, den Normen der Gesellschaft zu entsprechen und im wesentlichen mit dem vorherrschenden Denken über das moralisch Richtige übereinzustimmen. Als ich jünger war, interessierten mich andere Menschen und die Gesellschaft generell. Nun denke ich mehr an die moralische Verantwortlichkeit mir selbst gegenüber. Das Selbstinteresse gewinnt die Oberhand gegenüber der Moral.«

Als relativistischer Studienanfänger ist sich Kim zweier Positionen bewußt: der ›selbstbezogenen Perspektive‹ und der ›gesellschaftlichen Perspektive‹, und er nimmt an, daß beide Perspektiven gleichermaßen als ›moralisch‹ bezeichnet werden können.

Welche Position moralischer ist, »hängt«, aus seiner relativistischen Perspektive gesehen, »auch davon ab, was man unter Moral versteht. Ob es für mich Moral ist.« Wir betrachten Kim als einen egoistischen Relativisten, der denkt, daß er eine primäre Verantwortlichkeit gegenüber sich selbst habe, da er die Möglichkeit einer funktionierenden Gesellschaft sieht, in der alle Individuen mit einer egoistischen Moral operieren, und häufig denkt er, daß große Teile der Welt tatsächlich nach diesem Modus operieren.

Im Alter von 25 Jahren scheint Kim den Konflikt zwischen ›der Moral‹ als Stufe-4-Angelegenheit der Gesellschaft und ›der Moral‹ als individueller, selbstzentrierter Perspektive gelöst zu haben. Er hat dies erreicht, weil er nun die individuelle, selbstzentrierte Perspektive in eine Konzeption individueller natürlicher Rechte überführt hat und dementsprechend die Anforderungen der Gesellschaft als gerechtfertigt anerkennt, da sie auf der gesellschaftlichen Anerkennung dieser Rechte basieren. Seine Antworten zeigen generell eine Moralphilosophie der Stufe 5.

*Was bedeutet das Wort Moral für Sie?*
Niemand auf der Welt weiß die Antwort. Ich denke, es bedeutet, die Rechte des Individuums anzuerkennen, die Rechte anderer Individuen, nicht in diese Rechte einzugreifen, sie so fair zu behandeln, wie du erwartest, daß sie es dir gegenüber tun. Ich denke, es bedeutet im Grunde, die Rechte menschlicher Wesen zu bewahren, das zu tun, was man möchte, wiederum, ohne in die Rechte anderer einzugreifen.
*Wie hat sich Ihre Sichtweise der Moral gegenüber dem letzten Interview verändert?*
Ich denke, daß ich mir jetzt der Rechte des Individuums stärker bewußt bin. Früher habe ich das strikt aus meiner Perspektive gesehen, nur für mich. Heute denke ich, daß mir bewußter ist, worauf ein Individuum ein Recht hat.

Beim Übergang zu der Perspektive, die über die seiner eigenen Gesellschaft hinausgeht, identifiziert er Moral mit Gerechtigkeit (Fairneß, Rechte, der Goldenen Regel) sowie mit der Anerkennung der Rechte von anderen, sofern diese natürlich oder intrinsisch definiert sind: »Die Rechte der Menschen zu bewahren, das zu tun, was man möchte, ... ohne in die Rechte anderer einzugreifen«, stellt eine Formel dar, die Rechte vor der sozialen

Gesetzgebung und Meinungsbildung definiert und die definiert, welchen Erwartungen die Gesellschaft entsprechen muß, statt selbst von gesellschaftlichen Erwartungen definiert zu sein. Kim ist in der Lage, seinen ›moralischen Standpunkt‹ auf eine konsistente, prinzipiengeleitete Weise, auf konkrete moralische Entscheidungssituationen, wie das Heinz-Dilemma (vgl. Anhang), anzuwenden. Auf die Frage, ob Heinz das Medikament stehlen soll, um das Leben seiner Frau zu retten, antwortet er:

> Ich meine, daß es gerechtfertigt war, einzubrechen, da ein menschliches Leben auf dem Spiel stand. Ich denke, dies übersteigt jegliches Recht, das der Apotheker an dem Medikament hat.
> *Hatte der Apotheker ein Recht, soviel zu berechnen, wenn es kein Gesetz gibt, das eine Beschränkung festlegt?*
> Er hat ein juristisches Recht, aber ich denke nicht, daß er ein moralisches Recht dazu hatte. Der Profit war unangemessen, er war zehnmal so hoch wie der Selbstkostenpreis.
> *Ist es die Pflicht oder die Verpflichtung des Ehemannes, das Medikament für seine Frau zu stehlen, wenn er es auf keinem anderen Weg bekommen kann?*
> Ich denke erneut, daß die Tatsache, daß ihr Leben gefährdet war, jegliche anderen Maßstäbe übersteigt, die man einführen kann, um diese Handlung zu beurteilen.
> *Weshalb?*
> Nun, man kann unterstellen, daß der Mensch das höchste Wesen ist und wir die wertvollste Ressource auf dem Planeten sind; es ist wichtiger, menschliches Leben zu bewahren.
> *Unterstellt, dass die sterbende Person Heinz nicht nahestand, aber es niemand anderen gibt, der helfen könnte: Wäre es richtig, das Medikament für einen solchen Fremden zu stehlen?*
> Es ist etwas, was er tun sollte. Um konsistent zu bleiben, ja. Das muß ich so sagen. Es ist etwas, das er, wiederum von einem moralischen Standpunkt aus, tun sollte.
> *Was besagt dieser moralische Standpunkt?*
> Nun, ich denke, daß jedes Individuum ein Recht auf Leben hat, und wenn es einen Weg gibt, ein Individuum zu retten, dann denke ich, daß ein Individuum gerettet werden sollte, wenn es dies will.

Kim illustriert einen deutlichen strukturellen und logischen Fortschritt von Stufe 4 über einen relativistischen Übergang hin zu Stufe 5. Auf der *high school*, auf der sein moralisches Denken auf Stufe 4 bewertet wurde, hatte er dasjenige akzeptiert, das wir im vorhergehenden Kapitel als den konventionellen Standpunkt des Gesellschaftsmitglieds bezeichnet hatten. Während seines relativistischen Übergangs hinterfragte er das Recht der Gesellschaft, ihre Moral den Individuen aufzuerlegen. Der Relativismus wurde mit einer Konzeption individueller Rechte verwechselt. Kim setzte die individuellen Rechte mit dem Einnehmen einer ich-zentrierten Perspektive gleich. Eine über den Relativismus des Studienanfängers hinausgehende Reflexion führt ihn dazu zu sehen, daß dem egoistischen Relativismus noch ein allgemeineres Prinzip des Respekts vor individuellen Rechten zugrunde lag, und zu verstehen, daß die Legitimität von Rechten auf ihrer Funktion basiert, die Rechte des Lebens und der Freiheit zu bewahren. Aus unseren Interviews mit Kim läßt sich entnehmen, daß die primäre Ursache für seine Entwicklung vom konventionellen zum postkonventionellen Denken sein eigenes Nachdenken über moralische Probleme war. Für andere Menschen scheinen Lebenserfahrungen oder die Thematisierung der eigenen Identität der Anstoß für das Einnehmen einer relativistischen Position über moralische Entscheidungen zu sein oder es zu begleiten, womit eine der Bedingungen für die Entwicklung zum prinzipiengeleiteten Denken geschaffen ist.

Die Interpretation der Entwicklung Kims von der Stufe 4 auf der *high school* über das relativistische und egoistische Hinterfragen zum Gerechtigkeitsprinzip der Stufe 5 ist philosophisch. Bereits dem relativistischen Hinterfragen ist ein Interesse an individuellen Rechten und der Freiheit von der Mehrheitsmeinung oder -moral inhärent. Im letzten Kapitel über den Adoleszenten als Philosophen zeigten wir die Richtigkeit dieser Behauptung anhand der intensiven Diskussionen über die Rechte der *high school*-Schüler in der *Scarsdale Alternative School*. Elliot Turiel hat eine ähnliche, aber stärker psychologisch akzentuierte Interpretation der Periode des Relativismus vorgelegt. Turiel interpretiert Relativismus als ein Zeichen des Aufbrechens, des Disäquilibriums oder des Widerspruchs der konventionellen Moral, das notwendig für den Übergang zum prinzipiengeleiteten oder postkonventionellen Denken ist. Die von Turiel eingenommene Position impliziert, daß die Bewegung zur nächsthöheren Stufe typischerweise ein Hinterfragen und ein Empfinden von Widersprüchen innerhalb der Stufe, auf der die Person gegenwärtig urteilt, einschließt. Mit anderen Worten: Piagets Modell der Äquilibration legt nahe, daß Menschen einen Widerspruch innerhalb ihrer eigenen Stufe des Denkens erfahren, ein Empfinden des Widerspruchs, das sich in dem Unwillen spiegelt, entschlossene oder verallgemeinerte moralische Urteile zu treffen. Der herausragende Indikator für die Empfindung des Widerspruchs innerhalb einer Stufe ist das Gefühl des Relativismus, d.h. ein Befragen der eigenen Fähigkeit, moralische Urteile über oder für andere zu fällen bzw. die moralischen Urteile auf sich selbst anzuwenden.

Turiel (1977) stellt verifizierende Ergebnisse aus Längsschnittstudien vor; danach ist der Relativismus sowohl als Disäquilibrium wie auch als transitorisch zu verstehen. In einer Studie, die 1974 veröffentlicht wurde, hatte er 14 *undergraduates* untersucht, von denen sich fünf im Übergang befanden und relativistisch argumentierten. Nach zwei Jahren interviewte Turiel (1977) die Befragten erneut, nun mit dem Ergebnis, daß alle die Befragten, die sich im Übergang befunden hatten, nun auf Stufe 5 argumentierten. Die anderen Befragten bewegten sich im Nachtest wie bei der ersten Erhebung auf der konventionellen Stufe. Mit anderen Worten: Turiels Pilotstudie legt nahe, daß der Relativismus von *college*-Studenten und seine Auflösung ähnlich der von uns beschriebenen Entwicklung von Kim verlaufen. Die Daten unserer Längsschnittstudie sowie die Ergebnisse anderer Autoren (z.B. Fishkin 1983) zeigen jedoch, daß nicht alle Fälle von Relativismus oder Subjektivismus im *college* durch die kognitive Reorganisation zu Stufe 5, wie sie bei Kim und von Turiel gezeigt wurde, gelöst werden.

## Eriksons Theorie der Ideologie- und Identitätsbildung

Mehrere der Fälle, die wir in diesem Kapitel diskutieren wollen, stützen die Auffassung, daß radikaler moralischer Relativismus, Rebellion und die Konstruktion selbstgewählter moralischer Prinzipien mit verschiedenen Typen der persönlichen Erfahrung in Zusammenhang stehen. Daher scheint sich die moralische Entwicklung der Jugendlichen sowohl aufgrund der anwachsenden Restrukturierung der sozio-moralischen Perspektive, die auf eine größere Angemessenheit der Vorstellung der Gesellschaft hinausläuft, als auch durch Erfahrungen realer und stellvertretender Rollenübernahme sowie von kognitiv-moralischen Konflikten von der adoleszenten Entwicklung zu unterscheiden.

Seit dem Jahr 1969 (Kohlberg/Kramer 1969; dt. 1995) versuchen wir, Zugang zum Verständnis der moralischen Entwicklung von Jugendlichen mithilfe von Eriksons funktionalem Stufenmodell der Ideologie- und Identitätsbildung zu finden. Obwohl Erikson keine scharfe Unterscheidung zwischen Adoleszenz und Jugend vornimmt, zeigen empirische Ergebnisse, die von Marcia (1966) vorgetragen wurden, daß die sich entwikkelnde Person während der Jugendzeit eine Identität ausbildet und gegen eine Identitätsdiffusion kämpft. Die Kindheit und die frühe Adoleszenz sind die Perioden der Identifikation mit den elterlichen und anderen sozialen Modellen. Im ethischen Bereich sind dies die Perioden der Bildung moralischer Regeln und des Moralismus. Erikson schreibt die Entwicklung der ethischen Haltung dem Erwachsenenalter zu: »Ich würde vorschlagen, daß wir *moralische Verhaltensregeln* als auf der Furcht vor *Drohungen* beruhend ansehen, denen vorgebeugt werden muß. ... Im Gegensatz dazu würde ich *ethische Regeln* für auf *Idealen* beruhend halten, nach denen mit einem hohen Grad an rationaler Billigung und mit einer bereitwilligen Zustimmung zu einem formulierten Guten, zu einer Definition der Vollkommenheit und mit einem gewissen Versprechen der Selbstverwirklichung gestrebt wird.« (Erikson 1964, S. 222; dt. 1966, S. 201; Hervorhebung i. O.)[1]

Sowohl für Erikson als auch für uns besteht zwischen einer Mo-

---

[1] Anmerkung der Hg.: Erikson verwendet einen spezifischen, vom herkömmlichen deutschen Verständnis abweichenden Ideologiebegriff. »Unter ideologisch verstehe ich ... jene engagierte Haltung, die ihren Grund im allgemeinen Bedürfnis nach einem Weltbild hat, das kohärent genug wäre, um einen vollen Einsatz zu rechtfertigen und jene beunruhigenden Stimmungs- und Meinungsschwankungen, die einst mit der Identitätskonfusion einhergingen, für immer überflüssig zu machen« (Erikson 1975, S. 258; dt. 1977, S. 268). Allgemeiner: »Unter Ideologie ... verstehe ich ein *System von beherrschenden Ideen*, die in unterschiedlichem Maß eher von einer totalistischen Logik und einer utopischen Überzeugung zusammengehalten werden, als von kognitivem Verständnis oder pragmatischer Erfahrung« (ebd., S. 206 f.; dt. S. 213; Hervorhebung i. O.).

ral der Regeln und einer Ethik der Prinzipien eine Phase der Ideologie. Erikson schreibt 1975: »...zwischen der Entwicklung der moralischen Neigung des Menschen und der seiner ethischen Kraft im Erwachsenenleben interveniert die Adoleszenz, wenn das universell Gute in ideologischen Begriffen wahrgenommen wird« (ohne Quelle).

Erikson nimmt an, daß ein Jugendlicher, der sich in der ideologischen Phase befindet, in eine Phase der submoralischen Rebellion zurückfallen kann, die sich gegen die Moral des Establishments richtet. Dies kann entweder die Form einer antimoralischen Position annehmen, die jegliche Autorität und Schuld negiert, oder die Form einer amoralischen Position, die akzeptierte Normen und Konventionen ostentativ aufgibt und sich von Schamgefühlen lossagt.

Wir haben die zahlreichen, offensichtlich ideologischen Rückentwicklungen zu amoralischen, antimoralischen und antiautoritären Positionen, die Erikson umreißt, zu verstehen versucht und betont, daß diese Positionen mit radikal relativistischen Sichtweisen hinsichtlich der Gültigkeit der Moral verbunden sind – radikalen Ausweitungen des ›milderen Relativismus‹, den wir im letzten Kapitel zur Adoleszenz diskutiert haben. In Eriksons Schema sind diese Variationen der ideologischen Position verbunden mit der Identitätsbildung des Adoleszenten oder Jugendlichen.

Vor etwa zwanzig Jahren entwickelte Marcia (1966) eine Typologie der Entwicklungsphasen innerhalb Eriksons Stufe der Erreichung der Identität versus Identitätsdiffusion. Auf der Grundlage von offenen Interviews mit *college*-Studierenden, welche die drei Gebiete Beruf, religiöse und politische Überzeugung abdeckten, konnte Marcia vier Typen der Identitätsentwicklung identifizieren:

- Identitätsdiffusion ist ein Zustand der Suspendierung von Verpflichtungen auf den meisten Gebieten des Lebens, entweder gegenüber Menschen oder Überzeugungen und Prinzipien. Eine starke Betonung liegt auf der Relativität, begleitet von Vorstellungen über ein Leben für den Augenblick und dem Suchen nach persönlichen Belohnungen. Die Person probiert soziale Rollen aus und legt sie wie alte Kleider wieder ab; sie denkt, daß jedes und alles möglich ist. Dies wird manch-

mal begleitet von energischen Anstrengungen, die in viele Richtungen ausgedehnt werden, und manchmal von einem unruhigen, umherwandernden Verhalten.
- Den zweiten Typus nannte Marcia vorzeitige Identitätsschließung (*foreclosure*). Eine Person, die sich in einer solchen Position befindet, vermeidet das Treffen autonomer Entscheidungen, richtet sich nach den Anweisungen der anderen und akzeptiert zum größten Teil die Rollen, die ihr Autoritätspersonen oder einflußreiche Freunde vorschreiben. Es gibt kaum Rückfragen zu irgendeinem Gebiet des Lebens, sondern eher eine naive oder fatalistische Akzeptanz der eigenen, von anderen definierten Position. Die Person scheint zur Unabhängigkeit unfähig oder unwillig und kann oder will keine Verantwortung für ihre eigenen Entscheidungen übernehmen.
- Der dritte Typus, das ›Moratorium‹, ist, wie die Identitätsdiffusion, eine Zeit des Aufschubs gegenüber dem Fällen von Entscheidungen und der Bildung von Verpflichtungen. Diese Ähnlichkeit ist jedoch begrenzt und oberflächlich. Eine Person, die sich in einem Identitätsmoratorium befindet, hat eine bewußte Entscheidung getroffen, eine Auszeit gegenüber dem gegenwärtigen Lebensdruck, sei es auf dem *college* oder im Beruf, zu nehmen. Es liegt ein bewußtes Ziel vor, sich auf kommende Verpflichtungen vorzubereiten; daher wird die Dauer des Moratoriums für die Erforschung des eigenen psychischen Selbst und der objektiven Realität sowie für die Suche nach realistischen Alternativen in der Zukunft genutzt. Das Moratorium ist auch eine Zeit des Sich-selbst-Testens und des Sich-Erfahrungen-Aussetzens, die zu einem vertieften Verständnis dessen führen werden, wer man ist und worin die wirklichen eigenen Interessen, Überzeugungen und Stärken bestehen.
- Der letzte Typ der Identitätsbildung resultiert in einer Identitätskonstitution (*identity achievement*), einem Persönlichkeitskern, der einzigartig und selbstgeleitet ist und der sowohl von der Person als auch von anderen als die Liebe zur inneren Gleichheit und Kontinuität anerkannt wird. Die Identitätskonstitution ist kein statischer Zustand, sondern enthält Elemente der persönlichen Krise, der Konfrontation und des bewußten Fällens von Entscheidungen. Eine Person, deren

Identität sich konstituiert hat, ist sich der Alternativen und der Notwendigkeit, Entscheidungen zu treffen, jedoch bewußt, und sie ist in der Lage, ihre psychischen Ressourcen und ihre Energie in die Entscheidungen einzubringen, die man im Dienst der Ziele, denen man verpflichtet ist, getroffen hat. In der Lage zu sein, sich einer bestimmten Entscheidung oder einem bestimmten Ziel gegenüber zu verpflichten und zugleich die Existenz von alternativen Wahlmöglichkeiten anzuerkennen, ist das Kennzeichen der Identitätskonstitution.

Der größte Teil der Forschungen zur Identität hat sich auf die Jugendzeit oder die *college*-Jahre konzentriert. Marcia und andere haben eine grobe Entwicklungssequenz für diese Periode postuliert. Studierende, die sich im Stadium der vorzeitigen Identitätsschließung befinden, können entweder dort verbleiben, oder sie bewegen sich weiter zur Identitätsdiffusion oder zum Identitätsmoratorium. Eine Weiterentwicklung von der Identitätsdiffusion oder dem Moratorium wird zur Identitätskonstitution verlaufen. Die Existenz einer solchen Sequenz konnte von Marcia (1976) teilweise bestätigt werden; allerdings fand sich auch eine Reihe von abweichenden Fällen.

Sowohl Marcia als auch wir erwarten bestimmte Parallelen zwischen der Entwicklung der moralischen Stufen und der Entwicklung der Ich-Identität: Von jungen Menschen, die in die Kategorie vorzeitige Identitätsschließung gehören, erwarten wir, daß sie auf den konventionellen Stufen (Stufe 3, 3/4 und 4) urteilen; von jungen Menschen während des Moratoriums oder der Identitätsdiffusion erwarten wir, daß sie hoch subjektivistisch oder relativistisch sind, und von jungen Menschen, die prinzipiengeleitet sind (Stufe 5), erwarten wir, daß sie eine Identitätskonstitution ›erreicht‹ haben.

M. H. Podd (1972; dt. 1977) interviewte 134 männliche *college juniors* und *seniors* im Hinblick auf ihre Ich-Identität sowie ihr moralisches Urteil. Dabei wurden ›Krise‹ und ›Verpflichtung‹ für die Bereiche Beruf, Religion und Politik ermittelt. Diese dienten dazu, jeden der vier eben beschriebenen Typen der Identitätsbildung zu definieren. Die Befragten in der Studie von Podd konnten in drei Hauptgruppen bezüglich der moralischen Stufe eingeteilt werden, die Konventionellen (Stufe 3 und 4), die Prin-

zipiengeleiteten (Stufe 5) und die Im-Übergang-Befindlichen. Die letzte Gruppe ließ sich wiederum in zwei Untergruppen aufteilen:
1. in diejenigen Personen, die eine Kombination von konventionellem und postkonventionellem Denken aufwiesen, und
2. die Relativisten, die den Sinn und den Gebrauch der moralischen Sprache, sei sie konventionell oder prinzipiengeleitet, ablehnten und statt dessen praktische und instrumentelle Ideen einsetzten, um mit moralischen Problemen umzugehen.

Zwei Drittel der prinzipiengeleiteten Befragten befanden sich im Zustand der Identitätskonstitution. Dies trifft auch auf etwa 40% der Befragten auf der konventionellen Ebene zu, die übrigen befanden sich überwiegend im Zustand der vorzeitigen Identitätsschließung (ein Typ, der bei den prinzipiengeleiteten Befragten nicht vorkam). Keine der im Übergang befindlichen Personen war im Zustand der Identitätskonstitution, und bei nur sehr wenigen fand sich eine vorzeitige Identitätsschließung. Diese Ergebnisse konnten von Rowe (1979) im wesentlichen bestätigt werden und scheinen auch auf Frauen zuzutreffen. Podd, Marcia und Rubin (1970) fanden keine Geschlechtsunterschiede im Hinblick auf Identitätsformation bei *college*-Befragten. Die Beziehungen zwischen moralischen Stufen und der Identitätsformation, die von Podd bei Männern ermittelt wurden, fanden sich auch bei Frauen (Poppen 1974).

Auf einer sehr allgemeinen Ebene weist dies auf einen Parallelismus zwischen Eriksons funktionaler Stufenentwicklung der Identität in der Jugend und der Entwicklung von Jugendlichen als moralischen Philosophen hin, so wie sie unser strukturales Modell der harten moralischen Stufen beschreibt.

Im vorigen Kapitel über den ›Adoleszenten als moralischen Philosophen‹ haben wir einige Adoleszente vorgestellt, die die kognitive Kapazität zum relativistischen und subjektivistischen Argumentieren aufwiesen und gelegentlich einen ›Privatismus‹ erahnen ließen, die aber grundsätzlich nach Gerechtigkeit und Gemeinschaft in der *peer*-Gruppe, Schule, Familie und Nachbarschaft suchten. Insofern läßt sich sagen, daß die Jugend mit der Frage nach der Identität beginnt; dies ergibt sich aus Eriksons Charakterisierung der ›Stufe‹ der Jugend, die eine zentrale ich-

*funktionale* Aufgabe umfaßt, eine Identität zu finden, was wiederum eine Entscheidungs*krise* einschließt sowie die Suche nach einer umfassenderen Übereinstimmung zwischen sich selbst und dem Gesamt der konkret bestehenden Gesellschaft. Die Identitätskonstitution beendet in einem gewissen Sinn diesen Lebensabschnitt und führt den Jugendlichen in die Verantwortung des Erwachsenen hinsichtlich der Arbeit, der Liebe und der Elternschaft. Dies entspricht wiederum in gewisser Weise dem Jugendlichen als Moralphilosophen, der sich im Übergang von der konventionellen zur prinzipiengeleiteten Moral befindet und dabei eine Phase des relativistischen Hinterfragens der eigenen konventionellen Moral durchläuft, die wir metaphorisch Stufe 4 ½ genannt haben (Kohlberg 1973; dt. 1995, S. 81-122). Diese ist eine ›idealtypische‹ Parallele, da die zitierten Studien zeigen, daß viele Jugendliche im Stadium der vorzeitigen Identitätsschließung und der konventionellen Moral verbleiben und andere zum Stadium der Identitätskonstitution übergehen, ohne eine prinzipiengeleitete Moral erreicht zu haben.

Um Eriksons funktionale Stufe der Jugend mit den persönlichen Erfahrungen zu verbinden, die mit dem Hinterfragen der konventionellen Moral und der moralischen Bindung einhergehen, werden wir mehrere Fälle aus unserer Längsschnittstudie diskutieren. Unser erster Fall, Lenny, verdeutlicht die von Erikson beschriebene jugendliche Ablehnung einer zuvor bestehenden engen Identifikation mit der politischen und moralischen Ideologie des Vaters; wobei Erikson betonen würde, daß dies nicht nur einen Teil eines Identifikationskonflikts darstellt, sondern mit dessen psycho-historischen Kontext in Verbindung steht, hier mit dem Krieg in Vietnam. In den Begriffen Eriksons würde man Lenny eine antiautoritäre Person nennen. Gegen Ende der Jugend befindet sich Lenny immer noch im Übergang zur prinzipiengeleiteten Moral und hat eine Identitätskonstitution nur teilweise erreicht.

Unser nächster Fall, Sam, ist auf dem *college* eine Person, die Erikson als Amoralisten und Marcia als im Zustand der Identitätsdiffusion bezeichnen würden. Sam löst seine Identitätsdiffusion und geht sowohl berufliche als auch eheliche Bindungen ein, ohne sich jedoch in Richtung auf eine prinzipiengeleitete Moral (Stufe 5) zu entwickeln. In unserem Kapitel über das Erwachsenenalter werden wir den Fall von Sam wiederaufnehmen und zeigen, daß er später eine prinzipiengeleitete Moral ausbildet. Der abschließend präsentierte Fall betrifft Kay. Sie hat beim ersten Interview das Stadium der Identitätskonstitution sowie eine Moral der Stufe 4 erreicht. Eine Änderung ihrer Verantwortlichkeiten im Beruf führt sie zu einer moralischen Position der Stufe 5.

Obwohl jeder dieser Fälle ein etwas unterschiedliches Muster im Verhältnis zwischen dem Hinterfragen der Identität, dem relativistischen Hinterfragen der konventionellen Moral und dem Erreichen der prinzipiengeleiteten Moral in der Jugend aufzeigt, deuten alle Fälle die Wege an, in denen ein philosophischer Relativismus in die von Erikson beschriebene Hinterfragung der Identität einfließt. Die Fälle zeigen die Art und Weise auf, in der die Bewegung durch die strukturalen Stufen der moralischen Entwicklung in Beziehung zu Eriksons Theorie der Ideologie und Identitätsbildung steht. Sie zeigen auch die Wege auf, durch die die gesellschaftliche Verantwortlichkeit von Personen, die sich in der Arbeitsidentität ausdrückt, helfen kann, die moralische Entwicklung zu stimulieren.

**Der Jugendliche als relativistischer Radikaler: Der Fall Lenny**

Lennys Fall illustriert das Beispiel einer Beziehung zwischen dem Stadium der Identität, der moralischen Stufe und der soziohistorischen Realität. Dieser Fall zeigt nicht nur ein verlängertes Moratorium im Hinblick auf Arbeit und Intimitätsbeziehungen an, sondern den kognitiv-moralischen Konflikt, das Disäquilibrium, der durch ein historisches Ereignis, den Krieg in Vietnam, entstanden ist. Lennys Denken hat sich am Ende der *high school* überwiegend auf Stufe 4 befunden. In einem Interview, das geführt wurde, als er die *graduate school* besuchte, erzählt Lenny, daß er, wie sein Vater, am Ende der *high-school*-Zeit sehr konservativ war, daß sich dies aber bis zum Abschluß der *college*-Zeit geändert hatte:

> Ich war zu einer Person geworden, die Sie einen zeitgenössischen liberalen Amerikaner nennen würden. Dann bin ich an die *graduate*

*school* nach London übergewechselt und wurde radikalisiert. Es war ein sehr turbulentes Jahr. Die *school* wurde für 25 Tage geschlossen, und die britischen Behörden beschuldigten die amerikanischen Studenten. Ich habe Politikwissenschaften studiert, aber plötzlich sah ich die Dinge nicht mehr in Harmonie zueinander, sondern ich habe die Konflikte in der Gesellschaft gesehen, und ich habe begonnen, aus dieser Perspektive darüber nachzudenken. Ich bin dann zurückgekommen und habe in einer innerstädtischen Schule ein Jahr unterrichtet, und ich wurde weiter radikalisiert.

Von allen Fällen aus unserer Längsschnittstudie durchlief Lenny die intensivste Phase des moralischen und politischen Hinterfragens im Hinblick auf den Krieg in Vietnam. Er sah seinen Vater ebenso wie seine Erziehung als extrem konservativ an:

Mein Vater weist praktisch alle Übel der amerikanischen Gesellschaft vereint in einer Person auf, seinen Enthusiasmus für das Militär, seine Orientierung am Ökonomischen und die reaktionäre Ideologie. Wir haben unsere Sommer damit verbracht, daß wir zu Militärausstellungen gingen und Panzer gefahren sind, das war ein Teil unserer Existenz, das Militär, ein anderer war das Ökonomische, das den kapitalistischen Teil seines Charakters repräsentierte, und damit einher ging auch die ganze rassistische Sache. Alles war in Ordnung, solange wir nichts fragten. Im *college* haben wir dann zu fragen begonnen, und wir wußten, welche Art der Reaktion wir erwarten konnten. Als ich dann in London war, übernahm ich eine Einstellung mit größerer Leidenschaft, und als ich zurückkehrte, ließ ich mir meine Haare und einen Bart wachsen. Mein Vater war unterwegs und kam unerwartet früh zurück, und er stand einfach da, staunend mit offenem Mund, bevor er mit seiner Rede begann, die besagte, daß ich ein nichtsnutziger Hippie sei und er ein Super-Patriot. Und er hat mich mit körperlicher Gewalt aus dem Haus geworfen, und ich war vollkommen geschockt.«

Es ist offensichtlich, daß Lenny die gesamte Identifikation mit seinem Vater und die Anerkennung von dessen Ideologie, die er bis zum Ende seiner *high school*-Zeit beibehalten hatte, jetzt ablehnte und nun selbst eine intensiv verspürte radikale eigene Ideologie ausgebildet hatte. Insofern lag eine Mischung aus Zweckmäßigkeit und moralischem Prinzip in der Vermeidung seines Wehrdienstes.

Lenny hatte den Einberufungsbefehl des US-Militärs zunächst ignoriert, und sein Vater war aufgrund seiner Beziehungen zur

Gemeinde und zum Militär in der Lage gewesen, ihm beim Aufschub zu helfen. Sein Vater war bereit, sich für diesen Aufschub unter der Prämisse einzusetzen, daß er eine Ausbildungsstätte für Offiziere besuchen würde. Lenny entschied sich jedoch, eine Stelle als Lehrer an einer innerstädtischen[2] Schule anzunehmen, da »ich eine Auszeit haben und nicht in der Armee dienen wollte; indem ich Lehrer wurde, konnte ich sehr effektiv beiden Zielen gerecht werden«.

Schließlich, als er eingezogen werden sollte, scheiterte Lenny an der ärztlichen Untersuchung, was er wie folgt kommentiert:

> Ich hätte, wenn ich nicht bei der ärztlichen Untersuchung durchgefallen wäre, die Einberufung verweigert und rechtliche Schritte unternommen, aber ich wäre nicht abgehauen. Ich dachte, daß ich ein oder zwei Jahre hätte, um meinen Gewissenskonflikt zu lösen und zu überlegen, was ich tun könnte – entweder aus dem Land fliehen oder ins Gefängnis gehen oder tatsächlich meinen Dienst ableisten, aber die Wahrscheinlichkeit zu dienen stand weit im Hintergrund. Ich wäre deshalb ins Gefängnis gegangen, weil ich denke, daß ich nicht ohne Gewissenskonflikt in der Armee dienen könnte. Das Gefängnis wäre keine Umgebung, die ich als angenehm empfinden könnte oder die ich mag, aber gleichzeitig meine ich, daß ich so mit mir eher klarkommen könnte, als wenn ich in das Militär eintrete – ein System, von dem ich annehme, daß es grundsätzlich verabscheuenswürdig ist im Vergleich zu dem, was ich als moralisch richtig ansehe.

Lenny war zu dieser Zeit *graduate student* der Politikwissenschaften an einer US-amerikanischen Universität; sein moralisches Urteil wurde auf unserer Stufenskala als Stufe 4/5 ausgewertet. Sein Urteil weist einen großen Teil Relativismus sowie eine Perspektive auf, die außerhalb der Gesellschaft liegt, ohne bereits vollständig prinzipiengeleitet zu sein. In Beantwortung des Heinz-Dilemmas sagte er: »Heinz' Stehlen war gerechtfertigt. Der Apotheker ist lediglich ein Teilnehmer an einem kapitalistischen Gesellschaftstyp, und hoffentlich kann Heinz sich hier ›raus‹ halten.« Lennys Identitätsmoratorium verlängerte sich bis in seine frühen 30er, dann verließ er die Graduate School, war kurze Zeit als Sozialarbeiter tätig und arbeitete schließlich an der Börse.

---

2 Anmerkung der Hg.: Die *inner city schools* bilden die ›Problemschulen‹ in den USA.

In Eriksons ethischer Typologie ist Lenny ein Antiautoritärer, im Hinblick auf unsere moralischen Stufen befindet er sich immer noch im Übergang zu einer Moral der Stufe 5. Sein moralisches Urteilen und Handeln konkretisieren Eriksons Verständnis von Jugend als einer Epoche der Ideologie. Sein Denken ist total (radikal versus kapitalistisch) und utopisch (radikal gut versus kapitalistisch böse). Er versucht, seine ideologischen Sichtweisen auszuleben, aber er ist nicht in der Lage, innerhalb seiner eigenen Gesellschaft eine Identität zu finden, die mit seiner eigenen übereinstimmt.

## Das Fallbeispiel Sam

Der nächste Fall ist Sam, der sich in der von Marcia so bezeichneten Position der Identitätsdiffusion befindet, die von Erikson als ›amoralisch‹ bezeichnet wird. Auf dem *college* durchläuft Sam eine Phase des radikalen relativistischen Hinterfragens und der Identitätsdiffusion. Er entwickelt sich jedoch in seiner Jugendzeit weiter zur Position der Identitätskonstitution und zu einem stabilisierten moralischen Urteilen auf Stufe 4. Sam argumentierte am Ende der *high school* auf Stufe 4. Drei Jahre später, er besuchte jetzt ein *college*, antwortete er in bezug darauf, ob Heinz das Medikament stehlen soll, um das Leben seiner Frau zu retten, wie folgt:

> Meinen Sie rechtlich oder moralisch? Rechtlich, nein. Moralisch, ja – schließlich sind nicht alle unsere Sitten Gesetze.
> *Hat der Ehemann die Pflicht zu stehlen? Würde ein guter Ehemann es tun?*
> Es ist nicht die Pflicht des Ehemanns; es ist nur sein Wunsch. Begriffe wie ›gut‹ oder ›schlecht‹ sollten nicht gebraucht werden.

Hier nimmt Sam eine philosophische Position im Hinblick auf die Verwendung der moralischen Sprache ein, die von Philosophen als Amoralismus, moralischer Skeptizismus oder radikaler Relativismus bezeichnet wird. Moralische Vorschriften und die moralische Sprache haben keine Gültigkeit, es sei denn als Repräsentationen der Konventionen (Sitten) einer Gruppe oder der persönlichen Neigungen eines Individuums.

Sam lehnte als Studienanfänger im zweiten Studienjahr (*sophomore*) auf dem *college* nicht nur moralische Begriffe ab, sondern handelte auch in Entsprechung zu seinem relativistischen Infragestellen der Moral, indem er stahl, um die Ungültigkeit von Moralität zu ›beweisen‹. In Kohlberg und Kramer (1969; dt. 1995) haben wir ihn während dieses Zeitraums als ›Raskolnikov‹[3] bezeichnet. Er war ein Anhänger Nietzsches, der, aus Chicago kommend, ein ausschließlich Weißen vorbehaltenes *college* in den US-amerikanischen Südstaaten besuchte und einen sozialdarwinistischen Rassismus akzeptierte. Als Schüler, der sich auf Stufe 4 befand, war Sam der respektierteste Präsident des Schülerrats seit Jahren. In seinem Interview als Studienanfänger erzählte er jedoch, daß er erst vor zwei Tagen eine goldene Uhr von einem Freund an der Universität gestohlen habe. Er habe dies getan, so führte er aus, weil sein Freund einfach zu gut war, zu sehr wie Christus, zu vertrauensselig, und deshalb wollte er ihm eine Lektion erteilen und zeigen, wie die Welt tatsächlich sei. Er sagte, daß er wegen des Diebstahls keine Schuldgefühle habe, sich aber frustriert fühle. Seine Handlung war fehlgeschlagen, berichtete er, da sein vertrauensvoller Freund darauf bestand, daß er die Uhr verloren oder verlegt hätte, und sich einfach weigerte zu glauben, daß sie gestohlen wurde.

Im Interview während seiner Zeit auf dem *college* wurde Sam gefragt: »Können Sie sich irgendeine Handlung vorstellen, von der Sie sagen würden, daß sie für Sie selbst oder für andere falsch ist, was immer auch die Umstände sein mögen?«

> Nun, eine Handlung kann legal sein, verstehen Sie, aber sie könnte in den Augen der Mehrheit der Bevölkerung falsch sein, ich aber würde die Person nicht verurteilen. Ich würde in den menschlichen Schrei nach der Verurteilung dieser Person nicht einstimmen. Es fällt mir schwer, an irgend etwas zu denken, das falsch sein könnte, vielleicht mit der Ausnahme von Heuchelei. Es gibt nur wenige moralische Regeln für Richtiges und Falsches. Ich habe Furcht vor dem Gesetz, weil ich verabscheue, zehn Jahre hinter Gittern zu verbringen. Es gibt eine Menge Menschen, die den Regeln blind folgen, aber ich gehöre nicht dazu. Ich sehe die Notwendigkeit von Gesetzen, da andernfalls Anar-

3 Anmerkung der Hg.: In Dostojewskijs Roman *Schuld und Sühne* mordet der dreiundzwanzigjährige Student Rodion Raskolnikov, der sich als ›großer Mensch‹ und außergewöhnliches Individuum versteht, um sein Recht zur Übertretung moralischer Gesetze unter Beweis zu stellen.

chie und Piraterie herrschen würden. Alle besitzen etwas, und sie wollen es beschützen; deshalb machen sie Gesetze, um sich vor den Piraten dieser Welt zu schützen.
*Würden Sie die Piraten verurteilen?*
Ich würde kein Urteil über ihr Stehlen abgeben – ich würde sie für ihr Handeln nicht verdammen. Aber ich würde eventuell einige Typen mehr einstellen, um meine Rechte zu beschützen.
*Wenn es keine Gesetze gäbe, würden Sie dann Pirat werden?*
Ja – einen Moment bitte, wenn ich Pirat werden würde, und wenn es lukrativ genug wäre, dann würde ich meine eigene Regierung errichten.

Als Sam gefragt wurde, ob seine Ideen über das Richtige und Falsche sowie über Ethik sich in den letzten drei Jahren – also seit dem Interview auf der *high school* – geändert hätten, antwortete er:

> Ja, sie haben sich verändert. Ich glaube an den Relativismus stärker als zuvor, und ich sehe, daß alle Regeln, Gesetze, Sitten und Überzeugungen erstens einfach Wege beschreiben, um mit dem geringsten Widerstand leben zu können, sowie daß sie sich von Umgebung zu Umgebung unterscheiden. Daß zweitens die Religion nicht absolut ist. Sie erklärt das Unerklärliche. Sowie drittens, daß Zyniker sich niemals vor Armut fürchten müssen, und daß die ›guten Menschen‹ selten Gewinner werden.

Wir sehen also Sam auf dem *college* als einen radikalen und egoistischen Relativisten, der noch immer über ein Hobbes'sches Bewußtsein verfügte, das das Vorhandensein von Gesetzen vorsah, um den ›Kampf aller gegen alle‹ zu verhindern. Unsere Diskussion hat sich bisher auf Sam als ethischen Amoralisten oder radikalen Relativisten konzentriert. In der von Marcia durchgeführten Interpretation von Erikson ist er zudem eine Person, die einer Identitätsdiffusion unterliegt. Dies ist im übrigen nicht überraschend, da sich unterhalb der politischen, religiösen und beruflichen Einstellung, die Marcias Identitätsstatus definiert, wahrscheinlich ein moralischer Kern befindet, der die Überzeugungen und Einstellungen hinsichtlich Politik, Religion und Karriere durchdringt.
Im Bereich der Politik schwankt Sam zwischen einem Glauben an die Diktatur und einem Glauben an die Anarchie mit dem oben dargestellten Ergebnis eines Hobbes'schen Glaubens an die Not-

wendigkeit irgendeiner Form der sozialen Ordnung. Dazu sagte
Sam:

> Eine Diktatur ist nur eine andere Form der Regierung. Eine gute Diktatur ist die beste Form der Regierung. Ihre Gesetze sind so gut wie alle anderen auch.
>
> *Sie haben gesagt, daß Sie Thoreau bewundern, andererseits sagen Sie jedoch, daß eine Diktatur sehr gut wäre. Denken Sie, daß diese Dinge übereinstimmen?*
>
> Gut, Thoreau[4] mag ich wegen seines großartigen Glaubens an das Individuum und so weiter. Ich sehe, daß das mit einer Diktatur nicht übereinstimmt, aber ich dachte an eine gütige Diktatur.
>
> *Empfinden Sie eine starke Bewunderung für eine Person, die selbständig denkt?*
>
> Ja, und ich meine, daß dies ebensowenig von einer gütigen Diktatur wie von irgendeiner anderen Regierungsform behindert würde.
>
> *Warum sollte überhaupt eine Regierung existieren?*
>
> Ich glaube, dies geschieht primär von einem ökonomischen Standpunkt aus. Ich denke, daß die Menschen eine Regulierung wünschen, die sich letztendlich zu ihrem Vorteil in ihren Geschäften, ihrem Handel usw. auswirkt. Alle besitzen etwas, und sie wollen es beschützen, deshalb machen sie Gesetze, um das, was sie haben, gegen die ›Piraten‹ dieser Welt, die es ihnen abnehmen wollen, zu schützen; jeder will es. So stelle ich mir die Regierung vor – oh, das ist lediglich aus einer streng ökonomischen Perspektive entfaltet.

In einem großen Teil des Interviews beschreibt Sam die Regierung und die Gesetze, die er schaffen würde, wenn er Diktator seiner eigenen Gemeinschaft oder seines eigenen ›Forts‹ wäre; wobei er die praktische Basis des Rechts als die einzig notwendige betont. Er faßt zusammen:

> Im Fort würde ich die Gesetze machen, aber es wären keine moralischen Gesetze, es würden praktische Gesetze sein – Gesetze, die mich selbst schützen würden, meine Selbstverteidigung. Und ich würde Gesetze machen, damit die Menschen sich nicht töten – aus praktischen Gründen. Na so etwas, ich denke jetzt, daß ich wahrscheinlich Gesetze hätte, aber ich weiß nicht, was die Strafe sein würde. Ich denke an die Gruppe, unsere Gruppe, die gegen all die anderen Forts angehen müßte. Und ich denke, daß wir für unseren eigenen Selbstschutz über einen sehr strikten, sehr strengen Verhaltenscode verfü-

---

4 Anmerkung der Hg.: Thoreau, Henry David (1817–62), amerikanischer Schriftsteller, Philosoph und Naturalist.

gen müßten. Aber ich würde die Moral von jemandem nie verdammen, das ist mein Standpunkt. Ich würde mir darüber überhaupt keine Sorgen machen, aber ich würde sagen, sieh, Du bist während der Wache eingeschlafen – das ist ganz kalt, methodisch und effizient – und wir können uns nicht leisten, getötet zu werden, daher würde ich sagen, nun gut, Du mußt bestraft werden. Diese Diktatur müßte durchgesetzt werden. Ich würde versuchen, sie so gütig wie möglich zu machen, und ich würde versuchen, gute öffentliche Beziehungen zu unterhalten und auf die Tatsache hinzuweisen, daß wir zusammenstehen müssen. Mit anderen Worten, ich müßte nicht sagen, o. k., dies wird von nun an ein Gesetz sein, und Du wirst getötet, wenn du während Deiner Wache einschläfst. Ich würde vielmehr viel Zeit damit verbringen, die Menschen die fürchterlichen Konsequenzen wissen zu lassen, wenn man während der Wache einschläft. Es ist in strengem Sinne ein Gesetz, das eher auf der Notwendigkeit als auf der Moral beruht. Um den Gedanken etwas weiter zu treiben, die Moral ist nicht das Ergebnis irgendeiner göttlichen Inspiration. Dies wird von jenen Menschen behauptet, die beanspruchen, daß sie über göttliche Inspiration verfügen, aber ich denke, daß Moral wahrscheinlich das Resultat praktischer Notwendigkeit ist.

Bei der Suche nach einer Grundlage für Gesetze und eine politische Ordnung weist Sam sehr bestimmt die Religion, die zweite von Marcias Kategorien, zurück. Als er gefragt wird: »Vor drei Jahren haben Sie sehr stark an Gott geglaubt. Wie und weshalb haben Sie sich verändert?«, antwortet er:

Weshalb habe ich mich verändert? Ich weiß es nicht, aber ich habe mich sicherlich geändert. Ich bin immer noch jung und dumm, aber vielleicht geht dies einher mit einem Mangel an Absolutismus. Und ich denke zum Beispiel, daß man in der Religion als einem Ganzen mit ignoranten Menschen zu tun hat, die nicht erklären wollen, weshalb Fluten kommen und so weiter und so weiter. Ich kann nicht glauben, daß Jesus Christus ein Erlöser war; ich denke, er war ein großartiger Mensch, ich hätte ihn gerne getroffen. Aber ich denke nicht, daß er vom Himmel gesandt war oder das alles.

Insofern weitet sich Sams Ablehnung von allem, was er als eine Verkörperung absoluten Glaubens oder Dogmas ansieht, aus auf die Religion als ein Glaubenssystem und als eine gültige Basis der Moral. Dies führt ihn zu einer amoralischen Position und zu einer Identität, die keinen Platz für viele seiner alten Überzeugungen und Einstellungen aufweist. Das Interview zeigt, daß er

voller Unruhe ist in bezug auf seine alten Ideen und Überzeugungen, die immer noch sein Denken durchziehen und die er noch zur Ruhe bringen oder deren Bedeutung er noch verändern muß – in anderen Worten: Er muß noch eine positive Identität um seine Ideen herum aufbauen.
Während der Diskussion über seine Ideen für die Zukunft erzählt Sam, daß er plant, Jura an einer *law school* zu studieren, da »Recht ein Öffner für viele, viele Dinge in der Geschäftswelt ist. Es lehrt dich zu denken, und ich glaube, Jura ist Bestandteil der *graduate schools*, die am weitesten führen.« Sam ergänzt diese Aussage:

> Ich möchte ein respektierter Mann mit Macht sein, der schnelle Entscheidungen fällt und sich offen äußert. Ich wäre gerne ein einflußreicher Geschäftsmann (*tycoon*). Ich kann gut organisieren, und ich leite meine studentische Verbindung, obwohl ich erst im zweiten Studienjahr bin. (An dieser Stelle sollte angemerkt werden, daß er dem Interviewer erzählt, daß er auch Geld, das seiner Verbindung gehört, unterschlagen und nicht nur die Uhr seines Freundes gestohlen hat.) Eigentlich möchte ich wirklich ein sehr guter Anwalt sein – wie zum Beispiel Clarence Darrow[5]. Mit anderen Worten, ein ziemlich verschrobener Anwalt vor Gericht. Mich würde das Strafrecht interessieren, weil es der Person erlaubt zu schauspielern; es beschäftigt sich stärker mit Menschen und ihren Emotionen als jedes andere Recht. Man kann wirklich mit interessanten Sachen arbeiten – Menschen und ihren Gefühlen – und sich zugleich selbst ausdrücken, ein Genie und kreativ zu sein. Und ich hätte gerne Geld, jeder möchte das, und Macht – ich hätte gerne Macht, einfach Macht.
> *Weshalb Macht?*
> Ich denke, zu meiner eigenen Zufriedenheit. Ich persönlich hätte gerne Macht über Personen. Irgend etwas in mir möchte dies tun, ich möchte sehr gerne über Menschen dominieren. Ich denke, ich könnte mit Macht gut umgehen, etwas Wertvolles leisten.
> *Weshalb würde Macht Sie zufriedenstellen?*
> Ich denke, das ist eher eine emotionale Sache. In meinem gesamten Leben wollte ich, aus irgendeinem Grund, Macht – nun, ich denke, daß ich mich der Macht würdig erweisen würde. Mit anderen Worten, ich glaube, daß ich den Job erledigen könnte.

5 Anmerkung der Hg.: Darrow, Clarence Seward (1857–1938), US-amerikanischer Rechtsanwalt, der bekannt wurde durch seine Verteidigung von John Scopes (1925), einem *high school*-Lehrer aus Tennessee, der die Evolutionstheorie unterrichtete.

Wir sehen hier, daß der jugendliche Enthusiasmus Sams bezüglich seiner zukünftigen Karriere sich seinem Inhalt nach nicht auf ein Arbeitsfeld richtet, sondern daß er sein Verlangen nach einer Position von Wirksamkeit und Bedeutung in der Welt der Erwachsenen widerspiegelt.

Die charakterliche Tugend von Eriksons Stufe von Identität versus Identitätsdiffusion ist ›Treue‹, der Wunsch und die Fähigkeit, ein Gefühl der Loyalität und der Verpflichtung gegenüber Ideen und Personen zu entwickeln, sowie schließlich ein Teil der Gesellschaft, in der der junge Erwachsene lebt, zu werden und diese zu verbessern. Wir sehen, daß Sam als Studienanfänger gerade damit beginnt, in seiner Äußerung über Heuchelei für sich selbst eine Basis für ein Gefühl der Treue zu artikulieren, dem einzigen Aspekt der menschlichen Natur, über den er gewillt ist, ›moralische‹ Urteile zu fällen. Er betont:

> Es fällt mir schwer, mir etwas vorzustellen, das falsch sein könnte, vielleicht mit der Ausnahme von Heuchelei. Ich versuche, kein Heuchler zu sein, und wenn ich ein Heuchler bin, dann weiß ich das verdammt gut. Ich kann meine eigenen Ziele erreichen, so fühle ich mich derzeit; und ich fühle keine Skrupel dabei. Ich meine, eine Person ist entweder etwas, oder sie ist nichts. Man sollte nicht versuchen, jemand zu sein, der man nicht ist, indem man Theater spielt oder eine Show abzieht. Aber ich denke, daß eine Ausnahme besteht, das ist dann, wenn eine Person um ihre Heuchelei weiß und mit ihr scherzt und mit ihr spielt.

Sams Abneigung gegen die Heuchelei reflektiert eine Beschäftigung mit dem Thema der Treue, aber Sams Ambivalenz gegenüber der Heuchelei, die wiederum darin beruht, daß er um seine eigene Heuchelei weiß, verdeutlicht, daß er im wesentlichen in den von Marcia beschriebenen Zustand der Identitätsdiffusion eingebettet ist. Seine wenigen Worte über die Beziehungen von Männern und Frauen sowie über Liebe überzeugen uns, daß Sam noch nicht ernsthaft damit begonnen hat, über diese Dinge und die Aufgaben der nächsten Stufe Eriksons, nämlich Intimität versus Isolation, nachzudenken. Dies ist eine Lebensstufe, in der eine Person ein Gefühl für eine gemeinsam geteilte Identität mit einer anderen Person auf der Grundlage ihres eigenen Gefühls für Identität entwickelt. Über Liebe sagt Sam im Alter von 20 Jahren:

»Ich habe eine Linie, wenn sie das so nennen wollen, die besagt, die Mädchen nicht in die Irre zu führen, sondern alles klar auf den Tisch zu bringen. Daraus folgt, daß ein Mädchen, wenn sie mich mit Gefälligkeiten verwöhnt, genau weiß, weshalb und wofür sie es tut. Sie leidet überhaupt nicht an einer Illusion, daß ich sie liebe.
*Glauben Sie, daß es so etwas wie Liebe gibt?*
Nun, das ist eine teuflisch schwierige Frage. Eigentlich nein, ich weiß es nicht. Ich scheine über gar kein Gewissen zu verfügen; ich weiß, wenn ich ein Mädchen schwängern würde, würde ich nicht darüber nachdenken; ich würde sagen, das ist dein eigener verdammter Fehler, du bist dumm oder so was. Das macht mir Sorgen, wirklich, weil ich überhaupt kein Gewissen habe.

Wir diskutierten mit Sam den Vorfall des Stehlens, der von ihm zuvor geschildert worden war, als einem Aspekt seines radikal relativistischen und amoralischen Standpunkts. Wenn er über seine eigenen Handlungen nachdenkt, ist Sam über seine emotionalen Reaktionen besorgt. Er hat kein Schuldgefühl bezüglich des Stehlens, ebensowenig würde er sich für die Schwangerschaft des Mädchens verantwortlich fühlen. Im Mittelpunkt seiner Sorge steht sein ›Mangel an Schuldgefühlen‹ oder sein ›Gewissensmangel‹. Er teilt dem Interviewer seine Sorgen mit:

*Glauben Sie, daß es besser wäre, wenn Sie ein Gewissen hätten?*
Nein, alles was ich sagen kann, ist, daß ich denke, daß ich eines haben sollte. Ich habe ein Gefühl, daß irgend etwas, irgend etwas nicht richtig ist, wenn man ein so begrenztes Gewissen hat, wie es bei mir der Fall zu sein scheint. Irgend etwas ist da nicht in Ordnung.

Sams Gefühl, daß da ›irgend etwas nicht richtig ist‹ mit seinen Gefühlen und seiner Erfahrung, über kein Gewissen zu verfügen, ist eine schmerzliche und aufschlußreiche Illustration der zentralen Position, die der Entwicklung eines moralischen Selbst innerhalb des größeren Vorhabens zukommt, eine Identität zu entwickeln und diese fester werden zu lassen. In Sams Suche nach einer moralischen oder menschlichen Essenz bei sich selbst oder bei anderen erfaßt er die Bewußtheit oder das Bewußtsein als jene menschlichen Aspekte, die Handeln anleiten können, aber für deren Entwicklung auch jede Person selbst verantwortlich ist. Wie wir bereits angemerkt haben, sind für Sam Heuchelei und Bewußtsein eng miteinander verwandt. Sam arbeitet den Gedanken heraus, daß eine Erfahrung mit Heuchelei für Menschen notwendig ist, um eine Einsicht in die Sympathie gegenüber anderen zu entwickeln:

> Eine Person, die weiß, daß sie ein Heuchler ist, ist eine Person, die irgendwann einmal im Leben eine Erfahrung mit Heuchelei gemacht hat; das hat sie dazu geführt, ein Verständnis dafür zu entwickeln, wie Menschen handeln. Ist sich eine Person der Heuchelei in der Welt, bei sich selbst oder bei anderen Menschen nicht bewußt, dann verfügt sie auch nicht über eine mitfühlende Einsicht in andere, sie versteht die Menschen nicht. Sie verfügt einfach nicht über Sympathie, und Sympathie muß vorhanden sein.

Sams Nachdenken über seine eigene Identitätsentwicklung und wie Menschen im allgemeinen in der Lage sind, ein Verständnis von sich selbst und anderen zu entwickeln, zeigt, wie eine philosophische Einstellung Einfluß auf Aspekte der eigenen psychischen Entwicklung ausübt. Seine Äußerungen über Heuchelei führen ihn dazu, seine Sicht darüber zu artikulieren, was gut an einer Person ist, eine Sichtweise, die auf seinem philosophischen Relativismus beruht.

> Wenn ich darüber nachdenke, meine ich, daß man sagen könnte, daß das, was ich respektiere, oder das Kennzeichen, von dem ich glaube, daß es gut ist, das Bewußtsein der Menschen ist – das Bewußtsein der Menschen und ihrer Probleme mit Dingen und Erfahrungen, und der Fehler der Menschen und so weiter; ich denke, dies ist eines der größten Güter, über die eine Person verfügen kann.

Sowohl die Eriksonsche Tugend der Treue, die Sam so versteht, daß man kein Heuchler ist oder weiß, wann dies der Fall ist, sowie das moralische Urteil der Toleranz – oder wie Sam sagt, des ›Bewußtseins‹ – können in Sams Interview als Studienanfänger inmitten der radikal relativistischen und amoralischen Positionen gesehen werden. Für Erikson sind das Erkennen und die Erfahrung von Situationen, in denen man loyal und glaubwürdig ist, ein notwendiger Schritt für die Konstitution von Identität. Für die moralische Entwicklung zum prinzipiengeleiteten Denken ist es notwendig, aber nicht hinreichend, sich durch eine Periode des relativistischen Infragestellens zu bewegen, die in der Anerkennung des ›Prinzips‹ der Toleranz endet. Wie wir im nächsten Kapitel über den Erwachsenen als Philosophen diskutieren werden, führte Sams Periode des Relativismus zu keinem prinzipiengeleiteten Urteilen oder Urteilen auf Stufe 5 in seiner Jugendzeit, sondern erst im Erwachsenenalter, im Alter zwischen 40 und 50 Jahren. Seine Periode der Identitätsdiffusion endete jedoch in einer Identitätskonstitution, als er Verpflichtungen einging: zunächst gegenüber seinem Studium und der Ausübung des Rechts als Beruf und dann gegenüber seiner Ehe und Familie.

Sowohl ein gewisses Hinterfragen der Identität (Diffusion und Moratorium) (Podd 1972; dt. 1977) als auch ein gewisser Grad an moralischem Relativismus scheinen für das Erreichen einer prinzipiengeleiteten Moral notwendig zu sein (vgl. Kohlberg 1984, Kap. 6). Aus einer anderen Perspektive betrachtet, mag der Beitrag der moralischen Stufenentwicklung notwendig, aber nicht hinreichend zum Erwerb des Stadiums der Identitätskonstitution sein. Eine prinzipiengeleitete Moral stellt fast eine Garantie dar für eine konsolidierte Integration ihrer ›Ableger‹, der politischen, religiösen und berufsbezogenen Ideologien, die von Marcia und seinen Kollegen Identitätskonstitution genannt wird.

Wir verstehen somit, daß die Entwicklung durch unsere strukturellen moralischen Stufen bei Jugendlichen nicht direkt durch Eriksons funktionale Stufen erklärt werden kann. Ich versuchte vor längerer Zeit, den relativistischen Amoralismus von Sam und anderen als eine funktionale ›Regression im Dienste des Ichs‹ zu erklären; als eine Regression, innerhalb von Eriksons Stufe der Suche nach Identität und Krise, auf den Instrumentalismus der Moralstufe 2 (Kohlberg/Kramer 1969; dt. 1995). Damit übersah ich die strukturellen Charakteristika der sozio-moralischen Perspektive des Relativismus von Sam und anderen – eine Perspektive von ›außerhalb der Gesellschaft‹, in der Individuen als Egoisten im Zustand der Natur gesehen werden können. Wir haben diese Perspektive inzwischen als ein Vorspiel im Hinblick auf die ›der Gesellschaft vorgeordnete‹ Perspektive der Stufe 5 gesehen und sie ›Stufe 4 ½‹ genannt.

# Verantwortung im Berufsleben und kognitiv-moralischer Konflikt: Das Fallbeispiel Kay

Wir denken, daß die Erfahrungen mit einem Beruf, der ein bestimmtes Ausmaß an moralischer Komplexität beinhaltet, von einer Person zwei Dinge verlangt: Sie muß gleichzeitig die Perspektive der Personen innerhalb des Systems und des Systems als ganzem einnehmen. Diese Erfahrung verhilft zu einer Entwicklung in Richtung auf ein prinzipiengeleitetes Denken. Wenn die Regeln eines Systems oder einer Institution in Konflikt stehen mit dem Wohlergehen oder den Rechten eines Individuums, das sich in diesem System befindet, dann muß die Person, die die Verantwortung zur Lösung dieses Konflikts trägt, notwendigerweise Ideen oder Prinzipien formulieren, die die gerechten oder fairen Ansprüche beider Parteien anerkennen, um den Konflikt zu lösen und fair und verantwortungsvoll zu handeln. Ein zentraler Aspekt des Arbeitslebens ist die Perspektivenübernahme. In welchem Umfang erlaubt, fördert oder verlangt ein Beruf eine empathische oder moralische Perspektivenübernahme anstelle einer nicht-moralischen oder strategischen Perspektivenübernahme? Wer sind die Personen oder Gruppen, deren Perspektiven man einnehmen muß – Klienten, Kollegen, Vorgesetzte, Untergebene, die Organisation als ganze oder eine Kombination dieser Elemente?

Ein zweiter und damit verwandter Aspekt betrifft den Umfang der Verantwortlichkeit im Hinblick auf ein faires oder moralisches Ergebnis. Verlangt es der Beruf, daß man Verantwortung für Entscheidungen und Konsequenzen, die andere betreffen, übernimmt? Indem wir diese Aspekte zusammenfassen, stellen wir die folgende Frage: Fördert es der Beruf, daß wir einerseits eine strategische Perspektive gegenüber denen einnehmen, die unsere Vorgesetzten sind und *denen gegenüber* wir verantwortlich oder haftbar sind, und daß wir andererseits eine empathische oder moralische Perspektive gegenüber unseren Klienten, Kollegen und Untergebenen, *für die* wir uns verantwortlich fühlen, einnehmen? Allgemein gesprochen glauben wir, daß Positionen mit mehr Verantwortlichkeit die moralische Perspektivenübernahme stärker fördern als Positionen, die mit weniger Verantwortung verbunden sind. Diese einfacheren Positionen begrenzen häufiger die Perspektivenübernahme von Vorgesetzten auf strategische Interessen, d. h. auf das Erreichen von Belohnungen oder Zustimmung und das Vermeiden von Sanktionen oder Mißbilligung. Es muß nicht besonders hervorgehoben werden, daß Manager, die in ihrer Organisation an der Spitze stehen, auch im Hinblick auf ihre Untergebenen häufig eine strategische Perspektivenübernahme vornehmen können und dies auch tun, aber insgesamt verfügen sie über größere Freiheiten und Gelegenheit zur moralischen Perspektivenübernahme.

Ein Beispiel für den Einfluß von Verantwortung und Perspektivenübernahme am Arbeitsplatz auf die moralische Entwicklung zu Stufe 5 bietet der Fall Kay. Das erste Interview mit Kay fand statt, als sie 25 Jahre alt war und als stellvertretende Oberschwester in einem Pflegeheim arbeitete. Während dieser Zeit wurden ihre Antworten auf die moralischen Dilemmata auf Stufe 4 ausgewertet, obwohl auch sie eine sehr relativistische Position einnahm, allerdings war diese weniger extrem als bei Sam und Kim, als diese mit ihrem Studium begannen. So antwortete Kay auf die Frage ›Sollte Heinz das Medikament stehlen?‹: »Wenn er es will, soll er es tun, wenn er es nicht will, soll er es bleiben lassen.« Auf die Frage ›Was ist, wenn er seine Frau nicht liebt?‹ antwortete sie: »Ich kann nicht mit Ja oder Nein antworten. Wenn er es stehlen will, ja. Wenn er sie nicht liebt, dann eher nicht. Ich denke, wenn ich mit ihm noch zusammen und ihm emotional noch verbunden wäre, aber ihn nicht lieben würde, dann würde ich es wahrscheinlich dennoch tun.«

Weniger als ein Jahr später erfuhr Kay eine einschneidende Veränderung ihrer beruflichen Verantwortung, als sie zur Direktorin des Pflegeheims ernannt wurde. In dieser Eigenschaft mußte sie Entscheidungen fällen, sowohl bei Konflikten zwischen den Mitarbeitern, Konflikten zwischen Mitarbeitern und Patienten als auch Konflikten zwischen der ökonomischen Lebensfähigkeit des Pflegeheims insgesamt und Überlegungen bezüglich des Wohlergehens der Patienten, vor allem in den Fällen, in denen die finanzielle Unterstützung für die medizinische Versorgung der Patienten ausgelaufen war.

Weniger als zwei Jahre später wurde Kay erneut interviewt. Anstelle des Heinz-Dilemmas wurde sie zum ›Euthanasie-Dilemma‹ befragt, das das Recht dem Wunsch einer tödlich erkrankten Patientin, ihre Schmerzen zu beenden, entgegenstellt (vgl. Anhang). Ihr moralisches Urteil wurde auf Stufe 4/5 ausgewertet. Kay brachte folgendes zum Ausdruck:

> Wenn der Doktor spürt, daß sie noch klar genug ist, um die Auswirkungen zu verstehen, dann sollte er ihr das Medikament geben. Sie sollte die Freiheit haben, die Entscheidung zu treffen. Ihre Lebensqualität ist schlecht, deshalb sollte sie das Recht haben, diese Entscheidung zu fällen; es ist ihr Leben, und sie steht vor zwei Möglichkeiten, schneller ohne Schmerzen zu sterben und dabei ihre Würde zu behalten oder die sechs Monate zu leben, was ihr nichts nutzt.
> *Was sollte ihr Mann mit der Entscheidung zu tun haben?*
> Er sollte darauf achten, wie sie in der Vergangenheit reagiert hat, und erkennen, ob dies ihre wirkliche Entscheidung ist. Wenn dem so ist, dann sollte er als Anwalt ihrer Wünsche auftreten, wenn es seiner Ethik oder Moral nicht gänzlich widerspricht. Wenn er dies tut, dann liegt es an ihm, deutlich zu machen, weshalb er denkt, daß es falsch ist.

Wenn wir uns Kays moralischer Erkenntnistheorie zuwenden, sehen wir deutlich, daß ihr früherer Relativismus verschwunden ist. In Konflikten zwischen dem Recht und moralischen Gefühlen gibt es eine bessere Antwort, die nicht durch Gefühle aus dem Bauch, sondern durch die Vernunft diktiert wird. Ihr Verständnis der Gesetze wurde stärker vom Kontext abhängig, da ihr Gefühl für moralische Entscheidungen sich zu einem festeren Sinn dafür entwickelte, wie moralische Entscheidungen im Kontext von Konflikt und situativer Komplexität getroffen werden. Als sie über das Gesetz im Zusammenhang mit dem Euthanasie-Dilemma befragt wurde, gab sie die folgende Antwort:

> Ich denke, daß die Gesetze deshalb entworfen wurden, um dem Gewissen der Gesellschaft zu dienen und das bedeutet nicht notwendigerweise ihrer tatsächlichen Moral. Es ist ein Konsens der Mehrheit. Die Gesetze ändern sich, daher müssen sie dem folgen, von dem sie annehmen, daß es moralisch richtig ist. In einem Jahr ist juristisch falsch, jemanden aufgrund eines Gesetzes, das die Todesstrafe erlaubt, hinzurichten, im nächsten Jahr ist es richtig, aber das ändert nichts daran, ob es moralisch ist. Deine Entscheidung sollte nur auf deiner eigenen Sichtweise basieren, davon abhängen, wer du bist. Das Recht ist nicht das Letztgültige.

*Was bedeutet Moral für Sie?*
Sie bedeutet, eine Entscheidung zu treffen, die von unserem Gewissen
geleitet ist, was auch immer das ist. Ein moralisches Problem ist etwas, wo ich A und B habe, und das sollte gleich C sein, aber es gibt
dieses und jenes und noch etwas anderes. Was soll ich tun? Sie bedeutet: ›Was soll ich tun?‹

Zusammengefaßt haben wir Jugend als ein Gebiet der Entwicklung sowohl im Hinblick auf Eriksons funktionale Stufen der Identitätskonstitution betrachtet als auch im Hinblick auf meine kognitiv-strukturalen Stufen der moralischen Entwicklung. Wir haben Wege beschrieben, auf denen die Identitätskonstitution verbunden ist mit der kognitiv-moralischen Entwicklung von der konventionellen zur postkonventionellen Moral. Wir haben betont, daß zwischen konventionellem Urteilen (die Stufen 3 und 4) und prinzipiengeleitetem Urteilen (Stufe 5) eine Phase des Relativismus und Subjektivismus existiert, in der die Gültigkeit der moralischen Regeln und Einstellungen hinterfragt wird. Diese Phase kann gelegentlich zu einem dramatischen Amoralismus führen, wie bei Sam, der, wie Raskolnikov in Dostojewskijs ›Schuld und Sühne‹, tatsächlich Verbrechen begeht, um seine amoralische Ideologie zu verwirklichen. In anderen Fällen schließt die Entwicklung von einer konventionellen zu einer postkonventionellen Moral, wie bei Lenny und Kay, eine leichte Art des Relativismus ein – einen ›persönlichen Relativismus‹ –, d. h. eine Sichtweise, die besagt, daß das Selbst seine eigenen Verpflichtungen gegenüber moralischen Werten hat, aber daß es seine eigenen Werte nicht anderen aufbürden sollte. Dieses relativistische Hinterfragen der Moral wie auch der Aufbau moralisch-politischer Ideologien, wie bei Lenny, führen uns dazu, den Jugendlichen als Philosophen zu bezeichnen.

## Perrys Stufen der intellektuellen Erkenntnistheorie

Das Problem des Relativismus steht auch im Zentrum einer anderen Theorie der Stufenentwicklung im Jugendalter, der Theorie von William Perry (1970). Wir haben in der Einführung kurz auf Perrys ganzheitliche und strukturelle Stufen der Moral und der intellektuellen Epistemologie der Studierenden während der *college*-Jahre hingewiesen. Der Ausgangspunkt von Perrys Forschung bestand darin, daß er an seiner »Abteilung für Studienberatung« Studenten der Harvard-Universität offene Fragen stellte und damit die Fokussierung seiner Interviews demjenigen überließ, was im Kopf seiner Befragten vor sich ging. Die Studenten wurden in jedem Jahr, vom Eintritt in die Universität bis zum Abschluß, befragt. Die zentrale Frage, die die Studenten beschäftigte, war ihr Erstaunen darüber, ob das, was sie studierten, eine Angelegenheit der absoluten Wahrheit und ethischen Richtigkeit war, oder ob alles subjektiv und eine Meinung so gut wie eine andere sei.

Während unsere Stufen dasjenige definieren, was Moralphilosophen eine ›normative Ethik‹ nennen oder Prinzipien erster Ordnung oder Wege des Urteilens und des Lösens von moralischen Entscheidungen und Problemen, repräsentieren die Ebenen von Perry ein Denken zweiter Ordnung über moralische Positionen von Prinzipien sowie über die Natur und die erkenntnistheoretische Gültigkeit des moralischen Denkens im allgemeinen. Moralphilosophen nennen dieses Denken zweiter Ordnung ›Metaethik‹. Perry formuliert dies folgendermaßen:

> Es ist nicht ohne Grund, daß der Student in den Anfangssemestern (*undergraduate*) zum Metaphysiker wird. ... Wir dürfen nicht aufhören, die Motive zu analysieren, die den Menschen zur Metaphysik führen. ... Der Mensch unterscheidet sich vom Affen, der auch keine Niete ist, nicht durch seine Vernunft, sondern durch sein Denken über Denken (*meta-reason*), das eine Segnung ist, die dem Affen vermutlich nicht zuteil wurde. Das Charakteristikum der Ausbildung in den geisteswissenschaftlichen Fächern (*liberal arts*) liegt heute, darauf haben wir hingewiesen, in der Anforderung, den eigenen Strang des Denkens in Auseinandersetzung mit anderen möglichen Strängen des Denkens zu verfeinern. Kurz gesagt, sie bedürfen des Denkens über Denken (Perry 1970, S. 33).

Wir stimmen nicht zu, daß Meta-Denken dasjenige ist, das den Menschen von den Affen unterscheidet. Wie Piaget glauben wir, daß es dasjenige ist, was den Adoleszenten sowie den Jugendlichen vom Kind unterscheidet; denn es ist die Fähigkeit, über das Denken nachzudenken. Im intellektuellen Bereich wird dieses Denken über Denken Erkenntnistheorie genannt, im moralischen Bereich wird es als Metaethik bezeichnet. Perrys Modell ist sowohl erkenntnistheoretisch als auch metaethisch; es spricht – anders als unsere moralischen Stufen – nicht direkt die Moral an, das Lösen von Problemen, Urteilen und Entscheiden. Perry kam zu dem Ergebnis, daß eine Reihe der Studienanfänger sich noch auf einer Stufe befand, die er ›dualistisch‹ nennt; d. h. zu denken, daß Dinge entweder vollkommen wahr bzw. vollkommen richtig oder vollkommen falsch seien. Perry betont in diesem Zusammenhang:

> Für unsere Überlegungen ist es sehr wichtig, daß das Kind die einfache Entweder-oder-Entscheidung von Gut oder Böse, erlaubt oder nicht erlaubt, als Grundlage für die erste Wahrnehmung von sich selbst unter der Personen seiner sozialen Welt benutzt. Seine dringende Sorge muß es sein, ob es getätschelt oder bestraft, gelobt oder gescholten wird. Ist es gut oder ist es schlecht? ... Diese Sicht der Welt fühlt sich aus einer Innenperspektive vollkommen zusammenhängend an. Als Kind gehe ich zu meinen Eltern oder meinem Lehrer mit meinem geringen Angebot an Urteilskraft – meinem Wunsch, mit meinem Nachbarn spielen zu gehen, meinem Buchstabieren eines Wortes, meinem Rechenbeispiel – ist es richtig oder falsch? Die großen Wesen vor mir überblicken mein Angebot und vergleichen es mit einem Modell, einer absoluten, nicht veränderbaren platonischen Idee der Richtigkeit, die sie kennen, oder die vielleicht in eine Tafel am Himmel eingraviert ist, und sie geben mir eine Antwort: ›Ja, es ist richtig‹ oder ›Nein, es stimmt nicht damit überein‹. In einer solchen Welt, die in der Mitte geteilt ist, ist es meine Pflicht, soweit wie möglich auf der Seite des Richtigen zu bleiben. In der Schule werden die Beispiele für richtig und falsch alle aufgezeichnet, algebraisch zusammengezählt, und das Ergebnis wird benutzt, um den Grad zu benennen, zu dem ich richtig oder falsch lag und gut oder schlecht war. In dieser Gesamtheit werde ich periodisch mit meinen Klassenkameraden, die über und unter mir stehen, verglichen – und zwar auf einer einzigen Güteskala des Erfolgs und Scheiterns (ebd., S. 29 f.).

Um diese dualistische Position zu illustrieren, zitiert Perry einen Studenten der Harvard-Universität: »Das einzige, was ich einem zukünftigen Studenten sagen könnte, ist einfach das, wenn du hierher kommst und alles tust, was du tun sollst, dann wird alles in Ordnung gehen. Das ist eigentlich alles« (ebd., S. 62). Im Rückblick kann ein Student sagen:

> Als ich zu meiner ersten Vorlesung ging, war das, was der Mann sagte, wie das Wort Gottes, verstehen Sie. Ich glaubte alles, was er

sagte, weil er ein Professor war; und er war ein Professor an der Harvard-Universität – und dies ist eine respektierte Position. Und, mhm, die Leute sagten, ›na und‹ ... Und mir wurde langsam klar ... (ebd., S. 61).

Das Charakteristikum der nächsten Entwicklungsposition der Vielfalt *(multiplicity)*[6] kann in Sams Interview zum Studienbeginn gefunden werden. In Beantwortung des Heinz-Dilemmas sagte er: »Es ist nicht die Pflicht des Ehemanns; es ist nur sein Wunsch. Begriffe wie ›gut‹ oder ›schlecht‹ sollten nicht gebraucht werden.« Er selbst definiert seinen Wandel von der *high school* zur Universität als »einen Glauben an den Relativismus«. Perry deutet an, daß auch dem radikalen Relativismus des ›Vielfältigen‹ noch die Vermutung zugrunde liegt, daß, wenn man moralische (oder intellektuelle) Urteile fällen würde, diese immer noch dualistisch ausfielen, schwarze oder weiße Urteile über richtig und falsch. Auf die Frage »Sollte Joe sich weigern, seinem Vater das Geld zu geben?« (vgl. Anhang) antwortet er: »Nein, die Eltern herrschen.« Und die Frage »Hatten die Menschen, die den Sklaven vor dem [amerikanischen] Bürgerkrieg [1861–1865] zu entkommen halfen, recht oder unrecht?« beantwortete er wie folgt: »Das war grundfalsch. Sklaven waren Leibeigene unter einem legalen und logischen System. Jene, die ihnen geholfen haben, sollten bestraft werden.«

Lenny bietet ein Beispiel für eine Bewegung durch die Vielfalt hindurch zu einem kontextuellen Relativismus. In seiner Periode der Vielfalt stellte ihm seine radikale ›schwarz-weiße‹ Ablehnung der ›liberalen amerikanischen Gesellschaft‹ keinen sozialen Kontext zur Verfügung, von dem aus er moralische Urteile hätte fällen können. Um seine Sichtweise zu karikieren: Sie besagt, daß die gesamte Sozialmoral relativ und subjektiv sei, mit der Ausnahme, daß die Moral der amerikanischen Mittelklasse schlecht ist. Über das Heinz-Dilemma sagte er:

> Der Apotheker ist einfach ein Teilnehmer innerhalb einer kapitalistischen Gesellschaft, und hoffentlich kann sich Heinz da raushalten. Er wäre in der gleichen Situation wie ein Schwarzer oder Chicano. ... Er handelt mit einer leidenschaftlichen Moralität im Licht von etwas, das auf Instinkten und Leidenschaft basiert. Es macht nicht not-

6 Anmerkung der Hg.: Perry spricht in diesem Zusammenhang auch von einem ›einfachen Pluralismus‹.

wendigerweise einen Unterschied aus, wenn der Diebstahl für etwas anderes als das Leben erfolgt.

Er weigerte sich, zu anderen Dilemmata, z. B. über den Krieg, Stellung zu beziehen: »Die ganze Sache basiert doch auf den Prämissen und der Übereinstimmung, die Amerika als eine Gesellschaft teilt. Die Situation liegt außerhalb meines Bezugsrahmens, daher kann ich nicht antworten.«

Vier Jahre später, Lenny ist 28 Jahre alt und hat sich auf Stufe 4/5 weiterentwickelt, hat auch er eine klare Position in bezug auf den kontextuellen Relativismus eingenommen, wie er von Perry beschrieben wurde. Zum Heinz-Dilemma äußert er sich nun wie folgt:

> Es ist schwierig, moralische Fragen zu kommentieren, ohne die soziale und ökonomische Umwelt mit in Rechnung zu stellen. Andererseits, wenn Sie ein Vertreter einer kleinen humanistischen Gruppe sind, die Prinzipien hat, die universell und gerecht sind, dann könnten Sie es aus einer anderen Perspektive interpretieren.

Er warnt jedoch: »Wer kann in Gesellschaften, deren Moralität durch bestimmte Strukturen diktiert ist, sagen, was moralisch richtig ist?«

Indem wir Perrys Stufen als metaethisch charakterisieren, wird deutlicher, weshalb wir sie als Stufen mit ›weicher Struktur‹ bezeichnet haben und wie sie sich von den moralischen Stufen unterscheiden. Es ist unwahrscheinlich, daß sie kulturell universell sind oder eine Hierarchie philosophischer Adäquatheit bilden, wie dies bei Formen des operationalen Problemlösens der Fall ist, so bei dem von Piaget beschriebenen Urteilen über physikalische Probleme oder unseren Stufen des Urteilens zu moralischen Problemen. Schließlich konnte von den Stufen Perrys bisher noch nicht gezeigt werden, daß sie mit dem Handeln auf spezifische oder theoretisch eindeutige Weise verbunden sind, wie dies auf unsere moralischen Stufen zutrifft (Kohlberg/Candee 1984; dt. 1995; vgl. auch Kohlberg/Candee 1999). Manche der radikalen Subjektivisten, wie Sam, haben ihre erkenntnistheoretische Sicht des Amoralischen in Handeln überführt, andere, wie Kim, taten dies nicht. Kim handelte weiterhin auf Stufe 4 und beantwortete auch das Dilemma, wenn er unter Druck gesetzt wurde, auf diese Weise, er lebte jedoch seine metaethische Position der Vielfalt, des Relativismus und Egoismus nicht in der Art ›Raskolnikovs‹ aus. Lenny lebte sein ›vielfältiges‹ Infragestellen der Gültigkeit von Moral aus, allerdings im Kontext einer gewagten Kritik der Stufe 4/5 an seinem Vater als Vertreter der Stufe 4 sowie dem, was er als ungerechte Gesellschaft ansah.

Perrys Stufen können auch deshalb als Stufen mit ›weicher Struktur‹ beschrieben werden, weil sie sich am oberen Ende, nach Position 5 der ›kontextuellen Relativität‹, mit Eriksons Stufen vereinen und zu einer ›Verpflichtung‹ (oder Identitätskonstitution) fortschreiten, ohne neue Denkstrukturen zu definieren. Perry führt im Hinblick auf Positionen, die auf die fünfte folgen, aus:

> Das Thema, das auf der Hand liegt, so zeigen unsere Unterlagen, ist Verantwortung. Wenn alles, was mir bisher beigebracht wurde, hinterfragt werden kann, vor allem von mir hinterfragt werden kann, dann verlagert sich mein Gefühl davon, wer verantwortlich ist, radikal von außen auf mich. Aber ich sehe auch, daß meine Antworten gleichfalls Fragen sind, und wenn ich handeln, wählen und leben soll, auf welcher Basis soll ich das tun? Ich sehe jetzt sogar, daß ich nur ein Leben habe, das ich leben kann.
>
> Hier haben wir dann das Thema der individuellen persönlichen Verpflichtung in einer relativen Welt – der nächste Schritt, der über die Fragen des Studienanfängers hinausgeht. Seine zentrale Last – und Freude – ist Verantwortung. Wenn man vor ihr zurückweicht, gibt es viele ausgetretene Pfade zur Verschiebung, Flucht oder sogar zum Rückzug. ... Die Verpflichtung, über die wir reden, weist eine besondere Form auf. Wir haben sie persönliche Verpflichtung in einer relativen Welt genannt. Hiermit wollen wir sie von Verpflichtungen unterscheiden, die in einem solchen Umfang als selbstverständlich angesehen wurden, daß sie niemals hinterfragt, niemals mit Alternativen verglichen wurden, die für ein Selbst auch ›denkbar‹ wären. Wir alle operieren auf der Basis einer Reihe von habituellen, niemals hinterfragten Verpflichtungen. Für einige machen sie die Gesamtheit des Lebens aus – d. h. des nichtbefragten Lebens[7] (ebd., S. 34).

Mehrere Autoren haben in jüngster Zeit versucht, Denkmodi der Nach-Vielfalt auf eine stärker strukturalistische Weise, und nicht mit Bezug auf Eriksons funktionales Stufenmodell, zu erfassen.

---

[7] Anmerkung der Hg.: Perry benutzt hier eine auch von Kohlberg häufig gebrauchte Metapher, die er der *Apologie des Sokrates* entnommen hat. Dort heißt es, »daß das nichtbefragte Leben nicht lebenswert ist« (38).

Für den intellektuellen Bereich wurde dies von Kitchener und King (1985; vgl. auch King und Kitchener 1994) durchgeführt, die strukturelle Stufen des reflektiven Denkens für den intellektuellen und wissenschaftlichen Bereich definiert haben. Was sie mit intellektuell und wissenschaftlich reflektivem Denken meinen, wird durch ihre Methode aufgezeigt. Die Autorinnen bitten Studierende, Essays über bestimmte Themen zu verfassen: einen Vergleich der kreationistischen mit den evolutionären Theorien über die Entstehung der Arten, einen Essay über die Entstehung der Pyramiden oder das Ausmaß der chemischen Verschmutzung im Essen und Wasser. Diese Essays werden dann gemäß den Stufen des reflektiven Urteilens im Sinne von Kitchener und King ausgewertet.

Diese Stufen beschreiben Entwicklung, anders als die Stufen von Perry, auf eine strukturelle Weise. Sie konzentrieren sich auf Fragen über die Sicherheit des Wissens, auf Fragen, wie Wissen erzielt wird und Überzeugungen gerechtfertigt werden. Die beiden höchsten Stufen gehen über Perrys Stufen der Vielfalt hinaus und erkennen an, daß, obwohl Wissen auf der subjektiven Interpretation von Daten beruht, manche Urteile oder Überzeugungen dennoch als besser fundiert als andere beurteilt werden können. Diese Behauptung basiert auf einem Verständnis der Logik der Forschung oder der wissenschaftlichen Methode in einem weiten Sinn. Diese Methoden generalisieren über bestimmte Probleme oder Kontexte hinweg. Es gibt eine Gewißheit, daß manche mit Wissen einhergehenden Ansprüche vollständiger sind als andere, obwohl auch sie offen sind für Neubewertungen. Diese Gewißheit beruht auf der Anstrengung, vorliegende Perspektiven in umfassendere und kohärentere Erklärungen zu synthetisieren. Urteilen auf der höchsten Stufe wird von Kitchener und King charakterisiert als ein komplexes Verständnis von Themen sowie ein Bewußtsein davon, daß in Zukunft – mit der Sammlung weiterer Daten – eine Reinterpretation oder Neuformulierung von Gesichtspunkten notwendig werden kann.

Die beiden Autorinnen konnten zeigen, daß ein ständiges Anwachsen des reflektiven Urteilens, zumindest während der Zeit der *graduate school*, stattfindet. Sie ermittelten eindeutige Relationen zwischen der Ebene des reflektiven Urteilens und dem Multiple-Choice-Test (DIT) des prinzipiengeleiteten moralischen Urteilens von James Rest. Auf dieser statistischen Grundlage fragten sie, ob die Entwicklung des moralischen Urteilens zu Änderungen im reflektiven oder erkenntnistheoretischen Urteilen führt oder sie verursacht. Das Ergebnis besagte, daß das Umgekehrte zutraf – erkenntnistheoretische Entwicklung führte zu moralischem Urteil bzw. trug zu ihm bei.

Eine Untersuchung von Boyd aus dem Jahr 1980 führte zu einer vergleichbaren Schlußfolgerung. Wie Kitchener und King versuchte auch Boyd, dasjenige aufzuspüren, das eine moralische Erkenntnistheorie, die auf die Vielfalt folgt *(post-multiplicity)*, beinhalten muß. Boyd bezeichnete dies als ›offene Position‹, die aufweist, daß moralische Urteile gegenüber Anfragen auf eine Weise offen gehalten werden können, die es erlaubt, von einigen zu sagen, daß sie stärkere oder weniger starke Unterstützung finden als andere, ohne sie mit einer endgültigen Antwort zu identifizieren. Die Unterstützung, die die offene Position erstrebt, besteht in einer vernünftigen moralischen Überlegung: dem Streben nach Vernunft, das ungerechtfertigten Dogmatismus ebenso wie schnelle emotionale, aber in die Irre führende Antworten zu vermeiden hilft.

Boyd führte eine sokratische Moral-Diskussion in einem Seminar für Vordiplomanden durch; wobei er Effekte sowohl im Hinblick auf die moralische Erkenntnistheorie als auch die von uns postulierten moralischen Stufen erwartete und auch fand. Er konnte zunächst die zu erwartende Änderung in der Stufe des moralischen Urteils aufzeigen, die bereits in vielen Interventionsstudien in Schulkassen gefunden werden konnte und die im Durchschnitt bei einer dritteln Stufe lag. Der Kurs hatte den größten Einfluß bei Studierenden, die sich innerhalb der Position der Vielfalt befanden, wobei sich viele schon auf die offene Position zubewegten.

Als Beispiel zitiert er eine Studentin, die sich in einem *pretest*-Interview auf der Position der Vielfalt befand. Zu dieser Zeit nahm sie wie folgt Stellung:

> Es scheint so, daß ich mich im Laufe meines Lebens mit vielen Menschen über irgendwelche Dinge auseinandergesetzt habe. Und ich bin zu dem Ergebnis gekommen, daß die meisten Entscheidungen, die man trifft, tatsächlich deine eigenen sind und daß immer irgend jemand mit ihnen nicht übereinstimmt. ... Ich denke, es handelt sich immer um eine Meinung. So ist es einfach. Deshalb ist es auch so

> schwer, darüber zu reden. Jeder hat seine Meinung, und jeder hat seine Vorurteile. Ich habe genauso meine Vorurteile wie jeder andere auch. ... Und deshalb ist es schon schwierig, mit anderen auszukommen, ... ich bin nun 'mal umgeben von allen möglichen anderen Meinungen. Ich denke, daß es das beste ist, wenn ich durch die anderen einfach hindurchschwimme.

Am Ende des Seminars hat sie die offene Position erreicht und erläutert:

> Ich glaube, daß ich damit begonnen habe, das Wort ›Moral‹ mit Sinn aufzufüllen. ... Wenn man versucht, nach Gründen für die Gründe zu suchen, dann kann man viel objektiver mit den Regeln umgehen. Moral scheint nicht beliebig zu sein, sondern die Situationen unterscheiden sich alle, und das muß verstanden werden.

Zusammengefaßt bedeutet dies, daß sowohl unsere eigene Längsschnittstudie als auch die Untersuchungen von Kitchener und King (1985) sowie Boyd (1980) nahelegen, daß eine Korrespondenz in der Entwicklung zwischen unseren moralischen Stufen und Perrys erkenntnistheoretischen oder metaethischen Stufen besteht. Muß man Perrys Position 4, den vielfältigen Relativismus, überwinden, um zu Stufe 5 oder dem prinzipiengeleiteten moralischen Urteil zu kommen? Oder ist es statt dessen notwendig, auf der fünften Stufe des moralischen Urteilens zu stehen, um die erkenntnistheoretische Stufe, die auf die Vielfalt folgt (*post-multiplicity*), zu erreichen? Die Antwort auf diese Frage ergibt sich sowohl aus diesen Untersuchungen als auch aus meiner Längsschnittstudie. Zusätzlich zum Aufweis der allgemeinen Korrespondenz haben diese Studien Unterschiede zwischen der moralischen Stufe eines Individuums und den erkenntnistheoretischen Stufen Perrys bzw. dessen Positionen enthüllt. Wenn sich solche Unterschiede ergeben, dann scheint die erkenntnistheoretische Entwicklung die Führung zu übernehmen und der moralischen Stufenentwicklung zum prinzipiengeleiteten Urteil vorauszugehen.

Wir haben bisher verschiedene Stufenmodelle der moralischen Entwicklung bei Jugendlichen betrachtet. Was wir nun tun müssen, ist, die philosophischen Voraussetzungen der Theoretiker, die diese Stufenmodelle generiert haben, zu erörtern. Erikson kam zur Psychologie über die Kunst, Perry aus der Englischen

Literatur. Die Theoretiker der ›harten Stufen‹, Piaget und ich selbst, sind ›verhinderte Philosophen‹. Wir haben Stufen im Sinne der ›rationalen Rekonstruktion der Ontogenese‹ ausgearbeitet, d. h. mit einem philosophischen Ideal von einem Endpunkt und einer Richtung der Entwicklung sowie der Unterstellung, daß jede höhere Stufe eine philosophisch adäquatere ist. Obwohl eine philosophische Vision der Reife sowohl Eriksons als auch Perrys Denken zugrunde liegt, liefern beide keine philosophischen Argumente dazu, weshalb die post-relativistische universalisierende ethische Stufe philosophisch besser ist als die weniger universellen Orientierungen des konventionellen Dualismus und radikalen Relativismus. Ich habe an anderer Stelle (Kohlberg 1981) den philosophischen Sachverhalt dargelegt, daß eine prinzipiengeleitete Moral philosophisch und moralisch angemessener ist als eine konventionelle Moral oder ein radikaler Relativismus. Ich habe ebenfalls, wie Fishkin (1983), den Sachverhalt verdeutlicht, daß der radikale Relativismus oder Perrys Vielfalt philosophisch weniger adäquat ist als eine Position, die universalisierbare Prinzipien, Rechte und Werte, die der ›Gesellschaft vorausgehen‹ oder die idealerweise, so wie die Prinzipien der wissenschaftlichen Methode, auf alle Gesellschaften anwendbar sind, sucht und findet. Die ›Wahrheiten‹ der Wissenschaft werden sich, ebenso wie die ›Sollensvorschriften‹ der Moral, im einzelnen teilweise ändern und sich hoffentlich zusammen mit der Geschichte, der Kultur sowie der zukünftigen Kritik entwickeln.

Die Notwendigkeit, über die Vielfalt hinauszugehen, wird auch von Perry mehr oder weniger akzeptiert, wenn er unterstellt, daß die wissenschaftlichen Studien in den Geistes- und Naturwissenschaften die Suche nach Methoden und Kriterien der Angemessenheit im Rahmen des kontextuellen Relativismus unterstützen. Einige Forschungsgebiete und einige Werte sind relativistischer als andere. Die Suche der Moralphilosophen erstreckt sich nicht auf Absolutes, auf ›moralische Schlösser im Himmel‹, sondern auf moralische Universalien. Die Suche nach Universalien ist fundierter und angemessener im Bereich der Moral als im Bereich ästhetischer Werte, beruflicher Entscheidungen oder anderen Bereichen des Engagements, die von Erikson und Perry diskutiert werden. Universalität oder die Suche nach universeller

Übereinstimmung wird benötigt, um moralische Entscheidungen bei sich widersprechenden Ansprüchen zu treffen. Im Gegensatz dazu steht unsere berufliche Entscheidung, die uns selbst betrifft und keine Entscheidung darstellt, die für alle Menschen universalisiert werden müßte. Sowohl Eriksons und Marcias Begriff der Identitätskonstitution oder Perrys ›Glaubenssprung‹ in eine persönliche Verpflichtung in einer Welt des Relativismus sind *psychologisch* adäquater – die Jugend muß sich vom Infragestellen zum Fällen von Entscheidungen für das Leben weiterbewegen. Aus einer *philosophischen* Perspektive wird das Problem damit jedoch nicht gelöst. Wie Eriksons (1963) Diskussion über Hitlers Jugend zeigt, hat Hitler sich aus einer Identitätsdiffusion oder Perrys Vielfalt sich zu einer persönlichen Verpflichtung der Art entwickelt, die möglicherweise psychisch, jedoch sicher nicht ethisch oder moralisch adäquater war. Erikson hat später in seinen Arbeiten die Jugend großer moralischer Führungspersönlichkeiten betrachtet, so von Martin Luther und Gandhi, aber diese ausgezeichneten Biographien geben keine sehr klaren Antworten auf die Frage, weshalb Luther und Gandhi sich zu ethischen Erwachsenen entwickelten und Hitler in der schlimmsten Form einer ›Ideologie verhaftet blieb‹.

Um abschließend zusammenzufassen: Dieses Kapitel hat Fallstudien präsentiert, in denen sich eine ›idealtypische‹ Konsistenz zwischen Eriksons funktionaler Stufe der Identitätskrise und Lösung, Perrys erkenntnistheoretischen ›weichen Stufenstrukturen‹ und meinen ›harten Stufenstrukturen‹ der Moral vom konventionellen zum prinzipiengeleiteten Denken zeigt. Dieses Bild ist jedoch deshalb nur ›idealtypisch‹, da viele Jugendliche weder das prinzipiengeleitete Denken noch Perrys Verpflichtung im kontextuellen Relativismus oder Marcias Status der Identitätskonstitution erreichen.

## 5. Der Erwachsene als Philosoph
*mit Ann Higgins und Robert Howard*

Im letzten Kapitel zur Jugend haben wir die ethische Entwicklung aus drei Stufenperspektiven betrachtet: aus der Sicht von Perrys Stufen des Wissens um die Relativität und deren Lösung durch Verpflichtung, unserer Stufen des moralischen Urteilens und Eriksons funktionaler Stufen der Identitätsbildung. Wenn wir uns nun dem Erwachsenenalter zuwenden, werden wir zunächst Eriksons Konzepte der Intimität und Generativität einführen, d. h. seine beiden Stufen des Erwachsenenalters. Erikson geht davon aus, daß die jungen Erwachsenen sich über die Suche nach Identität hinaus entwickeln und bereit sind, ihre Identitäten in einer wechselseitigen Intimität zu verschmelzen sowie sich anderen Menschen durch Arbeit und Freundschaft zu nähern. Er charakterisiert diese Intimität der Erwachsenen als die Fähigkeit, sich auf konkrete Bindungen mit anderen Personen und Institutionen einzulassen und dabei zu wissen, daß diese Bindungen bedeutsame Opfer oder Kompromisse verlangen können. Erikson hebt hervor:

> Die psychosoziale Antithese zu *Intimität* ist aber *Isolation*, die Angst, allein und ›unerkannt‹ zu bleiben. ... Aus der Lösung der Antithese zwischen Intimität und Isolation entsteht aber *Liebe*, jener Austausch reifer Hingabe, die eine Lösung für den durch unterschiedliche Funktionen bedingten Antagonismus verspricht (Erikson 1982, S. 70/71; dt. 1988, S. 92/93).

### Eriksons Stufe der Generativität und ihre Tugenden

Die erfolgreiche Lösung auf der Eriksonschen Stufe der Intimität impliziert, daß eine Person sich in eine Lebensweise eingebunden fühlt, in der das Gefühl der Verpflichtung oder Liebe zur Basis für einen Lebensstil wird, der Produktivität aufrechterhalten kann; dies ist das Kennzeichen von Eriksons Stufe der Generativität. Erikson sagt in diesem Zusammenhang:

> Dem Erwachsenenalter (unserer siebten Stufe) haben wir die kritische Antithese *Generativität vs. Selbstabsorption und Stagnation*

zugeordnet. Generativität, so sagten wir, umfaßt Fortpflanzungsfähigkeit, Produktivität und Kreativität, also die Hervorbringung neuen Lebens, neuer Produkte und neuer Ideen. ... Die neue ›Tugend‹, die aus dieser Antithese hervorgeht, nämlich Fürsorge, ist eine sich erweiternde Verpflichtung, sich um die Personen, Produkte und Ideen zu *kümmern*, um die man sich zu kümmern gelernt hat (ebd., S. 67; dt. S. 86/87; Hervorhebung i. O.).

Wie wir in unserem Kapitel zur Jugend angesprochen haben, sind Generativität und Fürsorge verbunden mit Eriksons Konzept der ethischen Einstellung, die sich sowohl von dem moralischen Interesse des Kindes an Regeln als auch von dem Interesse des Adoleszenten oder Jugendlichen an Ideologien unterscheidet. Die Vorstellungen der Fürsorge (und damit verbunden die implizierte Parallele der Verantwortung) als einer Tugend setzen einen langwährenden Entwicklungsprozeß voraus, der auf früheren Tugenden oder erfolgreichen Lösungen von früheren psychosozialen Krisen oder Entscheidungen aufbaut. Dies wurde in der Einführung anhand von *Tabelle* 2 verdeutlicht. Im Hinblick auf die Arbeit setzt Generativität offensichtlich sowohl die Lösung der Antithese von *Fleiß-Minderwertigkeitsgefühl* und der daraus resultierenden Tugend der Kompetenz als auch die erfolgreiche Lösung der Krise von *Identität-Identitätsdiffusion* und der daraus resultierenden Tugend der *Treue* oder Vertrauenswürdigkeit voraus. Generative Arbeit beruht offensichtlich auf Fleiß und Kompetenz sowie einem Sinn für Arbeitsidentität und einer damit verbundenen Vertrauenswürdigkeit, aber sie geht noch darüber hinaus und führt sowohl zur Kreativität als auch zur Fürsorge im Hinblick auf die Produkte der eigenen Kreativität. Die Fürsorge als Eltern wiederum setzt offensichtlich eine vorgängige Lösung der Antithese Intimität vs. Isolierung und der damit verbundenen Tugend der Liebe voraus.

Erikson geht davon aus, daß es sowohl für Intimität als auch für Generativität auf Reifung beruhende psychische Wurzeln gibt. Im Fall der Intimität handelt es sich um die Anforderung, Sexualität in ein wechselseitiges Teilen zu integrieren. Auch für den Fall der Generativität glaubt Erikson, daß eine natürliche psychosexuelle Entwicklung eines Bedürfnisses zur Fortpflanzung vorliegt, eine biologische Grundlage sowohl für Männer als auch für Frauen.

In bezug auf die Ethik liegt der primäre Konflikt, dem der ›generative‹ Erwachsene begegnen muß, darin, wie er die besondere Verpflichtung und Fürsorge, die er gegenüber seiner Familie und seinen Kindern aufweist, sowie die Arbeitsverpflichtung in einer spezifischen sozialen Organisation, in die universellen Bedürfnisse der anderen nach Fürsorge integriert. Erikson schreibt in diesem Zusammenhang:

> Wenn Fürsorge (wie alle anderen erwähnten Stärken) der Ausdruck einer lebenswichtigen *sympathischen* Tendenz ist, der große Triebenergiemengen zur Verfügung stehen, dann gibt es auch eine entsprechende *antipathische* Tendenz, ... [die] *Abweisung*. Damit ist die fehlende Bereitschaft gemeint, bestimmte Personen oder Gruppen an den eigenen schöpferischen Belangen teilhaben zu lassen. Man *kümmert sich nicht* um sie. ... Deshalb müssen Ethik, Gesetz und Einsicht in einer gegebenen Gruppe das erträgliche Maß an Abweisung festlegen, so wie religiöse und ideologische Glaubenssysteme nicht davon ablassen dürfen, ein umfassenderes Prinzip der Fürsorge für bestimmte größere Gemeinschaften zu schützen. Gerade in diesem Zusammenhang unterstützen spirituelle Konzepte wie das einer universellen Caritas (oder Agape) in hohem Maße die in der Entwicklung angelegte Fürsorge (ebd., S. 68-70; dt. S. 88/89; Übersetzung leicht geändert; Hervorhebung i. O.).

In diesem Kapitel werden wir die Universalisierung der Fürsorge bzw. Ethik in Beziehung setzen zu unseren prinzipiengeleiteten Stufen der Moral. Betont werden muß an dieser Stelle, daß Erikson Universalität sowohl mit Reversibilität als einer entwickelten Form der Goldenen Regel als auch mit Kants Prinzip des Respekts vor Personen verbindet. Er formuliert:

> Mein Ausgangspunkt ist die Goldene Regel, die empfiehlt, daß man einem anderen nur das antut (oder nicht antut), wovon man wünscht, daß es einem angetan würde (oder nicht angetan würde). Diejenigen, die die Ethik systematisch studieren, zeigen häufig eine gewisse Verachtung für diesen allzu primitiven Vorläufer eines stärker logischen Prinzips. Bernhard Shaw fand die Regel als leichtes Ziel für seinen Witz: ›Tue einem anderen nicht an, wovon Du wünschst, daß man's Dir antäte, denn er könnte einen anderen Geschmack haben als Du!‹ Aber diese Regel bezeichnet einen geheimnisvollen Treffpunkt zwischen sehr alten Völkern, die durch Ozeane und Kontinente getrennt lebten, und sie ist das verborgene Thema der denkwürdigsten Reden vieler Denker. ... Um des psychologischen Anrei-

zes willen stützen sich manche Versionen auf ein Minimum an egoistischer Klugheit, während andere ein Maximum an altruistischer Sympathie fordern. ... Von allen Versionen aber fordert uns keine so bedingungslos heraus wie die der Upanischaden[1]: ›Er, der alle Wesen in seinem eigenen Selbst sieht und sein eigenes Selbst in allen Wesen‹ sowie das christliche Gebot ›Liebe Deinen Nächsten wie dich selbst‹ (Erikson 1964, S. 220; dt. 1966, S. 193 f.; Übersetzung leicht geändert).

Wir sollten zu Eriksons Ausführungen hinzufügen, daß sowohl die universelle Fürsorge als auch die Goldene Regel Aussagen der Gerechtigkeit *und* Aussagen des Wohlwollens, der Wohltätigkeit und des Altruismus darstellen. Sowohl Gerechtigkeit als auch Fürsorge haben den Respekt vor Personen zu ihrer Grundlage, was Erikson als ›Kants Version der Goldenen Regel‹ (vgl. ebd. S. 234; dt. S. 207) bezeichnet: »Handle so, daß du die Menschheit, sowohl in deiner Person als in der Person eines jeden anderen, jederzeit zugleich als Zweck, niemals bloß als Mittel brauchst.« Wir werden in diesem Kapitel an der Integration von Gerechtigkeit und Fürsorge oder Agape als einem zentralen Aspekt unserer sechsten oder höchsten Stufe der Moral arbeiten.

Bei der Diskussion unserer sechsten Moralstufe versuchen wir, kurz die philosophischen Probleme, die Erikson ungelöst ließ, zu klären: Wie kann die Goldene Regel George Bernard Shaws witzige Zurückweisung vermeiden? »Tue einem anderen nicht an, wovon Du wünschst, daß man's dir antäte, denn er könnte einen anderen Geschmack haben als Du!«; d. h. also, inwieweit stimmt die Goldene Regel, wie von Erikson nahegelegt, mit Kants Prinzip des Kategorischen Imperativs überein? Der Kategorische Imperativ Kants umfaßt zwei Aussagen: Eine besagt, daß die Universalisierung der eigenen Handlung zentral ist für den Begriff der universalisierten Fürsorge; die andere besagt, handle so, daß du die Menschheit immer als Zweck und niemals nur als Mittel behandelst; dies ist das Prinzip des Respekts vor Personen. Das Denken der Stufe 6 löst moralische Dilemmata durch die Integration der Goldenen Regel in Kants Prinzip des Respekts vor Personen, die als aktive Sympathie und nicht nur als das

---

1 Anmerkung der Hg.: Bei den Upanischaden handelt es sich um philosophisch-theologische Abhandlungen über die Erlösung des Menschen.

Nichteingreifen in die Rechte anderer interpretiert wird. Darüber hinaus wird unsere Diskussion der Moralstufe 6 eine Erörterung der Ausweitung oder Ausarbeitung dieser Stufe zu einer sechsten Stufe der ethischen bzw. religiösen Weltsicht beinhalten. Hierzu greifen wir auf die Arbeit von James Fowler *Stufen des Glaubens* (1981; dt. 1991) zurück (vgl. dazu vor allem das folgende Kapitel über den älteren Menschen als Philosophen).
Als Beispiele der sechsten Stufe werden wir neben einem Beispiel aus dem ›Alltag‹ (Joan) insbesondere die Biographie Mahatma Gandhis diskutieren; also einen Menschen vorstellen, der sein Leben für die Gerechtigkeit gab, der zugleich aber auch ein Mensch war, der über eine tiefgehende und zugleich postkonventionelle sowie universelle ethische und religiöse Philosophie oder Form des Glaubens verfügte.

## Carol Gilligans Konzeption der Fürsorge im Kontrast zu Eriksons und unseren Vorstellungen

Erikson hat Fürsorge als ›Tugend‹ definiert, die letztendlich erst im Erwachsenenalter ausgebildet wird. Wie wir in unserem Kapitel zur Adoleszenz angemerkt haben, hat Carol Gilligan eine ›Fürsorge- und Verantwortungsorientierung‹ definiert, die sich in der Kindheit ausbildet und die, so ihr Argument, einen anderen Bereich der moralischen Entwicklung als die Stufen des Gerechtigkeitsurteilens, die im Mittelpunkt meiner Arbeiten stehen, repräsentiert. Sie entdeckt die Wurzeln und den Kern der Fürsorge in der ›Empathie‹, der Berücksichtigung der Bedürfnisse und Gefühle von ›bestimmten anderen‹ aus deren Sichtweise oder ›in deren Begriffen‹. Aus dieser Perspektive repräsentiert Fürsorge für Gilligan ein Gefühl des Selbst in Verbindung zu anderen, und Gerechtigkeit repräsentiert das Selbst in der Unterscheidung zu oder der Trennung von den anderen. Die Ideale-Rollenübernahme oder die Goldene Regel, die Erikson und ich als beispielhafte Integration von Gerechtigkeit und Fürsorge ansehen würden, werden von Gilligan als Repräsentanten der ›Gerechtigkeitsorientierung‹ angesehen, als das Ausbalancieren der Perspektiven von zwei getrennten Selbsten, die folglich keine ›Fürsorge‹ repräsentieren. Gilligans Kollegin Nona Lyons hat

1983 ein Auswertungssystem entwickelt, das die Antworten aus den Erzählungen der Befragten über wirkliche bzw. persönliche Dilemmata, also ›Situationen, in denen es schwer war zu wissen, was richtig oder falsch ist‹, in ›Erwägungen zur Fürsorge‹ einerseits und ›Erwägungen zur Gerechtigkeit‹ andererseits eingeteilt. Gilligan und Attanucci (1988) haben geringe, aber eindeutige Geschlechtsunterschiede in den ›Präferenzorientierungen‹ aufgefunden. Die meisten Männer verwenden ebenso wie die meisten Frauen beide Formen der Orientierung während des gesamten Lebenszyklus (d.h. hier: zwischen 5 und 45 Jahren). Es besteht jedoch eine Tendenz dahingehend, daß diejenigen, die die Gerechtigkeit vorziehen (d.h. mehr als 75% Gerechtigkeitserwägungen verwenden), Männer sind, und daß diejenigen, die die Fürsorge vorziehen, Frauen sind. Diese Ergebnisse korrespondieren mit weithin geteilten Erwartungen oder Stereotypen über Frauen, nämlich daß diese einfühlsamer sowie im Hinblick auf moralische Probleme, stärker auf Pflege und auf Beziehungen ausgerichtet seien als Männer, deren Zugangsweise zu moralischen Konflikten oder Problemen wiederum in stereotyper Weise als an ›Regeln‹, Fairneß und Logik ausgerichtet verstanden wird. Die Arbeiten von Gilligan und anderen zeigen nicht, daß Frauen sich innerhalb unserer Stufen des moralischen Urteilens weniger weit entwickeln als Männer. Dies trifft auch auf die Ergebnisse aus unseren Längsschnittstudien mit jungen Frauen an amerikanischen *high schools* (vgl. Power et al. 1989) sowie in Israel zu.

Im vorigen Kapitel haben wir beispielhaft auf die Aussagen einer Krankenschwester hingewiesen, die sich in ihrer späten Jugend zur Stufe 5 entwickelte. In diesem Kapitel werden wir eine Frau, die in der Erwachsenenbildung tätig ist, zitieren, die auf Stufe 6 argumentiert. Sowohl das Kapitel zur Jugend als auch das vorliegende Kapitel betonen die Bedeutung der weiterführenden Ausbildung und der Verantwortung am Arbeitsplatz für das Wachstum des moralischen Urteilens in diesem Zeitraum; das trifft sowohl auf Männer wie auf Frauen zu. Ein umfassender Überblick über 80 Studien, der die Geschlechtsunterschiede zwischen Männern und Frauen in bezug auf das moralische Urteil berücksichtigte (Walker 1984, dt. 1991), fand keinerlei Unterschiede zwischen den Geschlechtern, ausgenommen in einigen Studien über Erwachsene. Diese Unterschiede verschwanden, sobald die Ausbildung auf weiterführenden Schulen und die Verantwortung am Arbeitsplatz statistisch kontrolliert wurden.

Wir vertreten gegenwärtig die Position, daß die ersten Formen der Empathie sich im Kleinkindalter und in der Kindheit früher entwickeln, als dies auf die ersten Formen der Gerechtigkeit zutrifft, da Gerechtigkeit eine reifere kognitive Entwicklung voraussetzt als die frühe Empathie. Das kleine Kind wird in eine soziale Matrix der empathischen Verbindung zwischen Mutter und Kind hineingeboren, wie Harry Stack Sullivan (1940) ausgeführt hat. Diese Verbindung stellt sich ein, bevor das Kind ein Selbst oder ein ›getrenntes Selbst‹ entwickelt hat. Das frühe Selbst entwickelt sich aus der kognitiven und emotionalen Kommunikation in der Familie; es entwickelt sich dadurch, daß das Kind ›die Rolle der anderen‹ ihm und seinen Handlungen gegenüber in einem Kontext gemeinsam geteilter sozialer Bedeutungen einnimmt, wie George Herbert Mead (1934; dt. 1975$^2$) deutlich gemacht hat (vgl. Kohlberg 1984, Kap. 7).

Wir werden in diesem Kapitel im Hinblick auf Stufe 6 zu zeigen versuchen, daß Gerechtigkeit oder Reziprozität oder Gleichheit bei der Verteilung von Gütern eine Entwicklung darstellt, die ein Interesse am Guten der anderen voraussetzt. Dies gilt im übrigen bereits auf unserer ersten Stufe. Wir haben das Beispiel meines Sohnes und seines Gerechtigkeitsglaubens als Reziprozität des ›Auge um Auge, Zahn um Zahn‹ zitiert, in dem er es richtig fand, Eskimos zu töten, weil diese Seehunde töten; dies ist eine Gerechtigkeitsoperation der Reziprozität, die Empathie mit den Seehunden voraussetzt. Im Anschluß an Adam Smith (1759; dt. 1977) und Martin Hoffman (1979) nennen wir die kognitiv entwickelten Formen der Empathie, die zu einer Disposition führen, den anderen zu helfen, Sympathie.

Wir haben bereits erwähnt, daß wir die Vorstellung, daß die Goldene Regel oder die Ideale-Rollen-Übernahme Beziehungen von vollständig abgetrennten Selbsten repräsentiert, und daher Fürsorge nicht einschließt, nicht teilen. Wir akzeptieren gleichfalls keine radikale Trennung zwischen Empathie und Sympathie in dem Sinne, daß die eine die Fürsorge und die andere die Gerechtigkeit repräsentiere. Eriksons Vorstellung einer universellen Fürsorge, die auf einer vitalen sympathetischen Tendenz basiert, liegt dicht an unserer Vorstellung der Moral der Stufe 6, die auf einer Einstellung des Respekts vor Personen beruht und eine Einstellung der Sympathie ihnen gegenüber einschließt. Entsprechend stimmen wir auch eng mit Eriksons Aussage zur Fürsorge als Tugend sowohl für Männer als auch für Frauen überein. Gilligan betont, daß Fürsorge im Mittelpunkt steht und daß wir besondere Verantwortlichkeiten oder Verpflichtungen jenen schulden, mit denen wir in einer engen Beziehung stehen. Erikson betont das Bedürfnis, Fürsorge als ethische Einstellung zu universalisieren und sie mit der Gerechtigkeit zu integrieren; dies entspricht sowohl unserer Definition von Stufe 6 als auch dem, was die von uns Befragten in ihrem Leben tun.

### Anmerkungen über das weitere Vorgehen

Im Mittelpunkt dieses Kapitels steht das moralische Beispiel Mahatma Gandhis, dessen universelle ethische Prinzipen auf Stufe 6 unserer moralischen Stufen stehen. Erikson hat sehr deutlich die Tugenden der Ethik oder Universalisierung der Fürsorge (*care*) des Erwachsenen in seiner Studie über Gandhi herausgearbeitet (1969; dt. 1971). In Übereinstimmung mit Erikson und im Gegensatz zu Carol Gilligan behaupten wir, daß Eriksons Tugenden der universellen Fürsorge und Gerechtigkeit nicht im Gegensatz zu unserer höchsten moralischen und ethischen Stufe des Erwachsenen stehen. Am Beispiel Gandhis wollen wir allerdings auch diskutieren, daß eine Spannung besteht zwischen einer universellen Fürsorge und den besonderen Verpflichtungen gegenüber der Familie. Sowohl Erikson als auch wir wollen zeigen, daß Gandhis Streben nach universeller Fürsorge und der damit verbundene Sinn der Gerechtigkeit ihn in einen Konflikt mit seiner Frau und seiner Familie einrücken; ein Konflikt, den er in seiner Aussage zur Geltung brachte, daß er das gesamte Indien als seine Familie ansah. Gandhi und andere, von denen wir annehmen, daß sie sich auf der höchsten ethischen Stufe befinden, sind keine perfekten moralischen Wesen, jedoch stellen sie Beispiele dar. Sokrates, Gandhi, Abraham Lincoln oder Martin Luther King waren moralische Führer, die die Gesellschaft erschüttert bzw. die Welt transformiert haben. Jeder stellte die herrschende Moral seiner Zeit in Frage, forderte die Ungerechtigkeit seiner Gesellschaft heraus und proklamierte einen höheren Standard oder ein höheres Prinzip der Gerechtigkeit als dasjenige, das von seiner Gesellschaft akzeptiert wurde; d. h. ein universelleres Prinzip der Gerechtigkeit.

Jeder war selbstverständlich so sehr seinem Kampf um menschliche Gerechtigkeit verpflichtet, daß er bereit war, sein Leben dafür hinzugeben. Es gab sicherlich auch andere leidenschaftliche und revolutionäre Führer für Gerechtigkeit, die wir nicht auf Stufe 6 ansiedeln: Robespierre, Marx, Lenin und andere. Im Namen der Gerechtigkeit verstanden diese Führer die Suche nach Macht und Gewalt als legitime Mittel moralischen Handelns. Aus unserer Perspektive verfehlte jeder dieser Führer das Ausbalancieren einer Vision der Gerechtigkeit mit einem Sinn für das, was Erikson ›vitale Sympathie‹ nennt bzw. was andere Mitleid genannt haben; daher haben es diese Männer nicht geschafft, ihre Empörung über Ungerechtigkeit an eine solche Sympathie anzupassen. Jedem dieser Führer, die wir nicht auf Stufe 6 ansiedeln, mangelte es an einem zweiten, für die sechste Stufe vitalem Element: dem Gefühl für Bescheidenheit. Die von uns so genannten Führer der Stufe 6 versammelten in sich

1. einen tiefgehenden und universellen Sinn für Gerechtigkeit mit
2. einem Sinn der vitalen Sympathie oder des Mitgefühls für jede lebende Person und
3. einer tiefgründigen Bescheidenheit im Hinblick auf ihre eigene Fähigkeit zur Führung sowie ihrem Wissen darüber, was richtig ist.
4. Eine vierte Einstellung, die der moralischen Autonomie oder des selbstbestimmten Urteils und der selbstbestimmten Verantwortung, die streng aus einem Sinn für Gerechtigkeit abgeleitet wurde, wurde bei dem Versuch, das Richtige zu erreichen, nämlich bei der ›Übernahme des moralischen Standpunkts‹, immer durch Bescheidenheit als eine Einstellung zum Dialog und zur Kritik durch andere abgemildert.

Indem wir diese Personen benennen, betonen wir deren Interesse an einer universellen Gerechtigkeit, aber diese Gerechtigkeit ist, wie wir angedeutet haben, umfassender als das, was normalerweise unter dieser Überschrift verstanden wird. Unsere Beispiele waren Sprachrohre und Advokaten für jedes *einzige* unterdrückte, benachteiligte oder ungerecht behandelte menschliche Wesen. Ihre Einstellung gegenüber denjenigen, die am meisten benachteiligt waren, war nicht nur die des Mitleids, der Liebe und Hilfe, sondern der Empörung und des Protests gegen die Ungerechtigkeit. Sie verlangten nicht nur nach Hilfe und Entlastung für diejenigen, die im Elend leben, sie handelten nicht nur entsprechend, sondern sie verlangten nach der Wiederherstellung des gleichen menschlichen Werts und der gleichen Würde durch die menschliche Gemeinschaft. Obwohl ihre Unterstützung der Opfer menschlicher oder naturveranlaßter Ungerechtigkeit über Sympathie und Hilfe in Richtung auf eine korrektive und die Gesellschaft verändernde Gerechtigkeit hinausging, war diese Gerechtigkeit niemals eine der Vergeltung. Das Böse niemals mit dem Bösen zu vergelten, lautete die universelle Botschaft von Sokrates, Jesus, Gandhi und King. Gewaltfreiheit, die Einsicht in die Irrationalität, Leiden mit Leiden zu vergelten, der Glaube, daß Ungerechtigkeit nicht durch Ungerechtigkeit geheilt werden kann, waren allen gemeinsam.

Die Einstellung dieser Personen ist die einer korrektiven Gerechtigkeit ohne Vergeltung oder Strafe. Es ist die Einstellung der verteilenden Gerechtigkeit, der gleichen Würde und des gleichen Wertes für alle sowie einer gleichen Verteilung, wie sie in der Anerkennung der Ansprüche oder Bedürfnisse der am meisten Benachteiligten ausgedrückt wird. Diese Universalisierung kann in der Sprache der Gleichberechtigung aller Menschen formuliert werden.

Indem ich das Interesse der moralischen Beispiele an der Gerechtigkeit betone, will ich weder sagen, daß sie allein aufgrund einer aktiven Sympathie oder Leidenschaft moralisch waren, noch durch die Verehrung von weltlichen oder religiösen Autoritäten und auch nicht aufgrund eines Bedürfnisses, die eigene Seele zu retten. Dies schließt natürlich nicht aus, daß sie auf eine tiefgreifende Weise religiös waren. Religion meint in seinem lateinischen Ursprung ›religio‹: zusammenbinden. Dies weist auf das zweite Element innerhalb der Einstellung der moralischen Musterbeispiele oder der moralischen Erzieher hin: auf ihren Sinn für eine universelle menschliche Gemeinschaft.

Universelle Gerechtigkeit verweist auf jene Individuen, deren Ansprüche ignoriert werden und denen wieder Geltung verschafft werden muß; die universelle menschliche Gemeinschaft weist auf die Möglichkeit hin, daß alle Brüder und Schwestern sind, daß alle eine gemeinsame Menschlichkeit teilen und daß alle einen Kern der kollektiven Solidarität fühlen. Gerechtigkeit, Freiheit und Gleichheit müssen durch Brüderlichkeit ergänzt werden. Die Einstellung der universellen menschlichen Gemeinschaft ebenso wie die Einstellung der universellen Gerechtigkeit sind mehr als Einstellungen der Sympathie, Empathie oder des Wohlwollens. Sympathie, Empathie, Wohlwollen oder Liebe sind Einstellungen eines Individuums einem anderen gegenüber. Das Errichten einer menschlichen Gemeinschaft beruht auf einem Gefühl der universellen ›Inter-Kommunikation‹ aller. Die Empathie ist bewunderungswürdig, aber sie schließt keine Einstellung der Verantwortung gegenüber allen anderen menschlichen Wesen ein. Dies trifft aber auf die Mitgliedschaft in der menschlichen Gemeinschaft zu. Die universelle Gemeinschaft schließt nicht nur Verantwortung ein, sondern sie schließt die Verantwortung für die Gesamtheit ein.

## Gandhi, universelle Gerechtigkeit und moralische Stufe

Unsere Behandlung der Entwicklung Gandhis in seinem Leben als Erwachsener beginnt mit der Periode des Übergangs von der Jugend in das frühe Erwachsenenalter, als er gemäß unseres moralischen Stufenschemas von Stufe 4 zu Stufe 5 überwechselt; nach Eriksons Sichtweise hat er zu dieser Zeit eine charakteristische Identität herausgebildet. Bereits während seiner Kindheit hat Gandhi ein moralisches Interesse für die Unterdrückten und Benachteiligten gezeigt und die Ungerechtigkeit, die ihnen gegenüber zum Ausdruck gebracht wurde, in Frage gestellt. Er verfügte über ein Gefühl der Gerechtigkeit, das die Gültigkeit von Vergeltung leugnete. Während seiner frühen Adoleszenzzeit (auf Stufe 3) verkörperte er intuitiv den Beginn eines ›Kantischen‹ universellen Respekts vor der menschlichen Würde und ein Vertrauen auf die Goldene Regel; von beiden nehmen sowohl Erikson als auch ich an, daß sie der höchsten Form der Ethik von

Erwachsenen zugrunde liegen – ein Respekt vor der menschlichen Würde, die ihre vollständigste Form in den späteren Formulierungen von Stufe 6 im Sinne von universellen Prinzipien gefunden hat.

Was den Respekt vor der menschlichen Würde Benachteiligter angeht, so gibt es eine Anekdote, die in Gandhis Adoleszenz spielt. »Uka, ein Reiniger, kam regelmäßig in ... [Gandhis] Haus, um die Rückstände der Nacht zu entfernen und den Hof zu kehren. Mohan[2] durfte ihn nicht berühren. Wenn dies durch Zufall geschah, mußte er baden, um sich von der unheiligen ›Berührung‹ zu reinigen. In der Schule war es ähnlich: Falls es geschah, daß er in Kontakt mit einem ›Unberührbaren‹ kam, bat ihn seine Mutter, einen Muslim zu berühren. Eine Verunreinigung löscht die andere aus? Gandhi hatte viele Kontroversen mit seinen Eltern über diese Frage. Oft tat er einfach, was ihm aufgetragen wurde, weil er seine Mutter verehrte. Aber sein Herz rebellierte: ›Ich sagte meiner Mutter, daß sie vollkommen unrecht hatte, den körperlichen Kontakt mit Uka als sündhaft zu betrachten‹« (Pyarelal 1956, S. 217).

Gandhis frühe Verweigerung der Vergeltung wird durch die folgende Anekdote demonstriert: Als er von seinem Bruder geschlagen wurde, »sagte seine Mutter zu ihm: ›Dann gib's ihm zurück [d.h. schlage ihn].‹ Moniya antwortete schmollend: ›Mutter, willst du mich lehren, meinen älteren Bruder zu schlagen? Weshalb soll ich zurückschlagen?‹ Und die Mutter entgegnete: ›Wenn Brüder und Schwestern miteinander Streit haben, dann klären sie das untereinander. Wenn dein Bruder dich schlägt, dann kannst du den Schlag erwidern.‹ Woraufhin Moniya entgegnete: ›Nun, dann soll er mich schlagen, und als einen weiteren Gedanken anfügte, ›Mutter, solltest du nicht eher meinen Bruder davon abhalten, mich zu schlagen, anstatt mich zu bitten, ihn zu imitieren?‹« (ebd., S. 195)

Im Rückblick faßt Gandhi sein moralisches Bewußtsein während der Zeit seiner Adoleszenz zusammen: »Eine Angelegenheit fand ihre tiefe Verwurzelung in mir. Die Überzeugung, daß Moralität die Basis aller Dinge und Wahrheit die Substanz aller Moralität

---

2 Anmerkung der Hg.: Der junge Gandhi wurde Moniya genannt, sein Rufname lautete Mohandas, das zu Mohan abgekürzt wurde; Mahatma (aus dem Sanskrit: ›große Seele‹) ist der spätere Ehrentitel.

ist« (Gandhi 1957, S. 35). Obwohl Gandhis Hinwendung zur moralischen Wahrheit komplex war, schloß sie offensichtlich eine kognitive Fundierung der Moral in dem Sinne ein, wie sie von unserer Theorie betont wird.

Gandhi wurde im für Indien typischen frühen Alter von 13 Jahren verheiratet und wurde wenige Jahre später Vater; dennoch ging er nach dem Tod seines Vaters im Alter von 18 Jahren nach England, um Jura zu studieren. Sein Urteilen und Handeln während dieser Zeit können als autonom und vom Gewissen geleitet auf Stufe 4 bewertet werden. Während wir sagen, daß sich Gandhi auf Stufe 4 befand, geht Erikson allerdings davon aus, daß Gandhi seine Identität noch erwerben mußte. Erikson formuliert:

> Der junge Mann befand sich jetzt, wie wir in unserer Terminologie sagen würden, in seinem Moratorium: fern von zu Hause und dennoch nicht genötigt, auf eigenen Füßen stehen zu müssen; Oberhaupt einer Familie und Bürger, kann er seine Kindheitsidentifikationen überprüfen, sich mit ihnen auseinandersetzen, sich ihrer, sie für sich erneuernd, gültiger versichern. Wir sind bereits den hauptsächlichen Beziehungspersonen der bleibenden Identifikationen Gandhis begegnet: Mutter, Vater und dem bösen anderen. Er ist ihrer nun, geographisch gesehen, los und ledig, aber er führt sie gewissermaßen als Seelengepäck mit sich, und selbst noch während er die unterschiedlichen Rollen lernte, die einem jungen Inder in London zur Verfügung stehen, mußte er der Prüfung unterziehen, was er mitgebracht hatte (Erikson 1969, S. 145; dt. 1971, S. 167f.).

Für Gandhi beinhaltete die ›Prüfung dessen, was er mitgebracht hatte‹, zu akzeptieren, daß einige Unterschiede zwischen seiner Heimat und England relativistische Konventionen waren und andere auf der Moral beruhten. Einige der Elemente der relativistischen Konventionen betrafen die Kleidung. Gandhi beschreibt dies wie folgt:

> »Ich unternahm den eigentlich unmöglichen Versuch, zu einem englischen *gentleman* zu werden.« Gandhi kam aus Indien kommend in Southampton an. »Ich trug den weißen Flanellanzug, den mein Freund mir besorgt hatte, und den ich mir speziell für den Augenblick der Landung aufbewahrt hatte, ... und so betrat ich England in weißem Flanell. Es waren die letzten Tage im September, und ich entdeckte rasch, daß ich die einzige Person war, die diese Kleidung trug«.

Es widersprach der englischen Kleiderregel, den Regeln der ›guten Form‹. Gandhi wand sich unter den schockierten Blicken, die Löcher in ihn hineinbrannten, wo immer er sich auch aufhielt. Er beschreibt aber auch, daß er sich einen Zylinder sowie einen Abendanzug zulegte und täglich zehn Minuten vor dem Spiegel verbrachte und »mich dabei beobachtete, wie ich meine Krawatte richtete und mein Haar in der richtigen Weise teilte« – in Indien waren Spiegel ein Luxus, der nur vom Frisör der Familie benutzt wurde (vgl. Gandhi 1957, S. 50).

Angesichts der späteren extremen Einfachheit seiner Kleidung scheint es sonderbar, sich Gandhi mit einem Zylinder vorzustellen; es weist darauf hin, daß Gandhi während dieser Zeit die übliche Neigung der Jugend empfand, ›sich anzupassen‹.
Gandhi unterschied jedoch deutlich die Konventionen in bezug auf Kleidung, die er aus Indien mitgebracht hatte, von einem Versprechen, das er seiner Mutter gegeben hatte und das für ihn konventionell, aber von hoher Bedeutung für seine Mutter war. Als er Indien verlassen wollte, »war seine Mutter immer noch widerwillig und hatte Auskünfte über England eingeholt. Jemand hatte ihr gesagt, daß junge Männer in England ›untergehen‹. Jemand anders hatte ihr gesagt, daß sie Fleisch essen, und wiederum eine andere Person hatte ihr gesagt, daß sie dort nicht ohne Alkohol leben können. ›Was machst du damit?‹ fragte sie mich. Woraufhin ich antwortete: ›Willst du mir nicht vertrauen? Ich werde dich nicht belügen. Ich schwöre, daß ich nichts von diesen Dingen anrühren werde.‹ ... ›Ich vertraue dir‹, erwiderte sie: ›aber wie kann ich dir in einem fremden Land vertrauen?‹« (Gandhi 1957, S. 38-39)
Auf den Rat eines Freundes und Beraters der Familie hin gab Gandhi drei Versprechen ab: »Ich schwörte, daß ich keinen Wein, keine Frauen und kein Fleisch anrühren würde. Daraufhin gab meine Mutter ihre Erlaubnis« (ebd. S. 39). Dieser Schwur erfolgte, nachdem Gandhi sich entschieden hatte, daß der Verzehr von Fleisch die indische Bevölkerung stärker machen und gegen die britischen Herrschaft unterstützen könnte. Für ihn folgte aus dieser Situation der folgende Schluß: »Solange meine Eltern leben, kann der Verzehr von Fleisch daher niemals in Frage kommen. Wenn sie nicht mehr sind, und ich meine Freiheit habe, kann ich Fleisch essen, aber bis es soweit ist, werde ich davon absehen« (ebd., S. 53).

In England geriet Gandhi in moralische Schwierigkeiten, seine Sichtweise gegen utilitaristische Argumente der Stufe 5 zu verteidigen und beizubehalten; diese Argumente legten nahe, daß es ihm mehr schade, kein Fleisch zu essen, als ein Versprechen zu brechen, dessen Verletzung seinen Eltern nicht bekannt werden würde, und sie daher keinen Schaden davontrügen.

In England hielt Gandhi sich bei einem Freund auf, »der mich immer wieder zu überzeugen versuchte, ich solle Fleisch essen. Aber ich verwies immer auf mein Versprechen und blieb ansonsten stumm«:

›Was bedeutet ein Versprechen, das gegenüber einer analphabetischen Mutter und in Unkenntnis der hiesigen Bedingungen gegeben wurde? Dies ist überhaupt kein Versprechen. Vor dem Gesetz würde es nicht als Versprechen gewertet werden. Es ist der reine Aberglaube, sich an ein solches Versprechen zu halten. ... Du hast zugegeben, daß Du Fleisch gegessen und daß Du es gerne gegessen hast. Du hast Fleisch verzehrt, als es überhaupt nicht erforderlich war, und Du willst es nicht tun, wenn es ganz unverzichtbar ist‹. Eines Tages las der Freund mir aus Benthams ›Theorie der Nützlichkeit‹ vor. Ich war am Ende meiner Weisheit angelangt. Ich konnte die exquisite Sprache nicht verstehen, und ich begann damit, mir alles zu erklären. Ich unterbrach ihn. ›Entschuldige mich. Ich gebe zu, daß es nicht notwendig ist, kein Fleisch zu essen. Aber ich kann mein Versprechen nicht brechen. Ich kann darüber nicht argumentieren. Ich bin sicher, daß ich Deinen Argumenten nichts entgegensetzen kann. ... Ich schätze, daß Du mich magst, und ich weiß, daß Du mir das Beste wünschst. Ich weiß auch, daß Du mir immer wieder davon erzählst, weil Du mich gerne hast. Aber ich bin hilflos. Ein Versprechen ist ein Versprechen. Es kann nicht gebrochen werden‹ (ebd., S. 46-47).

Zu diesem Zeitpunkt konnte Gandhi die zugrundeliegenden Prinzipien der Stufe 5 oder 6, die das Einhalten eines Versprechens zu einer bindenden Verpflichtung machen oder die gegen die Verletzung der Treuepflicht sprechen, nicht artikulieren. Viel später, als er das Stadium erreicht hatte, das wir als Stufe 6 bezeichnen, konnte er nicht nur die prinzipiengeleiteten Gründe, die für das Einhalten eines Versprechens stehen, artikulieren, sondern er konnte eine prinzipiengeleitete Interpretation von Versprechen auf der Grundlage dessen geben, was wir jetzt als ›ideale oder reziproke Rollenübernahme‹ erläutern wollen (Kohlberg 1981, Kap. 5; Kohlberg/Boyd/Levine 1986). Diese enthält eine vollständige Ausarbeitung der Goldenen Regel: Für den Fall, daß zwei Perspektiven, die beide von der Goldenen Regel vorgeschrieben werden, in Konflikt geraten, muß man die Perspektive des am meisten Benachteiligten einnehmen. Das folgende Zitat beschreibt, wie der ›spätere‹ Gandhi eine Perspektive der Stufe 6 im Hinblick auf das Einhalten von Versprechen einnahm:

> Hier mag der richtige Ort für eine Interpretation des Eides oder des Versprechens sein. Die Interpretation von Versprechen ist auf der ganzen Welt eine nützliche Quelle von Auseinandersetzungen. Wie explizit auch immer das Gelübde ist, die Menschen werden den Text drehen und wenden, damit er ihren eigenen Zwecken entspricht. Die Selbstbezogenheit macht sie blind, und durch die Anwendung der mehrdeutigen Mitte täuschen sie sich selbst und versuchen auch die Welt und Gott zu täuschen. Eine goldene Regel besagt, die Interpretation zu akzeptieren, die dem Versprechen von der Partei, die dafür einsteht, auf ehrliche Weise hinzugefügt wird. Eine andere besagt, für den Fall, daß zwei Interpretationen möglich sind, die Interpretation der schwächeren Partei zu akzeptieren (ebd., S. 58).

In England entwickelte sich Gandhis Sicht, daß ›ein Versprechen ein Versprechen‹ ist, bezeichnenderweise zu einer autonomeren Perspektive der sozialen Organisation weiter, von der wir annehmen, daß sie ein fortgeschrittenes Urteilen und Handeln auf Stufe 4 darstellt. Bald nach der Debatte mit seinem Freund über das seiner Mutter gegebene Versprechen wurde Gandhi von Henry Salts Buch ›Plädoyer für den Vegetarismus‹ beeinflußt und konnte nun durch eine eigene ›Entscheidung zum Vegetarier‹ werden. Vorher war er einfach deshalb Vegetarier, um seinem Versprechen treu zu bleiben, während er zugleich wünschte, »daß jeder Inder Fleisch essen sollte; ich hatte darauf gewartet, eines Tages frei und offen zu sein, und auch andere für die Sache zu gewinnen. Nun aber fiel die Entscheidung für den Vegetarismus, und die Ausbreitung dieses Gedankens sollte zu meiner Mission werden« (ebd., S. 48). Gandhi trat schließlich einer vegetarischen Gesellschaft bei und wurde zu einem aktiven und autonomen Mitglied der moralischen Stufe 4, welches deren Regeln verbreitete und interpretierte.

Wenn wir uns von der Interpretation der moralischen Stellungnahmen Gandhis in England abwenden und zu einer Sichtweise über Gandhis Fortschritt in Richtung auf eine Identitätskonstitution (*identity achievement*) übergehen, finden wir bei Erikson folgendes: »[Gandhis Erfolg bestand darin,] ein Element der englischen Identität in sich aufzunehmen und mit der indischen zu verbinden, bevor er darangehen konnte, *beide* zunächst einer im weiteren Sinne ›britischen‹ und schließlich einer wahrhaft universellen Identität unterzuordnen« (Erikson 1969, S. 151; dt. 1971, S. 176).

Weshalb befand sich Gandhis regelgeleitetes soziales Handeln für den Vegetarismus auf Stufe 4 und nicht auf Stufe 5? Um diese Frage zu beantworten, greifen wir auf jene Erfahrungen zurück, von denen wir annehmen, daß sie ihn zu einem sozialen Aktivisten auf Stufe 5 veränderten.

Nachdem Gandhi in England als Anwalt zugelassen worden war, kehrte er nach Indien zurück, wo er auf Schwierigkeiten traf, eine Rechtspraxis aufzubauen. Aus diesem Grund akzeptierte er eine auf ein Jahr befristete Stelle, für eine indische Firma in Südafrika zu praktizieren. Als Gandhi in England eintraf, um Jura zu studieren, wurde er mit einer unterschiedlichen Kultur konfrontiert. Das traf nun erneut in Südafrika zu. Der Zusammenprall der Kulturen konnte in England jedoch als ein Unterschied der Kulturen beschrieben werden, in Südafrika waren die Situation und der Konflikt schwerwiegender. Gandhi wurde mit einer ungerechten politischen Gesellschaft konfrontiert, in der die Ungerechtigkeit sowohl offenkundiger als auch extremer war als in England oder Indien.

Gandhis erste Erfahrung als Opfer dieses unterdrückenden rassistischen Systems schloß die Beobachtung der Abwesenheit des Respekts gegenüber Indern in Port Natal ein; so verließ er den Gerichtshof in Durban und kam der Bitte, seinen Turban abzunehmen, nicht nach. Und, am dramatischsten, er wurde aus dem Zug geworfen, als er sich weigerte, sein Abteil der Ersten Klasse, für das er einen Fahrschein hatte, zu verlassen und in die Abteilung, die für ›coolies‹[3] vorgesehen war, überzuwechseln. Es ist schwer festzulegen, wann eine Person einen Übergang von einer Stufe zu einer nächsten durchmacht, aber dieser Vorfall im Bahn-

---

[3] Anmerkung der Hg.: Als ›coolies‹ wurde in Südafrika »die zahlenmäßig größte und niedrigste Klasse« (Erikson 1969; dt. 1971, S. 194) der dort lebenden Inder bezeichnet.

hof von Maritzburg bildete eine grundlegende Erfahrung in diesem Übergang.

Einige Jahre nach dem Vorfall in Maritzburg wurde Gandhi von dem amerikanischen Missionar Dr. John Mott über seine ›kreativste Erfahrung‹ befragt. Gandhi erzählte ihm von der Nacht im Bahnhof von Maritzburg: ›Meine aktive Gewaltlosigkeit begann in dieser Nacht‹. Auch Erikson vertritt die These, daß es diese Erfahrung in Maritzburg war, die Gandhi dazu führte, ›seine Identitätskrise zu lösen‹: »Anstatt ... seine Pläne auszuführen und heimzukehren zu der verhaßten Rechtspraxis, legte er dort buchstäblich über Nacht sein scheues Wesen ab und widmete sich vorbehaltlos seiner politischen und religiösen Bestimmung als Führer« (Erikson 1969, S. 47; dt. 1978, S. 50). Und Erikson vervollständigt diese Sichtweise an späterer Stelle: »Es gibt allen Grund zu der Annahme, daß die zentrale Identität, die hier ihren historischen Ort wie ihre geschichtliche Stunde fand, in der Überzeugung verankert war, daß unter den Indern Südafrikas er *die einzige Person sei, die vom Schicksal mit allem ausgestattet war*, eine Situation zu verändern, die unter keinen Bedingungen geduldet werden konnte« (ebd., S. 166; dt. S. 195; Hervorhebung i. O.).

Gandhi drückte dies auch in einem Brief an einen älteren Berater aus: »Ich bin noch jung und unerfahren und werde deshalb nicht davon verschont bleiben, Fehler zu machen. Die von mir übernommene Verantwortung steht in keinem Verhältnis zu meinen Fähigkeiten. Ich möchte erwähnen, daß ich dies ohne Vergütung tue. Sie werden daher verstehen, daß ich die Angelegenheit, die über meine Fähigkeiten hinausgeht, nicht aufgegriffen habe, um mich selbst auf Kosten der Inder zu bereichern. Ich bin die einzige hier verfügbare Person, welche die Angelegenheit in die Hand nehmen kann. Sie würden mir daher einen großen Dienst erweisen, wenn sie mich freundlicherweise anleiten und führen sowie mir notwendige Ratschläge erteilen könnten, die von mir wie von einem Kind aus der Hand des Vaters entgegengenommen werden würden« (Gandhi, CWMG, I, S. 106).

Einer der Unterschiede zwischen der moralischen Führung auf der prinzipiengeleiteten Stufe und den früheren Stufen besteht darin, daß sie nicht aus einer Ambition heraus gesucht, sondern als eine unvermeidliche Verantwortung gefühlt wird. Worin liegt

aber dann der Unterschied zwischen Gandhis sozialem Aktivismus für die ›Rechte der Tiere‹ und der sich entwickelnden Führungsrolle für eine Bewegung des zivilen Ungehorsams in Südafrika, die sich der Rechte ›der Farbigen‹ annimmt?
Aus der Perspektive einer Stufe 6 unterscheiden sich die Rechte der Nicht-Weißen, die Rechte auf Würde, Selbst-Respekt und Autonomie, von dem Recht der Tiere auf ihr Leben, das von Gandhi ebenfalls respektiert wurde. Aus der Perspektive einer Stufe 5 sind die gleiche Behandlung und die Freiheit für alle Bürger Teile einer konstitutiven Gesellschaft, die sich auf den Menschenrechten und dem Einverständnis über die Regierungsform gründet. Der Respekt vor dem Leben von Tieren kann durch Argumente auf Stufe 5 oder 6 erklärt oder gerechtfertigt werden, und das tat Gandhi auch, aber eine Zuwiderhandlung stellt keine gleichermaßen tiefgehende Verletzung der Gerechtigkeit dar wie die Verletzung der Würde ›der Farbigen‹, die von Gandhi erfahren und mehr als 20 Jahre lang bekämpft wurde.
Gandhis prinzipiengeleiteter Aufschrei gegen die Verletzung der Menschenrechte von Farbigen und seine gewaltfreie Führung der Bewegung, die sich für diese Rechte einsetzte, lagen innerhalb des Rahmens der Akzeptierung der Verfassung des Britischen Commonwealth, die auf fundamentalen Prinzipien der Gerechtigkeit und der Menschenrechte beruht. Sein Führungsverhalten wurde mithin angeleitet durch ein Stufe-5-Verständnis der Menschenrechte, die jeder gerechten Gesellschaft noch vorausgehen, wobei Gandhi davon ausging, daß das Britische Commonwealth sich in ausreichendem Maße den Menschenrechten verpflichtet fühlte, um innerhalb eines grundsätzlichen sozialen Rahmens zu funktionieren.
Nachdem Gandhi aus dem Zug geworfen worden war, hatte er ein Treffen für Inder in Pretoria organisiert und dabei eine Rede gehalten. Seine erste erfolgreiche öffentliche Rede fand auf diesem Treffen statt. Als Teil seiner Kampagne für das ›Indische Komitee‹ veröffentlichte Gandhi das Flugblatt ›Ein Offener Brief‹, in dem er versuchte, die Südafrikaner herauszufordern und sowohl deren moralisches Urteilen als auch deren Sensibilität zu stimulieren:

Steht die gegenwärtige Behandlung [der Inder] in Übereinstimmung mit den besten britischen Traditionen oder mit den Prinzipien der Gerechtigkeit und der Moral oder mit den Prinzipien des Christentums? ... Ich denke, daß eine rasche Übereinkunft darüber hergestellt werden kann, daß die Inder in der Kolonie bitterlich gehaßt werden. ... Die Presse weigert sich fast einhellig, die Inder mit ihrem richtigen Namen zu bezeichnen. Er heißt ›Ramsay‹, er ist ›Mr. Sammy‹, er heißt ›Mr. Collie‹, er ist ›der schwarze Mann‹. Und diese verletzenden Attribute sind so verbreitet, daß sie (vor allem der Begriff ›coolie‹) selbst in dem heiligen Bereich der Gerichte benutzt werden; so, als wenn ›coolie‹ die legale und richtige Bezeichnung für jeden Inder wäre. ... Und schließlich, der Inder ist in dieser Kolonie eine Kreatur ohne Gefühle!« (CWMG, , S. 159-161)

Gandhis Kampf gegen die Ungerechtigkeit der britischen Verletzungen der Rechte der Inder war eingegossen in einen Stufe-5-Rahmen der Akzeptierung der britischen Verfassung oder des Sozialvertrags, in deren Grundlagen er eine Unterstützung der Menschenrechte sah. Anläßlich der Krönung von George V. schrieb er:

Die indischen Bürger dieses Landes senden Kabel, in denen sie gratulieren... und ihre Loyalität versichern. Wir finden jedoch auch einige Inder, die Fragen stellen: ›Weshalb und wem gegenüber sollen wir unsere Loyalität zeigen? Mit welchem Gesicht können wir an den Feiern teilnehmen? ... ‹ Wir glauben... , daß wir Seiner Majestät gegenüber, trotz unserer unsäglichen Leiden, loyal bleiben können. Unsere Leiden hier sind den örtlichen Behörden zuzuschreiben und noch mehr uns selbst ... [Die] britische Verfassung stellt darauf ab, die Gleichheit der Rechte und die Gleichheit vor dem Gesetz für alle Untertanen zu sichern. Denjenigen, die diese Freiheit nicht genießen, steht es frei, dafür zu kämpfen, mit der einzigen Einschränkung, daß die Art des Handelns anderen keinen Schaden zufügen darf. Es steht nicht nur jedem britischen Untertanen frei, auf diese Weise zu kämpfen, sondern es ist seine Pflicht, dies zu tun. Es ist eine Pflicht, seine Loyalität gegenüber der Verfassung und ihrem Kopf, dem König-Kaiser, auf solche Weise auszudrücken. ... Wir können und sollten daher dem britischen Herrscher gegenüber loyal bleiben, ungeachtet unserer Klagen (CWMG, XI, S. 112-114).

Gandhi wurde also während seines Aufenthalts in Südafrika durch das Konzept des Sozialvertrags beeinflußt und erkannte, daß die Britische Verfassung einen Vertrag darstellte, den er billigen konnte. Ein Beispiel moralischen Handelns, in dem sich diese Haltung ausdrückte, war Gandhis Reaktion auf den ›Buren-Krieg‹ (1899-1902). In diesem Krieg, der zwischen den holländischen Siedlern und den Briten in Südafrika ausgetragen wurde, lagen Gandhis Sympathien bei den Buren. Er fühlte jedoch, daß er »kein Recht [hatte], meine inneren Überzeugungen umzusetzen« (Gandhi 1957, S. 214).

Am 16. Oktober 1899 veröffentlichte Gandhi eine ›Unterstützungserklärung‹ für die Briten und offerierte seine sowie die Unterstützung der weiteren Unterzeichner als Kriegsfreiwillige:

> Die Dienste, die von den Bewerbern angeboten werden, sind kostenlos. ... Wir können nicht mit Waffen umgehen..., aber es mag andere Pflichten geben, die nicht weniger wichtig sind als die auf dem Schlachtfeld ausgeführten. Wir würden es als ein Privileg ansehen, wenn man uns rufen würde, was immer auch die Aufgaben sind. Wir sind bereit, dem Ruf der Regierung zu jeder Zeit Folge zu leisten (CWMG, III, S. 112-114).

Das Angebot wurde innerhalb einer Woche angenommen. »Ich rief so viele Kameraden wie möglich zusammen [Gandhi führte ein Korps von 300 Freiwilligen und 800 durch Vertrag verpflichteten Dienstboten, denen von ihren Herren Urlaub genehmigt wurde], und unter großen Schwierigkeiten wurden die Dienste im Rahmen eines Ambulanz-Korps akzeptiert« (Gandhi 1957, S. 179). Die indische Gemeinde unterstützte die Verwandten der Freiwilligen, solange diese im Korps Dienst taten.

Einige Personen innerhalb der indischen Gemeinde stellten Gandhi wegen seiner Unterstützung der Briten zur Rede. Gandhis Antwort der Stufe 5, die auf der Vorstellung eines Sozialvertrags beruhte, lautete, daß »diese Unterstützung geleistet wurde ohne jede Absicht, eine Belohnung zu sichern. Da wir Privilegien als britische Untertanen beansprucht haben, konnten wir uns jetzt nicht gut vor den Pflichten der Untertanen drücken...« (CWMG, III, S. 160).

Wir haben Gandhis moralische Anschauung als ethisch-politischer Führer der Inder kurz diskutiert. Wir wollen nun ebenso kurz auf seine Ethik als Erwachsener, der den Beruf des Anwalts ausübt, eingehen. Im vergangenen Kapitel haben wir über Sam, den Rechtsanwalt aus unseren Längsschnittstudien gesprochen, der die Rechtsethik im Sinne einer ›eingekauften Waffe‹ verstand und es der ›unsichtbaren Hand‹ des Richters und der Jury überließ, Gerechtigkeit festzulegen.

Gandhi war in der Lage, eine Synthese zwischen seinen moralischen Prinzipien und seiner Ausübung des Rechts in Südafrika zu schaffen. Er schreibt: »Als Student hatte ich gehört, daß die Profession des Rechtsanwalts die Profession eines Lügners ist. Aber das beeinflußte mich nicht, da ich nicht die Absicht hatte, durch Lügen eine Position zu erreichen oder Geld zu verdienen« (Gandhi 1957, S. 361).

Gandhi sah seine Anwaltspraxis als ein Mittel, durch das er moralische Ziele erreichen und Menschen ändern konnte, und er verstand seine Rolle in den Verhandlungen vor Gericht als Sucher nach der Wahrheit. Er war keine ›eingekaufte Waffe‹: »Ich warnte jeden neuen Klienten gleich zu Beginn, daß er von mir nicht erwarten könne, einen schlechten Fall zu übernehmen oder Zeugen zu beeinflussen« (ebd., S. 362).

> Es gab einen Fall, der sich als ein schwieriges Verfahren erwies. Er wurde mir von einem meiner besten Klienten überantwortet. Es war ein Fall mit höchst komplizierten Berechnungen, der schon länger lief. ... Das Urteil war vollkommen im Sinne meines Klienten, aber das Schiedsgericht hatte aus Versehen einen Rechenfehler begangen, der, obwohl nur gering, doch ernsthaft war: Ein Eintrag, der auf Debitorenseite gehörte, wurde auf der Kreditorenseite vorgenommen. Die Gegenseite hatte das Urteil aus anderen Gründen zurückgewiesen. Ich war der zweite Anwalt (*junior counsel*) des Klienten. Als der erste Anwalt (*senior counsel*) den Fehler erkannte, war er der Meinung, daß unser Klient nicht verpflichtet war, ihn offenzulegen. Der erste Anwalt war offensichtlich der Meinung, daß kein Rechtsanwalt verpflichtet ist, etwas zuzugeben, das gegen die Interessen seines Klienten verstößt. Ich meinte, wir sollten den Fehler eingestehen.
>
> Aber der erste Anwalt bestritt dies. ›In diesem Fall besteht die große Wahrscheinlichkeit, daß das Gericht das gesamte Urteil zurücknimmt, und kein vernünftiger Anwalt würde den Fall seines Klienten in einem solchen Ausmaß gefährden. Ich jedenfalls wäre der letzte, der ein solches Risiko eingeht. Wenn es in diesem Fall zu einer neuen Anhörung kommt, kann man nicht sagen, welche Auslagen unserem Klienten entstehen und wie das endgültige Ergebnis aussehen wird (ebd., S. 363-364).

Die Diskussion fand im Beisein des Klienten statt; dieser unterstützte Gandhi. Daraufhin weigerte sich der erste Rechtsanwalt, den Fall vorzutragen, und Gandhi übernahm die Angelegenheit. Vor Gericht stellte der Richter die Frage, ob Gandhi unfaire Argumente oder ›Gaunereien‹ in sein Plädoyer eingebracht habe. Der Vorwurf brachte Gandhi ›zum Kochen‹. Das Gericht schenkte dem Fall jedoch große Aufmerksamkeit und lehnte den Versuch des Anwalts der Gegenseite ab, einen Vorteil aus dem Eingeständnis, daß ein Rechenfehler vorlag, zu ziehen. Der Fehler wurde berichtigt, und das Urteil behielt Bestand: »Ich war ebenso entzückt wie mein Klient und der erste Anwalt; und ich wurde in meiner Überzeugung gestärkt, daß es nicht unmöglich war, das Recht zu praktizieren, ohne Zugeständnisse an die Wahrheit zu machen« (ebd., S. 365).

In einem anderen Fall erreichte Gandhi durch einen Schiedsspruch eine außergerichtliche Einigung. Gandhis Klient gewann den Fall, aber die Einigung drohte, die unterlegene Partei in den Bankrott zu treiben. Gandhi überzeugte seinen Klienten, Ratenzahlungen zuzustimmen, damit der Bankrott verhindert werden konnte. Über das Ergebnis schreibt Gandhi:

> Meine Freude war unbändig. Ich hatte den wahren Sinn der Rechtsprechung verstehen gelernt. Nämlich die gute Seite im Menschen herauszufinden und in die Herzen der Menschen einzudringen. Ich hatte begriffen, daß es die wahre Aufgabe des Anwalts ist, die Parteien, die der Hader entzweit hat, wieder zusammenzuführen. Diese Lehre hat sich so unauslöschlich in mein Bewußtsein eingebrannt, daß ein großer Teil meines Wirkens in den zwanzig Jahren meiner Anwaltstätigkeit darin bestand, in Hunderten von Fällen persönliche Vergleiche zustande zu bringen. Ich habe dabei nichts verloren – nicht einmal Geld, jedenfalls nicht meine Seele (Gandhi 1957; dt. 1983, S. 86).

Im April 1894, ein Jahr nach der Abreise aus seinem Heimatland, war der Fall abgeschlossen und Gandhi bereitete sich auf seine Rückkehr nach Indien vor. Während seiner Abschiedsparty fiel Gandhi jedoch ein kurzer Artikel aus der Tageszeitung zur Veränderung der Rechtsprechung ins Auge, die einen tiefgreifenden Einfluß auf die indische Gemeinschaft in Südafrika nach sich ziehen würde. Das Gesetz würde den Indern die Bürgerrechte entziehen; es würde »den Indern das Recht entziehen, Mitglieder für die gesetzgebende Nationalversammlung zu wählen.« Gan-

dhi sagte zu den Mitgliedern der Abschiedsparty, daß »dieses Gesetz, wenn es verabschiedet wird, unser Los extrem erschweren wird. Es ist der erste Nagel für unseren Sarg. Es trifft die Wurzeln unseres Selbstrespekts« (Gandhi 1957, S. 138/39).
Gandhi wurde überredet, für einen weiteren Monat zu bleiben, was sich zu einem Zeitraum von 20 Jahren auswuchs, in denen Gandhi für die indische Gemeinde in Südafrika kämpfte.
Wir haben darauf hingewiesen, daß Gandhi, gleich auf welcher Stufe, seit seiner Adoleszenz ein ›Vorbild‹ an moralischer Verpflichtung und moralischer Kreativität war. Nach unserer Meinung urteilte er jedoch erst nach seiner Rückkehr von Südafrika nach Indien konsistent auf Stufe 6, als er die verantwortliche Rolle und Führung für die Selbstbestimmung (*self-rule*) Indiens übernahm.
Als Gandhi im Jahr 1914 im Alter von 45 Jahren Südafrika verließ, war er ein politischer Reformer, der zwanzig Jahre für die große indische Gemeinde in Südafrika gearbeitet hatte. In Südafrika hatte er die erfolgreiche gewaltfreie Kampagne für den zivilen Ungehorsam organisiert, genannt *satyagraha* [Seelenkraft; wörtlich aus dem Sanskrit: Wahrheit und Entschlossenheit], die dazu eingesetzt wurde, Gesetze, die die dort lebenden Inder diskriminierten, zu ändern. Gandhis Ziel in Südafrika war es, daß der Sozialvertrag der britischen Verfassung für alle Mitglieder des Empire Anwendung finden sollte. Als er in England eintraf, wurde der Erste Weltkrieg ausgerufen. Während des Burenkrieges und des ›Zulu-Aufstands‹ hatte Gandhi dem Empire seine Dienste als Freiwilliger angeboten, und nun, nach seiner Rückkehr nach England, führte er eine aufwendige Rekrutierungsmaßnahme für die britische Armee durch.
Als Gandhi im Jahr 1922 wegen ›Aufwiegelung‹ vor Gericht stand, war er zu einem politischen Revolutionär geworden, der die britische Regierung in Indien zu stürzen suchte. Er hatte seine Medaillen, die er für seinen humanitären Einsatz und den Einsatz im Ambulanz-Korps in Südafrika erhalten hatte, zurückgegeben. Gandhi setzte sich jetzt dafür ein, daß kein Inder in der britischen Armee dienen solle, daß kein Inder eine britische Schule besuchen solle und daß kein Inder einen Posten in der britischen Regierung in Indien annehmen solle, gleich, ob es eine Position als Richter oder Türsteher sei.

Wir denken, daß Gandhi nicht nur seine politischen Überzeugungen zwischen den Jahren 1914 und 1922 radikal geändert hatte, wir glauben auch, daß sich sein moralisches Urteilen von Stufe 5 zu Stufe 6 entwickelt hatte. Gandhis Einstellung zum Ersten Weltkrieg stimmte überein mit seinen Argumenten der Stufe 5 für seine Teilnahme am Burenkrieg und dem ›Zulu-Aufstand‹ in Südafrika. Gandhi fühlte, im Sinne eines Sozialvertrags, daß er, da er einen bestimmten Nutzen des Staates ihm gegenüber akzeptierte sowie das Ansinnen nach gleichen Rechten im Rahmen der britischen Verfassung aussprach, eine Pflicht hatte, das Britische Empire zu unterstützen und zu verteidigen, und das, obwohl er sich zur Gewaltfreiheit fest verpflichtet hatte. Gandhi weigerte sich, eine Position zu akzeptieren, die ihn gezwungen hätte, direkt an Gewalthandlungen teilzunehmen, aber er arbeitete als Freiwilliger im Ambulanz-Korps. Er war keinesfalls blind gegenüber der Tatsache, daß Inder alles andere als Beteiligte mit gleichen Rechten waren, aber er unterstützte dennoch dasjenige, was er als die der Gesellschaft zugrundeliegende Struktur ansah.

Das zentrale Thema für Gandhi war die Verträglichkeit von *ahimsa* (oder Gewaltfreiheit) und Unterstützung der militärischen Aktionen. *Ahimsa* ist, wie Gandhi in einem Vortrag erläuterte, »in ihrer aktiven Form ... nichts als Liebe, Liebe nicht für deine Nachbarn, nicht nur für deine Freunde, sondern Liebe selbst für diejenigen, die deine Feinde sein mögen. Wir müssen uns mit allen Menschen ohne Ausnahme identifizieren« (CWMG, XIII, S. 65).

*Ahimsa* war für Gandhi ein Prinzip, das nicht nur eine universelle aktive Liebe, sondern universellen Respekt für die Würde und den Standpunkt des anderen beinhaltete. Wir werden zeigen, daß ein Urteilen der Moralstufe 6 nicht nur auf einem Prinzip des Respekts gegenüber dem universellen Wert aller beruht, sondern daß eine Verkörperung dieses Respekts in der Bereitschaft liegt, in einen wechselseitigen Dialog angesichts konfligierender Werte der Gerechtigkeit und Richtigkeit einzutreten. Gandhi hat dies versucht und den Dialog mit seinen Kritikern wie den britischen Widersachern immer wieder gesucht:

> Es die Pflicht eines jeden bescheidenen und vernünftigen Menschen, widersprechende Kritiken zu lesen und darüber nachzudenken. Ein Mensch lernt mehr von seinen Kritikern als von seinen Gefolgsleuten. Entsprechend denke ich zuerst darüber nach, wieviel Menschen mit meiner Sichtweise nicht übereinstimmen, und nicht daran, wieviel mit ihr übereinstimmen. Und wenn ich die von mir einmal formulierte Sichtweise nicht einfach zurücknehme, so hängt dies damit zusammen, daß ich bereits sorgfältig geprüft habe, was gegen sie vorgebracht wurde. ... Eine Sache stimmt jedoch. Ich messe meiner inneren Stimme eine primäre Bedeutung zu. Obwohl ich die Menschen bitte, der Stimme ihres Gewissens zu folgen, hat jeder Mensch das Recht, andere mit Argumenten zu überzeugen. Unser Gewissen neigt dazu, sich schlafen zu legen. Es verlangt, daß es von Zeit zu Zeit geweckt wird, und dies ist die wertvollste Anstrengung für einen Menschen. Uns gegenseitig zu helfen, unsere Ketten zu zerreißen ist der aufrichtigste Dienst (CWMG, XIX, S. 298).

Aus unserer Perspektive postuliert ein moralisches Urteil der Stufe 6 eine klare und integrierte Sicht auf die Schnittstelle der Gesellschaft mit Gerechtigkeit und Gemeinschaft. Gandhis Ziel für Indien bestand in der Selbstbestimmung oder im *swaraj*. Das Konzept des *swaraj* hat sowohl politische als auch persönliche Dimensionen. Im persönlichen Bereich stimmt das Konzept mit Vorstellungen der Autonomie (richtigerweise als Selbst-Regierung und nicht als isolierte Unabhängigkeit definiert) überein. Gandhi zählte weitere Aspekte des moralischen Prinzips auf, die der Vorstellung des *swaraj* zugrunde liegen. Zentral für diese Vorstellung sind Gerechtigkeit und Gemeinschaft, wobei Gandhis Formulierung der Gerechtigkeit große Ähnlichkeiten aufweist mit den Prinzipien der Gerechtigkeit, die von John Rawls vertreten werden; d.h., jede Person sollte über die maximale Freiheit verfügen, die mit der gleichen Freiheit der anderen verträglich ist; darüber hinaus sind keine Ungleichheiten an Gütern und Respekt gerechtfertigt, wenn sie nicht denjenigen nutzen, die am wenigsten begünstigt sowie mit Positionen verbunden sind, die allen gleichermaßen offenstehen (vgl. Rawls 1971, S. 83; dt. 1975, S. 104). In Gandhis Worten: *Swaraj*

> bedeutet vollständige Meinungs- und Handlungsfreiheit, ohne in die Rechte anderer auf die gleiche Meinungs- und Handlungsfreiheit einzugreifen. ... Jeder Inder wird so frei sein wie jeder andere Inder, und es wird eine wechselseitige Toleranz, einen Respekt und eine

Liebe und daher wechselseitiges Vertrauen geben« (CWMG, XXI, S. 354).
*Swaraj* schließt die Schaffung einer sicheren und toleranten Umwelt ein, in der ein spezifisches Interesse an den zuvor Unterdrückten existiert: »Es bedeutet die Abschaffung der Unterscheidung von Höher und Niedriger und ein Handeln gegenüber allen, als wäre es der eigene Bruder oder die eigene Schwester« (CWMG, XX, S. 506).

Drei der zentralen Faktoren, die Gandhi dazu führten, daß er seine Position gegenüber den Briten zwischen den Jahren 1914 und 1922 änderte, waren: 1. seine Beobachtungen über den Effekt der britischen Herrschaft auf die am wenigsten Begünstigten in der indischen Gesellschaft; 2. die Verabschiedung des ›Rowlatt-Gesetzes‹[4] am Ende des Krieges und 3. das Massaker im Jallianwalla Bagh und seine Nachwirkungen.
Das ›Rowlatt-Gesetz‹ wurde am Ende des Krieges verabschiedet und brachte eine Reihe von Restriktionen mit sich. Gandhi kam zu vergleichbaren Schlußfolgerungen wie zuvor zur Gesetzgebung in Südafrika: »Ich fühlte, daß sie die menschliche Freiheit so stark einschränkt, daß keine Person oder keine Nation, die sich selbst respektieren, es zulassen konnten, daß diese Gesetze in ihrer regulären Gesetzessammlung enthalten sind. ... Ich spürte, daß für mich als einer Person mit Selbstachtung und als einem Mitglied eines großen Empire kein anderer Weg zur Verfügung stand, als diesem Gesetz auf das Äußerste zu widersprechen« (CWMG, XVI, S. 381/382).
Gandhi organisierte im April 1919 eine kurzlebige nationale Kampagne des zivilen Ungehorsams, die er beendete, nachdem Gewalt ausgebrochen war. Das Massaker im Jallianwalla Bagh in Amritsar wurde im April durch General Dyer ausgelöst, als dort Gewalt während der Kampagne zum zivilen Ungehorsam entstand. Nach einer nur unzureichend bekannt gemachten Ankündigung, daß öffentliche Versammlungen verboten seien, drangen Dyer und seine Soldaten in den Gerichtshof Jallianwalla Bagh, der bis auf einen schmalen Eingang vollkommen von der Außenwelt abgeschlossen war, ein und versperrten diesen Eingang. Ohne vorherige Warnung befahl Dyer seinen Soldaten, das

4 Anmerkung der Hg.: Der 1919 verabschiedete ›Rowlatt Act‹ gab der britischen Kolonialregierung in Indien Notstandsrechte an die Hand, um gegen sogenannte revolutionäre Aktivitäten vorgehen zu können.

Feuer auf die dort versammelten etwa 10 bis 20 Tausend Menschen zu eröffnen. Obwohl die Toten niemals gezählt wurden – die Regierung unternahm nichts bis vier Monate nach dem Massaker – besagen Schätzungen, daß mehr als eintausend Inder ihr Leben während dieses Massakers verloren.

Diese Ereignisse führten Gandhi zur Abkehr von der Position der Non-Kooperation innerhalb des Rahmens der konstitutionellen Regierung und hin zu einer Position des zivilen Ungehorsams, die auf einem öffentlichen Widerstand gegenüber dem Regime beruhte, das er nun als auf eine fundamentale Weise ungerecht ansah.

Am 10. März 1922 um zehn Uhr wurde Gandhi unter dem Vorwurf der Volksverhetzung nach langen Debatten innerhalb der Regierung verhaftet. Die Anklage beruhte auf drei offensichtlich aufrührerischen Artikeln im *Young India*. Seine Verhaftung verblüffte ihn nicht, er war eher davon überrascht, wie lange es dauerte, bis es dazu kam. Die Verhandlung wurde am 18. März 1922 eröffnet. Als der Richter C. N. Broomfield ihn fragte, ob er eine Verteidigungsschrift vorbereitet habe, begann Gandhi mit einer Vorrede zu seiner schriftlichen Stellungnahme:

> Es trifft vollkommen zu, und ich habe nicht das geringste Interesse, vor diesem Gericht diese Tatsache zu verheimlichen, daß das Predigen der Untreue gegenüber dem existierenden Regierungssystem für mich fast zu einer Leidenschaft geworden ist. Ich wollte Gewalt verhindern, und ich will Gewalt verhindern. Gewaltfreiheit ist der erste Artikel meines Glaubens. Ebenso ist es der letzte Artikel meiner Überzeugung. Aber ich mußte meine Entscheidung fällen. Ich mußte mich entweder einem System unterordnen, dem ich unterstelle, daß es meinem Land einen irreparablen Schaden zugefügt hat, oder das Risiko eingehen, daß bei meinen Landsleuten eine wahnsinnige Wut zum Ausbruch kommt, wenn sie die Wahrheit von meinen Lippen verstanden haben. Ich weiß, daß meine Landsleute manchmal verrückt gespielt haben. Das tut mir aufrichtig leid, und ich bin deshalb hierher gekommen, nicht um mich der niedrigsten, sondern um mich der höchsten Strafe zu unterwerfen. Ich bitte nicht um Gnade. Ich plädiere nicht auf mildernde Umstände. ... Wenn ich mein Statement zu Ende geführt habe, werden Sie vielleicht einen flüchtigen Eindruck davon haben, was in meiner Brust vorgeht, um dieses wahnsinnigste Risiko einzugehen, das ein vernünftiger Mensch eingehen kann.

Nachdem sich Gandhi seinem vorbereiteten Statement zugewandt hatte, plädierte er auf schuldig und erklärte seine Handlungen und deren Geschichte, d.h. seine Verantwortung, seine Urteile öffentlich zu machen. Ausgehend von seinen Erfahrungen in Südafrika, berichtet Gandhi seine eigene Geschichte der loyalen Kooperation mit dem Empire. Er beschreibt dann den Einfluß, den das ›Rowlatt-Gesetz‹ und das Massaker in ›Jallianwalla Bagh‹ auf ihn ausgeübt haben.

Er macht deutlich, daß Gesetze aus einer moralischen Perspektive zumindest das Wohlergehen der am wenigsten Begünstigten schützen oder besser noch fördern sollten. Anstatt aber diesem moralischen Ziel zu dienen, so Gandhi, ist das Gesetz als Werkzeug der Ausbeutung benutzt worden:

> Ich kam zögernd zu dem Schluß, daß Indiens Verbindung zu Großbritannien das Land politisch und ökonomisch hilfloser gemacht hat, als es jemals zuvor war. Die Stadtbewohner wissen wenig darüber, wie die halbverhungerten Massen Indiens langsam in die Leblosigkeit versinken. Sie erkennen kaum, daß die durch das Gesetz verankerte Regierung in Britisch-Indien ihr Geschäft zur Ausbeutung der indischen Massen betreibt. Keine Spitzfindigkeit und keine Zahlenspiele können die Tatsache von Skeletten in vielen Dörfern, die für das bloße Auge gut erkenntlich sind, hinwegerklären.

Gandhi schließt die Behauptung an, daß Freiheit und Autonomie die wesentlichen Elemente einer gerechten Gesellschaft sind. Weil diese Elemente in der britischen Herrschaft über Indien nicht vorgesehen sind, fühlte Gandhi die Verpflichtung, nicht mit dem System der Unterdrückung zusammenzuarbeiten – eine Verpflichtung, ›untreu‹ zu sein:

> Abschnitt 124-A, unter dem ich das Glück habe, angeklagt zu werden, ist sicherlich der Prinz unter den politischen Maßnahmen des indischen Strafrechts; er ist so zugeschnitten, daß er die Freiheit der Bürger unterdrückt. Zuneigung kann nicht durch das Gesetz hergestellt oder reguliert werden. Wenn man keine Zuneigung für eine Person oder ein System empfindet, sollte man die Freiheit haben, den vollständigsten Ausdruck seiner Untreue offenzulegen; und zwar solange man nicht Gewalt ins Auge faßt, sie fördert oder entschuldigt. ... Ich glaube, daß ich tatsächlich Indien und England einen Dienst erwiesen habe, indem ich durch Non-Kooperation den Weg aus dem unnatürlichen Zustand aufzeigte, in dem beide sich befinden. Meiner

bescheidenen Meinung nach ist die Non-Kooperation mit dem Bösen ebenso eine Pflicht wie die Kooperation mit dem Guten.

Abschließend betont Gandhi die Notwendigkeit, seine indischen Landsleute zu erziehen und sich den Konsequenzen, die aus seinem Verstoß gegen die etablierten, aber ungerechten Gesetze, resultieren, zu unterwerfen. Er fordert zudem das moralische Urteil des Richters heraus, getragen von der kleinen Hoffnung, daß dieser die Gerechtigkeit in Gandhis Anliegen und die Ungerechtigkeit des Systems sehe und in der Folge von seinem Posten zurücktrete, anstatt ein Rädchen in der Maschine des britischen Rechts zu sein:

> In der Vergangenheit aber wurde Non-Kooperation bewußt als Gewalt gegenüber dem Übeltäter ausgedrückt. Ich bemühe mich, meinen Landsleuten zu zeigen, daß gewalttätige Non-Kooperation das Böse nur vervielfacht und daß ebenso, wie das Böse nur durch Gewalt aufrechterhalten werden kann, die Abwendung von der Unterstützung des Bösen die vollständige Enthaltung von Gewalt erfordert. Gewaltfreiheit schließt die freiwillige Unterordnung unter die Strafe für die Non-Kooperation mit dem Bösen ein. Ich stehe deshalb hier, um freudig die höchste Strafe zu erbitten, die gegen mich verhängt werden kann, und um mich ihr zu unterwerfen; und zwar für dasjenige, das im Gesetz als ein bewußtes Verbrechen beschrieben ist, das aber für mich als die höchste Pflicht eines Bürgers erscheint. Der einzige Weg, der Ihnen als Richter offensteht, ist entweder, von Ihrem Posten zurückzutreten und sich damit vom Bösen abzutrennen, wenn Sie meinen, daß das Gesetz, aufgrund dessen Sie richten müssen, ein altes Übel darstellt, und daß ich in Wirklichkeit unschuldig bin, oder gegen mich die härteste Strafe auszusprechen, wenn Sie glauben, daß das System und das Recht, dem Sie dienen, gut für die Menschen dieses Landes sind und meine Aktivitäten daher das öffentliche Wohl verletzen (zitiert nach: Gauba, 1946, S. 33-34).

Gandhi erhielt eine sechsjährige Gefängnisstrafe. Der von ihm unter Beweis gestellte öffentliche zivile Ungehorsam gegenüber einem ungerechten politischen System ist selbstverständlich keine notwendige Bedingung für ein Denken-Handeln auf Stufe 6, er kann auch auf der Basis der anderen Ebenen des Denkens vollzogen werden. Wenn der zivile Ungehorsam verstanden wird als notwendiger Ausdruck der Bewahrung der Prinzipien des gleichen Respekts für den Wert und die Würde des Menschen angesichts eines Systems, das dies verweigert, dann kann er eine solche Bedeutung annehmen. Im Kontext des öffentlichen zivilen Ungehorsams ist ein allgemeines moralisches Prinzip nicht einfach ein ›selbst-gewählter‹ persönlicher Wert, der höher gesetzt wird als das Gesetz oder der Sozialvertrag, sondern das moralische Prinzip weist ebenso auf den Zusammenbruch der moralischen Bedingungen des Sozialvertrags hin, wie es die Verpflichtung gegenüber diesen Bedingungen durch die Einwilligung in das Gerichtsverfahren und die Haft unterstreicht. Martin Luther King hat dies wie folgt ausgedrückt:

> Ich weiß, daß es fruchtbare und aufbauende gewaltlose Spannungen gibt, die für ein Wachstum erforderlich sind. So wie einst Sokrates wußte, daß er im Geist des Menschen Spannungen hervorrufen mußte, damit die Individuen sich aus der Bindung an die Halbwahrheiten lösen, so müssen wir erkennen, daß ein Bedürfnis nach nichtgewalttätigen Störenfrieden besteht, die jene Spannung in der Gesellschaft herbeiführen, welche den Menschen helfen wird, aus den dunklen Tiefen des Vorurteils und des Rassismus zu den hellen Höhen gegenseitigen Verständnisses und echter Brüderlichkeit emporzusteigen [S. 76f.] ... Man kann mit Recht fragen: ›Wie ist es zu vertreten, manche Gesetze zu übertreten und andere zu befolgen?‹ Die Antwort liegt in der Tatsache begründet, daß es zwei Arten von Gesetzen gibt: gerechte und ungerechte. Nicht nur juristisch, sondern auch moralisch sind wir verpflichtet, dem gerechten Gesetz zu folgen ... Gleichermaßen ist man moralisch verpflichtet, ungerechte Gesetze nicht zu befolgen. ... Ungerecht ist ein vom Menschen gemachtes Gesetz, das nicht auf dem unabänderlichen und natürlichen Recht beruht. Jedes Gesetz, das die Entfaltung der Persönlichkeit auf eine höhere Ebene versetzt, ist gerecht. Jedes Gesetz, das die Entfaltung der Persönlichkeit behindert, ist ungerecht [S. 79] ... Ein ungerechtes Gesetz ist eine Bestimmung, deren Befolgung eine nach Anzahl oder Macht überlegene Gruppe von der unterlegenen erzwingt, ohne sich selbst an dieses Gesetz zu halten. So werden soziale Unterschiede legalisiert [S. 80] ... Ich plädiere in keiner Weise dafür, wie der Rassenfanatiker, das Recht zu umgehen oder zu mißachten. Dies würde zur Anarchie führen. Wer ein ungerechtes Gesetz bricht, muß es offen und mit Hingabe an die Sache tun und bereit sein, seine Strafe auf sich zu nehmen. ... Wer ein Gesetz bricht, von dem ihm sein Gewissen sagt, daß es Unrecht ist, und der bereitwillig die Gefängnisstrafe akzeptiert, um das Gewissen der Öffentlichkeit auf diese Ungerechtigkeit aufmerksam zu machen, der beweist damit fürwahr den aller-

höchsten Respekt vor dem Gesetz [S. 81] (King 1963; dt. 1964, S. 76f., 79-81).

## Stufe sechs als ein Orientierungsrahmen für die Entwicklung Erwachsener

Wir haben bisher das Vorkommen der sechsten Stufe bei jenen Menschen diskutiert, die, wie Gandhi oder Martin Luther King, moralische Führer im Kampf um soziale Gerechtigkeit waren. Wir wollen nun versuchen, diese Stufe als eine Art und Weise des Denkens zu erläutern, die bei manchen erwachsenen Amerikanern, die Antworten auf unsere hypothetischen moralischen Dilemmata gaben, gefunden werden konnte.

Die zentrale Idee, die seit jeher den integrierenden Faktor in unserer Konzeption der Stufe 6 darstellte, ist der Respekt vor Personen. In der Vergangenheit haben sich die Diskussionen über die Idee des Respekts vor Personen in erster Linie auf das Konzept der Gerechtigkeit als einem wesentlichen Bestandteil dieser Idee bezogen. Entsprechend haben diese Diskussionen jene Komponenten von Stufe 6 betont, die angemessen in Begriffen wie Recht, Reziprozität und Gleichheit ausgedrückt werden können, wie z.B. Eriksons Diskussion der ›vitalen Sympathie‹ nahelegt. Ein gleichermaßen wichtiger Teil der Idee des Respekts vor Personen orientiert sich an der Vorstellung des Wohlwollens (*benevolence*) oder der ›aktiven Sympathie‹ für andere. Folglich sind sowohl Gerechtigkeit als auch Wohlwollen notwendige Dimensionen moralischer Beziehungen, und eine Koordination dieser Dimensionen muß zur Lösung moralischer Probleme herbeigeführt werden.

Wir haben Stufe 5 charakterisiert als das Erreichen einer Hierarchie von Werten, die aus einer gesellschaftlichen Perspektive gesehen notwendig oder wünschenswert ist. Stufe 6 drückt Entscheidungen aus, die aus der Perspektive einer allgemeinen und prinzipiellen Ebene den Kern von Moralität ausmachen. Wir glauben, daß der Kern der Moral durch das Prinzip des Respekts vor Personen repräsentiert wird. Dieses Prinzip ist keine feststehende generelle Regel, aus der bestimmte Handlungen automatisch abgeleitet werden können. Es wird eher durch sich widersprechende Gesichtspunkte in tatsächlich vorliegenden moralischen Beziehungen ausgelöst; wenn möglich durch einen Dialog, und falls dies nicht möglich ist, durch einen imaginären Dialog, den wir ›die moralische Reise nach Jerusalem‹ oder ›Ideale Rollenübernahme‹ genannt haben, also eine imaginäre Praxis, die ihre Wurzeln in der Goldenen Regel hat.

## Das Fallbeispiel Joan

Für eine weitere von uns befragte Person, Joan, schließt die Idee des Respekts nicht nur die Vermeidung der Verletzung der Rechte einer anderen Person in einem negativen Sinn ein, sondern auch ein Gefühl der Verantwortung für die Bedürfnisse und für das Wohlergehen der anderen Person. Joan erläutert ihre Idee des Respekts vor Personen wie folgt:

> Wenn ich Sie achte, werde ich Ihnen absichtlich kein Leid zufügen – es gibt eine ganze Reihe von Verboten, die aus einem Verantwortungsbewußtsein folgen, es gibt aber auch einige Gebote. Und dazu gehört, daß ich Sie irgendwie als einzigartig, wichtig und unverletzlich anerkenne und daß ich alles in meinen Kräften Stehende tue, um all dies zu schützen (Kohlberg et al. 1986, S. 212[5]).

Vom Standpunkt der Stufe 6 hat ein autonom moralisch Handelnder bewußt die beiden Prinzipien der Gerechtigkeit und der Wohltätigkeit miteinander zu koordinieren, will er mit tatsächlichen moralischen Problemen umgehen und den Respekt vor Personen bewahren. Die Art und Weise, den anderen zu betrachten, die wir Wohlwollen nennen, sieht den anderen und die menschliche Interaktion mit der Einstellung, das Gute zu fördern und Leid von dem anderen abzuwenden. Dies ist eine Einstellung, die eine Verbindung der Empathie mit anderen voraussetzt, oder, wie Joan sagt, sie »ist Teil der Verantwortung, wenn man ein Mitglied der menschlichen Gattung ist«. Die Anstrengung der Integration von Gerechtigkeit und Wohlwollen auf Stufe 6 schließt demnach ein allgemeines Prinzip ein, das Konflikte zwischen bestimmten Werten löst und von einer Situation

[5] Anmerkung der Hg.: Einige Passagen aus diesem Interview wurden bereits bei Kohlberg et al. 1986 zitiert; wir übernehmen jeweils diese deutsche Fassung.

oder einem Dilemma zu einer bzw. einem anderen generalisiert.
Joan hat in ihrer Antwort auf das Heinz-Dilemma das Prinzip des Respekts gegenüber Personen zur Auswahl zwischen den Regeln der Bewahrung des Lebens und dem Befolgen von Gesetzen eingesetzt. Im folgenden Beispiel können wir sehen, wie sie dieses Prinzip in Beantwortung des Euthanasie-Dilemmas verwendet. Obwohl das Prinzip in diesem Dilemma Joan zu einer anderen Entscheidung führt (d. h., im Heinz-Dilemma wählt sie das Bewahren des Lebens, während sie im Euthanasie-Dilemma das Recht hervorhebt, über Leben oder Tod entscheiden zu können), zeigt ihre Antwort nichtsdestoweniger ihre verallgemeinerte und konsistente Anwendung des Prinzips des gleichen Respekts für die Würde und die Integrität von Personen an.

> *Ist es wichtig, alles zu tun, um das Leben eines anderen zu retten?*
> Ich glaube, das kommt darauf an. Wenn ich die Straße hinuntergehen würde, ja, dann würde ich alles tun, um das Leben eines anderen zu retten. Ich meine, wenn ich sehen würde, wie jemand vor ein Auto läuft, würde ich ihn vom Auto wegreißen. Ich würde mich automatisch so verhalten. Aber in anderen Situationen kommt es darauf an. Wenn Sie unrettbar krank sind und sich nach rationalen Überlegungen für einen Selbstmord entschieden haben oder wenn Sie nicht mehr länger eine Chemotherapie oder eine ganze Reihe anderer Dinge ertragen wollen, ich glaube nicht, daß ich dann das Recht habe, Sie zu etwas zu zwingen, was Sie nicht wollen, etwa zu einer weiteren Chemotherapie, weil dies Ihr Leben um eine Woche, einen Monat oder so verlängern könnte. Ich würde das nicht tun, nein (Kohlberg et al. 1986, S. 214).

Hier unterscheidet Joan das Prinzip des gleichen Respekts vor der menschlichen Würde von der Regel, Leben zu bewahren, und sie verallgemeinert dieses Prinzip. Entsprechend kann sie folgern: »Ich sage nicht, daß Lebenerhalten das ist, worauf es im wesentlichen und letztlich ankommt. Für mich ist die Erhaltung der Würde und der Integrität einer Person das entscheidende« (ebd., S. 215).
Das bedeutet, daß das von Joan anerkannte Prinzip allgemeiner ist als die Verpflichtung im Heinz-Dilemma, Leben zu bewahren, oder die Verpflichtung im Euthanasie-Dilemma, die Autonomie einer tödlich erkrankten und leidenden Frau zu respektieren. Wir

haben betont, daß das Prinzip des Respekts vor Personen, Kants »Handle so, daß du die Menschheit, sowohl in deiner Person als in der Person eines jeden anderen, jederzeit zugleich als Zweck, niemals bloß als Mittel brauchst«, nicht auf eine deduktive ›*top down*‹-Manier angewandt werden kann. Es beinhaltet vielmehr den Prozeß, den Standpunkt der anderen einzunehmen. So stellt dieser Prozeß einen Dialog unter den beteiligten Parteien dar, die in ein moralisches Dilemma eingebunden sind: daß man Respekt vor jeder Person als Person hat.

> Wenn ich an Heinz' Stelle wäre, würde ich versuchen, mit dem Apotheker im Gespräch zu bleiben. ... Es fällt mir schwer zu glauben, daß Entscheidungen statisch sind. Ich glaube, der Dialog ist sehr wichtig, vor allem ein fortgesetzter Dialog in dieser Art von Situation (ebd., S. 217).

Obwohl sowohl der Dialog als auch die Diskussion konfliktlösende Methoden darstellen, die ihre Berechtigung auf jeder Stufe besitzen, wird die Disposition, in einen Dialog einzutreten, nur auf Stufe 6 als notwendig angesehen, da es nur durch den Dialog möglich ist, daß man das Prinzip des gleichen Respekts für jede Person aktualisieren kann. D. h., daß der Dialog als jener Modus angesehen wird, durch den andere zum Erreichen einer wechselseitig akzeptablen Übereinstimmung verpflichtet werden können. Er wirkt damit als ein inter-aktiver Ausdruck des Prinzips des Respekts vor Personen, d. h. als ein notwendiger Ausgangsschritt bei der Unterstellung des moralischen Standpunkts. Wir verstehen als Dialog den Prozeß, in dem jede Person ihre besten Gründe für Entscheidungen offeriert und auf die Gründe der anderen im wechselseitigen Bestreben eingeht, das Problem durch Übereinstimmung zu lösen oder den wechselseitigen Respekt zu bewahren, selbst wenn es zu keiner Übereinstimmung kommt.

Für Joan nimmt dieser Prozeß der Interpretation des Prinzips des Respekts vor Personen keinen Vorrang vor der Verantwortung ein, im Heinz-Dilemma das Leben zu retten. Dies trifft jedoch nicht auf das sogenannte ›Rettungsboot-Dilemma‹ zu. In diesem Dilemma wird eine Situation geschildert, in der drei Personen sich in einem Boot befinden; die drei haben keine Chance zum Überleben, es sei denn, daß eine Person über Bord geht. Bei den drei Personen handelt es sich um den Kapitän, der am besten weiß, wie zu navigieren ist, um einen jungen starken Mann sowie um einen schwachen alten Mann mit einer gebrochenen Schulter, der nicht in der Lage ist zu rudern. Keiner erklärt freiwillig, daß er über Bord geht. Für dieses Dilemma scheint es drei Möglichkeiten der Entscheidung zu geben.

Die erste ist die extreme utilitaristische Lösung, die auf die größte Wahrscheinlichkeit, die meisten Leben zu retten, abstellt. Diese Lösung verlangt vom Kapitän, daß er dem alten Mann befiehlt, über Bord zu gehen. Die zweite Lösung, die man als Fairneß-Lösung bezeichnen könnte, besteht darin, auszulosen, wer über Bord geht. Die dritte Lösung besteht darin, daß niemand über Bord geht, wobei dann die große Wahrscheinlichkeit besteht, daß alle umkommen.

Dialog bedeutet, darauf zu hören, was die anderen zu sagen haben, und zu überlegen, ob es bessere Gründe als die eigenen gibt. Im Hinblick auf das Heinz-Dilemma sagt Joan:

> Bevor ich stehlen würde, würde ich jede Anstrengung unternehmen, dem Apotheker zu zeigen, daß auch für ihn ein Konflikt besteht; zu zeigen, daß sein Wunsch, Geld zu verdienen, zu Lasten einer anderen Person geht. Wenn eine Situation vorliegt, die mehr als eine Person betrifft, wenn also mehr als eine Person den Konflikt zur Kenntnis nimmt, dann denke ich, daß automatisch Probleme entstehen, die jeder lösen muß; Dinge, die von allen bedacht werden müssen. Und jede Person hat die Macht, dasjenige, was im Konflikt passiert, zu beeinflussen.

Eine andere von uns befragte Person, deren Argumente wir auf Stufe 6 einordneten, ein über 60jähriger Richter an einem Berufungsgericht, nimmt zum ›Rettungsboot-Dilemma‹ Stellung:

> Ich denke, daß sie eigentlich das Los entscheiden lassen sollten. Diese Lösung wäre zumindest vereinbar mit meiner Überzeugung, daß alle Menschen gleich sind. Keines Menschen Leben ist besser als das eines anderen. Und es gibt auf der ganzen Welt keinen Grund dafür, weshalb zwei einem Dritten das Leben nehmen sollten. Auch dafür gilt die Begründung, die ich die ganze Zeit schon gebe, nämlich die Achtung vor der Würde des menschlichen Lebens (ebd., S. 215).

Richter D. versteht das Losen als einen fairen Prozeß, der jedem menschlichen Leben ohne jede Einschränkung die gleiche Würde zuweist.

Wir haben ausgeführt (Kohlberg 1981, Kap. 5), daß man sich,

wenn der Dialog zusammenbricht, auf einen ›idealen Konsens‹ berufen muß, der in der Vorstellung erreicht wird; dieser imaginierte Prozeß, der implizit in dem moralischen Standpunkt der Stufe 6 enthalten ist, stellt eine Ausweitung der Goldenen Regel dar, die wir als ›ideale reziproke Rollenübernahme‹ bezeichnen und die Vorrang nimmt vor dem Recht des Apothekers auf sein Eigentum. Entsprechend führt diese imaginative Übung zu einer Entscheidung, der selbst der Apotheker zustimmen sollte. Daraus folgt wiederum, daß es sich um ein vollständig reversibles moralisches Urteil handelt, sowie daß es für Heinz richtig ist, das Medikament zu stehlen.

Im Fall des ›Rettungsboot-Dilemmas‹ ist es nicht so eindeutig, daß ein idealer Konsens erreicht werden könnte. Der Anspruch jeder Person zu leben, der durch das Losen eingeschränkt wird, würde nicht notwendigerweise durch die Erörterung des Rechts auf Leben der anderen aufgegeben werden. Die ideale reziproke Rollenübernahme würde zwar jedem Individuum verbieten, sein Leben über das eines anderen zu stellen, sie könnte aber zu der Erwartung führen, daß alle zusammen untergehen müssen, wenn keine Person sich freiwillig opfert und wenn alle dem Auslosen nicht zustimmen. Insofern kann das Losen die beste Möglichkeit darstellen.

Joans Vorstellung von dem Respekt vor Personen verpflichtet sie auf den Dialog, in dem nach Übereinstimmung gesucht wird, bis zu dem Punkt, daß der Dialog im Rettungsboot weitergeführt wird, obwohl unter diesen Bedingungen die Wahrscheinlichkeit zum Überleben ernsthaft gefährdet ist:

*Was sollte der Kapitän tun?*
Ich finde, der Kapitän sollte natürlich auf keinen Fall für sich alleine handeln. Eine Entscheidung muß von allen drei Beteiligten getragen werden.
*Wie kann aber diese Entscheidung herbeigeführt werden, wenn keiner freiwillig über Bord geht – das ist ja Teil dieser Situation?*
Nun, natürlich verstehe ich, daß zunächst keiner freiwillig über Bord geht. Jeder muß sich das gründlich selbst überlegen, und es muß von allen eventuell lange gemeinsam erörtert werden. Es handelt sich um eine kooperative Entscheidung. Keiner hat das Recht, alleine diese Entscheidung zu treffen. Was geschehen könnte, wie sich die Überlebenschancen über einen Zeitraum von drei Wochen verändern

usw., ist mir bewußt. Vieles könnte geschehen. Es könnte sein, daß zu dem Zeitpunkt, zu dem sich einer dazu entscheidet, sich selbst zum Wohle der anderen aufzugeben, bereits zwei Wochen verloren sind. Aber dann gibt es immer noch eine gewisse Überlebenschance. Auf jeden Fall scheint mir keiner das Recht zu haben, einem anderen das Leben zu nehmen oder eine entsprechende Entscheidung zu treffen. Nur in bezug auf die eigene Person hat man das Recht zu einer solchen Entscheidung. In der vorliegenden Situation muß jedoch eine gemeinsame Diskussion sein.
*Aber was sollte dann getan werden? Wenn eine gemeinsame Entscheidung nicht gefunden werden kann, werden alle drei sterben?*
Nun, dann werden die drei eben eine gemeinsame Entscheidung finden müssen.
*Aber wenn sie nun eben keinen Konsens erreichen können?*
Nun, dann fällt es mir schwer zu glauben, daß sich keiner dafür entscheiden würde, über Bord zu springen. Wenn nicht, dann werden sie wohl alle sterben müssen. Ich finde, die drei befinden sich in derselben Situation. Es kann nur eine kooperative Entscheidung geben (ebd., S. 218).

Das Prinzip des Respekts vor Personen, so wie es auf Stufe 6 interpretiert wird, schließt für dieses Dilemma nicht notwendigerweise ein, daß der Dialog Vorrang vor der Bewahrung des Lebens und der Persönlichkeit gewinnt, genausowenig, wie dies auf das Heinz-Dilemma zutrifft. Richter D. hatte das Heinz-Dilemma wie folgt beantwortet:

Sie ist nahezu aussichtslos krank, und andere werden ihr das Medikament nicht geben. ... Sie ist ein menschliches Wesen, und ich würde alles tun, um ihr zu helfen. Wenn sie meine Frau wäre, wäre das meine doppelte Pflicht und Schuldigkeit. ... Ihr Leben kann gerettet werden, und sie könnte wieder eine ihrer Würde als menschliches Wesen entsprechende Verfassung erlangen, und dies rechtfertigt alles, was ich dazu beitragen kann....
*Sollte Heinz das Medikament für einen Fremden stehlen?*
Wenn es ein Fremder wäre, würde ich dieselbe Antwort geben, denn ich bin davon überzeugt, daß Menschen das Leben anderer retten sollten, wenn sie es können, wegen der Würde des Menschen ... ohne Leben gibt es keine menschliche Würde zu erhalten oder zu achten.

Im oben beschriebenen Fall des ›Rettungsboot-Dilemmas‹ wandte Richter D. das Prinzip des gleichen Respekts vor Personen an, ungeachtet, ob die Teilnehmer sich tatsächlich einigen oder nicht. Dieser Prozeß impliziert, *erstens*, die Rolle der anderen in der in Frage stehenden problematischen Situation einzunehmen. Die Rolle der anderen wird eingenommen, um ihre Interessen so zu verstehen, wie diese in ihren Ansprüchen zum Ausdruck gebracht wurden und wie sie in der Konstruktion ihrer eigenen autonomen Sicht des Guten wahrgenommen wurden. *Zweitens* schließt die Absicht, die Interessen durch eine ideale reziproke Rollenübernahme auszubalancieren, die Unterstellung ein, daß relevante andere versuchen, dies ebenso zu tun. Mit dem Verständnis der Wechselseitigkeit dieses Vorhabens schließt der *dritte* Schritt ein, zeitweise die tatsächlichen Identitäten der Personen von ihren Ansprüchen und Interessen zu trennen, um einschätzen zu können, was die relativen Verdienste dieser Ansprüche und Interessen vom Standpunkt einer jeden in das Dilemma verstrickten Person sind.

So nimmt z.B. im Heinz-Dilemma die Person in ihrer eigenen Vorstellung die Rolle eines jeden anderen Handelnden in der Situation ein und betrachtet die Ansprüche, die diese von ihrem Standpunkt aus erheben würden. Beispielsweise könnte eine Person das Recht der Frau auf ihr Leben und den Anspruch des Apothekers auf sein Eigentum anerkennen. Dann würde diese Person sich vorstellen, daß die Handelnden selbst ihre Position austauschen und die wechselseitigen Ansprüche auf ähnliche Weise betrachten. D.h., daß die Frau die Ansprüche bedenkt, die sie in der Position des Apothekers stellen würde, und der Apotheker bedenkt die Ansprüche, die er stellen würde, wenn er in der Position der Frau wäre. Auf der Grundlage dieser idealen wechselseitigen oder reziproken Rollenübernahme, die sich auch als ›multilateral‹ bezeichnen läßt, würde jede(r) zustimmen, daß das Recht des Apothekers auf sein Eigentum preisgegeben wird, da es sich um einen Anspruch handelt, der verfehlt, den Anspruch der Frau anzuerkennen. Wenn diesem Anspruch umfassende Beachtung geschenkt wird, wird verstanden, daß das Recht auf Leben oder die Bewahrung des gleichen Respekts gegenüber menschlichem Leben und menschlicher Würde nicht die einzige Lösung sein muß, die mit der idealen reziproken Rollenübernahme vereinbar ist. Es kann so sein, wie Joan beansprucht, daß nur die Übereinstimmung im Dialog einen Konflikt zwischen einem Leben und einem anderen lösen kann.

## Das Fallbeispiel Sam

Eine Person aus unserer Längsschnittstudie, die sich im Alter zwischen 30 und 40 Jahren von Stufe 4 zu Stufe 4/5 entwickelt hat, ist Sam, den wir als Amoralisten und radikalen Relativisten in unserem Kapitel zur Jugend kennengelernt haben. Wir wollen uns mit ihm über seine Arbeitsphilosophie auseinandersetzen, um seine Entwicklung als Philosoph im Erwachsenenalter auszuloten. Arbeit ist der eine wichtige Bereich in der Entwicklung Erwachsener, der andere ist das Familienleben. Da Sam als Rechtsanwalt tätig ist, durchdringt seine Arbeitsphilosophie selbst die moralischen Themen in der Familie, die sowohl in unseren hypothetischen Dilemmata als auch in unseren Diskussionen über sein eigenes Familienleben angesprochen wurden.

Sam hatte im Alter von 26 Jahren von seiner radikal relativistischen Position als Studienanfänger (*sophomore*) am *college* zu einer Position der Stufe 4 zurückgefunden, als er damit begann, als Anwalt in einer Gemeinschaftspraxis in einer Großstadt zu arbeiten. Im Altersabschnitt zwischen 26 und 36 Jahren praktizierte er in dieser Gemeinschaft, er heiratete und hatte Kinder; seine Antworten auf die Dilemmata stabilisierten sich auf Stufe 4, reflektierten aber immer noch seinen früheren Relativismus, wenn auch in einer milderen Form.

> *Sollte Heinz das Medikament stehlen?*
> Aus seiner Perspektive, ja; ich könnte kein moralisch strenges Urteil über ihn fällen, wenn er es getan hat. Wenn er denkt, daß er es tun sollte, dann sollte er es tun. Andererseits könnte ich ihn auch nicht verurteilen, wenn er es nicht tut. Ich könnte nicht sagen, daß er eine moralisch fürchterliche Person ist, weil er das Medikament nicht gestohlen hat.

Auf die Frage, ob man für einen Fremden stehlen soll, antwortet Sam:

> Das kann ich nicht beantworten. Würde ich es für einen vollkommen Fremden tun? Das ist schwer zu beantworten. Ich würde das Stehlen für einen Fremden nicht verurteilen, aber ob ich es tun würde, das weiß ich wirklich nicht. Ich müßte einfach zu dieser Zeit an diesem Ort sein; ich kann mir diese Situation einfach nicht ausreichend verdeutlichen, um antworten zu können.

Auf die Frage ›Falls Heinz denkt, daß es falsch ist zu stehlen, hätte er dann recht, wenn er nicht stiehlt?‹ entgegnet Sam: »Von seinem Standpunkt aus gesehen, ja. Ich könnte nicht sagen, daß es falsch war. Das ist nicht wie in der Physik, so kann man das Problem überhaupt nicht angehen. So etwas zu sagen wäre inkonsistent.«

Er wird dann gefragt »Als Rechtsanwalt wissen Sie, daß Heinz gegen das Gesetz verstößt, wenn er stiehlt, ist es deshalb auch moralisch falsch?« und antwortet:

> Natürlich nicht. ... Selbst ein Gesetz, das auf der Moral basiert, wurde häufig grau, und deshalb würde ich sagen, daß das Gesetz aus der Tatsache heraus eingehalten werden sollte, daß wir in unserer Gesellschaft Ordnung brauchen. Deshalb sollten Gesetze eingehalten, Heinz schuldig gesprochen und gegen ihn die Mindeststrafe ausgesprochen werden. Ich würde also sagen, daß das Gesetz nicht mißbraucht werden darf. Das Gesetz sollte geändert werden; für die Legislatur wäre dies *cause célèbre*, aber er sollte dennoch schuldig gesprochen werden.

Sam fuhr mit seiner Mischung aus moralischem Relativismus und nichtrelativistischem Rechtsdenken im Hinblick auf die Familie im Dilemma von ›Joe und seinem Vater‹ (vgl. Anhang) fort.

> *Sollte Joe sich weigern, seinem Vater das Geld zu geben?*
> Ich könnte Joe für nichts, was er getan hat, verurteilen, moralisch könnte ich das nicht. Aus einer juristischen Perspektive gesehen, bin ich mir über die Rechtslage im unklaren. Ich kenne mich im Familienrecht nicht ausreichend aus, um zu wissen, was das Recht zu diesem Thema sagt. Was ich tun würde, wenn ich der Junge wäre, weiß ich nicht.

Auf die Frage: »Weshalb sollte ein Versprechen im allgemeinen eingehalten werden?« antwortete er sowohl in moralischen Begriffen über die Aufrechterhaltung der Familienstruktur als auch in rechtlich-pragmatischen Begriffen:

> Die Situation in der Familie baut darauf auf, daß man sich wechselseitig glaubt und vertraut. Ich denke aber auch, daß einige praktische Aspekte hinzukommen. Es ist keine gute Sache, wenn man bekannt wird als jemand, der Versprechen bricht, denn dann wird dein Ruf beschädigt, das trifft natürlich in meiner Profession besonders zu. Da ist für mich der alles überlagernde Standpunkt der praktische.

Die Anworten Sams auf die hypothetischen Dilemmata stimmen mit seiner an der Arbeit ausgerichteten moralischen Orientierung überein, aber das praktische oder strategische Element kommt in dem Interview, das sich auf seine Arbeit bezieht, stärker zum Ausdruck. Er ist in einer Kanzlei mit 120 Rechtsanwälten für große Unternehmen in Zivilrechtsverfahren tätig und vertritt Fälle in einer Größenordnung zwischen 25 000 und 10 Millionen Dollar:

> Natürlich habe ich eine Philosophie, jeder Rechtsanwalt hat eine. Zunächst, was den Kampfaspekt des Rechtsstreits angeht, hier versuche ich meinen Widersacher vor Gericht aus dem Gleichgewicht zu bringen. Ich betrachte meinen Widersacher als Feind, als jemanden, den ich bekämpfe. Das heißt nicht, daß ich mich nicht mit ihm zusammensetzen und über Dinge beraten kann, die von beiderseitigem Interesse sind; auch nicht, daß wir keine Daten austauschen, die uns wechselseitig helfen. Aber wenn es hart auf hart kommt, dann ist er mein Feind. Ich kann schon mit ihm auskommen und freundlich sein, aber er ist mein Feind, und ich denke, daß jeder Prozeßführende eine solche Einstellung haben muß. Wenn er jemanden aufruft, schalte ich sofort mein Gehirn ein und werde vorsichtig. Eine andere Sache ist, daß ich mit meinen Klienten auf brutale Weise ehrlich bin – ganz im Gegensatz dazu, wie ich mit meinen Opponenten umgehe. Und drittens muß man etwas von einem Psychologen haben, wenn man es mit Klienten, Zeugen und den Mitgliedern der Jury zu tun hat. Und deshalb versuche ich, so tief unter die Haut der Menschen zu gelangen, wie ich nur kann. Schließlich viertens, ich bin vertrauenswürdig, ich treffe Verabredungen, ich rufe zurück, oder wenn ich dies nicht tue, gebe ich verdammt gute Gründe dafür, weshalb nicht; ich denke, daß ich innerhalb meiner Sozietät sehr aufrichtig bin. Die einzigen Menschen, denen ich vollkommen mißtrauisch gegenübertrete, sind die Widersacher im Gerichtssaal und andere Anwälte. Aber ansonsten versuche ich, vertrauenswürdig, ehrlich und aufrichtig mit meinen Partnern und Klienten zu sein.

Sam beschreibt, daß seine Verantwortung gegenüber dem Klienten darin liegt, zu tun, was dieser von ihm zu tun verlangt.

> Die einzige Person, der gegenüber ich verantwortlich bin, ist der Klient, der z. B. sagt: ›Ich will, daß wir uns in diesem Fall einigen, ich habe teuflische Angst vor einer Verhandlung, ich will es nicht darauf ankommen lassen, einigen Sie sich zu den besten Bedingungen, die wir erreichen können‹, und dann mache ich das natürlich. Wenn er es

verlangt, versuche ich es, und wenn er mich dafür bezahlt, dann werde ich es versuchen. Die großen Unternehmen haben nicht nur das Geld, gute, talentierte Anwälte zu bekommen, sondern sich auch auf Fälle einzulassen, selbst wenn diese schlecht sind, wenn sie sich auf der falschen Seite befinden. Sie haben die Zeit und das Geld, dafür zu kämpfen, und ich repräsentiere diese großen Firmen, und ich vertrete diese Fälle. Aber es gibt Zeiten, da fühle ich, wie ich irgendeinen kleinen Kerl zu Tode prügele, und sein Anwalt hat weder die Zeit noch das Geld, und mein Klient verfügt über beides. Darin liegt sicher eine gewisse Unfairneß ... Ich ziehe meinen Vorteil aus dem großen Unternehmen und dem Geld, über das es verfügt. Das ist also nicht fair.

Wie kommt Sam mit sich selbst zurecht? Sieht er sich selbst als verantwortlich für den ungerechten Ausgang in diesen Fällen an? Nein: Er drückt sich klar aus und ist selbst davon überzeugt, daß sein Job nicht einschließt, daß er für die Lösung und das Ergebnis der Fälle verantwortlich ist. Er legt die Verantwortlichkeit für faire und gerechte Ergebnisse zu Füßen des Rechtssystems – den Verfahren des Gesetzes, der Jury und den Richtern. Diese reinliche Trennung der Verantwortung zwischen ihm selbst als Anwalt und dem System der Justiz erlaubt es ihm zu sagen, daß er damit ›fertig wird‹, »bisher habe ich noch keine schlaflose Nacht wegen dieser Themen verbracht«.

Die Themen der Ungerechtigkeit oder des moralischen Konflikts, von denen er selbst sagt, daß sie ihm in seiner Arbeit begegnen, sind zweierlei: das Ausmaß an Ehrlichkeit gegenüber seinen Widersachern sowie die Vorteile, die er aus dem Geld und dem Talent seiner Klienten, den großen Unternehmen, zieht. Das erste Thema beschreibt er wie folgt:

Ich versuche, gegenüber meinen Widersachern im Gericht ehrlich zu sein, soweit es den besten Interessen meines Klienten dient. Aber das Gesetz läßt es zu, daß ich Dinge geheimhalte, und das tue ich. Ich mache das, aber ich befand mich in einigen Dilemmata, in denen ich vielleicht meinem Widersacher auf die eine oder andere Weise hätte etwas offenbaren sollen, und das habe ich nicht gemacht. Dies ist also ein Problem, das immer wiederkehrt. ... Das Gesetz läßt es zu, daß du über Geheimnisse verfügst, Dinge geheimhältst, und daraus ziehe ich meinen Vorteil. Das Recht muß auf diese Weise operieren. Gelegentlich gab es Dinge, die ich wirklich nicht gerne mache, aber der Klient wollte es so, und das Gesetz hat es mir erlaubt, und deshalb habe ich es gemacht, und das hat mir geholfen, den Fall zu gewinnen. Das ist einfach eine der Sachen, die mit dieser Profession einhergehen, und die Alternative bestünde darin aufzuhören, und das will ich nicht.

Die Rolle des Rechts als eines Verfahrens, das gerechte Ergebnisse garantiert, wird auf plastische Weise in Sams Schilderung porträtiert, was passiert, wenn das große Unternehmen vor Gericht auf den kleinen Kerl trifft:

> Wenn die andere Seite einen guten Fall hat, dann wird sie am Ende gewinnen. Sie wird erfolgreich sein, denn die Anwälte der anderen Seite sind auch keine Nieten, und selbst wenn ihr Klient arm ist, sind sie doch fix genug, um einen guten Fall zu erkennen; und die Verabredung über die Gebühren ist so, daß sie durch die Verteidigung der armen Leute häufig reich werden. Insofern tut es mir um sie nicht leid. Ich unterstelle auch, daß die Juries fair sind. Ich habe ein vollständiges Vertrauen in die Juries, letztendlich sind sie sehr weise, und letztendlich treffen sie die richtigen Entscheidungen, obwohl ich beim Urteilsspruch mit ihnen nicht übereinstimme. Sie verfügen über größere Weisheit, als sie sich vielleicht vorstellen können. Nach dem, was ich vor Gericht gesehen habe, glaube ich nicht, daß sie jemals zu einer falschen Entscheidung kommen.

Auf implizite Weise macht Sam auch den Richter für die moralische Lösung der Fälle verantwortlich, aber zu einem geringeren Umfang als die Juries. Er vertraut auch den Richtern weniger:

> Ein guter Richter ist etwas Nettes. Es gibt nicht zu viele, die gut sind; vielleicht die Hälfte der Richter sind gute Richter, und ein Viertel davon sind ausgezeichnete Richter. Es ist schön anzusehen, wie ein guter Richter arbeitet, wie er Entscheidungen fällt und Regeln festlegt, ein Richter, der das Gesetz kennt, intelligent und aufmerksam ist.

Im Hinblick auf den Stellenwert der Moral in seiner Arbeit betont Sam ausdrücklich, daß ein guter Anwalt in Zivilrechtsverfahren nur sehr wenige moralische Urteile fällen sollte. In Beantwortung der Frage, über welche Philosophie ein Anwalt in seiner Stellung verfügen sollte, führt er aus:

> Totale Flexibilität, totale geistige Flexibilität. Ich will nicht sagen, du bist unmoralisch, aber – und jetzt spreche ich strikt professionell und sage nicht, daß dies gut für die Person ist – es ist aus einer professionellen Sicht gut, in der Lage zu sein, daß Nicht-Verteidigbare zu verteidigen; das ist ausgezeichnet, wenn du über diese Qualität ver-

fügst. Ich sage nicht, daß das eine moralisch gute Qualität ist; und ich will Ihnen sagen, daß die besten Anwälte in Zivilrechtsverfahren, die ich kenne, über diese Qualität verfügen. Sie können jeden verteidigen und klingen auch noch ganz überzeugend, wenn sie dies tun. Dies ist eine andere Art und Weise zu sagen, daß es nur sehr wenig moralische Urteile gibt, und das ist auch wieder das Gute, das einem als Anwalt in Zivilrechtsverfahren begegnet; für einen persönlich mag das schlecht sein, es kann dich als Person zerstören, aber für einen Anwalt ist es eine gute Sache.

Es gibt jedoch einen Bereich in seinem Arbeitsgebiet, für den Sam beansprucht, daß die Menschen fair miteinander umgehen sollten, nämlich in den Beziehungen zwischen den Partnern in seiner Firma. Die Politik in seiner Kanzlei erfährt er als etwas Problematisches, Unvermeidliches, und er muß lernen, sich damit auseinanderzusetzen. Mit anderen Worten: Wenn der Aspekt seiner Arbeit, für den er Moralität als zentrale Komponente reklamiert, sich anders darstellt, dann rekonstruiert Sam seine Erwartungen, überträgt sie vom moralischen in den pragmatischen Bereich:

> Ich habe einige Vorgesetzte in meiner Kanzlei, mit denen ich bittere, bittere Erfahrungen gesammelt habe, die fast traumatisch sind, und die ich nur langsam überwinde, was mich zu einer besseren und klügeren Person gemacht hat. Ich bin weder körperlich noch finanziell durch diese Erfahrungen geschädigt worden, aber die Politik in einer großen Anwaltsfirma, wie in jeder großen Firma, kann extrem bösartig sein, weil eine Menge auf dem Spiel steht, eine Menge Geld steht auf dem Spiel und auch Prestige. ... Ich finde das nicht zufriedenstellend, weil dazu Unaufrichtigkeit und Unehrlichkeit gehören. Das macht mir vor Gericht nichts aus, wenn ich meinen Widersacher direkt vor mir habe – das gehört zum Spiel –, aber es stört mich, wenn es innerhalb einer Gruppe vorkommt, von der erwartet wird, daß sie sozusagen wie eine Brüderschaft handeln sollte. Eine Partnerschaft ist die engste Geschäftsbeziehung, die man mit einer Person eingehen kann, also eine professionelle Beziehung, und es stört mich, daß unter Partnern – mit bestimmten Personen sowieso – Unehrlichkeit existiert; das stört mich. Es stört mich immer noch, und es wird mich wohl auch immer stören; ich lerne gerade, damit fertig zu werden und damit leben zu können.

In diesem Interview, Sam ist 36 Jahre alt, wird deutlich, daß sein moralisches Urteilen der Stufe 4 Teil seiner Arbeitsphilosophie des strategischen Legalismus bildet; einer Philosophie, mit der er nicht recht zufrieden ist. Während dieses Interviews gab es einige Anzeichen dafür, daß Moralität in seinem Denken über seine Arbeit und sein Leben eine zentralere Stelle einnahm. Er fühlt, daß er mit dem Eintreten der finanziellen Sicherheit weniger selbstbezogen denken kann:

> Ich glaube, daß sich die meisten Menschen unglücklicherweise nur für ihr Eigeninteresse einsetzen, soweit es ihr eigener Moralcode erlaubt. Sie dehnen diesen Code zugunsten des eigenen Interesses bis zum äußersten aus. In meinem Fall war es auch so, und ich denke, das ändert sich nun langsam. Ich denke, daß die Moral, und ich rede dabei über eine Moral auf einer höheren Stufe, wichtiger wurde als zuvor. Ich weiß, daß sie für mich wichtiger wurde als früher – wichtiger als noch vor drei oder vier Jahren. Ich bin nicht sicher, ob es nur mir so geht. Ich glaube, ich habe einen Punkt erreicht, wo vieles von meinem Selbstinteresse gesättigt ist. Finanziell habe ich alles erreicht, was ich jemals wollte, mehr, als ich jemals wollte, mehr, als ich jemals gebraucht habe. Ich glaube, ich bin nicht allein; falls eine Person nicht unersättlich ist, so meine ich, daß sie in ihrem Denken einen Punkt erreicht, an dem sie stärker über richtig und falsch nachdenkt, sowohl im Hinblick auf den Beruf als auch auf das Privatleben. Aber noch vor drei Jahren hätte ich gesagt, daß das einzige, wovor mein Selbstinteresse stoppt – also die einzige Grenze – darin besteht, jemanden umzubringen. Ich vermute, ich kann es mir leisten, häufiger nein zu sagen oder häufiger das Richtige zu tun, als vor vier Jahren.

1983, weitere sieben Jahre später, antwortete Sam auf die Vorlage eines schriftlichen Interviews sowie auf Fragen in bezug auf seine Arbeit. Die Antworten wurden jetzt auf Stufe 5 ausgewertet. Auf die Frage »Was bedeutet das Wort *Moral* für Sie?« erläuterte er:

> Ich finde dies extrem schwer zu beantworten, besonders in dieser Zeit, in der kein Konsens über den Verhaltenscode besteht. Für mich bedeutet es, gegenüber meinen Mitmenschen auf eine grundlegende Art und Weise zu handeln, um wechselseitigen Respekt und wechselseitiges Vertrauen unter den Menschen zu bewahren.

In dieser Kommentierung zeigt Sam sein Interesse an einem sozialen Konsens über Moral, das charakteristisch für Stufe 2 und für Stufe 5 ist; aber er ist auch fähig, dasjenige zu isolieren, von dem wir annehmen, daß es jenen Kern der Moral ausmacht, der für jede Gesellschaft erstrebenswert ist: wechselseitigen Respekt und wechselseitiges Vertrauen. Er artikuliert diesen Kern jedoch nicht als ein Prinzip, wie es auf Stufe 6 der Fall wäre, wenn es darum geht, bestimmte Dilemmata zu lösen.

Beispielsweise sagt Sam in Reaktion auf das ›Euthanasie-Dilemma‹ (vgl. Anhang), daß der Arzt der tödlich erkrankten Frau das Medikament, das ihr Leben beenden wird, geben soll. Er führt aus, daß sie das Recht habe, die endgültige Entscheidung zu treffen: »In diesem Fall liegt ein objektives Anzeichen vor, daß sie unerträgliche Schmerzen erleidet, es ist nicht nur eine Laune der Patientin.« Auf die Frage, ob es für den Arzt, der weiß, daß die Maßnahme, das Medikament zu verabreichen, rechtlich unzulässig ist, auch moralisch falsch sei, entgegnet Sam: »Dies ist meine subjektive Sicht. Die Gesetze basieren üblicherweise auf der Moral. Dies trifft auch, in einem weiten Sinn, hier zu. Aber in Angesicht dieser Fakten hat der Patient ein größeres Recht. Dies ist nicht gänzlich unvereinbar (mit der Befolgung des Gesetzes). Ihr Tod wird die größere Gesellschaft nicht stören und möglicherweise niemanden.«

Sams gegenwärtiges moralisches Urteilen konzentriert sich stärker auf das Recht der Frau, nicht unter unerträglichen Schmerzen leben zu müssen, als auf die Respektierung ihres Rechts, unter den vorliegenden extremen Bedingungen eine autonome Entscheidung fällen zu können. Im Vergleich zu seinem vorhergehenden Interview hat er sowohl seine legalistischen als auch seine pragmatischen Erwägungen aufgegeben, und darüber hinaus antwortet er weniger relativistisch und ist jetzt in der Lage, eine moralische Position in bezug darauf einzunehmen, was der Doktor tun soll.

Als Anwalt genießt Sam immer noch »die Herausforderung, den Wettbewerb und den Gewinn« eines Verfahrens. Er erwähnt auch erneut das moralische Dilemma in seiner Arbeit, »ob er in einem Verfahren für das Gericht oder die gegnerische Partei die vollständige Wahrheit aufdecken soll, wenn es von dem Gesetz so vorgesehen ist«.

Dennoch löst er dieses Dilemma jetzt anders: »Jeder Fall ist unterschiedlich. Der Druck, zu gewinnen, der aus unterschiedlichen Quellen kommt, ist ziemlich stark. Ich ziehe es vor, den Fakt aufzudecken und dann die ungünstige Tatsache mit meiner

Rechtsvorstellung in Einklang zu bringen – sie übereinstimmend zu machen.« Bei der Lösung dieses berufsbezogenen Dilemmas legt er nun ein größeres Gewicht auf die moralische Verpflichtung, bei der Vorlage seiner Fälle die Wahrheit aufzudecken, als dies im vorhergehenden Interview der Fall war.

Wir haben oben angemerkt, daß Sam denjenigen als den besten Anwalt bezeichnete, der nur sehr wenige moralische Urteile fällt. Er war der Meinung, daß dieses Merkmal »dich als Person zerstören kann, aber für einen Anwalt ist es eine gute Sache«. In diesem Interview beschrieb Sam ebenfalls, daß einige seiner Partner in der Kanzlei nicht allzuviel moralische Integrität zum Ausdruck brachten. 1983 hat er sich nun dafür entschieden, sich von der bestehenden Moral in seiner Profession und einiger seiner Partner abzuheben: »Ich habe einige der unglaublichsten Lügner getroffen und mit ihnen und gegen sie gearbeitet. Das hat mich dahingehend beeinflußt, daß ich versuche, *nicht* wie sie zu sein – das entspricht einem umgekehrten Lehrsatz. Mehr als einmal wurde ich von ihnen in meinen Gefühlen verletzt; ihre Pfeile verletzen mich jetzt nicht mehr so stark, aber ich habe mich dafür entschieden, andere *nicht* auf diese Art und Weise zu behandeln. Es war eine Lektion in Mitleid und Bescheidenheit.«

Im letzten Kapitel haben wir die Vermutung geäußert, daß eine Form relativistischen Denkens zwar notwendig, aber nicht hinreichend ist für die Entwicklung zum prinzipiengeleiteten Denken oder dem Denken auf Stufe 5. Wir haben zuerst in unserer Arbeit aus dem Jahr 1969 (Kohlberg/Kramer 1969; dt. 1995) angedeutet, daß der Übergang zum prinzipiengeleiteten Denken mit den Lebenserfahrungen der persönlichen moralischen Verantwortung zusammenhängt. Diese Lebenserfahrung kann in zwei Phasen eingeteilt werden. In der ersten Phase handelt es sich um die Verantwortung gegenüber dem eigenen Selbst im Kontext eines moralischen Konflikts, der Relativismus hervorruft. In der zweiten Phase handelt es sich um eine oft auf die Arbeit bezogene, soziale Verantwortlichkeit, die zu einem prinzipiengeleiteten Urteilen führt.

Generell gesprochen glauben wir, daß Positionen, die mit mehr Verantwortung verbunden sind, die moralische Rollenübernahme eher ermutigen als Positionen, die mit weniger Verantwortung verbunden sind. Die letztgenannten Positionen begrenzen häufig die Rollenübernahme der Vorgesetzen auf strategische Ziele wie das Erreichen von Belohnungen oder Zustimmung und das Vermeiden von Sanktionen oder Mißbilligung. Es ist offensichtlich, daß die Personen an der Spitze der Organisation im Hinblick auf ihre Mitarbeiter häufig auf strategische Rollenübernahmen zurückgreifen können und dies auch tun; aber insgesamt verfügen sie über eine größere Freiheit und Gelegenheit zur moralischen Rollenübernahme.

Eine hochrangige Profession, die ihre Mitglieder in einem extremen Maße ermutigt, andere als Mittel zu einem Ziel anzusehen und sich vorwiegend auf strategische Formen der Rollenübernahme einzulassen, ist die Profession der Juristen. Es scheint so zu sein, daß weder das Studium noch die Ausübung der Rechte Erfahrungen der moralischen oder sozialen Verantwortung zur Verfügung stellen, die für eine Entwicklung zum Urteilen auf Stufe 5 notwendig sind.

Sams Einsicht in die Art der Rollenübernahme, die notwendig ist, wenn er sich mit anderen Anwälten vor Gericht einerseits und mit seinen Klienten andererseits auseinandersetzt, sowie seine Geschicklichkeit beim Wechsel von der strategischen zur empathischen Rollenübernahme sind typisch dafür, was mit Menschen passiert, die in Berufen der Stufe 4 arbeiten. Dies sind Berufe, die in aller Regel ziemlich komplex sind, in denen die Person mit mehreren anderen Gruppen und Individuen zusammenarbeiten muß und in denen die eigene moralische Verantwortung oft darin gesehen wird, seine Arbeit kompetent auszuführen.

Natürlich gibt es in der juristischen Profession Tätigkeiten auf unterschiedlichen Ebenen der Arbeitskomplexität. Die höchste Ebene, Stufe 6, ist die des Richters am Bundesgericht, im äußersten Fall dem *United States Supreme Court*. Die Aufgabe des Richters am *Supreme Court* besteht darin, seinen moralischen Standpunkt der Fairneß oder Gerechtigkeit mit den Vorschriften der Verfassung zu versöhnen. Für einen Richter am *Supreme Court* sind seine moralischen und rechtlichen Urteile öffentliche Handlungen, und er ist frei, in Übereinstimmung mit seinem höchsten Gefühl für Gerechtigkeit zu handeln. Wir möchten an dieser Stelle noch einmal daran erinnern, daß Gandhi mit dem Beginn der Ausübung des Rechts in Südafrika seine Rolle als Anwalt in prinzipiengeleiteten Begriffen definierte. Er weigerte sich, Klienten zu verteidigen, die ihre Ansprüche auf der Unwahrheit aufbauten; er zwang sie, ihren Fall anders darzustellen, oder er weigerte sich, den Fall zu übernehmen. Darüber hinaus verstand er seine Rolle als Anwalt im Sinne eines Moderators der Gerechtigkeit, der Verhandlungen immer dann vermeidet, wenn eine faire außergerichtliche Einigung erzielt werden kann.

### Die Fallbeispiele Tommy und Elaine

Wir haben bisher über Erwachsene gesprochen, deren Denken sich auf die prinzipiengeleitete Ebene entwickelt hat. Die meisten amerikanischen Erwachsenen, selbst diejenigen, die eine weiterführende Schule besucht haben, bleiben jedoch auf den konventionellen Stufen, vor allem auf den Stufen 4 und 3/4.
In unserem Kapitel über die Adoleszenz haben wir Tommy vorgestellt, der sich nach seinem Dienst in der Armee und einem kurzen Besuch eines *community colleges* zur Stufe 4 weiterentwickelt hatte. Das Heinz-Dilemma beantwortete er damals wie folgt: »Heinz sollte das Medikament stehlen. Wenn du heiratest, legst du einen Eid vor Gott ab, deine Frau zu lieben und zu ehren. Heirat meint nicht nur Liebe, es ist eine Verpflichtung, wie ein Rechtsvertrag.«
Im daran anschließenden Interview wurde sein moralisches Urteil, das sich auf die Verpflichtung konzentrierte, wiederum auf Stufe 4 ausgewertet. »Ich denke darüber mehr oder weniger als eine Sache der geistigen Verpflichtung. Beispielsweise sind meine Frau und ich ein gutes Team, wir stehen füreinander ein und unterstützen uns. Die Frau im Dilemma kann sich wahrscheinlich nicht mehr um sich selbst kümmern, daher ist Heinz wahrscheinlich der einzige, der verbleibt.« Auf die Frage »Was macht es zu einer Verpflichtung« antwortet Tommy: »Als Ehemann hast du dich mehr oder weniger an sie gebunden. Ich will nicht sentimental werden, aber jemanden zu pflegen und zu unterstützen, und das nicht, weil es die Gesetze verlangen oder man es in der Kirche gesagt hat, das, denke ich, ist eine anständige Sache. Daß ich mich um sie kümmern sollte.« Tommy wird dann gefragt:

*Einmal unterstellt, daß es ein Freund oder ein Bruder ist und nicht die Ehefrau, wäre es dann die gleiche Verpflichtung?*
Alles zusammengenommen, sei es, wie es sei, verwandt oder verheiratet oder ein sehr guter Freund, die Tatsache bleibt, daß eine Verpflichtung besteht. Ich habe ein starkes Gefühl gegenüber einer Verpflichtung. So geht es mir auch an meinem Arbeitsplatz in der Post – daß ich verpflichtet bin, so gut ich kann zu arbeiten, obwohl ich fürchterlich sauer bin über die Art und Weise, wie die Dinge dort laufen, und es wird immer schlimmer. ... Aber die Tradition, und die Post ist wahrscheinlich eine der ältesten Firmen im Land; die Post hat vor langer Zeit begonnen, und ich habe ein tiefes Gefühl der Hingabe an sie, und dennoch werde ich so sauer, wenn ich sehe, wie sie zur Zeit geführt wird. Ich verstehe es nicht, aber ich fühle mich verpflichtet, mein Bestes zu geben.

Ein Hauptaspekt der Ebenen der sozio-moralischen Komplexität der Arbeit ist das Ausmaß, zu dem empathische Rollenübernahme und Überlegungen zur Fairneß oder die Verantwortlichkeit gegenüber dem Beruf gefördert werden. Tommy bringt zum Ausdruck, daß sein Beruf in dieser Beziehung wenig empathische Rollenübernahme oder Verantwortung für Fairneß erlaubt. Tommy ist der Vorgesetzte von 50 Briefträgern, über die er allerdings sagt: »Wenn du milde bist oder versuchst, sie fair zu behandeln, dann trampeln sie dich nieder. Sie nutzen dich aus. Du darfst auf keinen Fall mitfühlend sein.«
In bezug auf seine Vorgesetzen betont Tommy: »Die Leute sind starke Führungspersonen, und was die Effizienz angeht, betreiben wir ein gutes Büro. Ich versuche, ein Lehrbeispiel für Kosteneffektivität abzuliefern. Ich muß alles so billig wie möglich machen, aber soviel wie möglich erreichen; dabei stehst du mehr oder weniger unter dem Druck, die Leute anzutreiben, soviel Briefe und Pakete auf die Straße zu bringen in der geringstmöglichen Zeit und so billig wie möglich.«
Wie wir sehen, erwartet Tommy von seinen Vorgesetzten keine Fairneß oder empathische Rollenübernahme, sondern erwartet von ihnen lediglich, daß sie sich mit der Kosteneffektivität beschäftigen; dabei fühlt er sich unter Druck gesetzt. Mit anderen Worten: Er fühlt den Druck, sich nicht in die Rolle derjenigen zu versetzen, die für ihn arbeiten. Tommys Sichtweise seiner Arbeitsbeziehungen und seine geringen Erwartungen an die Fair-

neß deuten darauf hin, daß Tommy die niedrigstufige sozio-moralische Komplexität (Ebene 3) seines Arbeitsplatzes aus seiner Perspektive des moralischen Urteilens auf Stufe 4 kritisch betrachtet.

Tommy gibt an, daß ihn seine Arbeit zynisch werden läßt und daß er sie aufgeben würde, wenn es bei einer Arbeit für die Regierung nicht das Gefühl der Sicherheit gäbe: »Ich habe mit mehreren Menschen darüber gesprochen, aber du hast einfach nicht den Mut, den Job aufzugeben und etwas anderes zu versuchen, aber irgendwann hoffe ich, daß ich damit klar komme, einfach rausgehe und etwas anderes mache. Ich weiß, daß die Arbeit nicht dafür da ist, daß sie Spaß macht, aber ich meine, sie sollte erfreulich sein, und man sollte ein Gefühl der Befriedigung daraus ziehen.«

Wenn Tommy sich weiterhin in einer Arbeitssituation aufhält, in der er es als schwierig ansieht, fair zu handeln oder die Rolle der anderen auf eine empathische Weise einzunehmen, scheint es wahrscheinlich, daß sich sein Zynismus verstärkt und sich sein moralisches Urteilen nicht weiterentwickelt.

Der zweite zentrale Bereich in Tommys Leben ist seine Ehe, über die er sagt: »Seit ich das Militär verlassen habe, lassen sich meine Frau und ich nicht auf mühsames Nachdenken ein, und ich glaube, das ist gut für unsere Ehe. Wir gehen uns einander nicht auf die Nerven. Meine Frau ist Managerin in einer Lebensmittelkette, und ich arbeite bei der Post, und wenn wir nach Hause kommen, versuchen wir, alles abzuschütteln. Es gibt keine wirklich tiefgehenden Diskussionen.«

Die Grenzen, die durch Tommys Beruf und, wie es scheint, auch durch den Beruf seiner Frau aufgestellt werden, beschränken nicht nur die Entwicklung am Arbeitsplatz, sondern beeinflussen und limitieren auch die Ebene und die Art der Diskussionen und Interaktionen in ihrer Ehe.

Was wir als den negativen Einfluß in Tommys Beruf, an seinem Arbeitsplatz, für seine moralische Entwicklung wahrnehmen, zeigt sich noch deutlicher im nachstehenden Beispiel von Elaine, einer 34jährigen Sekretärin, die im Rechtsbereich tätig ist und zu unserer Längsschnittstudie gehört, die 1983 interviewt wurde. Elaines Antworten auf das Heinz-Dilemma befinden sich, wie die von Tommy, auf Stufe 4. Ihre Arbeit würden wir allerdings in die Ebene 2 einordnen; die sozio-moralische Komplexität liegt tiefer als bei Tommy.

Auf das Heinz-Dilemma antwortet Elaine wie folgt: »Der Apotheker ist vollkommen unvernünftig. Heinz befindet sich in einer verzweifelten Lage. Er könnte dem Apotheker das Geld später anonym zusenden, um sein Gewissen zu beruhigen, oder sich selbst stellen, wenn er das Bedürfnis hat.«

Sie sagt weiterhin, daß die Menschen dem Gesetz folgen sollten, »weil wir Gesetze brauchen, um eine zivilisierte im Gegensatz zu einer toten Gesellschaft aufrechtzuerhalten. Es gibt jedoch mildernde Umstände. Aus einer Vielzahl von Gründen kann nicht jeder mit der Gesellschaft konform gehen, weil auch jede Person unterschiedlich ist. Man muß die Motive, die zur Abweichung vom Gesetz geführt haben, in Betracht ziehen.«

Auf die Frage nach der Bedeutung, ein Versprechen einzuhalten, zeigt Elaine später im Interview einen Sinn der Stufe 4 im Hinblick auf die persönliche Integrität. »Es ist wichtig, ein Versprechen einzuhalten, weil jede Person über Integrität und ein Gefühl der Ehre verfügen muß. Es ist nicht ehrhaft, ein Versprechen zu brechen, und ich würde den Respekt vor mir selbst verlieren, wenn ich ein Versprechen brechen würde. Man hält ein Versprechen für sich selbst, nicht nur für jemanden anderes.«

Elaines Gefühl der persönlichen Integrität und des Selbstrespekts existiert unabhängig von ihrer Berufsrolle, die sie als die einer ›Maschine‹ versteht, ›etwas‹, mit dem jede Art der Rollenübernahme unnötig ist. Auf die Frage, was sie an ihrem Beruf am wenigsten mag, antwortet sie: »Die Art und Weise, wie Sekretärinnen behandelt werden, wie Maschinen, nicht wie Menschen, wie eine niedrige Klasse. Wenn du keinen juristischen Abschluß hast, bist du eine minderwertige Person.«

Sie fährt fort und erzählt, daß ihre Sicht der Dinge nicht einmal in Betracht gezogen wird: »Es gibt viele unfaire Vorkommnisse in bezug darauf, wie wir (Sekretärinnen) behandelt werden, aber es gibt nichts, was wir tun könnten, sie bleiben ungelöst. ... Wir haben keinen Anspruch auf unsere eigene Sicht der Dinge, weder in bezug auf die Arbeit, das Management, noch auf das Büro. Wir können Probleme mit unserem Boß oder dem Manager in unserem Büro diskutieren, das heißt aber nicht, daß unsere Sicht der Dinge berücksichtigt wird. In der Regel trifft der Boß die

Entscheidungen, und die Regeln für das Büro werden vom ›*executive committee of senior partners*‹ getroffen.«

Die persönliche Macht des Vorgesetzten oder des Managers im Büro über die Sekretärinnen in einem Anwaltsbüro ist ein Hauptgrund dafür, weshalb die Tätigkeit einer Sekretärin nur wenig moralische Komplexität und nur wenige Gelegenheiten für moralisches Wachstum aufweist – falls dies überhaupt der Fall ist. Elaine betont, daß die Anforderungen in ihrem Job *nicht* zu Konflikten mit ihren eigenen ethischen Werten führen, da sie gar keine Gelegenheit sieht, ihre eigenen ethischen Werte zur Sprache zu bringen, daher verspürt sie auch nur wenig Verantwortlichkeit: »Manchmal muß ich für meinen Boß lügen, und das stört mich nicht, weil ich denke, daß es ein Licht auf ihn wirft und es *seine* Lüge ist.«

Darüber hinaus berichtet sie, daß es in der Firma schlecht läuft, »wenn der Boß schlechte Laune hat und die Leute schlecht und ohne Respekt behandelt«. In der Firma läuft es gut, »wenn jeder nett behandelt wird, mit Rücksicht und Wertschätzung«. In beiden Fällen ist die Arbeitssituation der Sekretärinnen vollkommen abhängig von der Persönlichkeit und den Stimmungen des Bosses, der über einen großen Spielraum im Hinblick auf die Behandlung anderer verfügt.

Zusammengefaßt heißt dies, daß Elaine nicht die Perspektive ihrer Vorgesetzten einnimmt bzw. Empathie ihnen gegenüber zeigt, da sie erkennt, daß sie und ihre Arbeitskolleginnen ohne Empathie, Respekt oder Fairneß behandelt werden. Darüber hinaus fühlt sie sich selbst nicht verantwortlich dafür, faire moralische Entscheidungen zu treffen, da sie in ihrem Job nicht mit den Befugnissen ausgestattet wird, solche Entscheidungen vorzubereiten oder zu fällen. Abschließend hebt sie hervor: »Ich würde niemals wollen, daß mein Kind Sekretärin wird; das ist ein sehr unterwürfiger Job, wie uns oft gesagt wird. Ich arbeite hier seit 20 Jahren, aber du wirst nicht als Professionelle angesehen, du bist ›Mädchen‹ für irgend jemanden. Dir wird kein Respekt entgegengebracht, selbst wenn du auf deine Arbeit stolz bist und einen ausgezeichneten Job machst. Beispielsweise müssen wir nach 20jähriger Erfahrung immer noch einen Schreibtest anhand eines Interviews machen.«

Im Vergleich zu Tommys Arbeit stellt Elaines Job noch weniger

Voraussetzungen für moralisches Wachstum bereit. Während Tommys Gelegenheiten für eine empathische Übernahme der Perspektive von anderen und für das Treffen gerechter Entscheidungen durch eine bürokratische Struktur mit feststehenden Prozeduren im öffentlichen Dienst begrenzt sind, sind Elaines Gelegenheiten zur empathischen Rollenübernahme und fairen Entscheidung vollkommen durch die willkürlichen Anforderungen ihres Vorgesetzten blockiert, von dem sie sagt, daß er sie weder mit Verständnis noch mit Fairneß behandelt.

### Fazit

Wir haben dieses Kapitel damit begonnen, über Verantwortung im Erwachsenenalter und über generative Fürsorge anhand von Beispielen zu sprechen, in denen diese Fürsorge über ihren üblichen institutionellen und gruppenbezogenen Kontext hinaus universalisiert wurde. Wir haben dieses Kapitel damit abgeschlossen zu zeigen, wie Institutionen und die damit einhergehenden Arbeitsrollen die Grenzen der Fürsorge, Fairneß, Verantwortlichkeit und Rollenübernahme ausweiten oder begrenzen können. Wir haben ebenfalls darauf hingewiesen, daß bei einer Begrenzung der Arbeitsrollen Entfremdung und Unzufriedenheit entstehen können.

Erziehung am Arbeitsplatz ist zu einem gängigen Thema geworden; manchmal geht es um die Entwicklung von bestimmten Fertigkeiten, manchmal um die Modifikation der Kommunikationswege und die Teilhabe am Wissen und der Macht. Diese Unterweisung kann durch Arbeiter-Management-Partizipations-Programme geschehen, durch die Einrichtung von Qualitätszirkeln oder andere Interventionsmaßnahmen, die die Qualität des Arbeitslebens am Arbeitsplatz steigern. Wir glauben, daß es wichtig ist, zu diesen Maßnahmen den bewußten Umgang mit der ethischen Entwicklung und dem moralischen Wirken von Erwachsenen hinzuzufügen. Der bewußte Umgang mit den Einflüssen des täglichen Arbeitslebens und des Arbeitsplatzes im Hinblick darauf, daß sich Personen wohl fühlen, und im Sinne des Ausdrucks interpersoneller und institutioneller Fairneß und Fürsorge schließt ein großes Potential der Abnahme von Entfremdung und der Steigerung von Verantwortung ein:

> Erziehung [sollte] als Mittel zur Neuordnung der existierenden industriellen Gesellschaftsordnung dienen[6]. Die erwünschte Neuordnung ist formell nicht schwer zu bezeichnen: Es geht um eine Gesellschaft, in der jeder Mensch mit etwas beschäftigt ist, das das Leben der anderen lebenswerter und dadurch das Band zwischen den einzelnen Menschen deutlicher macht, was die Schranken zwischen ihnen niederlegt. Es geht um einen Zustand der Dinge, bei dem jeder an seinem Werke ohne Zwang und einsichtsvoll interessiert ist (Dewey 1916, S. 369 f.; dt. 1964³, S. 408).

Dewey fühlte, ebenso wie wir, daß der Erfolg oder das Verfehlen dieses sozialen Zustands in der grundlegenden Idee liegt, daß ethische Entwicklung, Charakter und Geist, Eigenschaften der teilnehmenden Reaktion am gesellschaftlichen Leben sind.

Wir fassen zusammen: Wir haben Stufe 6 sowohl als ein Prinzip als auch als einen Prozeß des moralischen Urteilens Erwachsener diskutiert. Auf Stufe 5 haben die von uns Befragten ein Verständnis von bestimmten festgelegten Menschenrechten und bekannten Werten und Verpflichtungen erreicht, die für jede Gesellschaft fundamental sind. Es läßt sich zeigen, daß diese Rechte und Werte sich wiederum ableiten von dem allgemeinen und fundamentalen Prinzip des gleichen und universellen Respekts vor Personen und daß das Verständnis der Stufe 5 durch diese Prinzipien interpretiert wird. Dieses Prinzip führt wiederum zu einem Prozeß des Fällens von Entscheidungen, durch den das Individuum versucht, seine spezifischen wertbezogenen Vorurteile und Bedürfnisse aufzugeben und in einen wirklichen oder imaginierten Dialog und Rollenaustausch mit allen potentiell in die Situation Verstrickten einzutreten. Dieser Prozeß schließt nicht nur die Berücksichtigung feststehender Rechte und Regeln ein, sondern die Koordination der fundamentalen Verletzlichkeiten und Bedürfnisse von Personen, einschließlich der eigenen. Die Bedeutung, auf diese Weise zu denken, liegt in der Hoffnung, sich auf eine Lösung menschlicher Konflikte zuzubewegen, der alle zustimmen könnten, dem letztendlichen Zweck moralischen Denkens und moralischer Diskussion.

6 Anmerkung der Hg.: Dieser Satz wurde von Kohlberg umformuliert, er entspricht aber dem Gedanken Deweys.

# 6. Der ältere Mensch als Philosoph
*mit Richard Shulik und Ann Higgins*

Stet um den Knaben, der heranwächst, schließt
  Sich Kerkerschatten dann,
Doch sieht ers Licht und sieht, wohin es fließt,
  Siehts in der Freude an;
Jüngling, der täglich weiter muß die Spur
  Nach West, bleibt Priester der Natur,
  Ihm bleibt die wunderbare
  Traumschau der frühen Jahre;
Zum Schluß erkennt der Mann, sie wird zunicht,
Verringert zu des öden Alltags Licht....

*Gedenken der vergangenen Jahre nährt*
  Mein unablässig Preisen...
  Und jene schattenhaften
Erinnerungen: die, was immer sonst, sind doch
Das Quellenlicht all unsrer Tage noch,
Zum Leitlicht unsres Sehens auserlesen:
Das stärkt und heilt und wirkt mit seiner Macht,
Daß unsrer Jahre Schwall ein Teil vom Wesen
Des ewigen Schweigens scheint: Wahrheit, die wacht,
  Nie zu verschwinden,
Die stumpfes Mühn und geistiges Erblinden,
  Jüngling und Mann,
All was der Freude Fehde spann,
Uns niemals ganz zerstören kann....

Wenn auch der Schimmer, prächtig einst und frei,
Für immer mir vom Aug genommen sei,
Und nichts die Stunde wiederbringen kann,
Da Leuchten durch das Gras, da Glut durch Blumen ran:
  Grämen wir uns nicht! Uns treibt
  Kraft aus dem, was uns verbleibt;...
  Aus den tröstenden Gedanken,
  Die aus Menschenleid sich ranken;
Aus dem Glauben, der den Tod durchblickt
Im Alter, das uns milde Weisheit schickt.

Die Wolken um der Sonne Untergang
Festliche Färbung vor dem Auge leihn,
Das wachte ob der Menschen Sterblichsein:
Ein neuer Lauf, der neuen Siegerkranz errang!
Dank sei dem Menschenherz, durch das wir leben,
Dank seinem Zartsinn, seinem Glück und Graun!
Die kleinste Blüte kann mir oft Gedanken geben –
In Tiefen, welche Tränen nicht betaun.
  William Wordsworth, *Ode. Ahnungen der Unsterblichkeit*, 1807

## Entwicklung im mittleren und späteren Erwachsenenalter als Idealtyp

In den vorstehenden Kapiteln über das Kind und den Adoleszenten als Philosophen habe ich die lose Verbindung von stufenweisen Veränderungen im logisch-mathematischen und wissenschaftlichen Denken nach Piaget einerseits und im moralischen Denken, dem epistemologischen Denken (Broughton 1982; Perry 1970) und im Verständnis des eigenen Selbst (Erikson 1959; dt. 1966) andererseits diskutiert, um idealtypische Epochen in der Lebensspanne zu definieren. Das Bild des Adoleszenten als einer Person, die zur gleichen Zeit in Piagets Stufe der formalen Operationen eintritt, das subjektive Selbst epistemologisch entdeckt, die konventionelle Moral als relativ hinterfragt und nach ihrer Identität sucht, ist nur ein Idealtyp, in dem all diese unterschiedlichen Entwicklungsformen oder -stufen in einen logischen Zusammenhang gebracht werden.

Wenn wir uns nun dem mittleren und späten Erwachsenenalter zuwenden, werden wir eine Verbindung von Stufen des ethischen und religiösen Denkens mit einer zugrundeliegenden Stufe der Moralentwicklung hervorheben; der daraus resultierende Idealtyp ist deshalb stärker selektiv und schließt nicht alle Menschen der entsprechenden Altersspanne ein. Wenn wir in diesem Zusammenhang von Stufen im Alter sprechen, dann ist in erster Linie das gemeint, was ich in der Einführung zu diesem Band (vgl. auch Kohlberg, Levine und Hewer 1983; dt. 1995, S. 217-372) als ›weiche‹ Stufenentwicklung beschrieben habe.

Dort habe ich ausgeführt, daß ›harte‹ Stufen solche der Logik und der Gerechtigkeit sind, während ›weiche‹ Stufen sich auf die Ich-Entwicklung und auf epistemologische, ethische und religiöse Reflexion beziehen. Meine Kollegen und ich glauben, daß die Entwicklung der meisten Menschen jenseits der Vierziger nicht durch das Auftauchen neuer ›harter‹ Stufen gekennzeichnet ist. Hingegen gibt es ›weiche‹ Stufen der Ich-Entwicklung im Erwachsenenalter. Wir werden auf die Stufen von Erik H. Erikson (1959; dt. 1966) und James Fowler (1981; dt. 1991) zurückgreifen, um Menschen im mittleren und späten Erwachsenenalter als Philosophen zu charakterisieren. Wir werden diejenigen ›weichen Erwachsenen-Stufen‹ hervorheben, bei denen es um philosophische und religiöse Reflexionen des Sinns des Lebens geht, insbesondere Eriksons (1959; dt. 1966) achte Stufe, die er ›Integrität vs. Verzweiflung‹ nennt, sowie die fünfte und sechste Stufe in Fowlers (1981; dt. 1991) Modell der Glaubensentwicklung bzw. der ethischen und religiösen Reflexion. Diese Reflexion, diese Nachdenklichkeit, wird teilweise durch das Bewußtsein des Todes und der Grenzen des Selbst hervorgerufen, weiterhin etwas zu erschaffen, neues Leben aufzuziehen und sich fortzupflanzen. Während Aspekte der ›Verzweiflung‹ über den Tod und die Grenzen der Generativität den negativen Pol der persönlichen Reflexion über den Sinn des Lebens im späten Erwachsenenalter bilden, ist der positive Pol durch Vorstellungen einer kosmischen, transzendenten oder unendlichen Perspektive gegeben, die dem Leben Integrität bzw. Ganzheitlichkeit verschafft. Wir haben dies hier in den Begrifflichkeiten von Eriksons achter Stufe formuliert; die folgende Darstellung soll weitere Dimensionen enthalten, indem wir Fowlers sechste Stufe einer Universalisierung des Glaubens einbringen, zu der das Gefühl eines Sinns der Teilhabe an einer transzendenten oder ultimaten Umwelt gehört, die alle Lebewesen umschließt. Wie unser Zitat aus Wordsworths *Ode* besagt, empfindet die Jugend eine solche Teilhabe vage als »Priester der Natur«, während im Erwachsenenalter

> der Schimmer, prächtig einst und frei,
> Für immer mir vom Aug genommen sei,
> Und nichts die Stunde wiederbringen kann,
> Da Leuchten durch das Gras, da Glut durch Blumen rann.

Wordsworth sagt uns, daß – in Kompensation für diesen verlorenen Sinn jugendlicher Partizipation – die Integrität des späten Erwachsenenalters liegt in der

> Kraft aus dem, was uns verbleibt
> Aus den tröstenden Gedanken,
> Die aus Menschenleid sich ranken;
> Aus dem Glauben, der den Tod durchblickt
> Im Alter, das uns milde Weisheit schickt.

Wir wollen die »milde Weisheit« und den »Glauben, der den Tod durchblickt«, des älteren Menschen illustrieren, indem wir das Beispiel von Andrea Simpson untersuchen – einer Frau, die in den Siebzigern ihr Leben neu in die Hand nahm und ihr erstes Buch abschloß – ein Buch über ihre persönliche Philosophie, das sie in den späten Vierzigern begonnen hatte. Menschen wie Andrea Simpson, die die »milde Weisheit« reflektieren und im Alter so etwas wie Stufenwachstum entsprechend dem Fowler-Schema zeigen, sind wirklich selten. Nicht nur folgt die Entwicklung im späteren Erwachsenenalter den Kriterien ›weicher‹, nicht ›harter‹ Stufen; diese Entwicklung scheint in mancherlei Sinn einen optionalen Charakter zu haben und nicht eine universelle Entwicklungsform darzustellen. Zwar denken alle Erwachsenen über ihr Leben und ihre Lebensentscheidungen nach. Nicht alle aber reflektieren über Fragen des allgemeinen Lebenssinns auf eine solche Weise, daß sie eine neue Art ethischer und religiöser Orientierung generieren oder ein neues Niveau der Ich-Integration zum Ausdruck bringen.

In diesem Sinne ist die stufenweise Entwicklung im späten Erwachsenenalter selbst eher eine Option als auf die Weise universell, wie man dies von der Entwicklung in Kindheit und Adoleszenz sagen kann.

### Das Bewußtsein der eigenen Entwicklung bei älteren Menschen: Die Untersuchung von Shulik

Ich habe zwei Punkte angesprochen, die jeder Diskussion über Stufen im Erwachsenenalter und Alter vorausgehen. Der erste betrifft das Thema, ob alternde Menschen sich auf eine positive

Art und Weise durch eine persönliche Reflexion über den grundlegenden Sinn ihres Lebens entwickeln. Das zweite Thema betrifft die Frage, ob dies auf alle alternden Menschen zutrifft oder ob es sich – wie ich vorgeschlagen habe – um einen optionalen Pfad der Entwicklung handelt. Wir folgen der Arbeit von Shulik (1979), weil wir annehmen, daß der beste Weg zur Beantwortung dieser Frage darin liegt, ältere Personen selbst zu fragen, ob sie fühlen, daß sie sich entwickelt haben bzw. ob sie sich gegenwärtig entwickeln. Shulik interviewte in der Stadt Boston 40 Personen im Alter zwischen 60 und 86 Jahren. Er stellte die folgenden Fragen: »Können Sie mir bedeutsame Änderungen in Ihrem Leben nennen – in Ihrer persönlichen Philosophie, Ihrer Ansicht über das Leben oder Ihrem Selbstbild –, vor allem innerhalb der letzten Jahre, als Sie älter als 55 Jahre waren?« 34 der 40 Befragten beantworteten diese Fragen. Auf der Grundlage ihrer Antworten konnten sie grob in drei gleichgroße Gruppen eingeteilt werden:

Die Befragten der *ersten Gruppe* bildeten die Gruppe ›ohne Veränderungen‹. Dies waren Individuen, die angaben, über kein Bewußtsein einer bedeutsamen Änderung, die bei ihnen oder selbst in ihrer Umgebung in den letzten Jahren stattgefunden habe, zu verfügen. Sie behaupteten – in einigen Fällen sehr standfest –, daß sie, in allen wichtigen Hinsichten, ganz dieselben waren wie in ihrem früheren Leben.

Die Befragten der *Gruppe zwei* bildeten die Gruppe mit ›oberflächlichen Veränderungen‹. Dies waren Menschen, die angaben, daß bestimmte Facetten ihres Lebens sich tatsächlich geändert hätten und daß diese Änderungen sie auf nachhaltige Weise beeinflußt hätten. Bei der Beschreibung dieser Änderungen konzentrierten sie sich jedoch auf externe oder oberflächliche Faktoren, die keine personale oder innerliche Änderung konstituierten. Beispielsweise beschwerte sich ein 80jähriger Mann bitterlich über die diskriminierenden Gesetze zum Zwangsruhestand, die ihn gezwungen hatten, im Alter von 67 Jahren in Pension zu gehen, »zu einer Zeit, zu der ich noch viele gute Arbeitsjahre in mir hatte«. Und zwei Frauen, die im Jahr vor der Befragung zu Witwen wurden, konzentrierten sich auf die Änderungen in ihrem Leben, die durch den Tod ihrer Ehemänner hervorgerufen worden waren. Sie registrierten ihre Traurigkeit, aber sie erreichten nicht den

Punkt der Beschreibung, der besagte, wie der Verlust *sie selbst* als Individuen verändert hatte – als Persönlichkeiten oder als persönliche Philosophen. Folglich läßt sich diese Gruppe durch die Aussage beschreiben: »Ja, es hat sich etwas mit mir und in meinem Leben geändert, aber es ist nur eine Änderung, die mir durch äußere Umstände aufgedrückt wird.«

Die Befragten der *Gruppe drei* bildeten die Gruppe des ›inhärenten Wandels‹. Dies waren Menschen, die sich des externen Wandels vollkommen bewußt waren, die aber auch die Art und Weise beschreiben konnten, auf die sie sich *von innen* geändert hatten – und das auch während der letzten Jahre. Wurden sie zu diesem Wandel befragt, konnten sie sofort die Art und Weise beschreiben, auf die sich ihre persönlichen Charakterzüge, ihre Interessen, ihre Überzeugungen, ihr grundlegender Glaube sowie ihre gesamte philosophische Sichtweise geändert hatten – vor allem im späten Alter. Hier handelt es sich natürlich um jene Menschen, die die stärkste Unterstützung für unsere Behauptung liefern, daß Wachstum und Wandel sich im späten Lebensalter vollziehen *können*. Eine Person aus dieser Gruppe formulierte dies wie folgt:

> Wenn Sie älter geworden sind, haben Sie eine ziemlich umfangreiche Geschichte an persönlichen Erfahrungen geschaffen, an Weisheit und was man einen Fundus persönlicher Lebenserfahrungen nennen kann. Sie können auf diese Geschichte *zurückgreifen*. Es ist ganz einfach, als Sie jünger waren, waren Sie vielleicht logisch und idealistisch, aber Sie konnten nicht auf die Geschichte zurückgreifen. Sie war einfach nicht da; sie war nicht verfügbar.

Eine zweite Person aus Gruppe drei, die wir Dr. Stallworth nennen (und auf die wir später in diesem Kapitel wieder zurückkommen), antwortet auf die Frage: »Wie haben Sie sich im Alter verändert?«:

> Nun, dies ist eine der faszinierendsten Beobachtungen. Ich habe oft darüber, wie ich mich im Alter verändert habe, auf folgende Weise nachgedacht: Dies ist der menschliche Körper, in dem wir wohnen, so ähnlich wie ein Schiff, wenn Sie so wollen. Und diese beiden Augen, durch die ich die Welt um uns herum sehe, sind wie zwei Bullaugen eines Schiffs. Als ich nun älter wurde, habe ich mit großem Interesse die Veränderungen, die meine körperliche Erscheinung charakterisieren, beobachtet. Denn ich weise bestimmt nicht dasselbe Erschei-

nungsbild auf wie im Alter von 25 Jahren oder auch von 45 Jahren. Aber der entscheidendste Eindruck ist, daß dieses Wesen, dieses undefinierbare ›me‹, das aus den beiden Bullaugen, die wir Augen nennen, heraus auf die Welt sieht, sich tatsächlich so fühlt, als sei es das gleiche ›me‹, das die Welt mit 25 oder 45 betrachtet hat.

Aber ungeachtet der Tatsache, daß es das gleiche ›undefinierbare me‹ ist, das auf die Welt sieht, erkennt Dr. Stallworth auch die Realität an, daß sich dieses ›me‹ geändert hat. Er beschreibt diesen Wandel mit den folgenden Worten.

> In meinem Beruf, zum Beispiel, bin ich nicht mehr so streng, wie ich war, als ich noch jünger war. Wenn ich heute auf ein Kolloquium gehe und einem jungen Mann zuhöre, der einen Vortrag hält, bin ich nicht mehr so sehr daran interessiert, ob die strikte mathematische Behandlung des Problems richtig ist oder ob die Einzelheiten seiner Rede gut ausgefeilt sind. Als ich jünger war, hätten mich diese Details stärker interessiert. Andererseits bin ich jedoch viel stärker an den weitergehenden Implikationen der Präsentation interessiert. Was ist ihr philosophischer Nachhall? Lohnt es die Anstrengung, die man unternehmen müßte, die Einzelheiten aufzuarbeiten? Leistet sie einen umfassenderen Beitrag – über die technische Perfektion und die gute Darstellungsweise hinaus? Ich denke, was ich sagen will, ist folgendes: Mit zunehmendem Alter bin ich weniger analytisch geworden. Aber zugleich stelle ich ein Anwachsen meiner verstehenden und synthetischen Fähigkeiten fest. Und das bewerte ich als eine positive Änderung.

Dr. Stallworth als Person hat sich also auf folgende Weise verändert: Er ist stärker an der Breite und Tiefe als an den Einzelheiten interessiert. Er zieht es jetzt vor, einen umfassenden Überblick über das fragliche Problem zu bekommen – gleich, ob dies ein Problem seiner Arbeit oder ein politisches Thema oder eine Privatsache ist. Es zeigt sich auch ein weiteres interessantes Paradoxon: Er gesteht zu, daß er sich mit dem Alter verändert hat, obwohl er ebenfalls meint, daß das ›me‹, das durch seine Augen auf die Welt schaut, annähernd die gleiche Einheit darstellt, die sie immer schon gewesen ist.

Ein Beispiel der Gruppe zwei, die nur eine oberflächliche Veränderung wahrnimmt, wird durch einen anderen Fall aus der Untersuchung von Shulik bereitgestellt. Wir wollen ihn Herrn Greenberg nennen (auch er wird später in diesem Kapitel erneut und ausführlicher vorgestellt). Herr Greenberg räumt sofort ein, daß in seinem Leben Veränderungen eingetreten sind, und daß diese wichtige Änderungen nach sich gezogen haben, aber diese Änderungen befinden sich dennoch außerhalb des Bereichs seiner grundlegenden Persönlichkeit oder seiner intrinsischen Lebensphilosophie.

> Es gibt ein konstantes Bedürfnis, sich an Veränderungen anzupassen, nicht nur im Alter, sondern während des gesamten Lebens. Wenn man älter ist, ist man körperlich nicht mehr ganz so stark, wie das in jüngeren Jahren der Fall war. Und es gibt noch andere Veränderungen, die man berücksichtigen muß: Für die meisten Menschen gibt es Zwangspensionierung mit 65 oder 67 Jahren. Für andere gibt es Änderungen in der Familie: Die Kinder werden älter und verlassen das Haus, und sie gründen eigene Familien; schließlich kommt es auch zu Verwitwungen. Aber die erfolgreiche, glückliche Person ist widerstandsfähig und kann sich während des gesamten Lebens immer wieder anpassen.

Diese Beschreibung des Alters klingt etwas depersonalisiert, da Herr Greenberg sich selbst nicht in den Mittelpunkt stellt, sondern das generelle Thema des extrinsischen Wandels während des Lebens erörtert. Als aber der Interviewer ihn auf eine stärker persönliche Antwort auf diese Frage hinführte, leugnete er, daß er selbst, als Person, sich gewandelt hatte. Mehr noch, er fügte hinzu, daß er glücklich sei, daß er über viele Jahre hinweg im wesentlichen die gleiche Person geblieben war, denn er betrachtete seinen hohen Aktivitätsgrad als sehr zufriedenstellend und belohnend.

Ein Beispiel für die erste Gruppe, die kein Gefühl einer Änderung verspürt, wird durch Herrn Downs gegeben (der ebenfalls später in diesem Kapitel ausführlicher vorgestellt wird). Herr Downs gibt seiner Meinung Ausdruck, daß er sich, trotz einer ernsten Krankheit und einer engen Berührung mit dem Tod, im Verlauf des Älterwerdens überhaupt nicht verändert hat.

> Ich denke, daß es wirklich gar keinen Unterschied gibt zu dem, als ich jünger war. Teufel! Ich werfe immer noch ein Auge auf hübsche junge Frauen! Ich genieße immer noch einen guten Drink! Oder eine gute politische Auseinandersetzung! Ich bin immer noch so interessiert an dem, was im Rathaus vor sich geht, wie ich früher war. Sicherlich, ich trinke nicht mehr ganz so viel wie früher. Mein Arzt sagt mir, daß ich

mich zurückhalten sollte. Aber ich denke, daß ich ganz der gleiche bin. Ich habe mich überhaupt nicht verändert.

Ein objektiver Beobachter wird dieser Aussage sicherlich nicht zustimmen. Es ist schwer, sich jemanden vorzustellen, der die Erfahrungen von Herrn Downs im Alter macht – besonders seine schwere Krankheit – und sich nicht auf die eine oder andere Weise verändert, zumindest auf der Oberfläche. Ein interessanter Kommentar dazu stammt von Frau Downs, die das Bedürfnis verspürte, den Interviewer, bevor er die Wohnung verließ, zur Seite zu holen:

> Glauben Sie kein Wort, wenn er Ihnen erzählt, daß er sich nicht verändert hat. Ich kann Ihnen gar nicht sagen, um wieviel er jetzt besser ist, als er es einmal war. Er wird nicht mehr so ärgerlich, wie das früher der Fall war. Er ist soviel weicher. Und er trinkt auch viel weniger im Vergleich zu früher, als er von Zeit zu Zeit betrunken war.

Von den 34 älteren Personen aus der Studie Shuliks fällt ungefähr ein Drittel in jede Gruppe. Ein Drittel der Befragten brachte die Vorstellung zum Ausdruck, daß sie sich fortlaufend und auf eine qualitative und positive Weise veränderten, daß sie Weisheit entwickelten wie bei Dr. Stallworth. Ein Drittel der Befragten spürte, wie Herr Greenberg, daß sie sich in Reaktion auf veränderte Umstände veränderten, daß aber kein interner Wandel oder Wachstum der Weisheit stattfand. Ein Drittel der Befragten gab, wie Herr Downs, an, daß sie so ›jung‹ wie immer waren und sich nicht mit dem Alter veränderten.

Sicherlich würden sich die Proportionen für diese drei Typen stark nach Kultur, Region, Schicht und anderen Variablen unterscheiden. Shulik bezeichnete das Bewußtsein des inhärenten Wandels als ›Altersbewußtsein‹ (*age sense*). Und die Ergebnisse lieferten uns eine erste positive Antwort auf die Frage, ob es eine positive qualitative Änderung im späten Erwachsenenalter gibt, sowie eine Einschränkung, nämlich daß sich diese Änderung nur bei einigen Personen einstellt; das bedeutet, daß die Entwicklung im späten Erwachsenenalter optional und nicht universell ist. Shulik fand, daß zwei Faktoren mit dem ›Altersbewußtsein‹ hoch korrelierten. Zunächst korrelierte das ›Altersbewußtsein‹ mit dem chronologischen Alter (Spearman rho = + 0.36, N = 34, p < .02). Die zweite hohe Korrelation, die Shulik ermittelte, sind der Zusammenhang zwischen ›Altersbewußtsein‹ und Fowlers Glaubensstufen (Spearman rho = 0.70). Diese Korrelationen legen nahe, daß es zu einem Anwachsen der Glaubensstufen im Alter kommt bzw. daß zumindest eine zwar weniger starke strukturelle, aber doch positive Entwicklung bei den Befragten auf den höheren Stufen im Sinne Fowlers vorliegt. Insofern scheint das ›Altersbewußtsein‹ eine Funktion von zwei unterschiedlichen Variablen zu sein: 1. des introspektiven Empfindungsvermögens und 2. der objektiven Summe der Veränderungen, die in einem Leben tatsächlich stattgefunden haben.

Im Prinzip kann die Variable ›Altersbewußtsein‹ zu fast jedem Zeitpunkt der Adoleszenz oder des Erwachsenenalters gemessen oder eingeschätzt werden. Man kann sich zum Beispiel vorstellen, einem 17jährigen Befragten zu begegnen, der hoch empfindsam und introspektiv ist und das umfassende Gefühl des persönlichen Wandels beschreibt, das mit dem Eintritt in die Adoleszenz verbunden ist. In ähnlicher Weise können wir uns 35jährige Befragte vorstellen, die über ein vergleichsweise geringes Gefühl des Wandels verfügen, wenn sie auf ihren Eintritt in die mittleren Erwachsenenjahre zurückschauen. Folglich ist die Variable ›Altersbewußtsein‹ keine strukturelle Variable an sich, was bedeutet, daß kein universeller oder ›normaler‹ Zyklus für die Entfaltung des ›Altersbewußtseins‹ über die Spanne des Lebenszyklus existiert.

## Der erwachsene und ältere Mensch als Religionsphilosoph

Wenn wir nach einer solchen positiven Entwicklung bei Erwachsenen und älteren Menschen suchen wollen, sind wir gut beraten, uns eher auf eine weniger ›formale‹ und stärker persönliche Ebene, als es die Gerechtigkeit ist, zu konzentrieren; und zwar auf den Bereich, der sowohl von Erikson als auch von der Alltagsweisheit den älteren Menschen zugeschrieben wird: den Bereich der ethischen und religiösen Philosophie. In dieser Absicht beziehen wir uns auf zwei Theorien der Ego-Stufen: auf Eriksons funktionale Theorie und, ausführlicher, auf James Fowlers stärker struktural ausgerichtete Theorie der Glaubensstufen (Fowler 1981; dt. 1991).

Wir haben Eriksons funktionales Modell der Ego-Stufen bereits mit Piagets strukturalem Modell verglichen und kontrastiert, vor allem im Hinblick auf die Altersbereiche der Adoleszenz und der Jugend. Wir müssen nun noch hinzufügen, daß die Menschen im Erwachsenenalter Eriksons siebte Stufe durchlaufen, die sich auf die Pole Generativität versus Stagnation konzentriert. Das zentrale Thema dieser Stufe ist durch die Eltern- und Mentoren-Rolle vorgegeben. Die Tugend dieser Stufe, die mit dem Gefühl der Generativität verbunden ist, ist die ethische Einstellung. In Begriffen unserer moralischen Stufen würde eine solche Ethik ein Leben reflektieren, das sich an der prinzipiengeleiteten Moral (den Stufen 5 und 6) orientiert.

Es verbleibt für die Menschen noch eine Aufgabe, die zum Teil ethisch, aber zum überwiegenden Teil religiös ist (im weitesten Sinn des Wortes Religion verstanden). Diese Aufgabe definiert Eriksons achte Stufe, deren Ergebnis ein Gefühl der Integrität versus ein Gefühl der Verzweiflung ist. Das Problem der Integrität ist nicht das Problem der moralischen Integrität, sondern das Problem der Integration und Vollständigkeit des Sinns im Leben von Individuen; dessen negative Seite, die Verzweiflung, kreist um das Bewußtsein des Todes.

Eriksons Stufen sind Stufen einer neuen Funktionsweise des Ich, und nicht nur Stufen eines neuen Inhalts, der zu einem bestimmten Alter relevant wird. Es wäre offensichtlich falsch, ein Interesse an der Religion als ein Charakteristikum für eine Stufe der Erwachsenen bzw. des Alters zu benennen, da sich ein religiöses Interesse in jedem Altersabschnitt des Lebens manifestieren kann. Es mag allerdings durchaus richtig sein zu behaupten, daß nur die erwachsenen und die älteren Personen religiöse Philosophen in einem eigenständigen Sinn sind.

In dem Kapitel über »Das Kind als Philosoph« konzentrierte ich mich auf das Kind als natürlichen oder physikalischen Philosophen sowie als Moralphilosophen. Bei den Kindern entstehen Spekulationen über die Macht Gottes und seine Natur als die Ursache von Dingen, aber diese Spekulationen werden angestellt, um Fragen und Probleme der physischen Verursachung zu beantworten: Wer oder was macht die Berge bzw. macht, daß sich die Wolken bewegen? Wohin gehen wir, wenn wir tot sind? Darüber hinaus können Spekulationen über Gott, den Teufel, den Himmel und die Hölle angestellt werden, um moralische Fragen zu beantworten: Woher kommen Regeln? Woher weiß der Vater, was richtig ist? Weshalb soll man das Gesetz nicht brechen und sündigen?

In diesem Sinn sind die Fragen des Kindes als Philosophen keine eigenständigen religiösen Fragen; es handelt sich vielmehr um ›wissenschaftliche‹ und moralische Fragen, die zu ihrer Beantwortung auf eine ultimate Macht zurückgreifen.

In dem Kapitel über den Adoleszenten (und dem über den Jugendlichen) wies ich auf einen neuen Fokus des Philosophierens hin: Jetzt liegt der Schwerpunkt auf der Erkenntnistheorie des Wissens wie der Moral. Subjektivismus, Idealismus, Solipsismus und Skeptizismus waren die zentralen Charakteristika des Adoleszenten als Philosophen; und ein Fortschritt richtete sich einerseits am Bewußtsein wissenschaftlicher Methoden und des Theoretisierens aus, die einen gewissen Grund für die Objektivität des Denkens bereitstellen, sowie andererseits am Bewußtsein für die moralischen Methoden und Prinzipien, die wiederum eine gewisse Objektivität oder Universalität für das moralische Urteilen bereitstellten.

In unserer Sicht des älteren Menschen als Philosophen finden wir jedoch einen eigenständigen Schwerpunkt im religiösen Philosophieren und nicht in der physikalischen, erkenntnistheoretischen oder moralischen Philosophie. Ich habe in einer Veröffentlichung aus dem Jahr 1981 (Kohlberg/Power 1981) eine theoretische Reinterpretation der Glaubensstufen Fowlers im Sinne einer ethischen und religiösen Philosophie vorgelegt; damit sind Sichtweisen der menschlichen Natur und der ultimaten Realität gemeint, die die Lücke zwischen Prinzipien und Idealen der moralischen Gerechtigkeit und der Realität der Ungerechtigkeit ansprechen. Diese Beschreibungen sind enger als die Idee des ›Glaubens‹, die Fowler benutzt hat, um die Stufenentwicklung zu diskutieren. Fowler identifiziert Glauben mit einer Orientierung an einer ultimaten Umgebung, und er präsentiert ihn somit als etwas, das sowohl im materialistischen Atheisten als auch im religiös Gläubigen vorhanden ist. Wir dagegen haben den Bereich des Religiösen enger definiert, nämlich als ein Interesse an den letzthin begrenzenden oder unsicheren Elementen des Lebens, besonders an den Grenzen der Gerechtigkeit oder Moral. In diesem Sinne ist Religion, sowohl in ihrer theistischen als auch in ihrer pantheistischen Ausprägung, eine Reaktion auf unsere Unsicherheit und auf unseren Schmerz, den wir verspüren, wenn wir mit einer moralischen Ungerechtigkeit konfrontiert werden oder mit menschlichem Leid oder mit Krankheit und Tod. Diese Interpretation bildet den Kern der Diskussion über Erwachsene und ältere Menschen als Philosophen.

Wir verstehen metaphysische und religiöse Probleme als Herausforderung zur Integration des Idealen mit dem letztgültig Realen. Die Aufgabe der Metaphysik und der Religion ist im wesentlichen die Aufgabe der Integration der Ideale der Gerechtigkeit, der Liebe und der Wahrheit mit der ultimaten Natur und den Begrenzungen der Realität. Die Reflexionen von Kindern und Jugendlichen zu religiösen Themen können intensiv sein, sie stellen aber primär Aneignungen aus der religiösen Gemeinschaft des Kindes dar. Erst bei Erwachsenen und älteren Menschen ist es der Fall, daß wir die Person als jemanden sehen, der seine eigene Religion und seinen eigenen religiösen Sinn konstruiert. Die Abwesenheit einer solchen selbstkonstruierten oder postkonventionellen religiösen Orientierung in der Adoleszenz und der Jugend wird auch bei den Befragten aus unserer Längsschnittstudie deutlich, selbst wenn diese ein moralisches Urteil der postkonventionellen Stufe 5 erreicht hatten.

Einige dieser Personen, wie unser Beispiel Nummer 2, sagen, daß sie religiöse Fragen zur Seite schieben.

*Wie sehen Sie die Beziehung zwischen Moral und Religion? Was ist Ihre Sichtweise über den Sinn des Lebens, vor allem in bezug auf die Moral?*
Nun, das ist eine gute Frage. Ich halte nicht viel von der Religion, tut mir leid. Ich glaube an das Recht, zu leben und das Leben zu genießen, aber was die organisierte Religion angeht ...
*Worin besteht für Sie der Sinn des Lebens?*
Ich denke, ich nehme da eine ziemlich hedonistische Position ein. Ich meine, daß man das Leben genießen soll, und im Hinblick darauf, was vorher war oder nachher kommt, schätze ich, daß ich sagen kann, daß ich daran nicht glaube. Ich denke auch nicht darüber nach. Ich bin jetzt hier, und ich meine, daß ich nachher nicht mehr hier sein werde.

Andere Personen bringen ihre Moral mit der Religion in eine Beziehung, verstehen aber die Religion als eine Institution. Unser

Fallbeispiel 67, ein Student an einer *graduate school*, der im Sinne unserer Stufe 4 urteilte, vertrat eine solche Perspektive. Nachdem er aus Vietnam zurückkam und sich auf Stufe 5 weiterbewegt hatte, wurde seine Sicht der Religion weniger institutionell. Sie entwickelte sich vielmehr zu einem vagen Königreich Gottes, verbunden mit einem Gefühl für soziale Zwecke.

*Wie sehen Sie die Beziehung zwischen Moral und Religion? Worin liegt für Sie, aus einer moralischen Perspektive, der Sinn des Lebens?*
Nun, ich denke, daß wir unseren Platz auf der Erde aus einem bestimmten Grund haben, und ich denke auch, daß wir versuchen, immer nach diesem Grund Ausschau zu halten. Ich meine, daß das, was einige der strikten katholischen Lehren sagen, absurd ist, nämlich daß es unser Zweck auf der Erde ist, unaufhörlich ›Gott‹ zu preisen und ihn anzubeten – er wäre schon ein sehr egomanischer Schöpfer gewesen, hätte er dies zum einzigen Zweck dieser Welt gemacht. Der Zweck des Lebens auf der Erde besteht vielleicht darin, uns auf eine Art höhere Existenz vorzubereiten, auf eine Existenz, die wir zu diesem Zeitpunkt nicht wahrnehmen können; vielleicht sollen wir dies tun, um in der Lage zu sein, unter anderen erschaffenen Wesen zu leben, und in einer bestimmten Atmosphäre des Friedens und der Liebe zu leben und um zu versuchen, jetzt ein harmonisches Leben zu kreieren, damit die Dinge, die wir hier lernen, uns in einer höheren Existenz oder einer anderen Dimension des Lebens helfen. Ich denke, daß ein Leben hier in Harmonie das beste für die Individuen und auch für die gesamte Gesellschaft ist.

Es gibt jedoch keinen einzigen Fall, in dem ein Befragter aus unserer Längsschnittstudie auf die Religion und auf religiöse Themen als Grundlage für sein Leben oder seine Moralität reflektiert; demgegenüber ist es die Regel, daß, wie die gerade vorgestellten Beispiele zeigen, religiöse Fragen in ihrer Beziehung zu sozialen Angelegenheiten verstanden werden. Später werden wir das Beispiel von Andrea Simpson betrachten, die in ihrem Alter darüber nachdenkt, wie religiöse und ethische Themen zur Grundierung ihrer moralischen Lebensentscheidungen wurden.
Bei der Betrachtung des älteren Menschen als Philosophen werden wir Fälle aus der Studie von Shulik verwenden, um zu verstehen, wie verschiedene Personen ihre Beziehungen zwischen moralischem sowie ethischem und religiösem Denken konstruiert und verstanden haben. Zunächst wollen wir jedoch kurz die

Methodologie dieser Untersuchung darstellen sowie die Einzelheiten des Glaubensinterviews von Fowler – als dem zentral eingesetzten Erhebungsinstrument – erläutern.

## Die Untersuchungsmethode Shuliks

Shulik befragte in einer empirischen Untersuchung zu ethischen und religiösen Philosophien 34 ältere Menschen, im Bereich zwischen 60 und 86 Jahren. Jede Person wurde unter Einsatz des ›standardisierten Moralinterviews‹ und des Fowlerschen ›Interviews zum Glauben‹ befragt. Die ersten aus der Forschung heraus gewonnenen Erfahrungen hatten es Fowler und seinen Mitarbeitern nahegelegt, daß ein locker strukturiertes Interview am effektivsten bei der Ermittlung der besonderen Strukturen des subjektiven Glaubens war. Die Interviews verliefen in etwa wie folgt:
In der ersten Phase des Interviews erklärte der Interviewer den Befragten die allgemeinen Vorstellungen der Forschungen zur Glaubensentwicklung. Diese Facette des Interviews erfordert ihre eigene besondere Form klinischer Sensibilität. Die im Interview berichteten Gedanken sind hochgradig persönlicher Natur; der Interviewer muß mit großer Sorgfalt versuchen, eine gute Grundlage für die Befragung zu erreichen. Oft ist es günstig, Fakten und demographische Daten während dieser Phase des Interviews zu erheben (z. B. die Familienverhältnisse, die Geschichte des Wohnens, die schulische und berufliche Entwicklung und so weiter) und dem Befragten die Möglichkeit zu Rückfragen einzuräumen, bis er sich wohl fühlt.
Die zweite Phase des Interviews folgt in gewissem Umfang Robert Butlers (1968) Vorstellungen zum Prozeß des Lebensrückblicks. Die Befragten werden gebeten, jene fünf oder sechs Ereignisse, Einflüsse oder Beziehungen in ihrem Leben zu beschreiben, die sie als die wichtigsten oder bedeutsamsten ansehen. Dies sind die ›zentralen Markierungen des Lebens‹, und sie können als jene Ereignisse beschrieben werden, die die befragte Person zu dem gemacht haben, was sie heute ist. Durch die Aufdeckung dieser ›Markierungen‹ in ihrer Lebensgeschichte setzt bei vielen der Befragten nach und nach ein kaum wahrnehmbarer

Übergang zur Diskussion von Werten, Überzeugungen und philosophischen Idealen ein. Dies bildet im wesentlichen den Übergang in die dritte Phase des Interviews.

Während der dritten Phase sondiert der Interviewer insbesondere das philosophische System, das von den Befragten präsentiert wird. Oft geht diese Phase direkt aus dem vorhergehenden Teil hervor. So kann der Interviewer fragen: »Weshalb haben sie gerade diese zentralen Markierungen ihres Lebens gewählt und nicht andere Ereignisse, die auch in Frage gekommen wären? Was macht diese Ereignisse um so vieles wichtiger? Sind dies Ereignisse, die im allgemeinen sowohl für andere als auch für Sie wichtig waren?« Die Diskussion geht an dieser Stelle häufig in eine Verallgemeinerung von Lebensgeschichten überhaupt über sowie in die Diskussion von Wertsystemen, die von anderen vertreten werden, von denen sich manche wiederum von dem der Befragten unterscheiden.

Auf der Grundlage seiner umfangreichen Erfahrungen bei der Durchführung von Interviews zur Glaubensentwicklung hat Fowler eine Liste mit Fragen zusammengestellt, die im allgemeinen angesprochen werden. Diese Themenübersicht wird im Interview abgedeckt, entweder in ihrer spontanen Entfaltung oder durch explizites Nachfragen.

1. *Die Zukunft.* Welche Vorstellungen haben Sie im Hinblick auf ihre persönliche Zukunft? Was erwarten Sie? Was denken Sie über die Zukunft ihrer Gemeinde? Oder über die der Menschheit allgemein? Was erwarten Sie, und worauf bereiten Sie sich vor?
2. *Sinn.* Was sind Ihre persönlichen Ziele? Welche Betätigungen in Ihrem Leben sind für Sie am sinnvollsten? Was bedeutet die menschliche Gemeinschaft für Sie? Was bedeuten die Leistungen der Menschen für Sie im allgemeinen?
3. *Ethische Standards und ihre Basis.* Was sind die Grundlagen für das Richtige, Falsche und Verantwortungsvolle, die Sie in Ihrem Leben verwenden? Was ist Ihr Verständnis von Moral? Warum denken Sie, daß Sie oder andere moralisch sein sollten? Wie können wir das ›Moralische‹ in Situationen erkennen, die schwierig zu beurteilen sind?
4. *Identifikation und Zugehörigkeit zur Gemeinschaft.* Mit

welcher Gruppe von Menschen identifizieren Sie sich? Wie ist Ihr Verhältnis zu den Personen, die außerhalb dieser Gruppe stehen? Welchen Sinn hätte Ihr Leben, wenn Sie sich außerhalb dieser Sphäre befinden würden?

5. *Intimität und Sexualität.* Wie denken Sie über Ihre eigene Sexualität? Wo ist der angemessene Platz der Sexualität in Ihrem Leben? Was, denken Sie, sollte der angemessene Platz der Sexualität generell im Leben eines Menschen sein? Wie haben Sie Intimität erfahren? Was denken Sie über den Sinn von Nähe im menschlichen Leben? Welche Gefühle verbinden Sie üblicherweise damit?

6. *Transzendente Schönheit und Höhepunktserfahrungen.* Was waren die besten Erfahrungen in Ihrem Leben? Gab es Augenblicke, in denen Sie sich friedvoller und zufriedener fühlten als üblicherweise? Was bedeutet eine solche Erfahrung für Sie? Was bedeutet diese Erfahrung ansonsten für Sie?

7. *Gründe für Furcht und Unbehagen.* Was waren, im Gegensatz dazu, die schlimmsten Erfahrungen in Ihrem Leben? Was waren die Erfahrungen, die Sie am meisten geängstigt haben? Haben Sie diese Erfahrungen in Ihr Sinnsystem eingeschlossen?

8. *Das Böse und das Leid.* Wie gelingt es Ihnen, aus der Ungerechtigkeit und dem Schmerz, den unschuldige Menschen auf dieser Welt erleiden, Sinn zu schaffen? Sehen Sie einen Sinn oder einen Wert im Leid? Wie haben Sie Leiden mit Ihrem eigenen Leben in Einklang gebracht?

9. *Ursache-Wirkung, Freiheit und die Sicht der Entwicklung des Menschen.* Denken Sie, daß die Menschen in ihrem Leben frei handeln und entscheiden oder daß sie diese Welt bereits mit bestimmten Aspekten ihres Schicksals, die für sie vorgeplant sind, betreten? Was denken Sie über den Umfang freien Handelns in Ihrem eigenen Leben? Denken Sie, daß die Menschheit die Wahl oder die Freiheit hat, ihr eigenes Schicksal im Laufe der Geschichte zu gestalten?

10. *Kognitive Grenzen.* Was, denken Sie, sind die Grenzen (wenn es welche gibt) dessen, was der Mensch wissen kann? Was sind die Grenzen im Hinblick auf das praktische und wissenschaftliche Wissen? Was sind die Grenzen im Hin-

blick auf ›höhere Wirklichkeiten‹? Besteht die Möglichkeit
für etwas, das von einigen als ›Wissen Gottes‹ beschrieben
wird?
11. *Tod und Sterben.* Welche Erfahrungen mit Verlusten haben
Sie in Ihrem Leben gehabt? Welche Gefühle verbinden Sie
mit dem Sterben? Was denken Sie über die Möglichkeit eines
Lebens nach dem Tode oder über eine Form des Bewußtseins, die über den physischen Tod hinausgeht?
12. *Verpflichtung und Autorität.* Wem gegenüber sind Sie Verpflichtungen eingegangen, bzw. welchen Dingen widmen
Sie sich in ihrem Leben? Gibt es Ideale oder Projekte oder
Gruppen (oder Vergleichbares), für die Sie einen großen Teil
Ihrer Energie aufwenden würden (bzw. dies tun)? Welchen
Stellenwert spielt Autorität im Leben? Oder in Ihrem eige-
nen Leben?

Die Methode kombiniert also einen Rückblick auf die Lebensgeschichte, den man z. B. für eine Analyse der Lebensetappen
im Sinne Eriksons einsetzen kann, mit einer Reihe von Fragen
über die persönliche Philosophie oder Bereiche des Sinns des Lebens.

### Gerechtigkeitsdilemmata, die ethische und religiöse Philosophien hervorrufen: Das Beispiel Brandon Stallworth

In den weiteren Teilen dieses Kapitels wollen wir einige der Fälle
präsentieren, die von Shulik (1979) untersucht wurden. Der erste von uns diskutierte Fall betrifft Dr. Brandon Stallworth, einen
noch aktiven medizinischen Forscher, der zum Zeitpunkt des Interviews 65 Jahre alt war. Wir haben bereits in unserer Diskussion zum ›Altersbewußtsein‹ angemerkt, daß Dr. Stallworth
einer der Befragten war, die ein hohes Ergebnis im Hinblick auf
das Gefühl einer kontinuierlichen Entwicklung erzielten. Sein
Fall ist auch deshalb erhellend, weil er, anders als bei unseren
jüngeren Befragten aus der Längsschnittstudie, die auf Stufe 5
urteilten, zeigt, daß sein Urteilen über das hypothetische Gerech-
tigkeitsdilemma eng mit seiner ethischen und religiösen Philosophie verbunden ist bzw. mit dem, was Fowler (1981; dt. 1991)

die Stufe des Glaubens nennt. Stallworths Antworten auf die hypothetischen moralischen Dilemmata wurden ebenso wie die Antworten der jüngeren Befragten auf Stufe 5 des Denkens über Gerechtigkeit ausgewertet, aber sein Urteil wurde durch seine Lebensphilosophie durchdrungen. Dies traf in einem solchen Ausmaß zu, daß Fowlers Auswertungsrichtlinien zur fünften Stufe des ›verbindenden Glaubens‹ für die Analyse seiner Antworten auf die hypothetischen moralischen Dilemmata ebenso relevant waren wie unser standardisiertes Auswertungsverfahren zum moralischen Urteilen (vgl. Colby, Kohlberg et al. 1987).

Dr. Stallworth antwortete auf die Frage, ob es für Heinz richtig oder falsch sei, das Medikament für seine im Sterben liegende Frau zu stehlen, wie folgt: »Wissen Sie, es gibt keinen vernünftigen Weg, diese Frage zu beantworten. Das läßt sich einfach nicht abwägen«. Aber er fährt fort und betont dann:

Nach den Standards unserer Gesellschaft ist es falsch, nach unseren Verhaltensregeln. Unsere Verhaltensregeln sind nicht mehr, als sie sind: Regeln des Verhaltens. Man kann sich ihnen von zwei Standpunkten aus annähern. Folgt man dem ersten Standpunkt, so sind die Regeln von Gott gegeben, d.h. daß es ein absolutes Gesetz gibt, und deshalb ist Stehlen absolut falsch. Und es ist heiliger, nicht zu stehlen und die Frau sterben zu lassen. Von dem anderen Standpunkt aus kann man dies so betrachten, wie ich es tue oder wie ein Humanist es tun würde, nämlich daß unsere Verhaltensregeln von uns selbst eingeführt wurden, um das Maximum an Glück für jeden von uns zu erzielen. Ich denke, da ich nicht genau weiß, was Glück bedeutet, sollte ich neu formulieren und sagen, daß die Regeln eingeführt wurden, um eine funktionierende Beziehung innerhalb der Gesellschaft zu erreichen, die es ihr erlaubt, auf eine relativ geordnete oder gesunde Weise vorzugehen. Aus meiner humanistischen Perspektive heraus neige ich nicht dazu, etwas in ihr als richtig oder falsch anzusehen, sondern ich verstehe es eher als ein Problem der Art und Weise, in der die Kräfte einer Gesellschaft sich anpassen, um es den Menschen möglich zu machen, miteinander auf eine ordnungsgemäße Weise umzugehen; und in extremen Fällen, in denen Menschen nicht miteinander auskommen, muß man mit Gewalt in irgendeiner Form rechnen. Diese Gewalt ist weder zu rechtfertigen noch nicht zu rechtfertigen; sie passiert einfach. Wissen Sie, das alles ist so schwierig, weil ich nicht weiß, was richtig oder falsch ist, und das hängt von so vielen philosophischen und selbst von religiösen Konzepten ab. Ich versuche damit, hinsichtlich der Ethik und nicht im Hinblick auf die Moral zurechtzukommen. Ich denke, daß Moralität grundsätzlich unerklärbar ist. Ich denke, sie ist wie die Religion. Sie wird durch eine Offenbarung erreicht, und ich benutze den Begriff auf meine eigene Weise. Ich benutze das Wort, um etwas zu beschreiben, dem sich, das ist meine Meinung, nicht auf eine gewöhnliche Weise genähert werden kann, durch die übliche Erfahrung, durch die üblichen Gesetze von Beweis und Widerlegung oder durch die üblichen Gesetze dessen, was ich Logik nennen würde. Der ursprüngliche Akt der Offenbarung bedeutet, sehr einfach, daß man *weiß*. Ich denke, daß die meisten Menschen über eine Moral verfügen. Und man könnte versuchen, ihre Moral in logischen Begriffen zu erklären. Aber ich selbst ziehe es vor, dies nicht zu tun. Moralität wird durch eine Offenbarung erreicht, daher können wir sie eigentlich nicht diskutieren. Insofern halte ich mich an die Ethik. Ethik würde ich einen Verhaltenskodex nennen, dem von den Mitgliedern der Gesellschaft im allgemeinen zugestimmt wird. Man könnte sagen, daß die Ethik der Gesellschaft meine Moral ist. Und dann, sehen Sie, ich habe bereits ein ethisches Prinzip: Tue das, was immer die Ethik der Gesellschaft dir diktiert. Aber ich meine, daß es für die Menschen bequem ist, zwischen Moral und Ethik zu unterscheiden. Zumindest ist es das für mich, wenn ich bestimmte wichtige Dinge analysiere.

Die von Brandon Stallworth getroffene Unterscheidung zwischen Ethik und Moral stellt fast das genaue Gegenteil der Unterscheidung dar, die von Power und mir getroffen wurde (vgl. Kohlberg/ Power 1981). Wir haben dort eine persönliche Philosophie, ein System ethischen und religiösen Denkens (das in Fowlers Stufen des Glaubens eingeschlossen ist), von moralischem Urteilen und Begründen unterschieden. Für Stallworth repräsentiert der Begriff Ethik einen Gebrauch, wie er in der Diskussion über Regeln der Professionsethik verbreitet ist, einen zustimmungsfähigen Verhaltenskodex, der geschaffen wurde, um das Wohlergehen aller daran Beteiligten zu maximieren. Moralität bedeutet für ihn ein persönliches ethisches System, das religiöse Fragen und Verpflichtungen einschließt; und aus dieser Perspektive sieht er ›seine Moralität‹ als eine humanistische. Er sagt, daß diese persönliche Moral, die wir als eine ethische Position bezeichnen würden, nicht in der Aussagenlogik wurzelt, sondern in der moralischen Intuition, Offenbarung oder im Glauben.

Brandon Stallworth's Urteilen in bezug auf das Heinz-Dilemma wurde, unabhängig von seiner allgemeinen Philosophie, auf Stufe 5 ausgewertet, weil hier ein sozialer Regelkodex aus einer Perspektive betrachtet wird, die diesen als Basis eines Sozialvertrags oder Konsenses versteht und als sein Ziel die Maximierung des Wohlergehens oder des Glücks. Stallworth's Entscheidungen, die er nur unter Vorbehalt als moralisch richtig ansieht, befürworteten sowohl im Heinz-Dilemma als auch im Euthanasie-Dilemma das Stehlen des Medikaments bzw. sprachen sich dafür aus, daß die tödlich erkrankte Person früher sterben konnte, und zwar ungeachtet der Tatsache, daß er sich als Mediziner am Hippokratischen Eid orientiert. Die zentrale Schlußfolgerung, auf die wir allerdings aufmerksam machen wollen, betrifft das Ausmaß, zu dem seine Reaktionen auf die moralischen Standarddilemmata zu der Untersuchung der Philosophie eines älteren Menschen beitragen können.

Brandon Stallworth's ethisches Philosophieren führt ihn vor allem in die paradoxe Beziehung zwischen seinem wissenschaftlichen Glauben an den materialistischen Determinismus und seinem Glauben an einen persönlichen freien Willen und an die Verantwortlichkeit als moralisch Handelnder. Fowler definiert einen solchen gleichzeitig aufrechterhaltenen Glauben an zwei offensichtlich nicht miteinander verträgliche Wege des Denkens als das zentrale Charakteristikum seiner fünften oder ›verbindenden‹ Stufe des Glaubens. Stallworth betont:

> Ich glaube, daß meine Form des Materialismus besagt, daß die Welt das ist, was sie ist, weil es in ihr Materie gibt, und zwar in den unterschiedlichen Zuständen, in denen Materie existiert. Das ist meine Aussage. Und daher muß ich an die darausfolgenden Konsequenzen glauben. Sie besagen, daß alles im Universum durch die Art der Materie determiniert ist. Aber das hilft mir als Person zu bestimmten Gelegenheiten überhaupt nicht. Ich muß mich entscheiden, ob ich meine Kinder unterrichten soll oder nicht. Punkt. Ich muß mich entscheiden, ob ich die Wahrheit sagen will oder nicht. Punkt. Ich treffe diese Entscheidungen als Werturteile. Und wie auch immer ich diese Werturteile fälle, Tatsache ist, daß ich sie gefällt habe. ... Ich handele, als ob ich einen freien Willen hätte. Würde ich nicht auf diese Art und Weise handeln, würde dies, so meine ich, ein Zeichen für eine ziemlich ernste Form einer psychischen Störung darstellen. Ich denke, daß wir alle so vorgehen müssen, als ob wir unseren freien Willen ausüben.

Und ich will diese Position nicht einmal verteidigen. Ich sage nur, daß dies für mich in unserer gegenwärtigen Gesellschaft die einzige praktikable Vorgehensweise zu sein scheint. Deshalb mache ich die Menschen für das, was sie tun, verantwortlich. In einer wissenschaftlichen Untersuchung kann es jedoch sein, daß ich das Individuum als Träger einer freien Entscheidung überhaupt nicht berücksichtige. Aber in den Augen des Gesetzes oder der Gesellschaft habe ich einen freien Willen und bin verantwortlich.

## Fowlers Definition der Stufen des Glaubens

Bei der Diskussion der Antworten von Brandon Stallworth auf die moralischen Dilemmata haben wir angemerkt, daß er sie nicht nur im Licht einer Gerechtigkeitskonzeption diskutiert, sondern auch im Licht einer persönlichen ethischen und religiösen Philosophie, die er als Humanismus bezeichnet. Wir haben behauptet, daß seine Philosophie eine Veranschaulichung von Fowlers fünfter oder ›verbindender Stufe‹ ist. Nach Fowler bedeutet Glauben eine vereinheitlichende Konstruktion zur Schaffung von Sinn aus dem Leben des Menschen, und in diesem Sinne entspricht sie den Konzeptionen der Stufen des Ego bei Kegan (1982; dt. 1986) oder Loevinger (1976). Fowler erkennt an, daß zahlreiche unterschiedliche Bereiche in dem auf Einheit abstellenden Konstrukt des Glaubens enthalten sind:

> Die strukturellen Züge des grundlegenden Wissens, die uns von Piaget, Kohlberg, Selman und zuletzt von Kegan für jeden spezifischen Bereich aufgezeigt wurden, leisten einen guten Beitrag zum Verständnis des grundlegenden Wissens über den Glauben. Der Glaube schließt die Welt physikalischer Gegenstände und die Gesetze ihrer Verbindungen, Bewegung und Veränderung ein. Der Glaube schließt ebenfalls die Konstruktion des Selbst und der anderen ein, die Übernahme von Perspektiven, die moralische Analyse und das moralische Urteilen sowie die Konstitution eines Selbst in Beziehung zu anderen, die wir als Ego bezeichnen (Fowler 1980, S. 59).

In diesem Auszug legt Fowler nahe, daß das Glauben konstituierende Wissen diese anderen ›Bereiche‹ einschließt; das Wissen über den Glauben wird zur Art und Weise des Sich-Beziehens auf die Gesamtheit des konstruktiven und/oder konstitutiven Wissens, das von Piaget, Selman, Kegan und mir selbst vorgetragen wird.

Fowler schließt die strukturellen Stufen von Piaget, Selman sowie meine Stufen als Aspekte seiner operationalen Definition in die Glaubensstufen ein. Die vollständige Definition enthält sieben Aspekte, die auf eine spezifische Art und Weise angeordnet sind: Die horizontale Anordnung dieser Aspekte erstreckt sich von der ›Logik der rationalen Gewißheit‹ zur ›Logik der Überzeugung‹. Piagets kognitive Stufen repräsentieren den ersten Aspekt, Selmans Stufen der Rollenübernahme den zweiten und meine Stufen des moralischen Urteilens den dritten Aspekt innerhalb dieser horizontalen Anordnung. Diese Anordnung stimmt mit der Behauptung überein, die ich bereits vorgetragen habe, nämlich daß die Stufe des logischen Urteilens notwendig, aber nicht hinreichend ist für die gleiche Stufe der sozialen Rollenübernahme und daß die Stufe der sozialen Rollenübernahme notwendig, aber nicht hinreichend ist für die gleiche Stufe des moralischen Urteilens. Fowlers eigener Beitrag besteht in der Definition der Aspekte D, E und F:

*Aspekt D*: Die ›Grenzen des sozialen Bewußtseins‹ konzentrieren sich auf den Umfang oder die Einbezogenheit sowie die Korrektheit bei dem Aufbau der Bezugsgruppe, auf die die Person ihre Identität stützt und im Hinblick auf die sie ihre moralische Verantwortlichkeit definiert. Obwohl es hier Parallelen zur Rollenübernahme gibt, unterscheidet sich dieser Aspekt darin, daß er versucht, den typischen Bereich der Personen und Gruppen zu erklären, die bei der Komposition und der Aufrechterhaltung der Identität und einer sinnvollen Welt auf jeder Stufe ›zählen‹.
*Aspekt E*: Das ›Autoritätsbewußtsein‹ konzentriert sich auf die Muster des konstitutiven Wissens und der Verpflichtung, durch die Personen, Ideen, Institutionen, Erfahrungen und eigene Prozesse des Urteilens mit einer sinnsanktionierenden Identität versehen werden. Auf wen oder was schaut eine Person in ihrer Suche nach Sinn? Wie wird diese Überzeugung konstituiert? Wie wird sie gerechtfertigt?
*Aspekt F*: Die ›Form des Zusammenhangs der Welt‹ repräsentiert einen Brennpunkt für die besondere Weise des Aufbaus und des Aufrechterhaltens eines umfassenden Gefühls eines einheitlichen Sinns innerhalb jeder Stufe. Dieser Aspekt beschreibt eine Sequenz stufentypischer *Genres*, die von Personen eingesetzt werden, um Zusammenhangsmuster in ihrer ultimativen Umwelt wahrzunehmen bzw. zu repräsentieren (vgl. Fowler 1980, S. 77 f.).

Fowler geht davon aus, daß diese drei Aspekte D, E, und F die Wege des Urteilens über die ultimative Umwelt repräsentieren und zusammen die ›Logik der Überzeugung‹ bilden. Die ›Grenzen des sozialen Bewußtseins‹ (D) spezifizieren die Bezugsgruppe, die im eigenen Glauben oder der eigenen ethischen und religiösen Philosophie enthalten ist. Das ›Autoritätsbewußtsein‹ (E) zeigt den letztendlichen Grund oder die Autorität an, auf die bei der Rechtfertigung des eigenen Glaubens oder der eigenen Überzeugung Bezug genommen wird. Die ›Formen des Zusammenhangs der Welt‹ (F) repräsentieren die Form, die von einer Ontologie, einer Metaphysik oder einem religiösen Glaubenssystem angenommen wird. Der letzte der Aspekte, G, ist in der Stufentheorie Fowlers nicht gut ausgearbeitet; er weist in die Richtung von Autoren wie Jung, die sich sowohl auf unbewußte Symbole konzentrieren als auch auf die Symbole, die bewußt in religiösen Systemen verwandt werden.

Was Brandon Stallworth angeht, so haben wir bereits sein moralisches Urteilen auf Stufe 5 und seine dialektische oder ›verbindende‹ Fähigkeit diskutiert, die Welt sowohl als mechanistisch determiniert als auch als moralisch frei anzusehen (Aspekt F). Wir können uns daher nun auf die Grenzen seines sozialen Bewußtseins innerhalb von Stufe 5 konzentrieren bzw. auf sein Gefühl der Zugehörigkeit zu einer Gemeinschaft von Gläubigen. Dr. Stallworth wurde als gläubiger Jude erzogen. Er führt aus:

> Ich habe selbst nichts mehr mit der organisierten Kirche zu tun. Ich habe die Kirchengemeinde verlassen, als ich auf die Zwanzig zuging, und das war keine plötzliche Konversionserfahrung, sondern ich bin nach und nach abgekommen. ... Ich empfinde gegenwärtig Sympathie für andere Menschen, ich würde sagen, die große Mehrheit der Menschen, die fühlen, daß sie einer organisierten Glaubensgemeinschaft angehören müssen. Ich denke wirklich, daß dies etwas ist, das sie *tatsächlich* brauchen. Sie brauchen ein Wertesystem, das ihnen die Welt erklärt und das ihnen ihre Position angesichts einer größeren Kraft, die Verantwortung für Ereignisse trägt, beschreibt. Ich bin in der Lage, innerhalb eines System der persönlichen Philosophie zu leben, das nicht nach dieser externen Unterstützung verlangt. Aber ich verstehe (die anderen), und ich schätze sie und stehe ihnen wohlwollend gegenüber. Und ich denke, daß es eine fürchterlich gefühllose und arrogante Angelegenheit wäre zu versuchen, ihnen (ihre religiöse Überzeugung) zu nehmen.

In dieser Passage zeigt sich Dr. Stallworth's Gefühl der Empathie: Er selbst ist nicht religiös oder fromm, aber er verfügt über ein feinfühliges Verständnis der anderen, die religiös oder fromm sein *müssen*, und in gewissem Sinn will er deren Bedürfnis nach einem religiösen Glauben schützen. Diese Haltung erscheint darüber hinaus nicht bloß gönnerhaft oder herablassend.

Dr. Stallworth versieht die Verständigung unter unterschiedlichen Menschen mit einem hohen Wert. Beispielsweise beklagt er jede Form der Segregation, sei es aus rassischen, religiösen oder aus Altersgründen. Zur Zeit, als das Interview durchgeführt wurde, war er stark an einem Bauprojekt interessiert, in dessen Rahmen mehrere große Wohnhäuser für ältere Menschen in seiner Gemeinde errichtet wurden. Er wandte sich gegen diese Wohnungen, weil sie ihm als ›geriatrische Ghettos‹ erschienen:

> Es ist eine äußerst schöne Sache, wenn man mit Menschen in Berührung kommt, die anders sind als man selbst. Natürlich wird es in solchen Situationen zumindest zu Reibereien kommen, oder zu stärkeren Reibereien als in einer vollständig homogenen Gemeinschaft. Aber andererseits ist das so stimulierend. Als jemand, der an der Gesundheitswissenschaft interessiert ist, denke ich sogar, daß es förderlich ist, physisch gesünder. ... Jedenfalls stellen die Wohnprojekte für die Älteren einen wichtigen Punkt dar. Das sind hübsche Gebäude: Sie sind geräumig und komfortabel, und die älteren Menschen, die in der Regel nur über ein beschränktes Einkommen verfügen, können diese Wohnungen für einen Bruchteil dessen mieten, was sie zahlen müßten, wenn es keine Unterstützungsleistungen für diese Wohnungen geben würde. Aber denken Sie für einen Augenblick an einige der Implikationen, die mit einem ›geriatrischen Ghetto‹ einhergehen: Die Sozialkontakte der älteren Menschen, die dort leben, werden auf die eigene Generation beschränkt bleiben. Ihre Sichtweise wird immer stärker eingeengt werden. Dies hat zum Effekt, daß sie zu sehr auf sich selbst bezogen und egozentrisch – gar heimtückisch – werden, ob sie es merken oder nicht. Beispielsweise könnte eine ältere Frau sagen, daß das Spielgerüst der Kinder, die draußen lauthals toben, sie stört. Aber wenn ich darüber nachdenke, dann finde ich es *gut*, daß sie dem Geräusch des Gerüsts und der spielenden Kinder zuhören müßte – gut, damit sie nicht vergißt, wie sich das anhört.

Dr. Stallworth macht auch eine vergleichbare Bemerkung über die kulturelle und religiöse Diversität. So sagt Dr. Stallworth über einen Kollegen, der die orthodoxen jüdischen Diätregeln sehr sorgfältig einhielt:

> Ich muß seine Sorgfalt bei der Befolgung (eines so eingeschränkten Diätplanes) respektieren. (Aber) ich sehe nicht, wie ich selbst einer so einschränkenden Vorschrift folgen könnte. Ich habe viele Kollegen und Freunde, die ganz anders als ich sind. Ich schätze diesen Unterschied, und ich möchte mehr darüber erfahren. Aber das ist etwas schwieriger, wenn ich mit ihnen nicht zu Mittag- oder Abend essen kann. Und das ist einer der Gründe, weshalb ich niemals einem restriktiven Dogma der Orthodoxie folgen könnte. Orthodoxien weisen auch viele Vorteile auf, aber das ist ganz bestimmt ein Nachteil.

Das bedeutet, daß das Interesse von Dr. Stallworth an der Diversität mehr als eine naive Form des Eklektizismus ist: Er geht davon aus, daß die Menschen voneinander eine ganze Menge lernen können und daß sie sogar noch mehr über sich selbst lernen, wenn sie mit anderen in Berührung kommen, die einen unterschiedlichen Hintergrund mit sich bringen.

Die von uns zitierten Ausschnitte zeigen nicht nur die Fähigkeit von Dr. Stallworth, auf eine einfühlsame Weise in einer Vielzahl menschlicher Gemeinschaften zu partizipieren, sondern auch das Autoritätsbewußtsein seines Glaubens, was man auch als epistemologische Einstellung kennzeichnen könnte. Ein Fokus ist der Glaube an die wissenschaftliche Methode, wie er in der Diskussion des materialistischen Determinismus, den er in seiner Arbeit in der experimentellen biologischen Forschung kennengelernt hat, aufscheint. Der andere Fokus betrifft seine Lektüre der Fachliteratur, der Sozial- wie der Geisteswissenschaften, aber auch seine eigenen Erfahrungen. Er ist auch vertraut mit Robert Butlers Diskussion von Lebensrückblicken. »Ein solcher Rückblick ist für einige eine intellektuelle Übung, er ist wie eine Quelle der Autorität. So etwa, welche Bücher habe ich gelesen, die mir bei diesem Problem helfen können? Die Frage stellt sich für mich jedoch anders: Welche Erfahrungen habe ich gemacht, die mir bei diesem Problem helfen können?« Und er fährt fort:

> Lassen Sie mich folgendes sagen, ich stelle fest, daß ich in meinem jetzigen Alter stärker zu Platitüden neige. Aber das ist auch Absicht. Der englische Schriftsteller Howard Nicholson hat eine kurze Zusammenstellung der Werte, die zu verschiedenen Zeiten in der Geschichte bedeutsam waren, erarbeitet. Eines der Ergebnisse, das er

vorstellt, besagt, daß sich die Weisheit aller Epochen in zwanzig Platitüden konzentriert. Natürlich ist dieses Ergebnis eine solch einfache Lösung der Probleme des Menschen, daß wir immer versuchen, sie komplizierter zu machen, damit wir sie würdigen können. Aber zumindest läuft es nach seiner Erfahrung darauf hinaus. Und ich für meine Person denke, daß er absolut recht hat.

Das heißt also, daß, obwohl Dr. Stallworth einen großen Unterschied sieht zwischen streng wissenschaftlichen Denkverfahren und dem Denken über Werte, er sich in dem zuletzt genannten Feld auch auf das Kriterium der Erfahrung bezieht, das Kriterium der kumulativen Erfahrungsansammlung der menschlichen Gattung. Dr. Stallworth macht dasjenige ganz konkret, was Fowler als das Kriterium der Autoritätsüberzeugung auf Stufe 5 ansieht, nämlich daß es einen »dialektischen Zusammenschluß persönlicher Urteile und Erfahrungsprozesse mit den reflektiven Ansprüchen der anderen sowie den unterschiedlichen Ausdrucksgestalten der angesammelten menschlichen Weisheit gibt«. Sowohl anhand der Naturwissenschaften als auch anhand der Werte verdeutlicht Dr. Stallworth eine Philosophie, die vielleicht am besten von John Dewey (1929; dt. 1998) artikuliert wurde; dies ist die Philosophie des humanistischen Empirismus bzw. des Bezugs auf die menschliche Erfahrung. – Da Dr. Stallworth Agnostiker oder Humanist ist, arbeitet er keine Lösung für die metaphysischen und theologischen Fragen heraus, die Fowlers Aspekte F und G definieren.

Wir haben am Beispiel von Brandon Stallworth Fowlers fünfte Stufe im Sinne einer ›weichen‹ strukturellen Stufe der ethischen und religiösen Philosophie diskutiert. Fowler hat aber sein Interview und die damit einhergehende Auswertung auch auf eine Weise gestaltet, die den Standpunkt einer persönlichen Erzählung oder Lebensgeschichte erfahrbar werden läßt. Bei der Analyse der Lebensgeschichte im Sinne von funktionalen Stufen greift er auf die von Erikson vorgestellten psychosozialen Krisen und deren Lösung zurück. Er achtet auch darauf, wie eine Stufe der glaubensbezogenen oder ethischen Philosophie in ethischen und religiösen Handlungsmustern in der Welt ausgelebt wird. Brandon Stallworth typisiert Fowlers fünfte Stufe in einer Reihe von Wegen. Als Wissenschaftler im medizinischen Bereich, der zum Zeitpunkt des Interviews 65 Jahre alt war, hatte er eine lange Periode der Lehre und Forschung an einer bekannten Universität hinter sich und bereitete sich auf seinen Ruhestand vor, der nur noch einige Monate entfernt lag. Er hatte einen umfangreichen Bereich an Interessen kultiviert: Als junger Mann arbeitete er, bevor er auf die *graduate school* überwechselte, als Reporter für eine Zeitung in einer Großstadt; er bezeichnete diese Erfahrung als »insgesamt den besten Trainingskurs, den ich je in meinem Leben genossen habe«. Die anschließende akademische Karriere hatte ihm durch und durch Vergnügen bereitet. »Ich glaube, daß meine Studenten mich als einen anspruchsvollen aber gründlichen Lehrer betrachten.« Er war mehr als ein Akademiker im Elfenbeinturm: Er war aktiver Politiker in seiner Heimatgemeinde, hatte zweimal erfolglos für ein öffentliches Amt kandidiert und nahm regelmäßig an Wählerversammlungen *(town meetings)* sowie an einer Vielzahl von freiwilligen Hilfsmaßnahmen teil. Darüber hinaus wurde er aufgrund der Art seiner Forschungen mehrmals von der Regierung gebeten, als Mitglied in Gutachterkommissionen mitzuwirken. Als das Interview durchgeführt wurde, arbeitete er gerade in einer solchen Kommission mit. Über die Gutachterkommission sagte er: »Das ist möglicherweise die interessanteste Sache, an der er ich mitarbeiten darf«. In Kürze gesagt bedeutet dies, daß Dr. Stallworth ein äußerst aktives und diversifiziertes Leben geführt hat.

Im Gegensatz zu anderen Fällen, die Fowler als Beispiele der Stufe 5 beschreibt, ist Dr. Stallworth in den Begriffen von William James (1902; dt. 1997) kein einmal, sondern ein zweimal geborener Philosoph. Er versteht seine Karriere und seine Entwicklung als kontinuierlich und nicht als in Krisen der Verzweiflung zerbrochen und dann wieder aufgebaut. Er weist jedoch die Lebensmuster eines Mannes auf, der, trotz seiner Konzentration auf seine akademische und wissenschaftliche Karriere, sich auch aktiv in politische Angelegenheiten und die Angelegenheiten seiner Gemeinde einließ; dies ist etwas, was aus seinen humanistischen Idealen entsprang, Ideale, die er aus einer philosophischen Perspektive als ›sozialistisch‹ bezeichnet.

## Fowlers vierte Stufe: Der Fall Leo Greenberg

Leo Greenberg wurde, ebenso wie Dr. Stallworth, von Robert Shulik im Anschluß an das ausführliche Interview über seine Glaubens- und Lebensgeschichte mit den hypothetischen moralischen Dilemmata konfrontiert. Wir wollen daran erinnern, daß Herr Greenberg im Hinblick auf sein ›Altersbewußtsein‹ in eine mittlere Lage eingeordnet wurde. Er führte ein sehr aktives Leben und arbeitete nach seiner Karriere als Geschäftsmann freiwillig in der Verwaltung eines Krankenhauses.
Die Antworten von Herrn Greenberg auf das ›Euthanasie-Dilemma‹, d.h. ›Dr. Jeffersons Dilemma‹, führten unmittelbar sowohl zu seiner Orientierung an der Religion und am Glauben wie auch zu seinen Strukturen des Urteilens über Gerechtigkeit. Als er gefragt wurde, ob Dr. Jefferson der tödlich an Krebs erkrankten Patientin eine Dosis Schmerzmittel verabreichen sollte, die den Eintritt des Todes beschleunigen würde, antwortete er:

Das ist ein äußerst tiefgehende Frage. Erinnern Sie sich bitte noch einmal an unsere Diskussion über die Religion. Sie werden sich erinnern, daß die Idee des Suizids zumindest gegen meine Religion verstößt. Ich glaube, daß sie auch gegen die katholische Religion verstößt. Wenn Sie auf den orthodoxen Glauben zurückgehen, dann kann man die Menschen nicht wie sonst üblich beerdigen, wenn sie einen Suizid verübt haben. Aber erinnern Sie sich jetzt auch daran, was meine Sicht der Religion wirklich besagt. Ich kann von einem moralischen Standpunkt aus nicht verstehen, was dadurch, daß man eine Person in ihrem Todeskampf leiden läßt, erreicht wird. Ich sehe nicht, daß irgendeine Religion vorschreibt, daß eine Person in ihrem Todeskampf leiden soll; eine der Ziele meiner Religion besagt, daß Religion eine Angelegenheit des *common sense* ist. Ich verstehe die Religion nicht buchstäblich, ich fasse sie bei ihrem Geist, bei der Vernunft. Wenn es meine Frau wäre oder wenn ich es wäre, und Sie würden mich fragen, was ich tun würde, dann würde ich genau das tun. Der Arzt kann nun natürlich rechtlich diese Dinge in dieser Gesellschaft nicht tun, und er würde zum Gegenstand bestimmter Strafen. Und das führt dazu zu fragen, ob er diese Strafe auf sich nehmen will. Was Ihre Frage eigentlich besagt, ist das Folgende: »Gibt es ein moralisches Recht, dies zu tun?« Und meine Antwort darauf lautet – je älter ich werde, desto mehr sehe ich vom Leben –, also meine Antwort lautet ja, es gibt einen Grund, das zu tun. Als ich in Ihrem Alter war, habe ich nicht so gedacht. Wenn es absolut keine Hoffnung gibt, und wenn diese Person fürchterliche Schmerzen erleidet, dann ist es grausam, sie am Leben zu halten. Ich habe Ihnen bereits gesagt, es heißt, die Regierung ist für die Menschen da, nicht die Menschen für die Regierung. Auf die gleiche Weise sage ich, daß die Religion für die Menschen da ist, nicht die Menschen für die Religion. Tatsache ist, daß es nicht sinnvoll wäre, weder religiös noch sonstwie, wenn ich diese Art der Grausamkeit rechtfertigen würde. Man würde das einem Tier nicht antun, warum dann einem Menschen? Also, so sehr ich meine Frau auch liebe, wenn sie sich in dieser Situation befinden würde – wenn man eine Person wirklich liebt, dann würde man sich dafür (für die Sterbehilfe) entscheiden. Vielleicht ist man verpflichtet, diese Entscheidung zu treffen. Wenn man z. B. über den Fall von Karen Quinlan[1] spricht, dann kann ich mir nicht vorstellen, daß eine Religion oder sonst irgend etwas verlangen kann, daß ein Mensch das durchsteht. Das steht im Gegensatz zu religiösen Vorschriften. Ich kann das einfach nicht verstehen, obwohl ich weiß, daß die Katholiken so denken und daß auch die orthodoxen Juden so denken und gegen dieses Prinzip verstoßen.

Aus der Perspektive des Urteilens über Gerechtigkeit würde diese Antwort auf Stufe 4 B (nicht auf Stufe 5) ausgewertet, eine Orientierung, bei der die Rollenübernahme oder Empathie Regeln und Gründe modifiziert und die die Gesetze und die Regierung als ›Regierung für die Menschen‹ definiert. Herrn Greenbergs Orientierung an Stufe 4, an Regierung, Gesellschaft und Gesetz, wird am deutlichsten bei seiner Antwort auf die Frage, ob ein Richter Dr. Jefferson für die Sterbehilfe bestrafen soll:

> Der Richter sollte den juristischen Präzedenzfällen aus dem einfachen Grund folgen, weil der Arzt keine Beziehung zu dem Patienten unterhält. Wenn man diesem Arzt erlaubt, das zu tun, kommt man zu der großen Frage – wie gelangt man zu einer Entscheidung, wer das festlegen kann. Es sollte ein Gremium mit drei oder vier Ärzten geben, und diese sollten das festlegen können. Die Gefahr, wenn der Doktor nicht bestraft wird, besteht darin, daß man dann gewissermaßen sagt, daß jemand, der keine Beziehung zu dem Patienten hat, das Recht hat, über Leben und Tod zu richten. Man öffnet dann die Tür für eine Menge Fälle, in denen Gefahren verborgen sind. Für jeden

[1] Anmerkung der Hg.: Im Fall der im Koma liegenden Patientin Karen Anne Quinlan (1954-85) entschied ein Gericht in New Jersey 1976, daß das Beatmungsgerät unter bestimmten Bedingungen abgestellt werden darf, damit die Patientin ›in Würde sterben‹ kann.

Menschen ist es ein Verbrechen gegen die Gesellschaft, wenn er sich zum einzigen Richter in Situationen macht, auf deren Kontrolle er kein Recht hat. Solange es mich angeht, kann ich tun, was ich will, aber ich habe kein Recht, eine Festlegung einem Fremden gegenüber zu treffen. Wenn man das erst einmal erlaubt, ist die Tür weit offen.

Herr Greenberg nimmt eindeutig die Perspektive des sozialen Systems ein, wenn er die moralischen Rechte des Arztes definiert; er unterscheidet zwischen einer professionellen Rollendefinition, die möglicherweise offen ist für Mißbrauch, und einer persönlichen Beziehung der Liebe und Verpflichtung, in deren Kontext es moralisch richtig ist, Sterbehilfe durchzuführen.

Power und ich haben behauptet (Kohlberg/Power 1981), daß eine parallele Beziehung existiert zwischen den moralischen und den religiösen Stufen, wobei die moralische Stufe notwendig, aber nicht hinreichend ist für die gleiche Stufe des ethischen und religiösen Denkens. Herr Greenberg versteht Religion im allgemeinen als eine Unterstützung des moralischen Urteilens, aber wenn eine doktrinäre Religion mit seinem moralischen Denken in Konflikt gerät, folgt er seinem moralischen Denken. Es scheint sogar so zu sein, daß sein moralisches Denken mit zunehmendem Alter den Anstoß für die Neudefinition seiner religiösen und ethischen Sichtweise gab.

Fowler betont in seiner Konzeption der Stufen des Glaubens, daß der Glaube ein Vertrauen in eine ultimate Quelle der Werte und der Macht repräsentiert. Bei der Erklärung seines Lebensweges führt Herr Greenberg aus:

> Ich habe so viel Zeit in diese philanthropischen Aktivitäten gesteckt, weil ich ebenso an diese Regierung glaube, wie ich an die Religion glaube. Mir ist klar, daß ich mit dem System leben muß. Ich kann es nicht ändern, aber ich kann es verbessern. Und ich versuche, das zu tun. Selbstverständlich weist die Regierung Defekte auf und auch die Religion, aber alles zusammengenommen ist es das beste System, das es gibt. Erstens muß ich lernen, darin zu leben, und zweitens muß ich das Leben verbessern, aber innerhalb dieses Systems. ... Ich denke, daß die eine Sache, die uns von niedrigeren Formen des Lebens unterscheidet, darin besteht, daß wir über bestimmte Überzeugungen verfügen. Und in diesem Sinne glaube ich an die Religion. Es ist nicht so, daß ich bestimmte Dinge nicht tue, weil ich Furcht vor der Religion habe, sondern ich bin religiös, weil ich glaube, daß es einen Grund für die Dinge gibt. Ich glaube an die Religion, weil ich glaube,

daß es einen Grund dafür gibt, daß alles dieses in das Sein eintritt. Das ist das, was ich glaube. Ich hatte einige persönliche Erfahrungen während meines Lebens, ich nenne sie nicht Wunder, aber es waren Erlebnisse, in denen ich mich an ein höheres Wesen wandte mit der Bitte, mir zu helfen, daß alles glattgeht, und manchmal hat es mir geholfen und manchmal nicht. Ich habe Dinge in meinem Leben erfahren, auf die ich keine physikalische Antwort kannte, und ich habe mich ihnen von einem spirituellen Standpunkt aus angenähert mit dem Ergebnis, daß ich spürte, daß sie mit etwas in Verbindung standen, das über mich hinausreicht.

Herrn Greenbergs Glaube bewegt sich auf Fowlers Stufe 4; es ist ein individuierend-reflektiver Glaube, weil er sowohl auf einem kohärenten System interner Überzeugungen basiert als auch auf einem Glauben an die Geordnetheit der menschlichen Gesellschaft sowie der ultimaten Existenz, die von Gott garantiert wird, der der Schöpfer der Ziele und der Ordnung ist; Herr Greenberg fühlt schließlich, daß er über ein persönliches Wissen davon verfügt. Wir können weiterhin über Herrn Greenberg sagen, daß sein persönlicher Glaube nicht nur religiös ist, sondern daß es auch ein Glauben daran ist, zur Gesellschaft etwas beizutragen. Auf die Frage, ob er an einen freien Willen glaubt, antwortet er:

> Um sich selbst vom Tier abzugrenzen, muß man eine Lebensweise finden, von der man spürt, daß man sie möchte, und mit der man leben kann. Und dem muß man treu bleiben. Dies basiert auf der menschlichen Fähigkeit zu denken. Also zum Beispiel etwas tun, so daß, wenn meine Zeit abgelaufen ist, die Menschen sagen können, er hat etwas getan. Wir lesen die Nachrufe der Menschen und sehen, daß sie dies oder das getan haben, aber was haben sie wirklich gemacht? Ich habe mir ein Leben vorgestellt, in dem ich einen Beitrag für die Gesellschaft leisten wollte.

Nachdem wir einige der ›moralischen Stufe 4-Antworten‹ von Herrn Greenberg sowie deren Parallelen in der ethischen und religiösen Philosophie umrissen haben, wollen wir jetzt auf Fowlers Stufe 4 eingehen und zeigen, wie diese sich in der persönlichen Sinngebung des Lebens von Herrn Greenberg spiegelt. Auf Stufe 4 beginnt das Individuum zu verstehen, daß es selbst für die Entwicklung seines persönlichen philosophischen Systems verantwortlich ist. Während das Individuum auf Stufe 3 empfindet, daß sein philosophisches System ›das meiner Gemeinschaft‹ oder ›das meiner Kultur‹ im allgemeinen ist, erkennt das Individuum auf Stufe 4 immer stärker, daß sein philosophisches System ausdrücklich sein eigenes ist: Es muß in der Lage sein, es zu erklären und zu verstehen sowie es sich selbst gegenüber zu rechtfertigen. Es ist also auf Stufe 4, daß das Individuum zu einem reflexiven, sich selbst befragenden Philosophen im wirklichen Sinn wird. Es ist nicht länger damit zufrieden, sich bei der Rechtfertigung seiner Werte und Überzeugungen auf außenstehende Autoritäten, weisere Individuen oder ein vages Gefühl der Tradition zu berufen. Es sucht vielmehr die Rechtfertigung in sich selbst, in seinen eigenen Fähigkeiten des logischen Urteilens und seiner eigenen Interpretation seiner persönlich erfahrenen Erlebnisse. Möglicherweise beginnt das Individuum damit, diese persönlichen Erfahrungen einzusetzen, um daran die Gültigkeit seines persönlichen philosophischen Systeme auszutesten. Es neigt dazu, Glaubenssysteme als unteilbare Systeme anzusehen – sie müssen entweder vollkommen akzeptiert oder vollkommen abgelehnt werden. Das Individuum auf Stufe 4 versteht sich im Laufe der Entwicklung seines persönlichen philosophischen Systems darüber hinaus als einen Suchenden im Streben nach dem einen richtigen Standpunkt: Es beginnt jetzt zu erkennen, daß andere philosophische Systeme existieren, die sich ausdrücklich von seinem System unterscheiden, aber das System, das das Individuum für sich beansprucht, wird oft mit einer exklusiven Aura der Richtigkeit ausgestattet.

Fowler nimmt an, daß die Person auf Stufe 4 weitere qualitative Veränderungen in der Strukturierung seines Glaubenssystems erfährt. Beispielsweise beginnt die Person auf Stufe 4 zum ersten Mal zu verstehen, daß einige sehr verwirrende philosophische Fragestellungen existieren; Fragen, die möglicherweise mit Hilfe der logischen Analyse allein nicht beantwortbar sind. Einige dieser Fragen lauten wie folgt: Was ist das ultimate Ziel oder der ultimate Zweck der menschlichen Existenz? Was ist der Wert menschlicher Leistungen angesichts des scheinbar unvermeidbaren ›Gleichmachens vor dem Tod‹? Gibt es einen Zweck oder einen Sinn, der dem Leiden offensichtlich unschuldiger Menschen inhärent ist? Dies sind grundlegende Fragen, die oft existentielle Überlegungen anstoßen – und die beängstigend sein können; und es sind herausfordernde Fragen für alle Menschen, ungeachtet der Stufe ihrer Glaubensentwicklung. Fowler unterstellt, daß diese Fragen für Individuen auf Stufe 5 und 6 besonders interessant sind, da diese sich darauf über einen längeren Zeitraum konzentrieren können; und das selbst angesichts der Gefühle der Unsicherheit, die von solchen Fragen hervorgerufen werden. Im Gegensatz dazu geht Fowler davon aus, daß Individuen, die auf Stufe 4 urteilen, sich noch nicht über einen längeren Zeitraum mit diesen Fragen auseinandersetzen können, ohne einer beträchtlichen Angst ausgesetzt zu sein. Insofern müssen sie diese Fragen ›zusammenbrechen lassen‹, ohne Gefühlen der Angst zu begegnen. Diese Fragen werden also ›aufgelöst‹, indem relativ eindeutige, monolithische Antworten auf sie gefunden werden: Antworten, die die Fragen einer Lösung endgültig zuzuführen scheinen. Beispielsweise glaubt Herr Greenberg in bezug auf das Thema Determinismus und freier Wille eindeutig an die individuelle Verantwortlichkeit für das, was den Menschen in der Gesellschaft zustößt:

> Wir müssen auf die alte Lebensweisheit zurückgreifen, daß die Menschen bestimmte Dinge nicht tun, weil sie es nicht können oder nicht wollen. Es hängt vom Individuum ab. Die Tatsache, daß nicht alle Menschen gleich sind, ist nur ein Aspekt davon. Einige Menschen sind Anführer, und andere folgen, es hängt von den Fähigkeiten des Menschen selbst ab. Es ist in uns selbst. Religion ist das, was man tut mit dem, was man hat. Sie bedeutet nicht, in die Kirche oder die Synagoge zu gehen, das ist keine Religion. Das zeigt eher, was man beiträgt. Der Grund, weshalb man hier ist, liegt darin, daß man etwas beitragen kann.

Auch im Hinblick auf die Unsterblichkeit ist das Leisten eines Beitrags wiederum der Aspekt, der für das Leben oder die Religion einer Person am längsten andauert. Herr Greenberg sagt dazu über seinen Freund Dr. M.: »Auch als er starb, hat er uns nicht verlassen, er hatte das Glück, daß er einen Beitrag leisten konnte, der weit über ihn hinaus Bestand haben wird.«
Herrn Greenbergs Lösung für das Problem der Verantwortlichkeit besteht in einem vollständigen Glauben an die Fähigkeit und die Anstrengungen des Individuums:

> Glück und Unglück hängen von der Person selbst ab. Tatsache ist, daß das meiste Glück durch die Anstrengungen der Personen selbst

entsteht, was bedeutet, daß sie einen Anspruch auf bestimmte Resultate haben. Die Person, die Unglück erfährt, ist entweder die Person, der es an der Fähigkeit mangelt, etwas richtig zu tun, oder die einfach keinen Versuch unternimmt.

Wir wollen hinzufügen, daß dieser Aspekt des ethischen Systems von Herrn Greenberg Max Webers klassische ›Protestantische Ethik‹ (1920) repräsentiert bzw. dasjenige, was moderne Psychologen als die amerikanische Leistungsethik, mit ihrem Glauben an ein internes Kontrollbewußtsein, bezeichnen. Diese Idee oder diese Überzeugung von Herrn Greenberg befindet sich in Übereinstimmung mit seiner Überzeugung des Anrufens eines höheren Seins bzw. Schöpfers: »Ich wandte mich an ein höheres Wesen mit der Bitte, mir zu helfen, daß alles glattgeht, und manchmal hat es mir geholfen und manchmal nicht. ... Ich bin kein fanatischer Glaubenseiferer, und daher meine ich, daß man die Dinge selbst in die Hand nehmen muß.«

Leo Greenberg, der zum Zeitpunkt des Interviews 72 Jahre alt war, hatte ein Leben geführt, das fast alle der genannten Qualitäten aufwies. Er hatte ein sehr interessantes Leben geführt: Als Sohn armer jüdisch-russischer Eltern, die der unteren Mittelschicht angehörten, wuchs er in Boston als das neunte von zwölf Kindern auf. Er konnte aufgrund seiner harten Arbeit auf eine erfolgreiche Karriere zurückblicken. Zu Beginn der 20er Jahre hatte er mit Hilfe eines Stipendiums für Sportler ein *college* vor Ort besucht und das Studium mit einem Abschluß in Ökonomie beendet. Darauf folgte eine kurze Karriere in der Verwaltung einer großen Firma. Im Anschluß daran machte er sich als Investmentberater selbständig und betreute die Portefeuilles einer Anzahl von wohlhabenden Personen und Familien. In dieser Karriere war er extrem erfolgreich. Sie umfaßte etwa 20 Jahre, bis er sich aus der aktiven Beratung zurückzog und eine ›mid-life‹-Karriere begann. Während der letzten 15 Jahre seiner aktiven Arbeit hatte er sich humanen und Wohlfahrtsangelegenheiten verschrieben. Er übernahm eine unbezahlte Position in einem kleinen Gemeinde-Krankenhaus, das er auf eine beträchtliche Erweiterung vorbereitete. Er half dabei, das Krankenhaus durch diese schwierige Periode der Ausweitung zu leiten; darüber hinaus richtete er einen freiwilligen Wohlfahrtsservice an diesem Krankenhaus sowie an anderen Krankenhäusern in der unmittelbaren

Umgebung seines Wohnsitzes ein. Als er 65 Jahre alt wurde, hatte er damit begonnen, diese Vielzahl an Aktivitäten auslaufen zu lassen, um einen geregelten Übergang in den Ruhestand zu erreichen. Er war jedoch in seiner Eigenschaft sowohl als Investmentberater als auch als Berater für Wohltätigkeitseinrichtungen immer noch eine sehr gefragte Person. Über sein Leben als Erwachsener sagt er:

> In gewissem Sinne habe ich zwei Karrieren gehabt, und das ist es, was mich möglicherweise von vielen anderen Personen unterscheidet. Meine erste Karriere hat ganz bestimmt mir selbst gedient, das steht überhaupt nicht in Frage. Aber glücklicherweise war ich erfolgreich, und so konnte ich mir den Luxus einer zweiten Karriere leisten, die in ihrem Inhalt eher wohlfahrtsorientiert oder humanistisch war. Mir ist vollkommen klar, das dies ein Luxus ist, den nur wenige Menschen sich leisten können. Die große Mehrheit führt einen Kampf um das angemessene Überleben.

Herr Greenberg hat sich dem Credo verschrieben ›Ein Mensch ist das, was ein Mensch tut‹. Diese Betonung der persönlichen Verantwortung und des Handelns ist eine der Qualitäten, die die Stufe 4 von der Stufe 3 unterscheidet. Stufe 4 betont ausdrücklich die persönliche Verantwortung; sie bezeichnet ebenfalls eine logische Beziehung zwischen der persönlichen Erfahrung und der persönlichen Lebensphilosophie. Schließlich betont die vierte Stufe nicht nur die individuelle Verantwortung, sondern auch die individuelle Entscheidungsfreiheit.

### Fowlers dritte Stufe: Der Fall John Downs

John Downs steht in eindeutiger Weise sowohl für Fowlers dritte Glaubensstufe, den synthetisch-konventionellen Glauben, als auch für die niedrigste Ebene von Shuliks ›Altersbewußtsein‹. Die synthetisch-konventionelle Stufe bildet eine Form der Glaubensentwicklung, der man häufig in der Adoleszenz und bei jungen Erwachsenen begegnet. Fowler geht davon aus, daß viele Individuen sich nicht weit über diese Stufe hinaus entwickeln; insofern umfaßt sie für eine große Menge von Personen die Endstufe der Glaubensentwicklung. Auf dieser Stufe ist es den Menschen deutlich bewußt, daß sie über bestimmte Werte, Meinungen und Überzeugungen verfügen. Sie sehen diese Werte und Überzeugungen jedoch nicht als etwas an, das untrennbar zu ihnen gehört. Sie haben eher das Gefühl, daß ihr Glaubenssystem dem ›aller normalen Menschen‹ entspricht – oder dem ›aller Menschen in meiner Gemeinschaft‹. Sie neigen dazu, ihr Glaubenssystem als eine gegebene Realität anzusehen. Daher untersuchen sie in aller Regel nicht die Beziehung zwischen ihrer eigenen Lebenspraxis und ihrem Glaubenssystem. Wenn etwas in ihrer Lebenspraxis im Widerspruch zu ihrem Glaubenssystem steht, können sie zu dem Entschluß gelangen, daß ihre Lebenspraxis ungültig ist oder daß sie die eigene Lebenspraxis auf irgendeine Art mißverstanden haben. Die Orientierung an Stufe 3 manifestiert sich oft in der Adoleszenz oder im jungen Erwachsenenalter bei hochgradig wißbegierigen Individuen, die versuchen, das grundlegende philosophische System ihrer Gemeinde, ihrer Religion oder ihrer nationalen Kultur in sich aufzunehmen. Im späteren Erwachsenenalter wird die dritte Stufe oft von Individuen zum Ausdruck gebracht, die einer philosophischen Introspektion ausgewichen sind – oder von Individuen, die einer Selbstbefragung ausgewichen sind. Unabhängig vom Alter neigen jedenfalls alle Individuen der Stufe 3 dazu, Probleme der Philosophie, Religion oder des Glaubenssystems auf eine relativ monolithische Art und Weise wahrzunehmen.

John Downs weist viele dieser Qualitäten auf. Zur Zeit des Interviews war er 63 Jahre alt und beschrieb sich als Fernfahrer im Ruhestand, der fast 25 Jahre als LKW-Fahrer beruflich tätig war. Er stammte aus einer armen, weißen Gegend in Gary, einer für ihre Stahlwerke bekannten Stadt in Indiana; dort hatte er die katholische und öffentliche Schule besucht. Die *high school* hatte er jedoch im zweiten Jahr verlassen und sich bei der amerikanischen Armee gemeldet. Während der beiden letzten Jahre des Zweiten Weltkriegs hatte er gedient, und er war für eine kurze Periode in Japan stationiert. Als er 58 Jahre alt war, hatte ein ernsthaftes Gesundheitsproblem zur Beendigung seiner Tätigkeit als Fernfahrer geführt. Dennoch sah er sich als einen Mann, der in seinem Leben sehr hart gearbeitet hatte, und er war der Überzeugung, daß seine Lebensweise an sich richtig und lohnenswert war. Über seine Arbeit sagt er:

Ich kenne die Strecke von Detroit nach Neu-England, und ich bin oft von Chicago nach Detroit gefahren. Als ich für kurze Zeit für eine andere Firma gefahren bin, hatte ich die Route von Minneapolis nach Seattle und bei einer andern Gelegenheit die Strecke von Maine nach Florida. Ich kenne nichts Zufriedenstellenderes, als mit einigen der anderen Fahrer auf einem Ruheplatz oder in einer Kneipe am Abend, wenn man eine lange Strecke zurückgelegt hat, zusammenzukommen.

Mit anderen Worten: Trotz seiner Krankheit und seines Vorruhestands versteht Herr Downs sich immer noch als Fernfahrer. Als er gebeten wurde, seine grundlegende Lebensphilosophie und seine Überzeugungen zu beschreiben, zweifelte er, ob seine Perspektive von großer Bedeutung sein könnte: »Es gibt eigentlich nur sehr wenig, das ich Ihnen erzählen könnte.« – »Ich bin kein großer Denker; meine Sichtweise ist die eines jeden Fernfahrers oder jeden Arbeiters.« Dies war seine Art zu sagen, daß sein philosophisches System eher unauffällig und uninteressant war; mehr noch, es entsprach dem von »vielen anderen Menschen«. Herr Downs gesteht zu, daß die moderne Gesellschaft vor einer Reihe von Problemen steht, aber er besteht auf der Überzeugung, daß die Gesellschaft generell sich nicht verändert hat. »Teufel, es gibt heute Probleme, und es gab die gleichen Probleme, als ich ein Junge war«, und er fährt fort: »und ich erwarte, daß es in vierzig Jahren die gleichen Probleme geben wird, lange nachdem wir verschwunden sind.« Er neigt der Auffassung zu, daß es den Anschein eines sozialen Wandels gibt, aber daß hinter dieser Erscheinung in Wirklichkeit alles unverändert bleibt. Bei der Diskussion bestimmter sozialer Themen tendiert Herr Downs dazu, Kontroversen und Probleme korrupten Politikern zuzuschreiben:

> Seitdem ich aus dem Großbereich Chicago nach Neu-England verzogen bin, habe ich die Erfahrung gemacht, daß absolut alle Politiker korrupt sind. Und deshalb schaffen sie diese Themen für sich selbst und zu ihrem eigenen Nutzen. Ich habe niemals von einem Politiker gehört, der nicht korrupt ist. Das sollte mir eigentlich klargewesen sein, bevor ich den mittleren Westen verließ. All der Lärm um Präsident Nixon, Teufel, Nixon hat sich nicht unterschieden von Kennedy oder Johnson oder Eisenhower oder irgendeinem der anderen. Und die Kerle hier in unserem Rathaus sind alle von derselben Art. Und wir sehen zu, und wir werden es erleben, daß Jimmy Carter sich

schließlich genau wie der ganze Rest präsentieren wird, oder ich wäre doch sehr überrascht.

Herr Downs war vor kurzem sehr schwer erkrankt und wäre an dieser Krankheit fast gestorben. Er litt an einem extrem seltenen bösartigen Tumor, der von seinem Arzt als ›treibender Tumor‹ bezeichnet wurde; er war nicht auf eine Position fixiert und deshalb extrem schwer zu entfernen. Wenige Fälle dieser Art waren bisher beobachtet worden, aber alle betroffenen Personen waren gestorben, einige während der Operation. Der Tumor hatte ihn so stark geschwächt, daß er im Alter von 58 Jahren gezwungen wurde, den Beruf als Fernfahrer aufzugeben. Im Anschluß an die Operation wurde er in den Kreisen der Mediziner recht bekannt, da er der erste Patient war, der die Operation gegen diese besondere Krankheit überlebte. Die besten Spezialisten eines sehr bekannten Krankenhauses in Neu-England hatten die Operation mit großer Umsicht vorbereitet, und sie hatten ihn ermutigt, sich operieren zu lassen, obwohl die Chance für eine Wiederherstellung weniger als 25% betrug. »Wissen Sie, in den medizinischen Zeitschriften habe ich eine gewisse Berühmtheit erlangt« ... »und ich lebe immer noch – mit geborgter Zeit – dank der sehr klugen Ärzte im Krankenhaus.« Die Diskussion dieses Themas führte zu Überlegungen über die grundlegende Bedeutung des Lebens sowie zu Gedanken über den Tod und das Sterben. Über diese Punkte sagt Herr Downs:

> Ich bin jetzt kein religiöser Mensch, war es auch niemals und werde niemals einer sein. Religion, so sehe ich das, ist einfach eine Menge Unsinn. Ich sehe das so: Wir werden geboren, wir leben hier, wir sterben, und das ist alles. Religion gibt den Menschen etwas, da sie glauben, daß da etwas mehr vorhanden ist, weil sie wollen, daß da etwas mehr vorhanden ist, aber da ist nichts. Also ... verstehen Sie, ich würde eher ein paar Dollar an der Bar ausgeben und mir einen Drink kaufen, als Geld in den Klingelbeutel werfen! Und ich wünschte, daß die anderen dies auch täten. Sie würden sich eine Menge unnötiger Probleme ersparen.

Herr Downs macht deutlich, daß dies seit jeher seine Grundüberzeugung war und daß selbst seine enge Berührung mit dem Tod, die er aufgrund seiner seltenen Krankheit hatte, sein Denken nicht verändert hat. »Es gibt keinen Grund, weshalb eine solche Erfahrung das ändern *sollte*, an was ich glaube. So fallen die

Karten nun einmal. Aber ich bin dankbar, daß dieser alte Körper noch etwas Leben in sich hat, wenn Sie darauf hinauswollen«.
Herr Downs neigte dazu, über die Fragen des Interviewers in bezug auf den grundlegenden Zweck oder den Sinn, der hinter dem menschlichen Leben liegt, als im wesentlichen sinnlose oder unbegreifliche Fragen hinwegzugehen. Seiner Meinung nach waren dies Fragen, die wirklich nicht verstanden, geschweige denn beantwortet werden konnten, und deshalb waren sie es auch nicht wert, daß man ernsthaft darüber nachdachte. Entsprechend antwortete er mit Humor:

> Gehen Sie, und stellen Sie einem 17jährigen jungen Mann die Frage, vielleicht antwortet er Ihnen oder auch nicht, aber die richtige Antwort auf diese Frage ist eine hübsche junge Frau, die er in seine Arme nehmen will. Und die hübsche junge Frau – ihre Antwort auf diese Frage ist dieser hübsche junge Mann. So hat uns die Natur geschaffen, und das ist alles. ... Und (darüber hinaus) bin ich stolz, daß ich Ihnen sagen kann, daß ich selbst im Alter von 63 Jahren noch ein Auge für eine hübsche junge Frau habe! Was halten Sie davon? Ich denke, das ist toll.

Kurz gesagt: Herr Downs präsentiert die Umrisse eines Glaubenssystems, das aber in Wirklichkeit eine locker verbundene Zusammenstellung von Meinungen oder Überzeugungen darstellt, von denen er sagt, daß sie im wesentlichen »die Ansichten eines gewöhnlichen Mannes« sind. Einige seiner Ansichten scheinen sich Platitüden anzunähern, aber andererseits sind die Aussagen über die persönliche Philosophie für Herrn Downs nicht in erster Linie ein analytischer oder erzieherischer Prozeß. Es ist vielmehr ein Prozeß, der ihn in eins mit der Gemeinschaft setzt – bzw. der von ihm so wahrgenommenen Gemeinschaft hart arbeitender Männer. Dies ist die zentrale Bedeutung, die hinter Fowlers Begriffen ›synthetisch‹ und ›konventionell‹ liegt. Der Prozeß ist ›konventionell‹, weil er als das Glaubenssystem aller bzw. als das Glaubenssystem der gesamten Gemeinschaft angesehen wird. Und er ist ›synthetisch‹, da er nicht analytisch ist; er stellt eine Art vereinigtes, monolithisches Ganzes dar. Für Herrn Downs bedeutet die Diskussion der Werte und Überzeugungen in Wirklichkeit ein Mittel zur Behauptung seiner Einheit mit der Gemeinschaft, der er sich zugehörig fühlt. Er diskutiert Werte nicht, um sich zu unterscheiden bzw. um diese Werte zu untersuchen oder um sicherzugehen, daß seine Sichtweise die richtige ist. Er beteiligt sich vielmehr an der Diskussion, um ein Gefühl der Gemeinschaft oder Verbundenheit mit den anderen beteiligten Personen zu etablieren.

Unsere Diskussion hat bisher die ältere Person so verstanden, daß sie über eine, wie Dr. Stallworth es nennt, ›Lebensphilosophie‹ verfügt, d. h. eine ethische, politische und religiöse Weltsicht, die den Rahmen für ihre Antworten auf spezifische moralische Dilemmata oder Probleme vorgibt. Sie hat sich jedoch bislang nicht auf zentrale Themen bezogen, die für die Erörterung des älteren Menschen als Philosophen von großer Bedeutung sind. Das erste Thema betrifft das Problem des älter werdenden Menschen im Umgang mit Krankheiten und Tod. Das zweite betrifft die Rolle der religiösen Erfahrung, sowohl in bezug auf diese Themen als auch, in mehr allgemeiner Weise, in bezug auf dessen Einfluß auf die Lebensphilosophie des älter werdenden Menschen. Die von uns diskutierten Beispiele verfügen über eine vergleichsweise feste und positive Einstellung zu ihrem Leben und treten nur in geringem Umfang in eine Reflexion über die Aussichten ihres eigenen Todes ein. Dies trifft in bemerkenswerter Weise auf Herrn Downs zu, aber auch auf Dr. Stallworth. Auf die Frage: »Denken Sie über das Sterben nach« antwortete dieser:

> Das ist für mich noch nicht in dem Sinne wirklich geworden, wie es für viele Ältere eine Realität darstellt. Wahrscheinlich deshalb, weil ich mich nicht als einen älteren Menschen betrachte und weil ich bei guter Gesundheit bin. Ich habe über das Problem noch nicht besonders nachgedacht. Wenn Sie mich nach meiner Meinung über eine politische Sache fragen, kann ich Ihnen dazu etwas sagen. Wenn Sie mich fragen, welche Faktoren Angst in den Köpfen der älteren Menschen hervorrufen, würde ich auch versuchen, das zu beantworten. Aber die erste Frage ist viel schwieriger für mich, weil ich noch nicht besonders darüber nachgedacht habe.

Power und ich haben in dem schon erwähnten Artikel (Kohlberg/Power 1981) religiöses Denken und religiöse Erfahrung als eine Reaktion auf die Begrenztheit des menschlichen Lebens und der menschlichen Gerechtigkeit angesehen; als eine Reaktion, die ethisches und religiöses Denken als ein Streben nach Erlösung versteht. Vielleicht läßt sich diese Idee am einfachsten am Beispiel des östlichen Denkens über die menschliche Entwicklung verstehen – als Übergang zu einer Phase der ›Aufklärung‹ aufgrund einer Konfrontation mit dem Tod und der Verzweiflung. Bevor wir uns dem Fall von Andrea Simpson zuwenden, unserem Beispiel der Glaubensstufe 6, wollen wir kurz die östliche Tradition betrachten, die Andrea Simpson mit dem westlichen Christentum der Quäker zusammenfügte.

Eine Passage zur Aufklärung läßt sich beispielsweise anhand der buddhistischen Tradition veranschaulichen, einer Tradition, die, wie die Sichtweise von Dr. Stallworth, agnostisch oder nontheistisch ist. Gemäß der buddhistischen Überlieferung hatte der junge Prinz Siddhartha einen alten Mann gesehen, und in dem alten Mann, der kurz vor dem Tod stand, auch seine eigene Zukunft. Diese Erfahrung veranlaßte ihn, in ein Kloster einzutreten und allen weltlichen Bedürfnissen zu entsagen. Da dies nicht zur Erlösung führte, verließ er das Kloster, um eine Weile gänzlich allein zu meditieren. Aufgrund dieser Meditation lernte er, daß Nirwana (die völlige Ruhe – Erlösung) nicht nur bedeutete, Bedürfnisse aufzugeben, sondern auch die zeitliche Welt zu transzendieren und sich zu ändern; sich zu ändern für eine Erfahrung bzw. eine Seinsweise, die sich bezeichnen läßt als ein Gefühl der Aufhebung oder der Leere oder als eine Erfahrung mit der ultimaten Realität als dem Absoluten, dem Einen, die den Dualismus von Subjekt und Objekt transzendiert. Eine annähernd vergleichbar parallele Reise zur Erlösung ist in den mystischen Schriften der jüdisch-christlichen Tradition enthalten, in denen sich eine Passage durch die Verzweiflung – bei dem Heiligen Johannes vom Kreuz [2] »die dunkle Nacht der Seele« – in Richtung auf ein Gefühl der Liebe und das Eins-Sein mit Gott finden läßt; eine Liebe, die überfließt zur *Agape* oder zur universellen Liebe für und dem Dienst gegenüber anderen menschlichen Wesen.

Die Zusammenführung des östlichen Buddhismus und des westlichen Christentums inspirierte Thomas Merton (ein katholischer Mönch, der sich nach Fowler auf Glaubensstufe 6 befin-

---

2 Anmerkung der Hg.: Johannes vom Kreuz, Heiliger (1542-91), spanischer Mystiker und Dichter, wurde 1567 zum Priester geweiht. Im Mittelpunkt seines poetischen Schaffens steht die Versöhnung des Menschen mit Gott durch eine Reihe von mystischen Schritten.

det[3]), am Ende seines Lebens zu sagen, daß »im Zen-Buddhismus und dem Christentum die Zukunft liegt«.

## Das Ultimate und die Ideale des guten Lebens: Der Übergang von einer humanistischen Perspektive zu einer Sorge um die Beziehung mit dem Kosmos

Wir haben bisher die älteren Menschen als Philosophen in dem Sinne bezeichnet, daß sie in unsere moralischen Dilemmata eine ethische und religiöse Sicht der Welt einbringen; eine Weltsicht, die wir mithilfe der sieben Aspekte des Fowlerschen Glaubenssystems charakterisiert haben. Ein weiterer Aspekt einer ethischen und religiösen Sicht der Welt ist ein Ideal des guten Lebens. Für Herrn Downs ist das Ideal des guten Lebens hedonistisch: »Iß, trink und sei glücklich, weil wir morgen sterben.« Für Herrn Greenberg besteht das Ideal des guten Lebens im Beitrag zur Gesellschaft: »Trage etwas zur Gesellschaft bei, und dieser Beitrag wird über dich hinaus Bestand haben.« Für Dr. Stallworth liegt das Ideal der guten Gesellschaft in der Entwicklung oder Evolution. Dies trifft in dem Sinne zu, daß er sowohl eine Evolution in der Gesellschaft als auch im Privatleben sieht:

> Ich denke, daß sich Gesellschaften entwickeln, und deshalb sollte man nicht vergessen, wohin sie sich entwickeln. Die amerikanische Form der Demokratie ist vergleichsweise sehr gut für das Land gewesen. Man kann die Dinge immer nur im Vergleich betrachten, weil unser Referenzsystem sich darauf bezieht, was anderswo geschieht.

Über sich selbst sagt Dr. Stallworth:

> Mein Körper weist zwar eine andere Erscheinungsform auf, als er dies vor zwanzig Jahren getan hat, aber das ›Ich‹, das jetzt mit Ihnen spricht, entwickelt sich. Ich nehme die Dinge nun mit größerem Gleichmut auf, und ich bin stärker an den allgemeinen Bildern interessiert. Meine Fähigkeit, die ›Gestalt‹ [im Original auf deutsch] wahrzunehmen, hat sich sogar verbessert.

---

3 Anmerkung der Hg.: Thomas Merton (1915-68), amerikanischer Trappisten-Mönch, der sich in den 60er Jahren in der Bürgerrechtsbewegung engagierte.

Armon hat 1984 eine Quer- und Längsschnittstudie über die Ideale des guten Lebens durchgeführt, die ein Entwicklungsmuster der beschriebenen Ideale nahelegt. Es existiert eine Entwicklungssequenz der Ideale des guten Lebens von einer hedonistischen Sorge auf Stufe 2 über eine Stufe 3 des ›Sei-nett‹ und einer Sorge an einem Beitrag zur Gesellschaft auf Stufe 4 sowie einem Interesse an Entwicklung auf Stufe 5 bis hin zu einem Interesse an der Integrität auf Stufe 6. Die Untersuchung hatte auch zum Ergebnis, daß ein guter Teil der inhaltlichen Aspekte des guten Lebens parallel zu den korrespondierenden moralischen Stufen verläuft, wobei eine moralische Stufe notwendig, aber nicht hinreichend für das parallele Ideal des guten Lebens ist.

Wir möchten aus der Studie von Armon zitieren, weil sich dort Hinweise finden für einen Übergang vom Ideal des guten Lebens als sozial orientierter Entwicklung des Selbst auf Stufe 5, wie bei Dr. Stallworth, zu einem Interesse an Integrität, Ganzheit und einem Gefühl der Gemeinsamkeit mit dem Ganzen der Wirklichkeit oder Natur; dies scheint uns ein kleiner Schritt in die Richtung der Inhalte von Fowlers Stufe 6 zu sein.

In seinem ersten Interview konzentrierte Dr. Robbins (ein 45jähriger Philosophielehrer), wie Dr. Stallworth, seine Vorstellung des guten Lebens auf die ›aristotelische‹ Konzeption der selbstschöpferischen Arbeit und Freizeit in einer annähernd vernünftigen Gesellschaft:

> Das gute Leben umfaßt einen Satz an Bedingungen, der es sowohl mir als auch den anderen erlauben würde, eine selbstschöpferische Arbeit zu verrichten. Es muß einen bestimmten Standard der Gleichheit der Lebensqualität geben, wenn es ein gutes Leben geben soll. Ideale Arbeit, selbst-produzierende Arbeit, in der wir uns selbst entwickeln oder produzieren. Die andere Seite des Lebens ist die Freizeit, in der wir uns erholen können – in einem kreativen Umgang mit Zeit.

Vier Jahre später betont er die soziale Vorstellung von Arbeit, fügt aber hinzu:

> Der andere Teil davon bedeutet, daß es einen bestimmten Begriff von Gemeinschaft und Verantwortung gibt, den Arbeit fördern kann, aber der auch damit verbunden ist, daß wir uns selbst in Beziehung zur Natur und der menschlichen Gemeinschaft sehen. Wir werden

gesellschaftlich geschaffen, und wir können unsere Identität so lange nicht wahrnehmen oder angemessen würdigen, bis wir diese Verbindung sehen. Und ähnlich verhält es sich mit unserer Verbindung zur Natur, der Kontinuität der Welt, die uns geschaffen hat. Dieses Gefühl der Ganzheit oder des Eins-Seins, das wir alle anstreben, ist ein kosmisches Gefühl der Identität. Es muß nicht übernatürlich sein, es kann in der Identifikation mit der Unendlichkeit des Alls liegen. Und ich unterstelle, daß dies letztendlich bedeutet, daß wir auch eine Verantwortung gegenüber der Natur haben.

Wir gehen nicht davon aus, daß eine größere Bewußtheit auf diesem Gebiet, innerhalb dessen ›ökologisches Bewußtsein‹ ein Klischee ist, sowie in einer Welt, in der Individuen aus weniger industrialisierten Gesellschaften über ein solches Bewußtsein als Teil ihres alltäglichen Seinsverständnisses verfügen, zu einem transformierenden Stufenwachstum hin zu Fowlers sechster Stufe führt. Wir denken vielmehr, daß es sich um ein bedeutungsvolles Überdenken dessen handelt, was zuvor eine vollständig humanistische Stufe war. Das Anwachsen des Ideals des guten Lebens bei Dr. Robbins, das eine Beziehung zur Natur und zum Kosmos als Ganzem einschließt, scheint uns Armons Studie zum guten Leben dichter an das Interesse für das Ultimate, das Fowlers Stufen charakterisiert, heranzuführen.

Sieht man von Armons Längsschnittstudie ab, bezieht sich nur noch ein längsschnittlich untersuchter Fall auf das Ultimate, das in Fowlers sechster Stufe beschrieben wird. Dieser eine Fall stammt aus unserer US-amerikanischen Längsschnittstudie; es ist der Fall von Person Nummer 37, die auf Stufe 5 ausgewertet und im Sinne einer ›dezisionistischen‹ Form eines persönlichen Relativismus beschrieben wurde, als sie zwischen 30 und 40 Jahre alt war. Nach unserer Auffassung war sie das potentielle Beispiel für ein Disäquilibrium auf Stufe 5, mit der Möglichkeit des Übergangs zu Stufe 6 zu einem späteren Zeitpunkt ihrer Entwicklung. Ich interviewte diesen Mann erneut, als er 40 Jahre alt war, und stellte fest, daß er auf der Suche war, sowohl was die Moral angeht als auch im Hinblick auf seine eher spirituelle oder ethische und religiöse Entwicklung. Dies war eine Suche oder eine Entwicklung in Richtung auf eine sechste ethische und religiöse Stufe, die erst von unserem nächsten Fall, Andrea Simpson, repräsentiert wird.

*Hat sich Ihre grundlegende moralische Position seit dem letzten Interview verändert?*
Ich weiß es nicht. Ich denke, daß man während seines gesamten Lebens versucht, Sinn aus seinen Erfahrungen zu erschaffen und ihn zu einer sinnvollen Geschichte zusammenzusetzen. Ich bin gerade letzte Woche 40 geworden, und ich denke mir: ›Hier bin ich, 40, und was bedeutet das alles?‹ Sozusagen bin ich über dem Berg und rutsche nun auf der anderen Seite hinunter. Nun, wer bin ich, und wohin gehe ich, und was bedeutet das alles? Ich bin ganz intensiv zur Kirche zurückgekehrt, und das ist natürlich eine Richtung, die ich bereits einschlug, als ich etwa 20 Jahre alt war. Ich meine, daß mich das mit Menschen auf eine so bedeutsame Weise zusammengebracht hat wie noch niemals in der Vergangenheit und darüber hinaus auch in einer umfangreicheren und unterschiedlichen Art und Weise.
*Wie würden Sie den Grundgehalt Ihrer religiösen Glaubensorientierung zur Zeit beschreiben?*
Gut. Das ist eine große Frage, ja. Ich denke, daß ich durch und durch nicht nur von der Existenz Gottes überzeugt bin, sondern auf eine Weise, die so etwas wie ein *a priori* für mich ist. Es ist eine fundamentale Voraussetzung, daß es einen Großen Gestalter gibt und daß dieser Große Gestalter persönlich interessiert ist, nicht nur an mir, sondern auch an allen anderen. Dieses Interesse ist ein wohlwollendes Interesse, kein strafendes Interesse, sondern wohlwollendes Interesse. Ein Interesse, in dem die bestmögliche Lebenserfahrung diejenige ist, die angestrebt wird.
*Denken Sie, daß Ihre Verpflichtungen in erster Linie Verpflichtungen gegenüber Gott oder Verpflichtungen gegenüber Ihren Mitmenschen sind?*
In erster Linie gegenüber meinen Mitmenschen.
*Wie sind Sie zu dieser neuen Orientierung gekommen?*
Teilweise hat es damit zu tun, daß ich Vater bin und die Entwicklung meiner Kinder beobachte und daß ich die Fehler mache, die auch schon meine Eltern gemacht haben, und meine eigenen Grenzen spüre, auf alle Situationen kreativ zu reagieren. Und daß ich wirklich nach Wegen suche, in immer mehr Situationen kreativ zu reagieren.
*Was glauben Sie, was im Grunde der Sinn des Lebens für ein menschliches Wesen ist?*
Ich denke, daß er darin liegt, dessen Reichtum im Hinblick auf die umfangreichste Zahl bedeutsamer Erfahrungen zu erkennen, also durch die Natur und die menschliche Interaktion und die künstlerische Wertschätzung, und, verstehen Sie, es sollte einfach die unglaubliche Größe von allem genossen und geschätzt und bejaht werden.

*Sie haben die Natur erwähnt. Was ist Ihre Erfahrung im Umgang mit der Natur?*
Nun, ich denke, daß die Erfahrung, die für mich beispielhaft ist, darin besteht, auf der Spitze eines Berges zu stehen und einfach die Weite um mich herum zu spüren. Eines der Dinge, ich weiß nicht, ob Sie jemals auf einem Berg waren...
*Doch. Was gibt Ihnen der Sinn für diese Weite?*
Ich denke darüber im Sinne eines Zeitgefühls nach, das ist eine Dimension, die nur sehr schwer zu verstehen ist. Ich meine, daß ich Zeit auf zwei unterschiedliche Weisen wahrnehme. Eine ist die chronologische Zeit, und die andere ist ... ich denke, das griechische Wort ist *kairos*. Dies ist eine sinnvollere Zeit. Wenn Sie so wollen, ist es eine erfahrene Zeit. Eines der Dinge, die ich mit der erfahrenen Zeit verbinde, ist, daß, so scheint es mir, bestimmte Erfahrungen wahr sind, ungeachtet, in welchem Jahrhundert oder an welchem Punkt des chronologischen Kontinuums sie passieren. Sie verbindet diese Erfahrung mit dem ersten Anfang der Zeit und mit dem Ende der Zeit. Ich denke, daß die Erfahrung einer ewigen Zeit in gewisser Weise den Weg der Transzendierung unserer chronologischen Lebensspanne darstellt. Ich weiß nicht ... ich neige dazu zu glauben, daß es ein Leben nach dem Tod gibt, aber ich mache mir keine Sorgen deshalb, da ich in gewisser Weise fühle, daß ich schon daran partizipiert habe.
*Verfügen Sie über Erfahrungen, die Sie als mystisch ansehen?*
Das ist schwer zu beantworten. Ich habe meditiert und eine Methode benutzt, die sich ›Beyond T.M.‹ (über die Transzendentale Meditation hinausgehend) nennt. Es ist eine christliche Perspektive. Auf diese Art und Weise konzentriere ich mich. In diesem Sommer werde ich ungefähr zwölf Tage nur für mich selbst nehmen, in die Berge gehen, meditieren und sehen, welche Verbindungen ich herstellen kann. Ein Teil meiner Absicht und meiner Hoffnung liegt darin, daß ich durch die Meditation eine Perspektive erlangen und mich darauf konzentrieren kann, was ich tun kann. Sozusagen: Wo kann ich ein Leben retten? Wo kann ich mich am effektivsten auf eine Weise einklinken, daß Leben bejaht und nicht geleugnet wird? Ein Teil des Problems besteht darin, daß man Hunderte an Beispielen aufzählen kann – also den Hunger auf der Welt und die Herstellung von Nuklearwaffen und all diese Dinge –, denen gegenüber die Menschen einen Standpunkt einnehmen könnten, aber es doch nicht tun – und ich muß mich selbst auch in diese Kategorie einordnen. Es gibt so vieles, was getan werden müßte, das dich erdrückt, und du weißt nicht, was zu tun ist. Irgendwie befinde ich mich in dieser Position.

*Denken Sie, daß Sie jetzt weniger behutsam beim Treffen moralischer Urteile sind?*
Ja, das hat mit den Erfahrungen zu tun, über die ich rede. Ich denke, daß es moralische Gesetze der Liebe und Gerechtigkeit gibt, und ich glaube, daß sie ziemlich gleich sind. Aber ich denke, daß Gerechtigkeit Gnade einschließt. Gnade ist die andere Hälfte der Gerechtigkeit.
*Wie würden Sie Ihr Verhältnis zu dem definieren, was üblicherweise moralisches Recht und Naturrecht genannt wird?*
Ich halte die Wahrscheinlichkeit für hoch, daß es sich um ein und dieselbe Sache handelt. Lassen Sie mich, wenn es mir gelingt, noch einmal eine Analogie bilden. Die Gravitation ist ein Konzept, das auf Schlußfolgerungen beruht. Sie können sie nicht sehen, Sie können sie nicht berühren. Alles, was Sie können, ist, das Ding zu benennen, das die anderen Dinge in einer Beziehung hält. Ich erachte es für ganz wahrscheinlich, daß es sich ziemlich genauso mit den moralischen Imperativen verhält. Wir sind nicht in der Lage, sie zu sehen. Aber nichtsdestoweniger, wenn man in Übereinstimmung mit einem moralisch Ultimaten handelt, wenn man das will, dann wird das Ergebnis, das aus dieser Situation hervorgeht, in Harmonie mit dem Universum verbleiben. Wenn man im Gegensatz zu diesem moralischen Imperativ handelt, dann wird die Harmonie zerstört. Es ist destruktiv. Ich denke, daß wissenschaftliche Wahrheit und moralische Wahrheit ziemlich dasselbe sind. Ich habe eine bestimmte Art und Weise, das auszudrücken, denke ich. Ich meine ... ich will eine andere Analogie aus der natürlichen Welt verwenden. Es spielt keine Rolle, ob Sie an die Gravitation glauben oder nicht. Sie ist da und sie existiert. Selbst wenn ich nicht daran glaube, bin ich ihr unterworfen. Selbst wenn ich sie nicht verstehe, bin ich den Gesetzen der Liebe und Gerechtigkeit unterworfen.

Obwohl die Person mit der Nummer 37 eine nichtrelativistische Naturrechtsposition in bezug auf die Moral einnimmt, bleibt sie extrem vorsichtig in der Beurteilung der hypothetischen Dilemmata:

Lassen Sie mich auf mein Vorsichtig-Sein zurückkommen. Ich denke, eines der Probleme, die ich immer schon mit den Dilemmata hatte und das der Grund für meine Vorsicht ist, besteht darin, daß ich versuche, mich selbst in der Situation zu verorten; und ich kann auf keinen Fall sagen, daß eine Person dieses oder jenes tun soll, weil ich nicht weiß, wie sie die Sache sieht. Als Bonhoeffer in den Plan, Hitler zu ermorden, einstieg, war es für ihn richtig zu töten. Über Bonhoeffers Situation würde ich sagen, daß er die Sache wählte, die er wählen mußte. Wenn ich es wäre, wäre ich froh, daß ich getan hätte, was ich getan habe. Aber das unterscheidet sich vom Heinz-Dilemma, wo es eine klare Priorität des Lebens vor dem Eigentum gibt. Hier ist es die Frage, Hitlers Leben aus einem Mitleid für jene Millionen zu nehmen, die er umbringen will. Es ist sowohl richtig als auch falsch. Es ist so ähnlich wie beim Zivilen Ungehorsam. Man bricht das Gesetz für ein größeres Prinzip, aber man muß erwarten, dafür herangezogen zu werden.

Es ist offensichtlich, daß die befragte Person 37 bemüht ist, die Ideale moralischer Rollenübernahme einzusetzen, um zu moralischen Urteilen zu gelangen, daß sie aber die Möglichkeit einer rationalen, gerechten oder reversiblen Rollenübernahme in Frage stellt, die wir zur Beschreibung der Stufe 6 benutzen, um zu zeigen, daß diese zur Generierung einer vollständigen empathischen oder idealen Rollenübernahme in der Lage ist. So gesehen drückt sie eine Einstellung aus, die von Gilligan in den ›Fürsorge- und Verantwortlichkeitsmodus‹ eingeschlossen ist. Es ist ebenso deutlich, daß dieser Befragte versucht, Überlegungen der Fürsorge und des Mitleids mit Überlegungen zur Gerechtigkeit zusammenzuschließen; dies ist eine Integration, von der er den Eindruck hat, daß er sie für eine Reihe unserer Dilemmata nicht leisten kann.

Es ist weiterhin offensichtlich, daß die befragte Person sich in einer Phase der Suche nach einer moralischen Integration befindet, gleichgültig, ob diese die Form unserer sechsten Stufe annehmen wird oder nicht. Von größerer Bedeutung für dieses Kapitel ist der dargestellte Kampf um die Integration von Fragen der *Agape* oder Fürsorge mit Fragen der Gerechtigkeit – dies betrifft etwas, von dem wir ebenfalls annehmen, daß es in einer sechsten Stufe enthalten ist sowie daß es von dieser Person noch nicht erreicht wurde.

Es ist schließlich offensichtlich, daß der Befragte jene universalisierende ethische und religiöse Orientierung, die in ein exemplarisches und charismatisches Handeln überführt wird, nicht erreicht hat; dies wäre für das Erreichen der sechsten Stufe bei Fowler allerdings nötig. Andererseits strebt diese Person ganz offensichtlich nach jener vereinheitlichenden Erfahrung und Perspektive, die wir an anderer Stelle als ›kosmisch‹ bezeichnet haben (vgl. Kohlberg/Power 1981).

Im Alter von 40 Jahren versucht der Befragte – durch seine Erfahrungen auf dem Gipfel des Berges, wo er zu einem Gefühl der Ganzheit und der Ewigkeit kommt, sowie durch das Praktizieren der Meditation – sein Selbst in einer ethischen und religiösen Zentrierung zugunsten eines Lebens für die *Agape* zu verlieren. Dieses Lebensmuster wird durch unsere nächste Fallstudie, Andrea Simpson, in besserer Weise verkörpert. In diesem Sinn weist der Vergleich des Befragten 37 mit unserem nächsten Beispiel auch auf unsere, ebenso wie auf Eriksons, vorläufige Überzeugung hin, daß eine Integration ethischen und religiösen Denkens erst im späteren Lebensalter erworben wird und nicht zuvor.

### Der Fall Andrea Simpson: Auf dem Weg zu einer Beschreibung der sechsten Stufe der ethischen und religiösen Philosophie

Wir haben Andrea Simpson bereits in einem früheren Aufsatz als Beispiel einer spirituellen Reise zitiert (vgl. Kohlberg/Power 1981) sowie als eine Person, von der angenommen werden kann, daß sie eine sechste Stufe der ethischen und religiösen Orientierung repräsentiert. Fowler (1981; dt. 1991) stimmt dem nicht zu, sondern geht davon aus, daß sie seine fünfte Stufe verkörpert (vgl. die Darstellung und Diskussion bei Fowler – dort wird Andrea Simpson als Miss T. bezeichnet – 1981, S. 188-197; dt. 1991, S. 205-217). Fowlers sechste Stufe beschränkt sich auf die Beschreibung von charismatischen moralischen und spirituellen Führern, zu denen Gandhi, Martin Luther King, Mutter Teresa, Dag Hammarskjöld[4], Dietrich Bonhoeffer, Abraham Heschel[5] und Thomas Merton gehören. Nur eine der von ihm interviewten Personen wurde auf Stufe sechs ausgewertet, ein 80jähriger katholischer Mönch (vgl. Fowler/Keen 1978, S. 90ff.). Betrachtet man die von Fowler vorgelegten Stufenbeschreibungen, wird zunächst deutlich, daß es sich um *charismatische* Beispiele der

---

4 Anmerkung der Hg.: Hammarskjöld, Dag (1905-61), Generalsekretär der Vereinten Nationen; Friedensnobelpreis 1961.

5 Anmerkung der Hg.: Heschel, Abraham Joshua (1907-72), amerikanischer Rabbiner, Wissenschaftler und Philosoph, Promotion in Philosophie in Berlin, 1940 Emigration in die Vereinigten Staaten, von 1945 bis zu seinem Tod war er Professor für Jüdische Ethik und Mystik am *Jewish Theological Seminary* in New York City; er engagierte sich in der amerikanischen Bürgerrechts- und Antikriegsbewegung.

*Agape*[6] handelt. Zweitens stammt die Sprache, die zur Beschreibung der Stufen herangezogen wurde, aus der christlichen Theologie. Fowlers Konzept des Glaubens ist mit seiner christlichen Philosophie verbunden. Östliche wie auch einige westliche Philosophien sind nicht an den Glauben als eine Tugend oder als den Mittelpunkt des eigenen Lebens gebunden. Diese Philosophien setzen das Konzept der *Agape* auch nicht als das zentrale Charakteristikum einer vollständig spirituell entwickelten Person an.

Obwohl Miss Simpson kein charismatisches Beispiel der *Agape* oder des Glaubens darstellt, ist sie nach unserer Meinung dennoch ein Muster für eine sechste Stufe oder Ebene der ethischen und religiösen Philosophie, ein Beispiel für eine Person, deren Leben und Handeln mit ihrer Philosophie übereinstimmen. In unserem Aufsatz aus dem Jahr 1981 haben wir diese Stufe sowohl am Beispiel von Andrea Simpson als auch von Marc Aurel und Spinoza illustriert. Marc Aurel und Spinoza sind keine charismatischen Beispiele der *Agape*, die durch den Glauben ausgelöst wurde, sondern ihre Handlungen und Worte korrespondierten mit unserer Konzeption einer höchsten Stufe der ethischen und religiösen Orientierung.

Die von uns ebenfalls in dem genannten Artikel als Hypothese vorgetragene religiöse Stufe 6 gibt, wie unsere Stufe 6 der Moral, eine Richtung oder einen dynamischen Endpunkt der Entwicklung an, der dem Stufenschema eine philosophische Ausrichtung gibt; d. h., es handelt sich um keine Piagetsche Struktur wie in der Längsschnittstudie. Wir verfügen nicht nur über keine längsschnittlich gewonnenen Daten für eine solche Behauptung, sondern diese scheint auch eher eine optionale ›spirituelle‹ Bahn der menschlichen Entwicklung anzuzeigen, die auf oder nach der fünften Stufe eingeschlagen wird. Insofern ist dies auch keine Richtung der Entwicklung, die für alle Menschen gilt, wie wir dies für unsere moralischen Stufen annehmen.

Unsere Beschreibung von Andrea Simpson wird zuerst auf ihre

---

6 Anmerkung der Hg.: In ihrem Aufsatz aus dem Jahr 1981 definieren Kohlberg und Power *Agape* wie folgt: »Das griechische Wort *Agape* bedeutet ›Liebe‹ oder ›Nächstenliebe‹ und findet im Neuen Testament häufige Verwendung. Agape weist zwei wesentliche Charakteristika auf: 1. sie schließt niemanden aus und kann auf alle, einschließlich der eigenen Feinde, ausgeweitet werden; 2. sie ist barmherzig und wird ohne Wunsch nach Belohnung eingesetzt« (Kohlberg/Power 1981, S. 347).

Lebensgeschichte bzw. ihre ›spirituelle Reise‹ und dann auf ihre gegenwärtige Sicht der Dinge eingehen, die im Interview zur Glaubensentwicklung angesprochen wurden; das Interview wurde durchgeführt, als Miss Simpson 78 Jahre alt war.

Unter den 34 von Shulik befragten Personen war Andrea Simpson die einzige, die ihr Leben im Sinne einer überlegten selbstbewußten spirituellen Suche beschrieb. Sie wurde als Tochter von gutsituierten Eltern in einem wohlhabenden Vorort Bostons geboren. Ihre Mutter war Unitarierin, ihr Vater Agnostiker. Sie besuchte Privatschulen sowie ein hoch angesehenes *college*, wo sie auf die Laufbahn als Lehrerin vorbereitet wurde. Im Anschluß daran unterrichtete sie mehrere Jahre in zwei großen Städten an der Ostküste sowie einer Stadt im Westen; sie beendete schließlich ihre Laufbahn als Lehrerin und wandte sich mehreren kürzeren Karrieren zu, die eher ungewöhnlich waren. Sie arbeitete eine Reihe von Jahren als ›Beschäftigungstherapeutin‹ in einem psychiatrischen Krankenhaus; das war zu einer Zeit, als die Berufsrolle der Beschäftigungstherapeutin weder so gut anerkannt noch so allgemein akzeptiert war wie heute. Miss Simpson arbeitete außerdem als Künstlerin und Schriftstellerin. Zur Zeit des Interviews hatte sie nur ein sehr kurzes Buch veröffentlicht und bereitete ein anderes kurzes Buch für die Veröffentlichung vor. Diese kleinen Bände waren ihrer Natur nach autobiographisch, aber auch spirituell und philosophisch im Ton. Sie beschrieben ihre Reflexionen über ein langes Leben der spirituellen Suche.

Ein Teil dieser lebenslangen spirituellen Suche umfaßte ihre Verbindung mit einer Reihe von religiösen Gruppen. Als zwölfjähriges Mädchen schloß sie sich der unitarischen Kirche ihrer Mutter an. Für sie war der Eintritt in eine Kirche »eine religiöse Erfahrung..., und ich hatte das Gefühl, ich sei nun rein und heilig für den Rest meines Lebens«. Während ihrer Zeit auf dem *college* wandte sie sich vom Unitarismus ab; sie lernte die Quäker kennen und schloß sich ihnen, vor allem wegen ihres Pazifismus und ihrer Opposition gegen den Ersten Weltkrieg, an:

> Während des Ersten Weltkriegs schickte jemand den Geistlichen der Unitarier zu mir, weil sie sich Sorgen machten, daß ich Pazifistin war und mit den Jungen sprach, die auf dem Weg in die Armee waren. Der Geistliche erschien, und er tat mir leid, weil ich dachte, daß er wußte,

daß ich recht hatte; d. h., er war in der falschen Position, mir zu sagen, welche Einstellung ich gegenüber dem Ersten Weltkrieg einnehmen sollte. Ich erwartete von der Unitarischen Kirche, durchzuhalten und einen Aufruf zu verfassen, dergestalt, daß diese Angelegenheit falsch lief. Aber bis auf die Ausnahme einiger Pazifisten machten sie alle mit, und da lernte ich die Quäker kennen. Gott segne sie.

Obwohl ihre moralischen Prinzipien und Sorgen für Andrea Simpson den Übergang in der Kirchenzugehörigkeit von den Unitariern zu den Quäkern vorschrieben, waren ihre religiösen Auffassungen nach ihrer Auffassung weniger ethischer als ästhetischer Art. Dies spiegelte sich in ihrer Malerei, ihren Studien auf dem *college* und in ihrem Beruf als Lehrerin für Kunst. Aber es bedeutete noch mehr. »Meine Religion wurde zu einer Suche nach Schönheit. Ich denke, ich bin immer eine religiöse Person gewesen, aber in diesen Jahren konnte ich mich nicht länger als Kirchgängerin bezeichnen. Ich ging jahrelang nicht in die Kirche, mit der Ausnahme von Weihnachten und Ostern – um meiner Mutter einen Gefallen zu tun. Für sie bedeutete das sehr viel, und ich wollte ihre Gefühle nicht verletzen, indem ich nicht ging.«

Nach diesen Jahren als Künstlerin und Kunstlehrerin, in denen »Schönheit mein Ideal war«, überkam sie in ihrem vierten Lebensjahrzehnt im Hinblick auf ihr Leben ein Gefühl der Verzweiflung. Ihr wurde klar, daß sie nicht heiraten würde, da sie den Kreis möglicher Bewerber zu eng geschnitten hatte. Insofern fühlte sie sich, nachdem sie 40 Jahre alt geworden war, in ihrem Alleinsein gefangen:

> Ich hatte mein emotionales oder sexuelles Leben verpatzt. Es stand unter einem schlechten Stern, weil ich, da bin ich sicher, unter einem Vaterkomplex litt, der mich dazu brachte, jene netten frühen Bewerber, die mich liebten, zurückzuweisen. Ich suchte nach einem Mann, der so talentiert und aufregend war wie mein Vater, aber dessen Launen nicht hatte. Das habe ich niemals gefunden. Ich hatte unglückliche Beziehungen. In Zeiten, in denen ich einsam war, machte ich einige Fehler. Ich habe versucht, etwas zu bewerkstelligen, das zuviel für mich war.

Der zweite Grund für die Verzweiflung zu dieser Zeit waren die Psychose ihres Bruders und dessen damit verbundener langer Aufenthalt im Krankenhaus, den sie als eine ungerechte Heimsuchung ansah. Über das Elend ihres Bruders sagt sie: »Ich kann auf meine eigenen Erfahrungen mit dem Problem des Leids zurückgreifen. Wenn es jemals eine reine, sündenfreie Seele gab, dann war es mein Bruder Andrew. Ich muß herausbekommen, weshalb er ein solches Leben führen muß, wenn ich weiter an einen Gott, einen freundlichen Gott, glauben soll.«

Sie besuchte ihren Bruder in einem Staatskrankenhaus, aber die Besuche stellten eine Erfahrung dar, »die zuviel für mich war«. Über ihre späteren, länger andauernden Versuche sagt sie: »Die Psychiatrie hat mir geholfen, als ich versuchte, mit mir selbst klarzukommen, als ich auf dieser schrecklichen Station mit Andrew arbeitete. Diese Menschen lagen nackt herum und masturbierten. Ich bekam Träume, die mir Angst einjagten: daß ich in einer psychiatrischen Anstalt war und alle geisteskrank waren.«

In einem Zustand der Unsicherheit und des Konflikts zog sie nach Südkalifornien, wo sie, wie sie es nennt, einen ›Nervenzusammenbruch‹ erlitt; sie unterzog sich einer Art Psychotherapie und schloß sich der Vedanta[7]-Gesellschaft und Krishnamurti[8] an. Aus der Erfahrung mit der Vedanta bezog sie »die orientalische Sichtweise, daß es nicht wichtig ist, wie du es bezeichnest, Gott oder Jesus oder Kosmisches Fließen oder Realität oder Liebe. Und was du aus diesen Quellen beziehst, wird dein Leben nicht in Überzeugungen einsperren, die dich von deinen Mitmenschen trennen. Bei Krishnamurti fand ich, daß er auf keinen Fall irgend jemandem zum Gefolgsmann machen wollte.«

Andrea Simpson spürte, daß die Auseinandersetzung mit der orientalischen Philosophie half, ihren ›Nervenzusammenbruch‹ zu überwinden. Allerdings empfand sie die passive kontemplative Stoßrichtung der orientalischen Philosophie mit der Zeit als Begrenzung ihres Bedürfnisses, etwas für ihren Bruder zu tun:

Das war eines der Dinge, die mich zum Christentum zurückbrachten: Der hinduistische Weg der Religion reichte nicht aus, um kranken Menschen aktiv zu helfen. Nachdem ich einem christlichen Führer gesagt hatte, daß mein Ideal in der Schönheit lag, entgegnete dieser mir: »Schönheit kann etwas Heidnisches sein, wo liegt in dieser Art zu leben die Rechtschaffenheit?« Und hier hatte ich das Gesamte der

7 Anmerkung der Hg.: Vedanta (Sanskrit veda, »Wissen«; anta, »Ziel«), eine der sechs orthodoxen Philosophien des Hinduismus.
8 Anmerkung der Hg.: Jiddu Krishnamurti (1895-1986), indischer Guru, der von seinen Anhängern als der neue Messias angesehen wurde.

Religion in einem Wort. Religion bedeutet *re*, ›wieder zurück‹, und *ligio*, binden, das Wort Religion *bedeutet* ›wieder zu binden‹, und Rechtschaffenheit, richtig verstanden, bedeutet, zurückzukommen zur Verbindung mit anderen Menschen.

Sie fährt fort: »Meinem gesamten Leben in Kalifornien lag eine Strömung zugrunde, zu Andrew zurückzukehren, sobald ich wieder in der Lage war, die Arbeit in einer psychiatrischen Anstalt aufzunehmen«. So kehrte sie an die Ostküste zurück und erneuerte ihre Bindung zu den Quäkern:

> Ich beschloß, daß es an mir sei, mich in der Stadt, in der sich Andrews Krankenhaus befand, niederzulassen, mit ihm hart zu arbeiten und zu sehen, ob ich ihn dort rausholen konnte. Diese Erfahrung war sehr anspruchsvoll für einen Neuling wie mich, der selbst nicht weit von einem Nervenzusammenbruch entfernt war. Die Station bot einen schrecklichen Anblick, und man sagte mir: »Dort ist Ihr Bruder.« Und hier saß ein kleiner alter Mann, überall festgebunden, und ich fiel vor ihm auf die Knie, so daß ich in sein Gesicht sehen konnte, und er erkannte, wer es war, und ich sah ein Lächeln, das direkt aus dem Himmel kam, das Lächeln eines Engels. Er hatte seine alte Schwester gefunden.

Andrea Simpson fährt fort:

> Das ist es, was Sie wahrscheinlich wissen wollen, meine Arbeit auf dem Gebiet der Psychiatrie. Es war wegen meines Bruders Andrew, meines lieben Bruders, der zusammenbrach, als er 17 war. Dies ist ein Grund, weshalb ich sage, der Weg hat mich gewählt. Ich wäre niemals auch nur in die Nähe einer psychiatrischen Anstalt gegangen, wenn niemand, den ich gern hatte, dort festgesessen hätte. Aber das war einer der Fäden meines Lebens, und ich habe sehr viel in diesem Feld gearbeitet. Ich habe im Staatskrankenhaus, in dem Andrew Patient war, begonnen. Ich habe die Erlaubnis bekommen, dort einen Kurs durchzuführen. Ich habe kreative Rhythmik unterrichtet, und ich ging raus in die Station mit meinem kleinen handbetriebenen Grammophon und spielte Volksmusik. Und ich arbeitete mit den Patienten, ohne irgendeinen Hintergrund in der Psychiatrie zu haben. Ich hatte Todesängste, daß jemand kommen und fragen würde: »Was glauben Sie eigentlich, was Sie mit diesen Patienten hier anstellen?« Und sie kamen, Krankenschwestern und Supervisoren und andere, sie kamen und schauten sich an, was ich tat. Und schließlich kam auch der Chef der Einrichtung. Ich konnte sein Gesicht nicht sehen, weil er hinter mir saß. Die Frauen, ungefähr 15, hatten einen Kreis gebildet, und

wir haben unsere Sachen gemacht: große Körperbewegungen, rhythmische Sachen, die ich entwickelt hatte. Und mir brach der kalte Schweiß aus, ich wußte nicht, ob ich Zustimmung oder Ablehnung erfahren würde. Es war Dr. R., und er hatte eine Oberschwester mitgebracht. Sie saßen beide hinter mir, und als die Sache vorbei war, schüttelte er meine Hand und sagte: »Miss Simpson, Sie haben eine ganz bemerkenswerte Sache mit diesen Frauen gemacht.« Nun ja, es hat für mich eine schrecklich lange Zeit gedauert, bis ich erkannte, daß die Menschen, die zum Zuschauen zu meiner Gruppe kamen, dies taten, weil sie dachten, daß dies bemerkenswert ist, und nicht, weil sie mich rausschmeißen wollten. Ich bekam die Erlaubnis, daß Andrew, als einziger Mann, an dieser Gruppe teilnehmen konnte.

Nach ihrer Arbeit im Krankenhaus baute sie ein anderes Dienstleistungsfeld auf. Auf die Frage »Was macht das Leben gegenwärtig lebenswert für Sie?« erklärt sie:

Ich habe nun dasjenige, was ich meine Alterskarriere nenne. Ich trat den Quäkern bei, als ich aus Kalifornien zurückkam. Ich habe mich immer für die Rassenfrage interessiert. Ich fuhr zu einer nationalen Konferenz der Quäker über die Rassenbeziehungen, und ein Drittel der Teilnehmer war schwarz. Als ich zurückkam, brannte ich vor Eifer, etwas gegen die miserable Situation zwischen den Rassen zu tun. Wir starteten mit einer kleinen Gruppe, die sich auf unserer Sitzung (*Friends' Meeting*[9]) mit Rassenproblemen beschäftigte. Meine Bemühungen auf diesem Gebiet begannen, als eine schwarze Freundin mir schrieb, daß sie nicht in der Lage sei, ihr Kind in ein *summer camp* zu senden.

Auf die Frage »Womit beschäftigen Sie sich gegenwärtig am ausführlichsten?« antwortete Andrea Simpson:

Im letzten Jahr habe ich dieses kleine Buch veröffentlicht, und jetzt beende ich den Nachfolgeband. Die Thematik des ersten Bandes erklärt den Menschen, daß sie, wenn sie in die mittlere Lebensspanne eintreten, nicht entmutigt sein sollen. Ich hatte ein Problem mit dem philosophischen Material, das ich in Zusammenhang mit dem Buch entwickelt hatte. Ich wurde von verständnisvollen Kritikern davon überzeugt, daß ich zwei Bücher, und nicht nur eines, hatte. Den Beginn des zweiten Buches habe ich in den Wäldern, in *der* Natur, in Kalifornien ins Reine geschrieben. In diesem Winter arbeite ich daran, die ersten Kapitel vollständig neu zu schreiben. Dann werde

9 Anmerkung der Hg.: Der vollständige Name der Quäker lautet: ›Religious Society of Friends‹.

ich sehen, ob ich einen kommerziellen Verlag finden kann. Das, würde ich sagen, ist gegenwärtig mein Hauptinteresse. Das Wachehalten bei Andrew im Staatskrankenhaus ist eine sehr reale und fortlaufende Sorge. Die Beaufsichtigung der Schüler, die bei mir leben, ist eine weitere. Ich bin sehr schlecht dran mit arthritischen Hüften und gehe deshalb kaum weg. Und ich bin weder zu dem *Friends' Meeting* noch zu einer anderen Kirche gegangen. Ich betrachte mich nicht als Versagerin, weil ich eine kranke alte Frau bin, was ja auch irgendwie stimmt. Ich denke, ich beginne gerade ein neues Kapitel meiner spirituellen Entwicklung, und die Herausforderung lautet, wie gut man mit dem Problem des fortgeschrittenen Alters umgehen kann. Ich habe zwei Operationen wegen Osteo-Arthrose gehabt, und eine dritte steht ins Haus. Ich war in der Lage, das zweite Buch zu schreiben, weil ich es tun kann, wenn ich nur dazu in der Lage bin. Weil ich das kann, bin ich wie eine Quelle, die an einem Berghang emporblubbert. Ich identifiziere mich nicht mit meinem Körper. Daß es mit meinem Körper abwärtsgeht, bedeutet nicht, daß es auch mit mir abwärtsgeht.

Andrea Simpson verkörpert auf eindeutige Weise die Idee des alternden Menschen als Philosophen, auf welcher Stufe sie auch steht. Sie versucht im Alter zum ersten Mal ihre Philosophie in einem Buch niederzulegen, weil sie spürt, daß sie sich noch immer spirituell oder philosophisch entwickelt. Während ihrer Zeit auf dem *college* scheint sie die Stufe 5 oder die postkonventionelle Ebene des moralischen Urteils erreicht zu haben, und sie hat dieses Urteilen in ihren pazifistischen Aktivitäten im Ersten Weltkrieg in ein Handeln übersetzt, ohne daß sie von ihrer Familie oder Kirche unterstützt wurde. Ihre spirituelle Reise nahm jedoch erst dann einen ernsthaften Charakter an und trennte sich auch erst dann von ihrem ästhetischen Ideal in ihrer Arbeit als Kunstlehrerin, als sie im Alter von etwa 40 Jahren eine ›Midlifecrisis‹ hatte. Am Ausgang dieser Verzweiflung schwankte sie zwischen den beiden Traditionen des innengeleiteten Mystizismus: zum einen der östlichen kontemplativen Art und zum anderen dem westlichen Ideal der Quäker, das die innere spirituelle Einheit mit Gott zusammenfügt mit einer aktiven Liebe und dem Dienst für andere Menschen. Und sie spürte immer stärker das Verlangen, die beiden Orientierungen miteinander zu verbinden. Innerhalb dieser Verschmelzung hat sie dann versucht, eine nach innen gerichtete Meditation in Handlungen der dienenden Liebe zu integrieren; so z.B. beim ›Ruf‹, der aus der Notlage ihres Bruders entsprang. Sie unterscheidet die Meditation vom Gebet:

> Ich denke, daß es ungeheuer wichtig ist, zwischen Gebet und Meditation zu unterscheiden. Man muß sich sehr langsam in den spirituellen Bereich hineinbewegen, oder man sitzt einfach da wie der König in Hamlet: »Meine Wörter fliegen hoch, aber meine Gedanken bleiben tief.« Eine Möglichkeit besteht darin, alle Dinge des Lebens durchzugehen, für die man dankbar ist. Und alles, was eine sehr große Schönheit in der Natur ausstrahlt, stellt ein Hindernis für den spirituellen Bereich dar. Und man muß lernen, sich selbst und den Mitmenschen zu vergeben, bevor man beten kann. Aber die Meditation ist ganz verschieden vom Gebet. Man hört auf, seinen Geist zu benutzen, bedächtig wie eine Blume, die sich der Sonne öffnet. Und du läßt diese Dimensionen herein.

Wenn Andrea Simpson über diese Dimensionen spricht, gebraucht sie Worte, die an ein anderes Gedicht von Wordsworth erinnern[10], das, wie das Gedicht zu Beginn dieses Kapitels, die Erfahrung des Erwachsenseins und des Alterns thematisiert:

> Wie immer man diese Dimension nennt, sie ist nicht einfach oben im Himmel, sondern im Herz und der gesamten umgebenden Welt, sie ist in jedem. So öffnest du dich vollkommen demjenigen, das dich umgibt und das vollkommen in dir ist. Und dann wartest du einfach und hörst. Versuche dein Bestes, um den Weg unversperrt zu halten,

10 ZEILEN – geschrieben einige Meilen oberhalb Tintern Abbey

> Ich hab gelernt,
> Auf die Natur zu schaun, nicht wie in Stunden
> Gedankenloser Jugend: Nun erlausch ich
> Die stille traurige Musik des Menschseins,
> Nicht rauh, nicht schrill, vielmehr mit großer Macht
> Bezwingend, reinigend! Und ich erspür
> Ein Etwas, das mich durch die Freude hoher
> Gedanken tief bewegt: erhabnen Anhauch
> Von etwas, das viel tiefer untermischt ist,
> Behaust im Lichte untergehnder Sonnen,
> Im Ozean und der lebendigen Luft,
> Im Himmelsblau und im Gemüt der Menschen:
> Eine Bewegung und ein Geist, der alle
> Die denkenden und die gedachten Dinge
> Treibt und durch alle Dinge rollt.
> (Wordsworth 1807)

und du öffnest dich. Mir gefällt die Metapher des Flusses, der fließt, der Quelle und der fröhlichen Liebe. Die Gedanken, die du dann bekommst, kannst du gut in dein Leben einbauen.

Nach der Verzweiflung in ihrer Lebensmitte setzten bei Andrea Simpson solche Erfahrungen ein, die sie ›Öffnungen‹ nennt:

> William James stellt klar, daß Menschen religiöse Erfahrungen haben, die öffnend sind. Und diese bewirken etwas für ihr Privatleben. Sie führen dazu, daß sie andere Menschen besser verstehen. Sie werden sich des Einsseins stärker bewußt – nicht nur mit Menschen, sondern mit dem gesamten Leben.

Wir können die Erfahrungen Andrea Simpsons mystisch nennen, weil ihr Wesen in dem Gefühl der Vereinigung mit dem gesamten Sein besteht. In der theistischen Tradition der Quäker ist es die Vereinigung mit einem personalen Gott und mit jenem Teil Gottes, der sich in jeder Person befindet. In der pantheistischen Naturrechtstradition Marc Aurels und Spinozas ist es die Erfahrung ›der Vereinigung des Geistes mit der gesamten Natur‹. In der indischen mystischen Tradition ist es die Vereinigung des Bewußtseins des Individuums mit dem reinen Sein und nicht mit einem personalen oder pantheistischen Gott.

Anhand dieser Erfahrungen entwickelte Andrea Simpson in ihrem mittleren Lebensabschnitt die Fähigkeit und den Mut, für ihren Bruder und dessen Mitpatienten zu arbeiten. In ihrem Alter spürt sie »eine Quelle, die emporblubbert«, was das Gefühl verhindert, »daß es, weil es mit meinem Körper abwärtsgeht, es auch mit mir abwärtsgeht«.

In dem Aufsatz aus dem Jahr 1981 betonten Power und ich, daß die Zusammensetzung einer hypothetischen sechsten Stufe der religiösen Orientierung nicht einfach daraus besteht, mystische Erfahrungen zu haben – Erfahrungen, die durch Drogen oder meditatives Yoga-Übungen hervorgerufen werden können oder durch die Gruppenrituale der Pfingstgemeinden. Im Hinblick auf unsere sechste Stufe haben wir ebenso wie William James betont, daß diesen mystischen Erfahrungen üblicherweise Erfahrungen der Verzweiflung, der Schuld und ein Gefühl des Leidens und der Ungerechtigkeit der Welt sowie ein gespaltenes Selbst vorausgehen. Wir haben weiterhin betont, daß auf diese Erfahrungen eine neue Struktur des Denkens folgt bzw. mit ihr ein-

hergeht. Auf der ethischen Seite verhilft dies, wie Andrea Simpson sagt, ›zu einem besseren Verständnis der Menschen‹, zu mehr Toleranz und Vergebung, und es versetzt uns eher in die Lage, aus einem Gefühl der allgemeinen Humanität heraus zu dienen.
Auf der metaphysischen oder ethischen Seite existiert zumindest teilweise eine Identifikation mit einer unendlichen oder kosmischen Perspektive.

> In den religiösen Schriften setzt die Bewegung zur ›siebten Stufe‹ mit der Verzweiflung ein. Eine solche Verzweiflung schließt den Beginn einer kosmischen Perspektive ein. Wenn wir damit beginnen, unser Leben von einer unendlicheren Perspektive aus als endlich zu sehen, dann verspüren wir Verzweiflung. Die Sinnlosigkeit unseres Lebens angesichts des Todes ist die Sinnlosigkeit des Endlichen angesichts des Unendlichen. Die Lösung der Verzweiflung, die wir ›Stufe 7‹ nennen, repräsentiert eine Fortsetzung des Prozesses der Einnahme einer stärker kosmischen Perspektive, deren erste Phase Verzweiflung ist. In der Verzweiflung sind wir das Selbst, das aus der Distanz des Kosmischen oder Unendlichen gesehen wird. In dem Geisteszustand, den wir als ›Stufe 7‹ bezeichnen, identifizieren wir uns selbst mit der kosmischen oder unendlichen Perspektive, wir bewerten das Leben von deren Standpunkt aus. Es gibt eine Bewegung von der Figur zum Grund. Was üblicherweise Hintergrund ist, wird zum Vordergrund, und das Selbst ist nicht länger eine Figur auf dem Grund. Wir fühlen die Einheit des Ganzen sowie uns selbst als Teil dieser Einheit. Diese Erfahrung, die oft lediglich als ein Dahinjagen mystischer Gefühle verstanden wird, ist auf ›Stufe 7‹ mit einer Struktur oder einer ontologischen und moralischen Überzeugung verbunden (Kohlberg/ Power 1981, S. 345).

Die Struktur dieser Überzeugung wird von Andrea Simpson wie folgt beschrieben:

> Wir beginnen damit, eine Macht zu suchen, die größer ist als wir selbst. Wenn wir zustimmen, daß eine solche Macht möglicherweise existieren kann, können wir fortfahren. Ich denke, daß wahrscheinlich niemand schafft zu leugnen, daß es eine Macht *gibt*, die über sie hinausgeht. Wenn sie nur die Szenerie in ihrer Nachbarschaft betrachten, um nichts über den Kosmos zu sagen. ... Ich denke, es ist vollkommen egal, wie du diese Macht nennst. Die Quäker bezeichnen sie als ›das Innere Licht‹. Ich denke, manche Menschen können das Wort ›Gott‹ nicht mehr hören, daß du mit ihnen darüber nicht

mehr reden kannst. Welchen Sinn hätte es dann, mit ihnen über ›Gott‹ zu sprechen? Nenn es ›Realität‹ ... oder ›Kosmisches Fließen‹ oder ›Liebe‹. Und niemand kann das eine von dem anderen *unterscheiden*. Es muß aus dem Inneren des Individuums kommen; es ist jedermanns Erbschaft.... Es befindet sich in jedem Geist, gleich, ob die Menschen sich Atheisten oder Agnostiker nennen. ... Sie können eine Person, die eine echte religiöse Erfahrung gemacht hat, an dem erkennen, was diese Erfahrung für sein Privatleben bedeutet. Denn da gibt es überhaupt keine Frage, daß sie das Privatleben beeinflussen wird. Es wird sie verständnisvoller gegenüber allen anderen Menschen machen, bewußter für ihr Einssein – nicht nur (dem Einssein) aller Menschen, sondern des gesamten Lebens.

Andrea Simpson schickt sich an, die Existenz des Todes, Leidens und der Ungerechtigkeit aus einer kosmischen oder unendlichen Perspektive zu sehen, indem sie sowohl die Metaphern der Reinkarnation und des Karma aus der Vedanta benutzt als auch die wissenschaftlichen Ideen der Evolution sowie die stärker personal geprägten Ideen der Quäker:

Nun, ich kann auf meine eigenen Erfahrungen mit meinem Bruder zurückgreifen. Wenn es jemals eine reine, sündenfreie Seele gab, dann war es mein Bruder. Weshalb er solch ein Leben führen muß, ich weiß es nicht. Ich habe mir gesagt: Du mußt (dieses Rätsel) lösen, wenn du weiter an einen guten Gott, einen freundlichen Gott, glauben willst. Und für mich wurde das Folgende mehr oder weniger klar: Das menschliche Leben ist nur ein kurzer Augenblick in der Ewigkeit. (Auf dem *college*) habe ich Astronomie studiert. Man bekommt eine breitere Perspektive, wenn man Astronomie studiert. Die eigene Sichtweise erweitert sich in einem unglaublichen Ausmaß. (Und ich habe auch) Ethnologie (studiert), wodurch man eine Idee von der Entwicklung der Menschen auf dem Planeten Erde bekommt. So kam ich dazu, daß das Leben eines Menschen sein Augenblick in der Ewigkeit ist. Es mag (der Zweck von) Andrews Leben sein, (auf) der Kokonstufe (zu verharren), um eine gängige Redewendung zu benutzen, bei seiner Entwicklung zu einem spirituellen Schmetterling. Dies ist eine sehr treffende Metapher, denn wenn du sie mit dem Gedanken zusammenfügst, daß der Mensch nur ein Augenblick in der Ewigkeit ist, dann sehen wir vielleicht nur Andrews Augenblick in diesem Kokon. Ich habe ein Gefühl davon entwickelt, und sollte ich Andrew irgendwo auf den Wegen Gottes begegnen, wird er seinen Augenblick haben, und vielleicht sehe ich ihn, wie er auf Flügeln zu mir rauscht. Das hat also das Rätsel um Andrew für mich gelöst. Und ich kann nicht anders als fühlen, daß die leidenden Menschen dieser Welt, alle die Menschen, die verhungern, ihre Zeit haben werden, und ihre Zeit wird kommen.

Andrea Simpson ist alt und gebrechlich; wie denkt sie über die Themen Tod und Sterben?

Die Menschen beschäftigen sich heutzutage unglaublich mit dem Tod. Dies ist eine merkwürdige Sache, wenn die Welt so in Unordnung ist. Die Menschen sind so entmutigt, daß sie versuchen sicherzustellen, was sie über dieses große Thema denken sollen. Die Art und Weise, auf die ich dies in meinem kleinen philosophischen Buch behandelt habe, besagt, daß die Menschen nur eine fürchterlich begrenzte Idee über den Tod haben. Sie denken, daß Leben und Tod ein Gegensatzpaar sind. Man kommt ins Leben – hier hat man seinen Auftritt –, und man macht seinen Abgang aus diesem materiellen Ort, und das ist der Tod. Aber *Leben* ist einfach etwas, das in den Händen des Lebens enthalten ist.
*Sie meinen, im Verlassen der materiellen Ebene kommen wir auf eine spirituelle Ebene?*
Ich glaube nicht, daß es notwendig ist, dies zu wissen, man kann es nicht wissen. Es stört mich nicht, ich habe einen Glauben, daß das Leben gut ist und daß, so wie der Frühling, der immer wieder zurückkommt, etwas weitergehen wird.
*Glauben Sie an so etwas wie Reinkarnation?*
Nun, Reinkarnation ist eine faszinierende Idee, die einigermaßen sinnvoll ist; denn Sie sehen um sich herum Menschen, die das grünste Gras sind, und es gibt weise alte Seelen, die gereist sind. Ich denke, man kann die Leute gut erkennen, die jenseits von uns sind, bei denen man studieren kann. Wir scheinen in der Mitte zu stehen zwischen den Menschen, die uns voraus sind, sowie den Menschen, die sich noch im Kommen befinden. Ich verstehe mein Wirken in beide Richtungen, gegenüber den Menschen, die mir voraus sind, und den Menschen, die sich durchkämpfen und die nicht über meine Lebenserfahrung verfügen; Menschen, die jünger und möglicherweise vollkommen verwirrt sind und die Hilfe brauchen. Ich denke, daß es nicht nur schrecklich wichtig ist, soviel Hilfe wie möglich zu geben, sondern auch, daß wir es nicht fühlen, daß wir dies tun. Wenn du Liebe spendest und eine fröhliche Einstellung bewahrst, hast du wahrscheinlich mehr als durch ein Gebet geholfen. Ihnen wird geholfen werden, weil Gott in gewissem Sinn Liebe ist, und wenn du Liebe gibst, dann gibst du viel mehr als dich selbst.

Zu Andrea Simpsons Sichtweise über den Tod können wir zunächst sagen, daß diese nicht abhängt von einem definitiven buchstäblichen Begriff der persönlichen Unsterblichkeit der Seele, wie in der christlichen Doktrin des Danach oder der östlichen Sicht der Reinkarnation. Aber beide sind in diesem Zusammenhang nützliche Metaphern. Wenn diese Sichtweisen von Personen auf den konventionellen Glaubensebenen geteilt werden, sind sie in stärker egozentrischer Weise auf das Überleben des Selbst und der Nächsten konzentriert, als dies bei Andrea Simpson der Fall ist. Darüber hinaus können wir sagen, daß Miss Simpsons Sicht des Todes auf dialektische und paradoxe Weise die ultimativen Polaritäten auflöst, die auf Stufe 5 gefunden werden, so etwa die Polarität zwischen Leben und Tod. Ihre Lösung stellt keine bestimmte theologische Sicht des Lebens nach dem Tod dar, sondern eine Erfahrung der Einheit des Lebens als Ganzen:

> Ich würde sagen, daß eines der Dinge, die in den letzten Tagen unmittelbar zu mir gekommen sind, dieses Kosmische Fließen ist, das Gott ist, Sie können es nennen, wie Sie wollen, jedenfalls ist es die lebendige Unterstützung jeder Zelle im Körper. Das ist eine schöne Metapher: Der Fluß, der fließt, die heilende Liebe Gottes durchfließt mich, wenn man 78 ist und Arthritis hat. Aber es spielt keine Rolle, wo man sich physisch befindet, ob man krank ist oder ob es einem gut geht, *die* Realität, das tatsächliche Leben, fließt jederzeit durch dich hindurch. Folglich kann man bis zum letzten Atemzug kreativ sein. Laß einfach dieses Ding durch dich fließen, und du weißt, es fließt durch die andere Person. Und der Frieden kommt.

Wenn es die religiöse Orientierung Andrea Simpson erlaubt, Krankheit und Tod ohne Leugnung oder Verzweiflung zu begegnen, dann ist die Erfahrung des Todes in einem gewissen Sinn auch der Beginn ihrer spirituellen Reise. Wir haben als Auslöser ihres spirituellen Fragens ihre Einsamkeit und die Verzweiflung erwähnt, ob sie jemals einen männlichen Lebenspartner finden wird; aber auch ihr Gefühl der Ungerechtigkeit und des Leidens am Zustand ihres Bruders. Aber noch wichtiger war die Erfahrung des Todes ihrer Mutter:

> Sie fragten mich, was mich aus dem Befangensein in der Vorstellung, daß Schönheit das Ziel von allem ist, wachrüttelte und meine Suche beginnen ließ. Da ist zunächst der Tod meiner Mutter. Ich hing sehr

an meiner Mutter. Ich bin an den Wochenenden nach Hause gefahren, um bei meiner Mutter zu sein. Sie war völlig von der humanistischen Erziehung von Kindern eingenommen, als ihr klar wurde, daß ich es nicht zulassen würde, daß sie mich zu ihrer Altenpflegerin macht. Ich mußte unabhängig sein, und sie lernte dies auf die unangenehme Weise, aber sie setzte ihre Karriere fort. Sie widmete sich dem Tierschutz und sprach sich gegen die Vivisektion aus. Die Medikamente gegen Lungenentzündung waren gerade entwickelt worden, aber sie starb an Lungenentzündung. Sie ließ nicht zu, daß sie ihr diese Medikamente, die ihr geholfen hätten, verabreichten, weil sie glaubte, daß es ein Toxin sei, das von Tieren gewonnen wurde. So starb sie gewissermaßen für ihre Sache. Als ich meine Mutter verlor, bebte der Boden unter meinen Füßen. Als ich das Haus auflöste und dort eine Weile lebte, sagte ich zu mir: ›Ich werde mit meinem Buch beginnen, solange Mutter mir noch nah ist‹. Und ich habe das getan und mich dann darauf vorbereitet, nach Kalifornien zu gehen. Irgend etwas hat mich dann zurück zur Kirche geführt, aber ich hatte kein Verlangen, zurück zu den Unitariern zu gehen, und daher war ich auf der Suche (nach) etwas anderem, und das fand ich zunächst in der Vedanta Gesellschaft und bei Krishnamurti.

Ihre spirituelle Reise begann mit der Erfahrung des Todes und Verlustes sowie in der Erfahrung mit dem Leid ihres Bruders. Ihre Entwicklung führte zu einer ›Stufe‹, die es ihr erlaubte, sich auf eine langanhaltende Maßnahme einzulassen, um das Leiden ihres Bruders und von anderen zu verringern; diese ›Stufe‹ erlaubte auch eine ruhige und kreative Antwort auf das Kranksein und den eigenen bevorstehenden Tod. Im Zentrum dieser Transformation standen die Erfahrungen der Suche nach einer nichtegozentrischen kosmischen oder unendlichen Perspektive sowie eines gespürten Zustands der Vereinigung mit einem ultimaten Sein.
Nachdem wir Andrea Simpson als ein Beispiel für eine ethische und religiöse Orientierung auf Stufe 6 beschrieben haben, fällt es uns leichter klarzustellen, weshalb wir dies in der Vergangenheit als eine siebte Stufe bezeichnet haben. Die Essenz unserer moralischen Stufe 6 besteht in der rationalen Universalisierung der Ansprüche oder Pflichten der Gerechtigkeit. Die sechste Stufe läßt die großen existentiellen Fragen unbeantwortet, einschließlich der Frage, weshalb man moralisch sein sollte. Die ›Antwort‹ auf diese Frage kann nicht innerhalb einer rationalen Gerechtig-

keitslogik, anhand der Ausbalancierung der Ansprüche individueller Egos, gegeben werden. Diese existentiellen Fragen führen in die Richtung einer stärker kontemplativen, mystischen Perspektive. Auf der ethischen Seite kann diese Perspektive eher zu einer universalisierenden Liebe, oder *Agape*, führen, als zu einer Ausarbeitung des rationalen Prinzips der Gerechtigkeit. Für diese Ethik mag es ausreichen, ›dem Kaiser das zu geben, was des Kaisers ist‹ (d. h. die Organisation oder Gerechtigkeitsstruktur der Gesellschaft), um Gott dasjenige zu geben, was Gottes ist (d. h. die persönlichen Handlungen der aufopfernden Liebe). Dies ist zumindest der Umriß, der einer christlichen Tradition entstammt und der Andrea Simpsons Entwicklung formt. Dieser Umriß ist universeller als die christliche Orthodoxie, was ja auch von Andrea Simpson auf diese Weise gesehen wird. Es ist ein Umriß, der ebenso aus buddhistischen und vedantischen Traditionen hervorgeht.

Andrea Simpsons Reaktion auf unsere hypothetischen Dilemmata bestand, wie die der anderen Befragten in höherem Alter, darin, die Dilemmata als Sprungbrett zu benutzen, um die eigene ethische und religiöse Philosophie zur Sprache zu bringen. Frage: »Sollte Heinz das Medikament stehlen?«

> Wenn er glauben könnte, daß es seine Frau retten würde. Für mich als Kriegsdienstverweigerin gibt es ein höheres, nicht von Menschen gemachtes Gesetz. Ich glaube daran, daß man alle rechtlichen Möglichkeiten ausschöpfen muß: Das Recht ist notwendig, um Meinungsverschiedenheiten zu lösen. Aber ich glaube, daß wir über ein internes moralisches Gefühl verfügen. Dein Leben für einen anderen zu geben ist das Letztgültige – Jesus gab sein Leben hin. Aber darin muß keine Logik liegen, Gott kann sie zu sich nehmen. Ich werde nicht gerne auf etwas rein Hypothetisches festgelegt. Was ich mit Aussicht auf Erfolg tun könnte, könnte etwas vollständig anderes sein, vielleicht hole ich drei oder vier Personen zusammen, die an das Gebet glauben, und sie wird geheilt.

Obwohl Andrea Simpson das hypothetische Interview großteils ablehnt, betont sie deutlich die postkonventionelle Vorstellung eines höheren als von Menschen gemachten Gesetzes, eines Gesetzes, das auf moralischer Intuition basiert und sich in der *Agape* oder der universellen Liebe ausdrückt.

Ihre Antwort auf das Dilemma von ›Joe und seinem Vater‹ (vgl.

Anhang) orientiert sich ebenfalls an der aufopfernden Liebe, die über die Gerechtigkeit hinausgeht. In ihrer ersten Reaktion stellt sie fest, daß bei dem Vater ein psychisches Problem vorliegen muß, da er eine solche ungerechte Forderung vorbringt. Wenn der Vater aber eine solche Forderung stellt, dann denkt sie, daß Joe auf seine Ferien verzichten soll, um die Harmonie in der Familie sowie die Beziehung zwischen Vater und Sohn zu bewahren, wobei sie die Hoffnung ausspricht, daß der Vater später das Licht sehen wird. In ihrer Antwort findet sich ein Element, das an Carol Gilligans Modus der persönlichen Verantwortlichkeit und Fürsorge erinnert, aber das Interview läßt sich mit Hilfe des Standard Manuals eindeutig im Sinne einer postkonventionellen Stufe 5 und nicht als konventionelle Stufe 3 auswerten.

## Philosophische Unterstellungen bei der Erfassung einer sechsten Stufe des ethischen und religiösen Denkens

In unserer Bezugnahme auf religiöse Erfahrungen und Überzeugungen betonen sowohl Fowler als auch unser Entwicklungsansatz, daß die Ausbildung ethischer und religiöser Philosophien des Glaubens eine Form der ›Erkenntnis‹ ist sowie daß es einen Entwicklungsfortschritt innerhalb dieser Erkenntnisformen gibt. Dies setzt wiederum einige philosophische Annahmen über die relative Angemessenheit der Differenzen in der ›Erkenntnis des Glaubens‹ voraus; dies sind schließlich eher Annahmen, die der psychologischen Forschung vorausgehen denn aus ihr folgen. Wir glauben, daß die Beziehungen zwischen Philosophie und Psychologie eine zirkuläre Verbindung, ein *bootstrapping*[11], zwischen psychologischer und empirischer Forschung einerseits sowie andererseits zwischen philosophischer Analyse und normativem Denken einschließen. Dies bedeutet, erstens, daß die psychologische Untersuchung der religiösen Entwicklung von Beginn an von philosophischen Annahmen über die Angemes-

---

11 Anmerkung der Hg.: Kohlberg spricht hier die Einheit der Wissenschaften an: So wie ein Schnürsenkel aus einem Stück besteht, das beim Einfädeln in einen Schuh zunächst getrennt wird und auseinandertritt, jedoch beim Binden wieder verknüpft wird, so sollten auch Philosophie und Wissenschaft als Einheit gesehen werden (vgl. Kohlberg 1995, vor allem S. 184f.).

senheit religiöser Überzeugungen angeleitet werden muß sowie daß die psychologischen Stufentheorien ›rationale Rekonstruktionen der Ontogenese‹ darstellen. Eine normative Überzeugung, die uns leitet, besagt, daß die höchste Stufe des religiösen Denkens mit dem naturwissenschaftlichen und dem sozialwissenschaftlichen Wissen und den entsprechenden, weit gefaßten Annahmen kompatibel sein muß. Ein buchstäblicher Glaube an die Schöpfung (Kreationismus) und die Ablehnung jeglicher Annahmen über die Evolution sensu Darwin wäre z.B. unverträglich mit der höchsten Stufe des ethischen und religiösen Denkens einer westlichen oder ›modernen‹ Person. Die höchste Stufe des religiösen Denkens muß aus unserer Sicht eine gewisse Offenheit gegenüber den Naturwissenschaften aufweisen sowie sich darum bemühen, wissenschaftliche und religiöse Überzeugungen miteinander zu integrieren. Zweitens, hierin stimmen Fowler und ich überein, muß eine höchste oder angemessenste religiöse Stufe mit einer prinzipiengeleiteten Moral verträglich sein, d.h. mit ihrem Interesse an einer universellen Liebe oder Wohltätigkeit und Gerechtigkeit. Dies wiederum impliziert, drittens, daß eine höchste Stufe in gewissem Sinn universalisierend oder universalistisch ist. In diesem Sinne muß ›wirklicher‹ Glaube oder ›wirkliche‹ Überzeugung von einer Person auf Stufe 6 als etwas verstanden werden, das nicht auf die Anhänger des bestimmten Dogmas oder Glaubenssystems der eigenen religiösen Ausrichtung begrenzt ist, sondern als etwas, das potentiell Universalität für die gesamte Menschheit aufweist. Während also der Glaube auf der höchsten Stufe von einer bestimmten religiösen Tradition informiert oder durch sie symbolisiert werden kann, ist das Objekt des Glaubens letztendlich der eine Gott oder das eine Wesen, Natur oder der Kosmos, das potentiell den Erfahrungen aller menschlichen Wesen jeglichen Glaubens zugänglich ist. Wolfson (1983), der große Erforscher Spinozas, stellte den ›Gott der Philosophen‹ dem ›Gott der Offenbarung‹ gegenüber. Obwohl wir uns ansonsten von den traditionellen Texten belehren lassen, meinen wir, daß diejenigen Personen, die sich auf der höchsten Stufe befinden, sich mit dem ›Gott der Philosophen‹ auseinandersetzen müssen, um sich für eine sechste Stufe des ethischen und religiösen Denkens zu qualifizieren. Fowler spricht dieses Thema nicht an, aber die Personen, die nach seiner Meinung die sechste Stufe erreicht haben – Gandhi, Dag Hammarskjöld, Martin Luther King und Thomas Merton –, haben sich alle damit auseinandergesetzt. Schließlich kann kein Atheist oder Agnostiker wie Dr. Stallworth Kandidat für eine sechste Stufe sein, es sei denn, daß er eine Einstellung gegenüber religiösen Erfahrungen sowie ein Denken gegenüber der ultimaten Realität aufweist, das von Buddha und den Buddhisten eingenommen wird, wenn diese auch oft als Atheisten eingeordnet werden.

Wie gesagt, sind dies philosophische Annahmen, von denen ich glaube, daß ich sie mit Fowler vor jeder psychologischen Forschung teile. Ich will weiterhin betonen, daß wesentlich mehr philosophische Annahmen bei der Untersuchung der Entwicklung von ethischen und religiösen Philosophien beteiligt sind als bei der Untersuchung der moralischen Entwicklung. Folglich müssen wir noch einmal wesentlich stärkere Vorbehalte bezüglich einer sechsten Stufe des ethischen und religiösen Denkens anmelden als im Hinblick auf die sechste Stufe des moralischen Urteils.

Ein zweiter Punkt, den wir anmerken möchten, besagt, daß alle unsere älteren Befragten ihre Stufe der ethischen und religiösen Philosophie direkt in die moralischen Standarddilemmata einbrachten; dies gilt für Andrea Simpson ebenso wie für Herrn Greenberg und Dr. Stallworth.

Power und ich (Kohlberg/Power 1981) haben ausführlich die Frage diskutiert, weshalb wir glauben, daß Andrea Simpsons Ethik der *Agape* nicht im Gegensatz steht zu unserer Konzeption des prinzipiengeleiteten Urteilens. Wir haben behauptet, daß die ethische Einstellung der *Agape* das Prinzip des gleichen Respekts vor Personen voraussetzt, das in den Gerechtigkeitsstufen 5 und 6 verkörpert ist, selbst wenn *Agape* darüber hinausgeht und ein Ideal des guten Lebens und einer ethischen und religiösen Philosophie auszeichnet.

### Die Existenz von Stufen im Erwachsenenalter

Der gerade angesprochene Punkt, daß eine sechste Stufe der ethischen und religiösen Philosophie nicht vollständig durch hypothetische moralische Dilemmata definiert werden kann, wirkt nachhaltig auf das Thema der Beschaffenheit der Stufen im Erwachsenenalter ein. Bei der Behandlung dieser Frage möchten wir kurz auf Kontinuitäten und Diskontinuitäten in der Entwicklung eingehen (vgl. Kohlberg/Higgins 1984). Higgins und ich haben behauptet, daß unsere Methode, die mit hypothetischen Dilemmata arbeitet, eindeutig eine neue Stufe definiert, die im frühen oder mittleren Erwachsenenalter erreicht wird (irgendwann zwischen 25 und 45 Jahren). In Abweichung von John Gibbs (1979) haben wir betont, daß diese Stufe, unsere Stufe 5, eine strukturelle Stufe im Sinne der von Piaget definierten Konzeption ist. Sie wurde in mehreren Kulturen in einer invarianten Sequenz im Anschluß an Stufe 4 ermittelt. Sie stellt eine neue Art des Denkens, des Urteilens und Problemlösens dar; eine Art und Weise des Denkens, die klare Implikationen für das Handeln aufweist. Stufe 5 ist ein neues Muster der Operationen des Denkens und nicht nur eine komplexere und abstraktere Theorie über moralische Probleme bzw. eine Reflexion darüber.

Die von Shulik durchgeführten Glaubensinterviews, vor allem das Interview mit Andrea Simpson, offenbaren noch eine weitere, spätere Stufe im Erwachsenenalter, und zwar im Kontrast zu den Stufen, die mit den hypothetischen Dilemmata ermittelt wurden. Es ist offensichtlich, daß sich Andrea Simpson über eine ›Midlife-crisis‹ der existentiellen und persönlichen Verzweiflung zu einer qualitativ neuen Orientierung ihrer ethischen und religiösen Philosophie bewegt. Es ist jedoch überhaupt nicht offensichtlich, daß die Entwicklung Andrea Simpsons zu einer sechsten Stufe der ethischen und religiösen Philosophie auch eine Bewegung zu einer neuen Stufe im Piagetschen oder strukturellen Sinn ist. Es liegt keine neue Art und Weise des operativen moralischen Denkens vor bzw. eine neue Art und Weise der Lösung konkreter moralischer Probleme, wie dies auf unsere Stufe 5 zutrifft. Diese Stufe wird vielmehr aus der Verzweiflung geboren und führt zu einem neuen Weg der Erfahrung und einer neuen Lebensweise. Philosophie und Theorie spielen hierbei eine Rolle, aber der Prozeß der Reflexion und Rekonstruktion ist auf intensive Weise persönlich.

Shuliks Beispiele reichen in gewissem Sinn näher an Eriksons funktionale Stufen heran als an die strukturellen Stufen Piagets.

Die Stufen Piagets sind neue Strukturen, die alten Funktionen dienen und die die vorhergehende Struktur, die diese Funktion erfüllt, ersetzen oder reintegrieren. Jede neue moralische Stufe ist eine neue Gerechtigkeitsstruktur, die der alten Funktion des moralischen Urteilens und Entscheidens dient. Jede Stufe Eriksons ist jedoch durch eine neue Funktion des Ich und eine damit verbundene Entscheidung definiert. Für Erikson stellt Andrea Simpsons Verzweiflung in erster Linie einen Konflikt über ihre Generativität und die Erreichung eines damit verbundenen Gefühls der Ethik dar. Sie ging aus diesem Konflikt mit der Fähigkeit zum Ethisch-Sein und zur generativen Fürsorge hervor, zunächst gegenüber ihrem Bruder, dann gegenüber den Mitpatienten sowie andern Menschen, die der Fürsorge bedurften. Zur gleichen Zeit förderte der Tod ihrer Mutter eine Krise der Integrität sowie deren religiöse Auflösung (Eriksons achte Stufe). Die religiösen Einsichten, die ihr bei der Auflösung ihrer Zweifel zuteil wurden, unterstützten nicht nur ihr ethisches Handeln, sondern fungierten später als Kern ihrer Integrität angesichts von Krankheit und Tod.

Die Stufen Eriksons werden ebenso wie die Epochen Levinsons (1978, dt. 1979; vgl. jetzt auch 1996) von allen Menschen während eines bestimmten Altersabschnitts durchlaufen. Für Erikson ist das Ergebnis eine Stufe, die durch die Erfahrungen auf früheren Stufen determiniert ist, das trifft aber nicht auf den Beginn oder das Auftauchen der Stufe zu. Im Gegensatz dazu repräsentieren die von uns beschriebenen Stufen eine Sequenz des ethischen und religiösen Denkens. Wir haben darauf hingewiesen, daß die Fallbeispiele für die Glaubensstufen 3 und 4 sich im Hinblick auf das ›Altersbewußtsein‹ nicht entwickelten; ihre endgültige Stufe des Glaubens wurde in gewissem Sinn in der Adoleszenz oder im frühen Erwachsenenalter erreicht. Im Gegensatz dazu bildeten unsere Beispiele der fünften und sechsten Glaubensstufe ein wahrscheinliches Wachstum im Alter ab, das sich in einer Sequenz hierarchischer Reorganisationen zeigte.

Wir würden nicht sagen, daß unsere Beispiele eine Piagetsche, sequentielle Stufenentwicklung im Erwachsenenalter sowie bei älteren Menschen im strengen Sinn illustrieren. Aber die Entwicklung Andrea Simpsons im Erwachsenenalter liefert sicherlich das Bild eines qualitativen Wandels in eine positive Richtung. So gesehen stellt sie eher eine funktionale Stufe Eriksons dar – eine Erwachsenen-›Stufe‹ des Interesses an einer religiösen Ego-Funktion – als die strukturelle Transformation einer universellen religiösen Funktion im Sinne Piagets. Wir glauben allerdings, daß eine solche ›funktionale‹ Entwicklung das ›strukturelle‹ Erreichen des prinzipiengeleiteten oder postkonventionellen Urteilens über Gerechtigkeit voraussetzt.

Die Beispiele von Herrn Downs und Herrn Greenberg weisen darauf hin, daß die religiösen Funktionen keine zentralen Universalien im Denken eines jeden Erwachsenen darstellen; das Beispiel Andrea Simpson illustriert aber auch, daß Erklärungen über die ethische Entwicklung Erwachsener, die diese religiösen Funktionen ignorieren, dies zu ihrem eigenen Nachteil tun.

Unser zentrales Thema war die Erläuterung unserer Sichtweise, wonach die Integration des moralischen Ideals mit dem ultimaten Realen ein im weitesten Sinne religiöses Problem ist. Die Entwicklung einer reifen Ethik bei Andrea Simpson, einer Ethik der über die Pflicht hinausgehenden (supererogatorischen) *Agape* und zwischenmenschlichen Fürsorge, kann ohne ein Bewußtsein für diese religiöse Dimension nicht vollkommen verstanden werden. Die Verpflichtung für ein Leben der *Agape*, die oft durch eine religiöse Philosophie inspiriert wird, ist eine persönliche Entscheidung, die sich von der Verpflichtung zu einem gerechten Leben unterscheidet. Die Entwicklung der ethischen und religiösen Philosophien, die über die Gerechtigkeit und über das moralische Urteilen hinausgehen, verlangen eine persönliche Reflexion über ultimate Fragen. Diese Entwicklung kann nicht vollständig durch die Analyse von entweder hypothetischen oder auch wirklich erlebten Dilemmata verstanden werden; sie verlangt eine Methodologie, die stärker Fowlers Interview über den Glauben oder den Sinn des Lebens entspricht. Wir glauben, daß sein Ansatz einen wichtigen Weg bei der Definition der ›moralischen‹ oder ethischen Entwicklung im Erwachsenenalter repräsentiert. Fowlers Ansatz weist jedoch auf ein Stufenwachstum im Erwachsenenalter hin, das nicht universell ist. Es gibt jene Menschen, die eine ethische und religiöse Philosophie ›haben‹ und die behaupten, daß es keine Notwendigkeit für eine Reflexion über das Thema der ethischen und religiösen Philosophie gebe. Beispiele wie Herr Downs verdeutlichen, daß die Glaubensstufen (oder die ethische und religiöse Philosophie) eher Stufen der Reflexion über die Erfahrungen des Lebens sind als Operationen des Denkens, die das Handeln steuern, wie es auf die Logik und die Moral zutrifft. Die Stufen der Logik und der Moral sind in zweifacher Hinsicht universell: Erstens sprechen sie Probleme an, die universell sind, und zweitens werden sie auf universelle Weise für Handlungen gebraucht. Glaubensstufen (ethische und religiöse Philosophien) sind andererseits nur in dem zuerst genannten Sinn universell. Die Stufenentwicklung innerhalb der ethischen und religiösen Philosophie stellt für jene Individuen eine Option dar, die durch ihre eigene Persönlichkeit und die eigenen Lebensumstände zu dieser Form der Reflexion angestoßen werden.

Die Entwicklung der fortgeschrittenen Stufen des Glaubens hängt wahrscheinlich stärker von krisenhaften Lebenserfahrungen ab, wie sie von Erikson diskutiert werden, als von den stärker universellen interaktiven Erfahrungen des sozialen und moralischen Konflikts. In diesem Sinn ähneln die Glaubensstufen den funktionalen Stufen. Eine Möglichkeit, die Entwicklung des Glaubens, der Ethik oder Religion eher als eine individuelle Variante denn als ein universelles Merkmal der Entwicklung anzusehen, besteht durch die Verbindung mit dem ›Altersbewußtsein‹. Der Leser wird sich daran erinnern, daß in die Definition des ›Altersbewußtseins‹ die Erfahrung eines Wandels von innen als Voraussetzung einging, d.h. empfindsam und introspektiv bei der Beschreibung der persönlichen Veränderungen zu sein, die mit den Änderungen im Lebenszyklus verbunden sind. Wir möchten ebenfalls daran erinnern, daß Shulik (1979) eine hohe Korrelation zwischen dem ›Altersbewußtsein‹ und sowohl der Glaubensstufe als auch dem chronologischen Alter ermittelte. Im Rückgriff auf das Beispiel von Herrn Downs, der nicht in Reflexionen über das Leben oder den Tod eintrat, können wir festhalten, daß er im Hinblick auf das ›Altersbewußtsein‹ eine niedrige Einstufung erfuhr.

Im Gegensatz dazu ergab die Auswertung bei Andrea Simpson, daß sie von allen Befragten über das höchste ›Altersbewußtsein‹ verfügte, begleitet von einem anwachsenden Gefühl der persönlichen Entwicklung bis ›zum letzten Atemzug‹. Sie war die einzige von Shuliks Befragten, die ihr Leben als eine ›andauernde

spirituelle Suche‹ begriff. Ihre spirituelle Reise durch die Verzweiflung im mittleren Lebensabschnitt zu einer sechsten Stufe der ethischen und religiösen Philosophie scheint eher eine optionale Linie der Entwicklung darzustellen, als dies auf die Entwicklung durch die universellen Stufen der Gerechtigkeit zutrifft.
Eine der Schwierigkeiten, die der Untersuchung der Entwicklung im Erwachsenenalter innewohnen, resultiert aus unserer Diskussion des ›Altersbewußtseins‹. Die Schwierigkeit besteht darin, daß einige ältere Menschen, wie Andrea Simpson, sich entwickeln, während andere statisch bleiben und einige sogar regredieren. Nicht viele Menschen schreiben ihr erstes Buch, wie dies bei Andrea Simpson der Fall war, wenn sie 70 Jahre alt sind.
Das Problem wird noch einmal dadurch kompliziert, daß die Weisheit, die von einigen Personen ausgebildet wurde und über die wir als jüngere Forscher nicht verfügen, nur schwer durch die Forschung ermittelt werden kann. Bei der Beurteilung des Beispiels von Andrea Simpson hatten wir weniger das Gefühl, eine Person in eine vorher festgelegte Stufenkategorie einzupassen, als das Gefühl, von einer Person etwas zu lernen, die Weisheit oder einen Sinn für Spiritualität ausgebildet hat; eine Weisheit oder Spiritualität, über die wir nicht verfügen und die wir möglicherweise nie erreichen werden. Falls einige ältere Personen größere Weisheit erreichen, dann ist es wahrscheinlich für die Forscher mit am wichtigsten, sich über diese Weisheit Klarheit zu verschaffen und sie an andere weiterzugeben. Das bedeutet, daß die Person, die über ältere Menschen forscht, nicht nur ein Psychologe und Soziologe, sondern auch ein Philosoph sein muß. Ein Entwicklungsansatz kann nicht umhin, festzustellen, daß einige der älteren Menschen Philosophen sind, zumindest insoweit, als sie sich immer noch in Entwicklung befinden, wie dies bei Andrea Simpson der Fall ist. Wenn dies zutrifft, dann ist es möglicherweise so, daß die Gerontologie feststellen muß, daß eines ihrer tiefgehendsten und ungewöhnlichsten Probleme eher aus dem Gebiet der Philosophie stammt denn aus den stärker vertrauten Bereichen der Biologie und der Sozialwissenschaft.

# Anhang

## Dilemmatexte und Standardfragen

### Heinz-Dilemma

In einem fernen Land lag eine Frau, die an einer besonderen Krebsart erkrankt war, im Sterben. Es gab eine Medizin, von der die Ärzte glaubten, sie könne die Frau retten. Es handelte sich um eine besondere Form von Radium, die ein Apotheker in der gleichen Stadt erst kürzlich entdeckt hatte. Die Herstellung war teuer, doch der Apotheker verlangte zehnmal mehr dafür, als ihn die Produktion gekostet hatte. Er hatte 200 Dollar für das Radium bezahlt und verlangte 2000 Dollar für eine kleine Dosis des Medikaments.
Heinz, der Ehemann der kranken Frau, suchte alle seine Bekannten auf, um sich das Geld auszuleihen, und er bemühte sich auch um eine Unterstützung durch die Behörden. Doch er bekam nur 1000 Dollar zusammen, also die Hälfte des verlangten Preises. Er erzählte dem Apotheker, daß seine Frau im Sterben lag, und bat, ihm die Medizin billiger zu verkaufen bzw. ihn den Rest später bezahlen zu lassen. Doch der Apotheker sagte:
»Nein, ich habe das Mittel entdeckt, und ich will damit viel Geld verdienen.« – Heinz hat nun alle legalen Möglichkeiten erschöpft; er ist ganz verzweifelt und überlegt, ob er in die Apotheke einbrechen und das Medikament für seine Frau stehlen soll.

1. *Sollte Heinz das Medikament stehlen?*
1a. *Warum oder warum nicht?*
2. *(Wenn die Vp den Diebstahl befürwortet hat:) Wenn Heinz seine Frau nicht liebt, sollte er dann das Medikament für sie stehlen? Bzw. (wenn die Vp sich gegen den Diebstahl ausgesprochen hat): Bedeutet es einen Unterschied, ob Heinz seine Frau liebt oder nicht?*
2a. *Warum oder warum nicht?*
3. *Angenommen, die Person, die im Sterben liegt, ist nicht*

*seine Frau, sondern ein Fremder. Sollte Heinz das Medikament für einen Fremden stehlen?*

3 a. *Warum oder warum nicht?*
*4. *(Wenn die Vp sich dafür ausspricht, das Medikament auch für einen Fremden zu stehlen:) Angenommen, es handelt sich um ein Haustier, das Heinz liebt. Sollte er das Medikament stehlen, um das Haustier zu retten?*
*4 a. *Warum oder warum nicht?*
5. *Ist es wichtig, daß Menschen alles versuchen, was sie können, um das Leben eines anderen zu retten?*
5 a. *Warum oder warum nicht?*
*6. *Es ist gegen das Gesetz, wenn Heinz einbricht. Ist diese Handlungsweise deshalb moralisch falsch?*
*6 a. *Warum oder warum nicht?*
7. *Sollten Menschen im allgemeinen alles versuchen, um dem Gesetz Folge zu leisten?*
7 a. *Warum oder warum nicht?*
7 b. *Wie läßt sich das (die vorherige Antwort) auf das beziehen, was Heinz tun sollte?*
*8. *Wenn Sie noch einmal an das Dilemma (den Ausgangskonflikt) zurückdenken: Was wäre das Verantwortungsvollste, was Heinz tun könnte?*
*8 a. *Warum?*


## Euthanasie-Dilemma

Eine Frau hatte Krebs im fortgeschrittenen Stadium. Es gab keine Chance mehr, sie durch eine der bekannten medizinischen Behandlungsmethoden zu retten. Ihr Arzt, Dr. Jefferson, wußte, daß sie nur noch etwa sechs Monate zu leben hatte. Sie litt unbeschreibliche Schmerzen und war schon so geschwächt, daß eine starke Dosis eines schmerzdämpfenden Mittels wie Morphin oder Äther ihren früheren Tod bewirkt hätte. Sie phantasierte und war fast wahnsinnig vor Schmerzen. In ihren ruhigen Phasen bat sie Dr. Jefferson wiederholt darum, ihr doch so viel Morphin zu geben, daß sie sterben könne. Sie erklärte ihm, daß sie die Schmerzen einfach nicht mehr ertragen könne und daß sie ja sowieso in einigen Monaten sterben müsse. – Der Arzt weiß, daß

Sterbehilfe (zumal aktive Sterbehilfe) ungesetzlich ist; dennoch
überlegt er, ob er den Wunsch der Frau erfüllen soll.*

1. Sollte Dr. Jefferson ihr die tödliche Dosis geben?
1 a. Warum bzw. warum nicht?
*2. Ist es wirklich richtig (wirklich falsch) von ihm, der Frau
die Medizin zu geben, welche sie töten würde?
*2 a. Warum ist es richtig bzw. falsch?
3. Sollte die Frau das Recht haben, die endgültige Entscheidung selbst zu treffen?
3 a. Warum bzw. warum nicht?
*4. Die Frau ist verheiratet. Sollte ihr Ehemann irgend etwas
mit der Entscheidung zu tun haben (sollte der Ehemann
ein Mitspracherecht haben)?
*4 a. Warum bzw. warum nicht?
*5. Was sollte ein guter Ehemann in dieser Situation tun?
*5 a. Warum?
6. Kann man in irgendeinem Sinne sagen, daß ein Mensch
eine Verpflichtung zum Weiterleben hat, auch wenn er es
selbst eigentlich nicht mehr will, wenn er mit Selbstmordgedanken spielt?
6 a. Warum bzw. warum nicht?
*7. Hat der Arzt die Pflicht (muß er sich verpflichtet fühlen),
der Frau die Medizin zur Verfügung zu stellen?
*7 a. Warum bzw. warum nicht?
8. Wenn ein Haus- oder Nutztier schwer verwundet ist und
sicher sterben wird, wird es getötet, um es von seinen Leiden zu erlösen. Gilt das gleiche auch hier?
8 a. Warum bzw. warum nicht?
9. Es ist gesetzeswidrig, wenn der Arzt der Frau die todbringende Medizin gibt. Ist diese Handlung deshalb moralisch
falsch?
9 d. Warum bzw. warum nicht?
10. Allgemein gefragt: Sollten Menschen alles tun, was in ihren Kräften steht, um die Gesetze zu befolgen?
10 a. Warum bzw. warum nicht?

---

* Die mit einem Stern gekennzeichneten Fragen sind optional.

*10b. *Was folgt daraus (vorherige Antwort) für die Frage, was Dr. Jefferson tun sollte?*
*11. *Wenn Sie noch einmal an das Dilemma (den Ausgangskonflikt) zurückdenken: Was wäre das Verantwortungsvollste, was Dr. Jefferson tun könnte?*
*11a. *Warum?*

Dilemma »Joe und sein Vater«

Joe, ein 14jähriger Junge, wollte sehr gern in ein Ferienlager fahren. Sein Vater versprach ihm, daß er fahren könne, vorausgesetzt, er würde das erforderliche Geld selbst zusammensparen können. So strengte sich Joe bei seinem Job als Zeitungsjunge besonders an und schaffte es, die 100 Dollar zu sparen, die das Lager kostete, und sogar noch etwas Geld dazu. Doch kurz vor Beginn des Lagers änderte der Vater seine Meinung. Er wollte mit seinen Freunden einen besonderen Angelausflug unternehmen – ihm fehlte aber das nötige Geld. Also sagte er Joe, er solle ihm das beim Zeitungsaustragen verdiente Geld geben. – Joe will auf das Ferienlager nicht verzichten und denkt daran, dem Vater das Geld zu verweigern.

1. *Sollte Joe sich weigern, dem Vater das Geld zu geben?*
1a. *Warum bzw. warum nicht?*
*2. *Hat der Vater das Recht, von Joe das Geld zu verlangen?*
*2a. *Warum bzw. warum nicht?*
»3. *Hat die Frage, ob Joe das Geld gibt, irgend etwas damit zu tun, ob er ein guter Sohn ist?*
3a. *Warum bzw. warum nicht?*
*4. *Hat die Tatsache, daß Joe das Geld selbst verdiente, in dieser Situation eine Bedeutung?*
*4a. *Warum bzw. warum nicht?*
5. *Der Vater hatte Joe ja versprochen, daß er ins Ferienlager fahren könne, wenn er das Geld selbst aufbringt. Hat diese Tatsache in dieser Situation die größte Bedeutung?*
5a. *Warum bzw. warum nicht?*
6. *Allgemein gefragt: Warum sollte ein Versprechen eingehalten werden?*

7. Ist es wichtig, ein Versprechen einzuhalten, das man jemandem gegeben hat, den man nicht gut kennt und den man möglicherweise nicht mehr wiedersieht?
7a. Warum bzw. warum nicht?
8. Worauf sollte ein Vater in seiner Beziehung zu seinem Sohn am meisten achten, was ist das wichtigste?
8a. Warum ist das besonders wichtig?
9. Welche Autoritätsbefugnisse sollte ein Vater allgemein gegenüber seinem Sohn haben?
9a. Warum?
10. Worauf sollte ein Sohn in seiner Beziehung zum Vater am meisten achten, was ist das wichtigste?
10a. Warum ist das besonders wichtig?
11. Wenn Sie noch einmal an das Dilemma (den Ausgangskonflikt) zurückdenken: Was wäre das Verantwortungsvollste, was Joe in dieser Situation tun könnte?
*11a. Warum?

## Literatur

Armon, Ch., »Ideals of the Good Life and Moral Judgment: Ethical Reasoning across the Life Span«, in: Commons, M.L. et al. (eds.), *Beyond Formal Operations: Late Adolescent and Adult Cognitive Development*, New York 1984, S. 357-380.

Baier, K., *The Moral Point of View*, New York 1965, Rev. Edition; dt.: *Der Standpunkt der Moral*, Düsseldorf 1974.

Baldwin, J.M., *Social and Ethical Interpretations in Mental Development*, New York 1897, 1906⁴; dt.: *Das soziale und sittliche Leben, erklärt durch die seelische Entwicklung*, Leipzig 1900.

Baldwin, J.M. (1906-1911), *Thought and Things, or Genetic Logic*, Vol. I, New York 1906, Vol. II, New York 1908, Vol. III, New York 1911; dt.: *Das Denken und die Dinge oder Genetische Logik*, Bd. I, Leipzig 1908, Bd. II, Leipzig 1910, Bd. III, Leipzig 1914.

Blasi, A., »Bridging Moral Cognition and Moral Action: A Critical Review of the Literature«, in: *Psychological Bulletin* 88 (1980), S. 1-45.

Blasi, A., »Moral Cognition and Moral Action: A Theoretical Perspective«, in: *Developmental Review* 3 (1983), S. 178-210; dt.: »Moralische Kognition und moralisches Handeln«, in: Garz, D./Oser, F./Althof, W. (Hg.), *Moralisches Urteil und Handeln*, Frankfurt am Main 1999, S. 47-81.

Boyd, D., »The Rawls Connection«, in: Munsey, B. (ed.), *Moral Development, Moral Education and Kohlberg*, Birmingham 1980, S. 185-213.

Bradley, F.H. (1876), *Ethical Studies*, New York 1962.

Broughton, J., »Genetic Logic and the Developmental Psychology of Philosophical Concepts«, in: Broughton, J./Freeman-Moir, D.J. (eds.), *The Cognitive Developmental Psychology of James Mark Baldwin*, Norwood 1982, S. 219-276.

Butler, R., »The Life Review: An Interpretation of Reminiscing in the Aged«, in: Neugarten, B. (ed.), *Middle Age and Aging*. Chicago 1968.

Byrne, D.F., *The Development of Role Taking in the Adolescence*, Dissertation, Cambridge, Mass. 1973.

Candee, D./Kohlberg, L., »Moral Judgment and Moral Action: A Reanalysis of Haan, Smith and Block's (1968) Free Speech Movement Data«, in: *Journal of Personality and Social Psychology* 52 (1987), S. 554-564.

Cohen, A.K., *Delinquent Boys*, Glencoe 1955; dt.: *Kriminelle Jugend: Zur Soziologie jugendlichen Bandenwesens*, Reinbek 1961.

Colby, A./Kohlberg, L./Gibbs, J./Lieberman, M., *A Longitudinal Study of Moral Judgment. Monograph of the Society for Research in Child Development*, Vol. 48, Nos. 1-2, Serial No. 200, Chicago 1983.

Colby, A./Kohlberg, L. et al., *The Measurement of Moral Judgment*, 2 Vol., New York 1987.

Coleman, J., *The Adolescent Society. The Social Life of the Teenager and its Impact on Education*, with the ass. of J. W. C. Johnstone and Kurt Jonasson, New York 1967[7].

DeVries, R., »Constancy of Generic Identity in the Years 3 to 6«. *Monograph of The Society for Research in Child Development* 34 (1969), No. 127.

Dewey, J., *Democracy and Education*, New York 1916; dt.: *Demokratie und Erziehung*, Braunschweig 1964[3].

Dewey, J./Tufts, J. H. (1908), *Ethics*, Rev. Edition, New York 1932.

Dewey, J., *The Quest for Certainty*, New York 1929; dt.: *Die Suche nach Gewißheit*, Frankfurt am Main 1998.

Durkheim, E. (1925; engl. 1961), *Erziehung, Moral und Gesellschaft*, Neuwied 1973.

Edwards, C. P., »Cross-Cultural Research on Kohlberg's Stages: The Basis for Consensus«, in: Modgil, S. & C. (eds.), *Lawrence Kohlberg: Consensus and Controversy*, Philadelphia 1986, S. 419-430.

Ellinwood, C., *Structural Development in the Expression of Emotion by Children*, Dissertation, University of Chicago 1969.

Erikson, E. H., »Hitler's Imagery and German Youth«, in: Psychiatry 5 (1942), S. 476-493.

Erikson, E. H., *Childhood and Society*, New York 1950; dt.: *Kindheit und Gesellschaft*, Stuttgart 1973[5].

Erikson, E. H., *Identity and the Life Cycle*, New York 1959; dt.: *Identität und Lebenszyklus*, Frankfurt am Main 1966.

Erikson, E. H., *Insight and Responsibility*, New York 1964; dt.: *Einsicht und Verantwortung*, Stuttgart 1966.

Erikson, E. H., *Gandhis Truth*, New York 1969; dt.: *Gandhis Wahrheit*, Frankfurt am Main 1971.

Erikson, E. H., *Life History and the Historical Moment*, New York 1975; dt.: *Lebensgeschichte und historischer Augenblick*, Frankfurt am Main 1977.

Erikson, E. H., *The Life Cycle Completed*, New York 1982; dt.: *Der vollständige Lebenszyklus*, Frankfurt am Main 1988.

Fishkin, J., *Beyond Subjective Morality*, New Haven 1983.

Flavell, J., *The Development of Role-Taking and Communication Skills in Children*, New York 1968; dt.: *Rollenübernahme und Kommunikation bei Kindern*, Weinheim 1975.

Fowler, J., »Faith and the Structuring of Meaning«, in: Fowler, J./Vergote, A., et al., *Toward Moral and Religious Maturity*, Morristown 1980, S. 51-85.

Fowler, J., Stages of Faith: *The Psychology of Human Development and the Quest for Meaning*, San Francisco 1981; dt.: *Stufen des Glaubens: Die Psychologie der menschlichen Entwicklung und die Suche nach Sinn*, Gütersloh 1991.

Fowler, J./Keen, S., *Life Maps: Conversations on the Journey of Faith*, Minneapolis 1978.

Frankena, W.K. *Ethics*, Englewood Cliffs 1973²; dt.: *Analytische Ethik*, München 1972 (Übersetzung der ersten amerikanischen Auflage von 1963).

Freud, S., »Das Ich und das Es« (1923), in: *Gesammelte Werke*, Bd. 13, London 1940, S. 235-289.

Freud, S., »Das Unbehagen in der Kultur« (1930), in: *Gesammelte Werke*, Bd. 14, London 1948, S. 419-506.

Fromm, E., *Man for Himself, An Inquiry into the Psychology of Ethics*, New York 1947; dt.: *Psychoanalyse und Ethik*, Stuttgart 1979.

Gandhi, M. (CWMG), *The Collected Works of Mahatma Gandhi*, Delhi 1958ff.

Gandhi, M. (1930; engl. 1957), *Mein Leben*, Frankfurt am Main 1983 (Kurzausgabe).

Gauba, K.L., *Famous and Historic Trials*, Lahore 1946.

Garz, D./Oser, F./Althof, W. (Hg.), *Moralisches Urteil und Handeln*, Frankfurt am Main 1999.

Gibbs, J., »Kohlberg's Moral Stage Theory: A Piagetian Revision«, in: *Human Development* 22 (1979), S. 127-140.

Gilligan, C., »In a different Voice – Women's Conceptions of Self and of Morality«, in: *Harvard Educational Review* 47 (1977), S. 481-517; dt.: »Verantwortung für die anderen und für sich selbst – das moralische Bewußtsein von Frauen«, in: Schreiner, G. (Hg.), *Moralische Entwicklung und Erziehung*, Braunschweig 1983, S. 133-174.

Gilligan, C., *In a Different Voice*, Cambridge, Mass., 1982; dt.: *Die andere Stimme*, München 1984.

Gilligan, C./Attanucci, J., »Two Moral Orientations: Gender Differences and Similarities«, in: *Merrill-Palmer Quarterly* 34 (1988), S. 223-237.

Grimm, P.F./Kohlberg, L./White, S.H., »Some Relationships between Conscience and Attentional Processes«, in: *Journal of Personality and Social Psychology* 8 (1968), S. 239-253.

Haan, N./Smith, B./Block, J., »Moral Reasoning of Young Adults: Political-Social Behavior, Family Background, and Personality Correlates«, in: *Journal of Personality and Social Psychology* 10 (1968),

S. 183-201; dt.: »Moralische Argumentationsstrukturen junger Erwachsener: Politisch-soziales Verhalten, Familiendaten und Persönlichkeitskorrelate«, in: Döbert, R./Habermas, J./Nunner-Winkler, G. (Hg.), *Entwicklung des Ichs*, Köln 1977, S. 307-337.

Habermas, J., »Interpretive Social Science vs. Hermeneuticism«, in: Haan, N., et al. (eds.), *Social Sciences as Moral Inquiry*, New York 1983, S. 251-270; dt.: »Rekonstruktive vs. verstehende Sozialwissenschaft«, in: Habermas, J. *Moralbewußtsein und kommunikatives Handeln*, Frankfurt am Main 1983, S. 29-52.

Hegel, G.W.F. (1807), *Phänomenologie des Geistes*, Frankfurt am Main 1970.

Helkama, K., *The Development of the Attribution of Responsibility*, Helsinki, Research Reports, No. 3, 1979.

Hoffman, M.L., »Development of Moral Thought, Feeling, and Behavior«, in: *American Psychologist* 34 (1979), S. 958-966.

Hollingshead, A.B., *Elmtowns Youth: The Impact of Social Classes on Adolescents*, New York 1961[11].

Holstein, C., »The Relation of Children's Moral Judgment Level to that of their Parents and to Communication Patterns in the Family«, in: Smart, R.C. & M.S. (eds.), *Readings in Child Development and Relationships*, New York 1972.

Hume, D., *An Enquiry Concerning the Principles of Morals* 1751; dt.: *Untersuchungen über die Prinzipien der Moral*, Hamburg 1962.

Inhelder, B./Piaget, J. (1955; engl. 1958), *Von der Logik des Kindes zur Logik des Heranwachsenden*, Olten 1977.

James, W., *The Principles of Psychology*, 2 Bde., New York 1890.

James, W., *The Varieties of Religious Experience*, New York 1902; dt.: *Die Vielfalt religiöser Erfahrung*, Frankfurt am Main 1997.

Jennings, W.S./Kilkenny, R./Kohlberg, L., »Moral-Development Theory and Practice for Youthful and Adult Offenders«, in: Laufer, W.S./Day, J.M. (eds.), *Personality Theory, Moral Development, and Criminal Behavior*, Lexington 1983, S. 281-355.

Kant, I., *Grundlegung zur Metaphysik der Sitten* (GMS), 1785, Gesammelte Schriften Bd. IV.

Kagan, J., *Change and Continuity in Infancy*, New York 1971.

Kegan, R., *The Evolving Self*, Cambridge, Mass., 1982; dt.: *Die Entwicklungsstufen des Selbst*, München 1986.

King, M.L., *Why we can't wait*, New York 1963; dt.: *Warum wir nicht warten können*, Frankfurt am Main 1964.

King, P.M./Kitchener, K.S., *Developing Reflective Judgment. Understanding and Promoting Intellectual Growth and Critical Thinking in Adolescents and Adults*, San Francisco 1994.

Kitchener, K. S./King, P. M., *Reflective Judgment-Scoring Manual*, University of Denver, 1985.

Kohlberg, L., *The Development of Modes of Moral Thinking and Choice in the Years Ten to Sixteen*, Dissertation, Chicago 1958.

Kohlberg, L., »Moral Development and Identification«, in: Stevenson, H. W. (ed.), *Child Psychology. 62nd Yearbook of the National Society for the Study of Education*, Chicago 1963, S. 277-332.

Kohlberg, L., »The Development of Moral Character and Ideology«, in: Hoffman, M. L./Hoffman, L. W. (eds.), *Review of Child Developmental Research*, Vol. I, New York 1964, S. 383-431.

Kohlberg, L., »A Cognitive Developmental Analysis of Children's Sex-Role Concepts and Attitudes«, in: Maccoby, E. (ed.), *The Development of Sex Differences*, Stanford 1966, S. 82-173; dt.: »Analyse der Geschlechtsrollen-Konzepte und -Attitüden bei Kindern unter dem Aspekt der kognitiven Entwicklung«, in: Kohlberg, L., *Zur kognitiven Entwicklung des Kindes*, Frankfurt am Main 1974, S. 334-471.

Kohlberg, L., »Stage and Sequence: The Cognitive-Developmental Approach to Socialization«, in: Goslin, D. A. (ed.), *Handbook of Socialization Theory and Research*, Chicago 1969, S. 347-480; dt.: »Stufe und Sequenz, Sozialisation unter dem Aspekt der kognitiven Entwicklung«, in: Kohlberg, L., *Zur kognitiven Entwicklung des Kindes*, Frankfurt am Main 1974, S. 7-255.

Kohlberg, L., »Continuities in Childhood and Adult Moral Development Revisited«, in: Baltes, P. B./Schaie, K. W. (eds.), *Life-Span Developmental Psychology*, New York 1973, S. 179-204; dt. in: Kohlberg, L., *Die Psychologie der Moralentwicklung*, Frankfurt a. M. 1995, S. 81-122.

Kohlberg, L., *The Philosophy of Moral Development*, San Francisco 1981.

Kohlberg, L., *The Psychology of Moral Development*, San Francisco 1984.

Kohlberg, L., *Die Psychologie der Moralentwicklung*, Frankfurt am Main 1995.

Kohlberg, L./Boyd, D./Levine, Ch., »Die Wiederkehr der sechsten Stufe«, in: Edelstein, W./Nunner-Winkler, G. (Hg.), *Zur Bestimmung der Moral*, Frankfurt am Main 1986, S. 205-240.

Kohlberg, L./Candee, D., »The Relationship of Moral Judgment to Moral Action«, in: Kohlberg, L.: *The Psychology of Moral Development*, San Francisco 1984, S. 498-581; dt.: »Die Beziehung zwischen moralischem Urteil und moralischem Handeln«, in: Kohlberg, L., *Die Psychologie der Moralentwicklung*, Frankfurt am Main 1995, S. 373-493.

Kohlberg, L./Candee, D., »The Relationship of Moral Judgment to Moral Action«, in: Kurtines, W. M./Gewirtz, J. L. (eds.), *Morality, Moral Behavior, and Moral Development*, New York 1984, S. 52-73; dt.: »Die Beziehung zwischen moralischem Urteilen und moralischem Handeln«, in: Garz, D./Oser, F./Althof, W. (Hg.), *Moralisches Urteil und Handeln*, Frankfurt am Main 1999, S. 13-46.

Kohlberg, L./Gilligan, C., »The Adolescent as a Philosopher: The Discovery of the Self in a Postconventional World«, in: *Daedalus* 100 (1971), S. 1051-1086.

Kohlberg, L./Higgins, A., »Continuities and Discontinuities in Childhood and Adult Development Revisited – Again«, in: Kohlberg, L., *The Psychology of Moral Development*, San Francisco 1984, S. 426-497.

Kohlberg, L./Kramer, R., »Continuities and Discontinuities in Childhood and Adult Moral Development«, in: *Human Development* 12 (1969), S. 93-120; dt.: »Zusammenhänge und Brüche zwischen der Moralentwicklung in der Kindheit und im Erwachsenenalter«, in: Kohlberg, L., *Die Psychologie der Moralentwicklung*, Frankfurt am Main 1995, S. 41-80.

Kohlberg, L./Lacrosse, J./Ricks, D., »The Predictability of Adult Mental Health from Childhood Behavior«, in: Wolman, B. (ed.), *Handbook of Child Psychopathology*, New York 1972, S. 1217-1284.

Kohlberg, L./Levine, Ch./Hewer, A., *Moral Stages: A Current Formulation and a Response to Critics*. Basel 1983; dt. in: Kohlberg, L., *Die Psychologie der Moralentwicklung*, Frankfurt a. M. 1995, S. 217-372.

Kohlberg, L./Power, C., »Moral Development, Religious Thinking, and the Question of a Seventh Stage«, in: Kohlberg, L.: *The Philosophy of Moral Development*, San Francisco 1981, S. 311-372.

Kohlberg, L./Scharf, P./Hickey, J., »The Justice Structure of the Prison – A Theory and an Intervention«, in: *The Prison Journal* 51 (1972), S. 3-14; dt.: »Die Gerechtigkeitsstruktur im Gefängnis«, in: Portele, G. (Hg.), *Sozialisation und Moral*, Weinheim 1978, S. 202-214.

Kuhn, D./Langer, J./Kohlberg, L./Haan, N., »The Development of Formal Operations in Logical and Moral Judgment«, in: *Genetic Psychology Monographs* 95 (1977), S. 97-188.

Levinson, D. J., *The Seasons of a Man's Life*, New York 1978; dt.: *Das Leben des Mannes*, Köln 1979.

Levinson, D. J., *The Seasons of a Woman's Life*, New York 1996.

Lickona, T., »Research on Piaget's Theory of Moral Development«, in: ders. (ed.), *Moral Development and Behavior*, New York 1976, S. 219-240.

Loevinger, J., *Ego Development*, San Francisco 1976.

Lyons, N., »Two Perspectives: On Self, Morality and Relationships«, in: *Harvard Educational Review* 53 (1983), S. 125-146.

McNamee, S., »Moral Behaviour, Moral Development and Motivation«, in: *Journal of Moral Education* 7 (1978), S. 27-32.

Marcia, J.E., »Development and Validation of Ego-Identity Status«, in: *Journal of Personality and Social Psychology* 3 (1966), S. 551-558.

Mead, G.H., *Mind, Self and Society*, Chicago 1934; dt.: *Geist, Identität und Gesellschaft*, Frankfurt am Main 1975².

Milgram, S., *Obedience to Authority*, New York 1974; dt.: *Das Milgram-Experiment*, Reinbek 1974.

Mill, J.S., *Utilitarianism* 1861; dt.: *Der Utilitarismus*, Stuttgart 1976.

Money, J., et al., »Imprinting and the Establishment of Gender Role«, in: *Archeological Neurological Psychiatry* 77 (1957), S. 333-336.

Noam, G./Kohlberg, L./Snarey, J.R., »Steps toward a Model of the Self«, in: Lee, B./Noam, G. (eds.), *Developmental Approaches to the Self*, New York 1983, S. 59-141.

Parikh, B., »Moral Judgement Development and its Relation to Family Environmental Factors in Indian and American Families«, in: *Child Development* 51 (1980), S. 1030-1039.

Parsons, M.J., *How we Understand Art*, Cambridge 1987.

Peel, E.A., *The Psychological Basis of Education*, Edinburgh 1967².

Perry, W., *Forms of Intellectual and Ethical Development*, New York 1970.

Peters, R.S., »Moral Development: A Plea for Pluralism«, in: Mischel, T. (ed.), *Cognitive Development and Epistemology*, New York 1971, S. 237-267.

Piaget, J. (1926; engl. 1929), *Das Weltbild des Kindes*, Stuttgart 1978.

Piaget, J. (1932; engl. 1934), *Das moralische Urteil beim Kinde*, Stuttgart 1983.

Piaget, J., »The General Problems of the Psychobiological Development of the Child«, in: Tanner, J.M./Inhelder, B. (eds.), *Discussions on Child Development*, London 1960, S. 3-27.

Piaget, J., *Six Psychological Studies*, New York 1967; dt.: »Sechs psychologische Studien«, in: ders., *Theorien und Methoden der Erziehung*, Frankfurt am Main 1974, S. 153-278.

Piaget, J. (1968; engl. 1970), *Der Strukturalismus*, Olten 1973.

Piaget, J./Inhelder, B. (1959), *Die Entwicklung der elementaren logischen Strukturen*, 2 Bde., Düsseldorf 1973.

Podd, M. H., »Ego Identity Status: The Relationship between Two Developmental Constructs«, in: *Developmental Psychology* 16 (1972), S. 497-507; dt.: »Identitätsformationen und moralisches Bewußtsein: Zur Beziehung zwischen zwei entwicklungstheoretischen Konstrukten«, in: Döbert, R./Habermas, J./Nunner-Winkler, G. (Hg.), *Entwicklung des Ichs*, Köln 1977, S. 212-224.

Podd, M. H./Marcia, J. E./Rubin, B. M., »The Effects of Ego Identity and Partner Perception on a Prisoner's Dilemma Game«, in: *Journal of Social Psychology* 82 (1970), S. 117-126.

Power, C./Higgins, A./Kohlberg, L., *Lawrence Kohlberg's Approach to Moral Education*, New York 1989.

Powers, S., *Family Interaction and Parental Moral Judgment as a Context for Adolescent Moral Development*, Dissertation, Harvard University, Cambridge, Mass., 1983.

Pyarelal, N., *Mahatma Gandhi. The Early Phase*, Vol. I, Ahmedabad 1956.

Rawls, J., *A Theory of Justice*, Cambridge, Mass., 1971; dt.: *Eine Theorie der Gerechtigkeit*, Frankfurt am Main 1975.

Rest, J. R., »Morality«, in: Flavell, J./Markman, E. (eds.), »Cognitive Development, Vol. IV«; in: Mussen, P. (General Editor), *Manual of Child Psychology*, New York 1983, S. 556-629.

Rest, J. R., »Die Rolle des moralischen Urteilens im moralischen Handeln«, in: Garz, D./Oser, F./Althof, W. (Hg.), *Moralisches Urteil und Handeln*, Frankfurt am Main 1999, S. 82-116.

Royce, J. (1908), *The Philosophy of Josiah Royce*, Indianapolis 1982.

Selman, R. L., »The Relation of Role Taking to the Development of Moral Judgment in Children«, in: *Child Development* 42 (1971), S. 79-91.

Selman, R. L., *The Growth of Interpersonal Understanding*, New York 1980; dt.: *Die Entwicklung des sozialen Verstehens*, Frankfurt am Main 1984.

Shulik, R., *Faith Development, Moral Development, and Old Age: An Assessment of Fowler's Faith Development Paradigm*, Dissertation, Chicago 1979.

Smith, A., *The Theory of Moral Sentiments*, 1759; dt.: *Theorie der ethischen Gefühle*, Hamburg 1977.

Snarey, J. R., »Cross-Cultural Universality of Socio-Moral Development«, in: *Psychological Bulletin* 97 (1985), S. 202-232.

Snarey, J. R./Kohlberg, L./Noam, G., »Ego Development in Perspective«, in: *Developmental Review* 3 (1983), S. 303-338.

Speicher-Dubin, B., *Parent Moral Judgment, Child Moral Judgment and Family Interaction*, Dissertation, Harvard University, Cambridge, Mass., 1983.

Sullivan, E. V., et al., »A Developmental Study of the Relationship between Conceptual Ego and Moral Development«, in: *Child Development* 35 (1964), S. 231-242.

Sullivan, H. S. (1940), *Conceptions of Modern Psychiatry*, New York 1953².

Sullivan, H. S., *An Interpersonal Theory of Psychiatry*, New York 1953; dt.: *Die interpersonale Theorie der Psychiatrie*, Frankfurt am Main 1983.

Trilling, L., »The Immortality Ode«, in: ders., *The Liberal Imagination*, New York 1941, S. 129-159.

Turiel, E., »Conflict and Transition in Adolescent Moral Development«, in: *Child Development* 45 (1974), S. 14-29; dt.: »Konflikt und Übergangsprozesse der Entwicklung der Moral Jugendlicher«, in: Döbert, R./Habermas, J./Nunner-Winkler, G. (Hg.), *Entwicklung des Ichs*, Köln 1977, S. 253-269.

Turiel, E., »Conflict and Transition in Adolescent Moral Development II: The Resolution of Disequilibrium through Structural Reorganization«, in: *Child Development* 48 (1977), S. 634-637.

Turiel, E., *The Development of Social Knowledge: Morality and Convention*, Cambridge 1983.

van den Daele, L., »A Developmental Study of Ego-Ideals«, in: *Genetic Psychology Monographs* 78 (1968), S. 191-265.

Walker, L. J., »Cognitive and Perspective-Taking Prerequisites for Moral Development«, in: *Child Development* 51 (1980), S. 131-139.

Walker, L. J., »Sex Differences in the Development of Moral Reasoning: A Critical Review«, in: *Child Development* 55 (1984), S. 677-691; dt.: »Geschlechtsunterschiede in der Entwicklung des moralischen Urteils« (gekürzt), in: Nunner-Winkler, G. (Hg.), *Weibliche Moral*, Frankfurt am Main 1991, S. 109-120.

Walker, L. J./Richards, B. S., »Stimulating Transitions in Moral Reasoning as a Function of Stage of Cognitive Development«, in: *Developmental Psychology* 15 (1979), S. 95-103.

Weber, M. (1920), »Die protestantische Ethik und der Geist des Kapitalismus«, in: ders., *Gesammelte Aufsätze zur Religionssoziologie*, Tübingen 1988⁹, S. 17-206.

White, R., »Motivation Reconsidered: The Concept of Competence«, in: *Psychological Review* 66 (1959), S. 297-333.

Wolfson, H. A., *The Philosophy of Spinoza*, Cambridge, Mass., 1983.

Wordsworth, W. (1807), *Ode. Imitations of Immortality and Tintern Abbey*, dt.: *Ode. Ahnungen der Unsterblichkeit*, in: »Gedichte« (übersetzt von Wolfgang Breitwieser), Heidelberg 1959.

# Psychoanalyse, Sozialpsychologie und Psychologie im Suhrkamp Verlag
## Eine Auswahl

**Didier Anzieu.** Das Haut-Ich. Übersetzt von Meinhard Korte und Marie-Hélène Lebourdais-Weiss. Gebunden und stw 1255. 324 Seiten

**Wilfried R. Bion.** Elemente der Psychoanalyse. Aus dem Amerikanischen und mit einer Einleitung von Erica Krejci. stw 1758. 149 Seiten

**William Damon.** Die soziale Welt des Kindes. Übersetzt von Uta S. Eckensberger. stw 884. 315 Seiten

**Gilles Deleuze.** Schizophrenie und Gesellschaft. Texte und Gespräche von 1975 – 1995. Aus dem Französischen von Eva Moldenhauer. Hg von David Laponjade. 384 Seiten. Gebunden

**Georges Devereux.** Realität und Traum. Psychotherapie eines Prärie-Indianers. Mit einem Vorwort von Magaret Mead. Übersetzt von Maja Hallberg. 704 Seiten. Gebunden

**Georges Devereux.** Träume in der griechischen Tragödie. Eine ethnopsychoanalytische Untersuchung. Übersetzt von Klaus Staudt. stw 536. 551 Seiten

**Michel Foucault.** Die Macht der Psychiatrie. Vorlesungen am Collège de France 1973/1974. Aus dem Französischen von Claudia Brede-Konersmann. 595 Seiten. Gebunden

**Michel Foucault.** Psychologie und Geisteskrankheit. Aus dem Französischen von Anneliese Botond. es 272. 132 Seiten

**Iris Haniaka / Edith Seifert.** Die Welt auf das Unbewußte. Oder was sie schon immer über Psychoanalyse wissen wollten. es 2457. 173 Seiten

**Eric R. Kandel.** Psychiatrie, Psychoanalsyse und die neue Biologie des Geistes. 341 Seiten. Gebunden

**Lawrence Kohlberg.** Die Psychologie der Moralentwicklung. Herausgegeben von Wolfgang Althof und Detlef Garz. Übersetzt von Detlef Garz. stw 1232. 564 Seiten

**Lawrence Kohlberg.** Die Psychologie der Lebensspanne. Übersetzt von Detlef Garz. Herausgegeben, bearbeitet und mit einer Einleitung versehen von Wolfgang Althof und Detlef Garz. Gebunden. 346 Seiten

**Hermann Lang.** Das Gespräch als Therapie. Mit einem Geleitwort von Hans-Georg Gadamer. stw 1293. 272 Seiten

**Hermann Lang.** Strukturale Psychoanalyse. stw 1292. 352 Seiten

**Nicolas Langlitz.** Die Zeit der Psychoanalyse. Lacan und das Problem der Sitzungsdauer. stw 1757. 300 Seiten

**Jean Piaget.** Einführung in die genetische Erkenntnistheorie. Übersetzt von Friedhelm Herborth. stw 6. 106 Seiten

**Jean Piaget.** Intelligenz und Affektivität in der Entwicklung des Kindes. Herausgegeben und übersetzt von Aloys Leber. Mit einem Beitrag des Herausgebers: »Ein Schlüssel zum Verständnis menschlichen Verhaltens«. 197 Seiten. Gebunden

**Jean Piaget.** Weisheit und Illusionen der Philosophie. Übersetzt von Friedhelm Herborth. stw 539. 286 Seiten

**Jean Piaget/Bärbel Inhelder.** Die Entwicklung des inneren Bildes beim Kind. Übersetzt von Annette Roellenbleck. Mit zahlreichen Abbildungen und Tabellen. stw 861. 518 Seiten

**Paul Ricoeur.** Die Interpretation. Ein Versuch über Freud. Aus dem Französischen von Eva Moldenhauer. stw 76. 400 Seiten

**Alenka Zupančič.** Das Reale einer Illusion. Kant und Lacan. Übersetzt von Reiner Ansén. stw 1546. 142 Seiten

**Slavoj Žižek.** Die gnadenlose Liebe. Übersetzt von Nikolaus Schneider. st 1545. 188 Seiten

**Slavoj Žižek.** Körperlose Organe. Bausteine für eine Begegnung zwischen Deleuze und Lacan. Aus dem Englischen von Nikolaus G. Schneider. stw 1698. 297 Seiten

**Slavoj Žižek.** Die Tücke des Subjekts. Übersetzt von Andreas Hofbauer. 552 Seiten. Gebunden

**Slavoj Žižek.** Parallaxe. Aus dem Englischen von Frank Born. 448 Seiten. Gebunden